天津海关年鉴

2022

《天津海关年鉴（2022）》编纂委员会——编著

中国海关出版社有限公司
·北京·

图书在版编目（CIP）数据

天津海关年鉴.2022/《天津海关年鉴（2022）》编纂委员会编著.—北京：中国海关出版社有限公司，2023.3
（中国海关史料丛书）
ISBN 978-7-5175-0638-6

Ⅰ.①天…　Ⅱ.①天…　Ⅲ.①海关—天津—2022—年鉴　Ⅳ.①F752.55-54

中国国家版本馆 CIP 数据核字（2023）第 012242 号

天津海关年鉴（2022）
TIANJIN HAIGUAN NIANJIAN（2022）

作　　者：《天津海关年鉴（2022）》编纂委员会
责任编辑：熊　芬
出版发行：中国海关出版社有限公司
社　　址：北京市朝阳区东四环南路甲1号　　邮政编码：100023
编 辑 部：01065194242-7528（电话）
发 行 部：01065194221/4238/4246/5127（电话）
社办书店：01065195616（电话）
https://weidian.com/?userid=319526934（网址）
印　　刷：北京新华印刷有限公司　　经　　销：新华书店
开　　本：889mm×1194mm　1/16
印　　张：29.25　　字　　数：590千字
版　　次：2023年3月第1版
印　　次：2023年3月第1次印刷
书　　号：ISBN 978-7-5175-0638-6
定　　价：280.00元

《天津海关年鉴（2022）》编纂委员会

《天津海关年鉴（2022）》编辑部

编辑说明

一、《天津海关年鉴》是由天津海关编纂的涉外经济部门专业性年鉴，是全面、客观、系统记载天津海关发展历程的编年史料，是集权威性、综合性、史料性、实用性为一体的资料性工具书，每年出版一卷，本卷为首卷。

二、《天津海关年鉴（2022）》以习近平新时代中国特色社会主义思想为指导，载录2021年度天津海关工作的基本情况，包括天津关区改革发展的重要举措、重大事件以及成绩和经验，以资政育人、凝心聚力，为建设高质量“一流海关”提供精神动力和史实支撑。

三、《天津海关年鉴（2022）》记述时限为2021年1月1日至12月31日。鉴于本卷是首次编纂，综合反映天津海关一些部门（单位）发展的概况、专记等内容适当上溯。

四、《天津海关年鉴（2022）》记述范围为天津海关及所属部门（单位）管辖事务。

五、《天津海关年鉴（2022）》采用分类编辑法，设类目、分目、条目3个层级（部分设有次分目），有特载、专记、政治建设、业务建设、综合保障、隶属海关、事业单位、人物荣誉、大事记9个类目，以条目为基本记述单元。卷首设专题图片。

六、《天津海关年鉴（2022）》所用稿件及相关数据资料由天津海关各部门（单位）提供，并经撰稿单位审核，撰稿人姓名在稿件后均有注明。

前　言

天津海关前身为1861年清政府设立的“津海关”，1950年2月，经中央人民政府批准，“津海关”更名为“中华人民共和国天津海关”，系海关总署直接领导的正厅级直属海关。2018年4月，按照党中央国务院关于机构改革的决策部署，原天津出入境检验检疫局管理职责和队伍划入天津海关。天津海关负责指定口岸及相关区域范围内海关工作运行管理、监督监控，主要职责是依法履行税收征管、通关监管、保税监管、进出口统计、海关稽查、知识产权海关保护、打击走私，以及辖区检验检疫和监督管理等。天津海关下设1个副厅级和19个正处级隶属海关单位，包括天津新港海关、天津滨海机场海关、天津大港海关、天津临港海关、天津邮局海关、天津南疆海关、塘沽海关、蓟州海关、武清海关、静海海关、北辰海关、宁河海关、西青海关、东丽海关、南开海关、天津河西海关、天津保税区海关、天津东疆海关、北塘海关、天津海关风险防控分局。天津海关作为业务全面的沿海大关，包括海、陆、空、邮和检验检疫等各项业务；监管范围1.19万平方千米，海岸线153千米；辖区内共有69个海关监管作业场所（场地），注册企业4.2万余家，2021年有实际进出口记录的企业1.1万家。

2021年，天津海关以习近平新时代中国特色社会主义思想为指导，深入贯彻党的十九大和十九届二中、三中、四中、五中、六中全会精神，认真落实中央经济工作会议部署，全面加强党的领导，增强“四个意识”、坚定“四个自信”、做到“两个维护”，立足新发展阶段，贯彻新发展理念，服务构建新发展格局，以服务高质量发展为主题，以深化供给侧结构性改革为主线，以改革创新为根本动力，以满足人民群众美好生活需要为根本目的，坚持系统观念，落实“六稳”“六保”部署，更好统筹发展和安全，强化监管优化服务，巩固拓展疫情防控和服务外贸发展成果，马上就办、真抓实干，持续推进政治建关、改革强关、依法把关、科技兴关、从严治关（“五关”）建设，提升制度创新和治理能力建设水平，开启建设社会主义现代化海关和高质量“一流海关”新征程。

2021年，天津海关依托党史学习教育，开展“我为群众办实事”实践活动，提升党的建设质量。坚持常态化疫情防控不动摇，明确“静、快、严、细、实、足”工作思路，口岸和内部疫情防控工作经受住考验。强化监管，守护国门安全。推进全领域、全渠道、全链条一体化风险防控，正面监管得到加强，检验检疫更加严密，打击走私继续保持高压态势。优化服务，聚焦“一带一路”建设，推动京津冀区域海关全业务领域一体化，开展跨境贸易便利化专项行动，“船边直提、抵港直装”改革被确定为国家优化口岸营商环境措施。推进“规范化、标准化、信息化”管理，提升智慧海关、法治海关建设水平。落实中央八项规定及其实施细则精神，纠治“四风”，开展“推诿扯皮”“有令不行、有禁不止”“工作方法简单粗暴”三类突出问题整治，关区工作作风有效改进。

2021 年，天津海关审核进出口货物报关单 236.1 万份，同比增长 7.3%；监管进出口货物 2.53 亿吨、货值 1.67 万亿元，同比分别增长 11.9%和 25.6%；监管进出境邮件 90.9 万件，同比减少 47.0%；监管进出境快件 917.3 万件，同比增长 34.9%；监管进出境运输工具 12,417 艘（架）次，同比减少 5.1%；旅检现场监管进出境旅客 11.2 万人次，同比减少 71.9%；实现税收入库 1,362.5 亿元，同比增长 6%。

目 录

第四篇　业务建设

第五篇 综合保障

第六篇　隶属海关

第七篇　事业单位

第八篇 人物荣誉

第九篇 大事记

后 记

“中国海关史料丛书” 编委会

海关专题图片

领导活动

▲2021年2月3日，天津海关关党委集体出席2021年天津海关工作会议、天津海关全面从严治党工作会议

▲2021年2月26日，天津海关关党委参加驻署纪检监察组“现场监管与外勤执法权力寻租”专项整治工作动员部署视频会议

2021年2月4日，天津海关党委书记、关长赵革慰问对口扶贫村村民 ▶

◀ 2021年8月17日，天津海关党委书记、关长赵革在天津新港海关东突堤查验现场调研

2021年10月13日，天津海关党委书记、关长赵革到天津鑫方盛电子商务有限公司调研 ▶

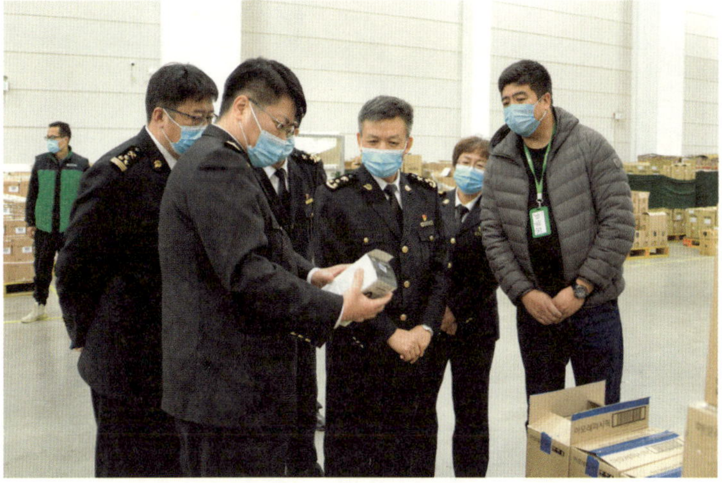

◀2021 年 11 月 10 日，天津海关党委委员、副关长兼政治部主任钟海澄到跨境电商企业调研

2021 年 7 月 13 日，天津海关党委委员、副关长王利兵到天津港码头现场调研进口水果检疫 ▶

◀2021 年 4 月 6 日，天津海关党委委员、副关长侯金坡到空客总装公司调研

2021 年 11 月 3 日，天津海关党委委员、副关长潘楚雄到天津中环半导体股份有限公司调研 ▶

◀ 2021 年 9 月 17 日，天津海关党委委员、缉私局局长兼督察长孙旭东参加天津市 2021 年打私宣传月活动暨沿海打私巡查推动仪式

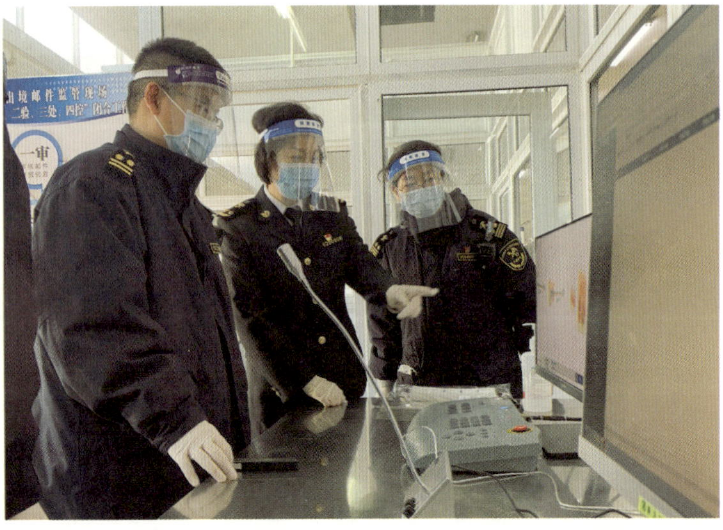

2021 年 2 月 18 日，天津海关党委委员、党委纪检组组长白莉到天津邮局海关调研 ▶

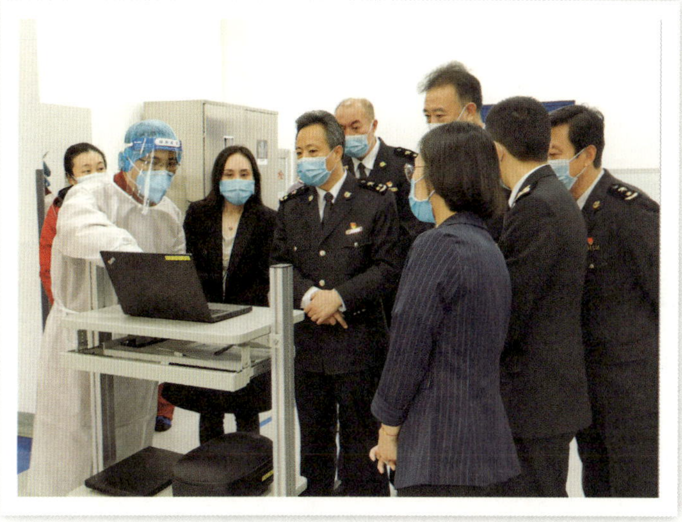

◀2021 年 11 月 26 日，天津海关党委委员、副关长刘心同到诺和诺德（中国）制药有限公司实地走访调研

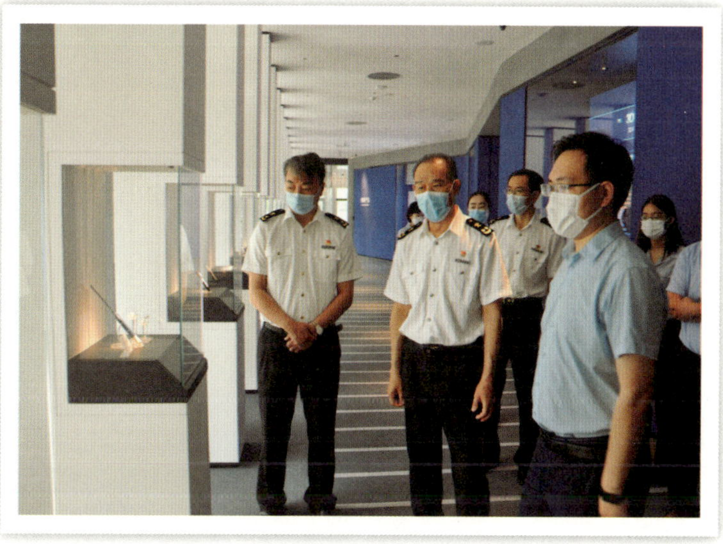

2021 年 6 月 15 日，天津海关党委委员、副关长谭绪良到纳通医用防护器材（天津）有限公司调研 ▶

◀2021 年 4 月 2 日，天津海关党委委员、新港海关关长师国旺到天津波音复合材料有限责任公司走访调研

党的建设

2021 年 4 月 1 日，天津滨海机场海关开展“学习百年党史、赓续红色基因”活动 ▶

◀ 2021 年 4 月 16 日，天津滨海机场海关开展“一线科长讲党课”活动

2021年5月7日，天津海关关员王娜宁获得的全国“五一”劳动奖章

2021年5月27日，天津大港海关与派驻纪检组联合开展主题党日活动

2021 年 6 月 5 日，天津东疆海关开展青年志愿者活动，宣传国门生物安全知识 ▶

◀ 2021 年 6 月 10 日，天津海关办公室党支部开展主题党日活动

2021 年 6 月 25 日，天津海关举办庆祝建党 100 周年活动 ▶

◀2021 年 7 月 1 日，天津北塘海关关员观看庆祝建党 100 周年大会活动

2021 年 11 月 10 日，天津海关全国“五一”劳动奖章获得者王娜宁 ▶

◀2021 年 11 月 24 日，天津海关“全国青年文明号、天津市青年文明号”颁奖仪式

疫情防控

2021 年 2 月 18 日，天津滨海机场海关春节期间保障通关

2021 年 3 月 1 日，天津大港海关保障天然气供给登临

◀2021 年 3 月 8 日，天津南疆海关关员正在对船员进行转运

2021 年 3 月 26 日，天津滨海机场海关在抗疫一线开展主题党日活动 ▶

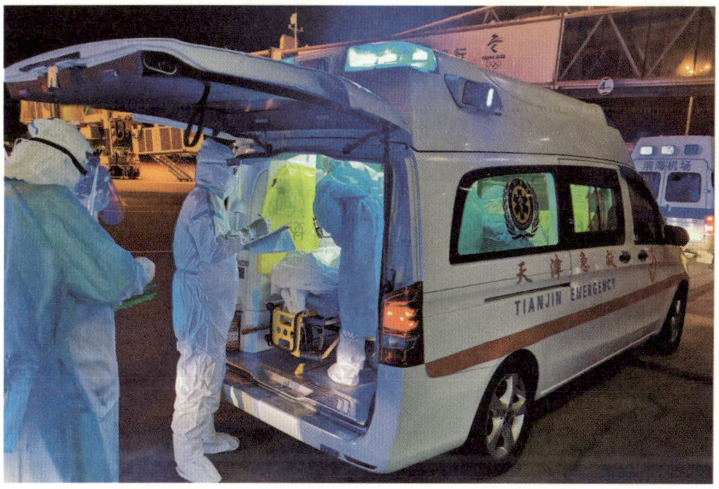

◀2021 年 4 月 9 日，天津滨海机场海关关员转运入境危重病人

2021年4月14日，天津新港海关关员准备开展冷链风险商品监测工作 ▶

◀ 2021年4月21日，天津滨海机场海关全程监管全国首架空客总装公司A350型飞机入境

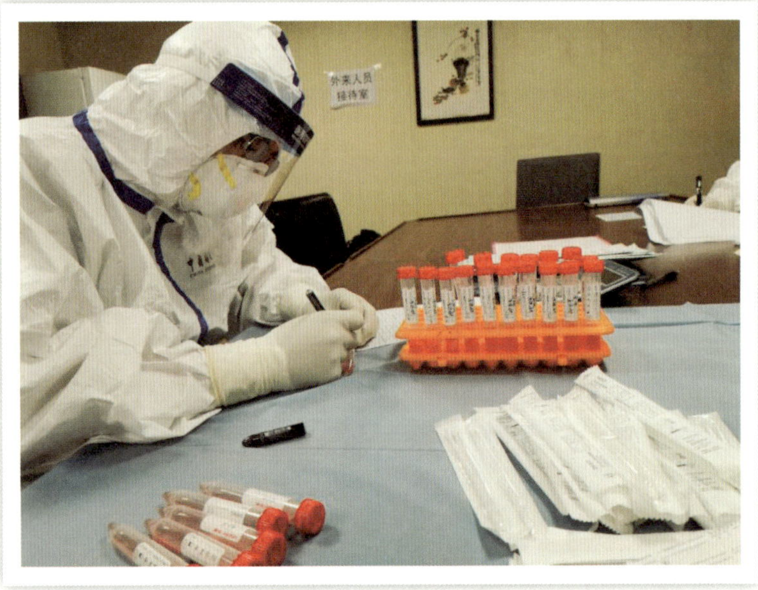

2021年8月10日，天津南疆海关对换班船员进行检测 ▶

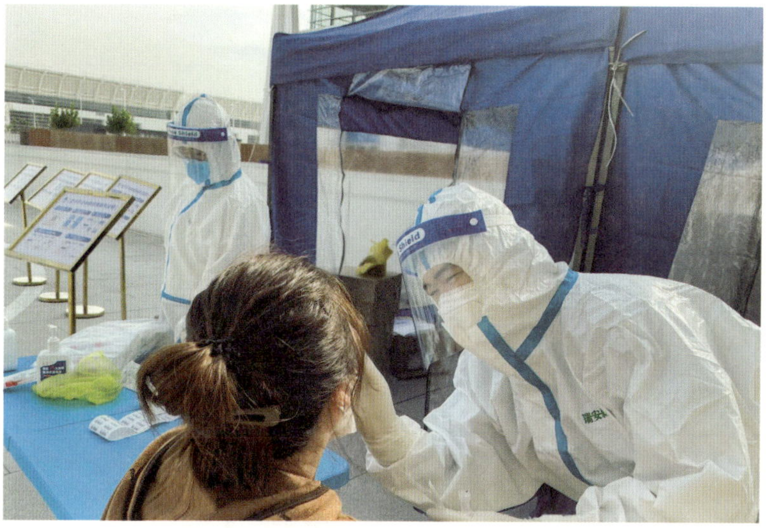

◀ 2021 年 10 月 26 日，天津海关保健中心保障第 105 届糖酒商品交易会核酸采样工作

2021 年 12 月 10 日，天津滨海机场海关关员检疫入境航班 ▶

◀ 2021 年 12 月 31 日，天津滨海机场海关关员准备登临检疫入境飞机

国门安全监管

2021 年 1 月 7 日，天津新港海关在入境的集装箱货物中查获禁止进境旧棉被 ▶

◀ 2021 年 1 月 12 日，天津东疆海关关员在对进口原木进行查验

2021 年 1 月 21 日，天津东疆海关关员在对进境牛进行登临检疫 ▶

◀2021 年 3 月 28 日，天津南疆海关关员和天津经济技术开发区海关缉私分局警员在固体废物退运现场

2021 年 5 月 13 日，天津新港海关关员在户外开展外来入侵物种监测 ▶

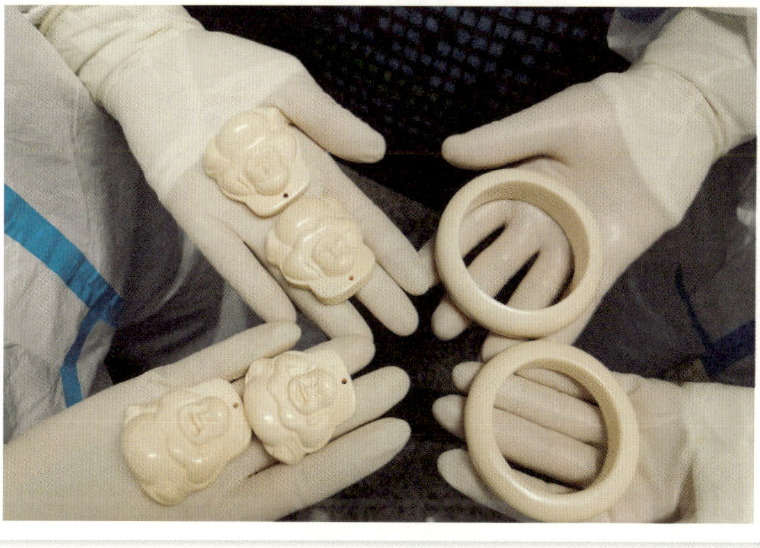

◀2021 年 6 月 11 日，天津滨海机场海关关员截获的象牙制品

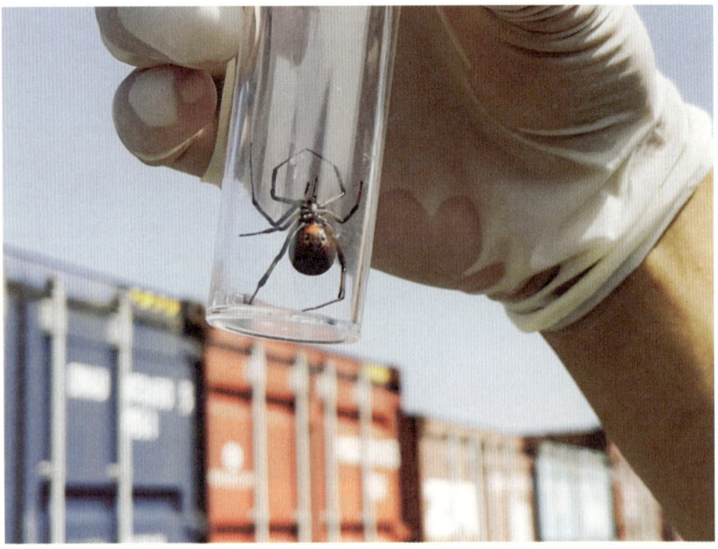

2021 年 7 月 13 日，天津东疆海关在进境货物中截获的毒蜘蛛 ▶

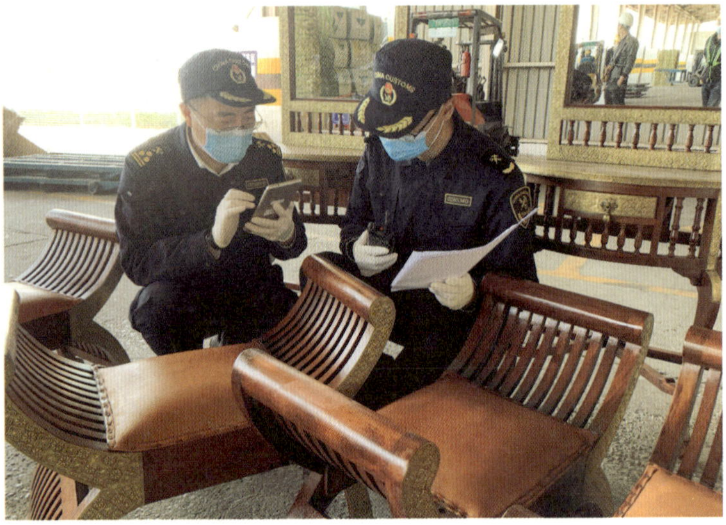

◀ 2021 年 10 月 12 日，天津新港海关查获黄檀木制品

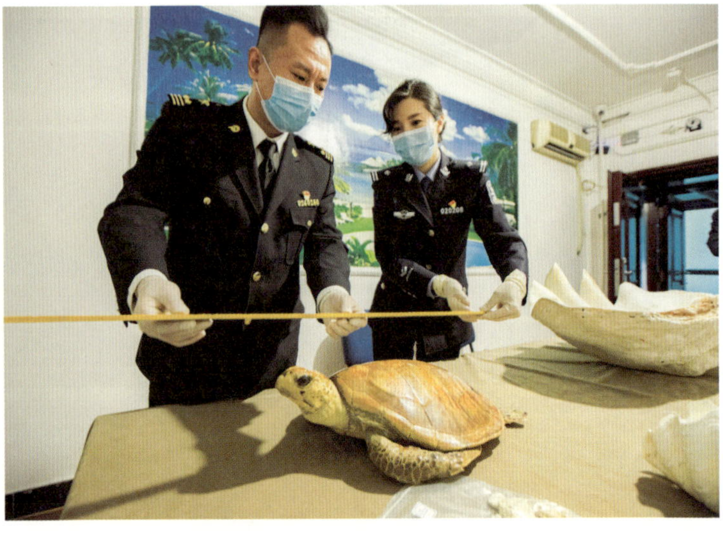

2021 年 11 月 30 日，天津海关截获走私濒危野生动物标本 ▶

口岸一线关员风采

◀2021 年 1 月 13 日，天津北塘海关关员审核入境货物机检图像

2021 年 2 月 18 日，天津新港海关关员查验进口液态奶 ▶

◀2021 年 3 月 25 日，天津大港海关关员准备登临检疫进境的 LNG（液化天然气）船舶

2021 年 7 月 5 日，天津东疆海关关员验核集装箱封号 ▶

◀ 2021 年 7 月 30 日，天津新港海关关员查验进口食品

2021 年 8 月 10 日，天津南疆海关关员查看新的矿产品封闭采样设备 ▶

◀2021 年 8 月 16 日，天津临港海关关员在码头对全球最大民用医院船进行监管

2021 年 9 月 10 日，天津新港海关关员清点“龙腾行动”中查获的侵权货物 ▶

◀2021 年 11 月 21 日，天津新港海关关员展示涉嫌侵权物品

2021 年 12 月 9 日，天津新港海关关员克服大雪带来的不利影响进行查验 ▶

◀ 2021 年 12 月 15 日，天津大港海关关员在 LNG 码头进行日常监管

2021 年 12 月 20 日，天津临港海关关员对出口的天然气生产设备进行查验 ▶

稳外贸促增长

◀ 2021 年 1 月 7 日，天津塘沽海关关员在疫苗生产企业进行监管

2021 年 1 月 12 日，天津南疆海关关员在 30 米高航空煤油岸罐顶部进行取样计量 ▶

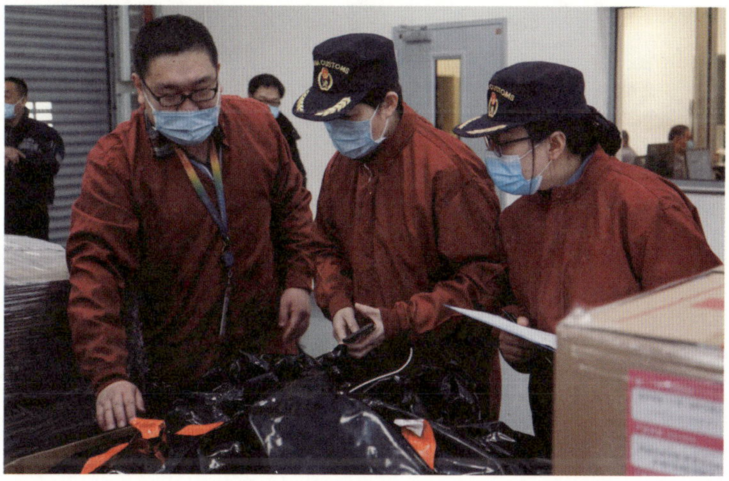

◀ 2021 年 1 月 19 日，天津塘沽海关精准服务，助力新型胰岛素给药产品新生产线整体落地天津

2021 年 3 月 2 日，天津静海海关关员查验出口的自行车零件 ▶

◀ 2021 年 3 月 23 日，天津塘沽海关关员快速查验进口大马力农用拖拉机，助力春耕生产

2021 年 5 月 17 日，天津静海海关服务属地特色乐器产业出口 ▶

◀ 2021 年 6 月 1 日，天津武清海关关员对出口汽车零件生产厂家进行监管

2021 年 6 月 10 日，天津北辰海关关员在辖区企业进行日常监管 ▶

◀ 2021 年 7 月 19 日，天津塘沽海关关员对汽车生产厂家进行日常监管

2021年7月31日，天津保税区海关关员在天津港综合保税区大门外查验进区的货物 ▶

◀2021年8月5日，天津北辰海关关员在粮食企业进行日常监管

2021年8月6日，天津东丽海关关员查验出口的自行车零件 ▶

业务改革创新

◀2021 年 3 月 14 日，停放在天津滨海国际机场的天津海关 P2 移动实验室

2021 年 3 月 18 日，天津海关举办“海关—企业家沙龙”，倾听企业心声 ▶

◀ 2021 年 4 月 1 日，天津新港海关关员通过直播方式在线解决企业问题

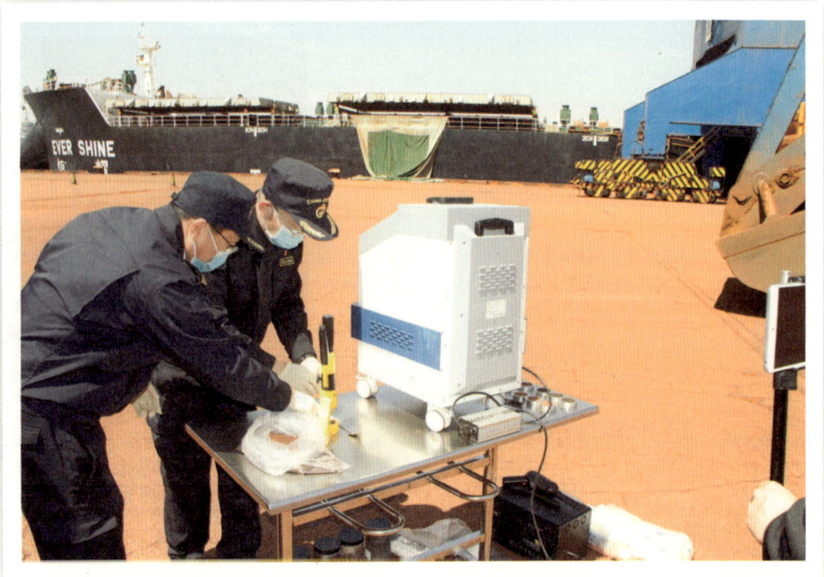

2021 年 4 月 18 日，天津南疆海关关员使用矿产品检测仪对进境的矿产品进行快速筛查 ▶

◀2021 年 6 月 22 日，天津保税区海关关员进行保税融资租赁业务日常监管

2021 年 11 月 5 日，“双十一”来临之际，天津保税区海关关员对入境包裹进行查验 ▶

◀2021 年 11 月 10 日，天津东疆海关关员对跨境电商仓库进行日常监管

2021 年 11 月 13 日，天津新港海关关员在天津港码头对“船边直提”的集装箱进行监管 ▶

◀ 2021 年 11 月 14 日，天津新港海关关员对查验场进行日常视频巡查

2021 年 11 月 16 日，天津河西海关审批窗口关员给企业审核减免税材料 ▶

第一篇

特载

天津海关工作会议、全面从严治党工作会议文件选辑

坚定信心　乘势而上　开启高质量“一流海关”建设新征程

——在 2021 年关区工作会议上的讲话

天津海关关长、党委书记　赵　革

（2021 年 2 月 3 日）

这次会议的主要任务是：以习近平新时代中国特色社会主义思想为指导，深入贯彻党的十九大和十九届二中、三中、四中、五中全会精神，认真落实中央经济工作会议部署，以及全国海关工作会议、全国海关全面从严治党工作会议和天津市经济工作会议精神，总结成绩、查摆不足、分析形势，研究安排全年工作任务。

一、2020 年工作回顾

刚刚过去的一年，是新中国历史上、中华民族历史上极不平凡、极为特殊的一年，也必将成为天津海关发展历程中，让人永远铭记的一年。一年来，面对疫情防控和服务发展的双重考验，大家走得很坚定、干得很辛苦、拼得很出彩，交出了一份合格的答卷。

——过去一年，关区党的建设全面加强、成效显著。

推动习近平新时代中国特色社会主义思想学习持续走深走实。坚持将其作为重要政治任务，不断增强“四个意识”、坚定“四个自信”、做到“两个维护”。发挥党委学习“风向标”和“排头兵”作用，先后组织党委理论学习中心组学习 4 次、党委会学习 40 次，专题学习党的十九届五中全会精神和《习近平谈治国理政》第三卷等内容，党委委员先后深入基层交流体

会104次。疫情期间灵活采取线上和线下相结合方式，抓好一线人员学习，确保理论学习不停歇、思想引领不间断。健全两级党委述学评学考学机制，抓实“机关-基层”两级青年理论学习小组，举办首届青年党建知识竞赛，不断拓展学习的广度和深度。

贯彻落实习近平总书记重要指示批示精神坚决有力。将其作为党委会、党委理论学习中心组学习的第一内容和每月例会的第一议题，做到第一时间传达学习、第一时间推进落实、第一时间抓出成效。全力服务“智慧港口、绿色港口”建设，“集疏港智慧平台”2.0版进入实景应用阶段，“船边直提”和“抵港直装”改革向全国推广。严厉打击“洋垃圾”走私，查获近年来全国最大一起禁止进口废矿渣案。认真落实意识形态工作责任，保持“扫黄打非”高压态势，坚决守牢意识形态阵地。坚持一张“清单”抓整改，“巡察整改评估办法”在全国海关推广。结对帮扶困难村圆满收官。餐饮浪费专项整治成效显著。发挥政治监督、纪检监察、党委巡察、督审、督查联动效应，有力确保各项责任落实到位。

精神文明和基层党建成绩斐然。首次参与天津市绩效考核并进入优秀等次。2个单位新评为第六届全国文明单位，9个原全国文明单位参加复审并顺利通过，关区全国文明单位达到11个；总关机关、全部隶属海关以及3个企事业单位被评为天津市文明单位，实现了关区“一片红”。3名个人获得国家级荣誉表彰，7个集体和25名个人受到省部级以上荣誉表彰。深化“强基提质工程”，加强“四强”党支部建设，制定6类支部工作指引，推动党建品牌换挡升级，形成了6个署级、55个关级、356个支部品牌全覆盖的工作格局。

——过去一年，新冠肺炎疫情防控周密细致、坚决有效。

闻令而动扛起政治责任。第一时间建立疫情防控指挥部和应急工作机制，设立机关和口岸两个防控办公室，下设8个工作组，先后召开指挥部会议35次，议定解决220多项新情况新问题，发布各类规范指导文件130余份，以最坚决的态度、最迅速的行动、最有力的举措落实落细上级决策部署。建立党委成员按航班到机场一线协调督导制度，完成北京分流航班入境检疫任务，切实筑牢首都“护城河”。

众志成城凝聚强大合力。出台《贯彻落实中央重大决策部署发挥政治保证作用的意见》和《为打赢疫情防控阻击战提供坚强政治保证的若干措施》，向全关发出动员和倡议，451名党员干部下沉企业社区，215个基层支部对接2,000余家企业开展“支部联系企业、党员服务群众”活动，党旗高高飘扬在疫情防控和服务发展的第一线。先后调配795名干部支援一线，17名同志“疫线”晋升职务职级，13名同志“疫线”入党，同步做好困难帮办、心理疏导和岗位补助，常态化关心一线干部。积极筹措资金，拓展物资渠道，武清基地和天宝中心高质量完成隔离保障任务，形成了疫情防控强大合力。

精准施策切实筑牢防线。实施“一机一策”“一船一案”，共检疫出入境交通工具1.1万余架（艘）次、人员35.7万人次。妥善处置“歌诗达·赛琳娜”号邮轮群体性发热事件，被总署记二等功，得到社会和媒体的广泛赞扬。有效推动滞港冻品快速疏港提离，服务国内市场“保供稳价”。筑牢“外防输入、内防扩散”21道重要关口，严格执行离津审批、集中隔离、分级分类管理纪律，推进“应检尽检”“愿检尽检”，对工勤外聘人员一并纳入整体同级管理，坚决守住“零感染”底线。

在疫情防控中，关区涌现出了一大批先进典型。比如机场海关的李毅同志，舍小家为大家，连续奋战370余天，累计带班处置航班1,700余架次。机场海关的“80后”张炜和南疆海关的“90后”孙佳旺，从2020年春节到现在，一直坚守在机场和海港一线，用实际行动诠释了青年一代的责任与担当。保健中心的左锋同志，奔赴在采样、授课培训、实验室检测之间，一个月内为关区培养出200余名采样人员。我们还有许许多多默默奉献在综合协调、物资保障、口岸检疫监管等岗位上的干部职工，每个人都在坚守，每个人都在付出，每个人都很了不起。正是这些点滴的汇聚，才构筑起了抗击疫情的铜墙铁壁！

——过去一年，业务改革创新持续深入、多点开花。

重点改革任务有效落实。作为全国唯一试点海关，承担了新一代通关管理系统3.0版试运行工作；在全国率先实施“两段准入”信息化监管试点，编写业务问答18条；“两步申报”应用率约19%，是全国平均水平的2.1倍，相关试点工作获得总署肯定。以“问题清零”机制为抓手不断推进业务深度融合，共解决具体问题13项。签发全国首票电子化“入境货物检验检疫证明”，电子化使用率达到63.2%。“天津口岸跨境区块链新技术基础设施项目”被列为天津市新基建项目。

关区改革创新不断加强。开展集团保税改革，试点企业进出口总值6.1亿元。出台支持保税维修产业发展的9条措施，全市维修货值规模72.8亿元，同比增长64.8%。大力推进仓储货物按状态分类监管。创新支持沿海捎带、整船换装业务发展。创新推出“跨境租赁”“加工贸易海工平台出口租赁”等措施。各隶属海关积极开展工作创新：新港海关建立案事例分析会制度和“不随意说不”机制；东疆海关完成全国首票船舶跨境租赁资产交易；保税区海关创新开展区内平行车整备转口业务；塘沽海关实施“网格化”服务模式；东丽海关创新方式推动专项稽查有效率在全国主要海关中排名第一；南疆海关出口保税航煤以“质量流量计”代替“岸罐计量”做法向全国推广；北塘海关机检转人工查获率和机检直放率位居全国前列。

企事业单位改革深入推进。组织开展事业单位改革“回头看”。以明确产权关系、理顺治理结构、激发企业活力为目标推动企业改革，整合企业数量，简化股权结构，强化风险管控。

——过去一年，国门安全监管举措有力、切实加强。

安全监管能力不断提升。共监管进出口货运量2.26亿吨，同比增长14%，创历史新高。部署开展安全生产专项整治三年行动，建立“吹哨人”制度，完善安全管理机制。深入开展“龙腾行动2020”，查扣侵权货物数量大幅增加，进口货运渠道实现“零突破”。查获多起违规进出口危化品情事，查获近年来天津口岸最大一起伪瞒报出口烟花爆竹案件，获得市委主要领导批示肯定；危化品监管工作获国务院安委会检查组肯定。加强风控、监管、打私协作配合机制运用。

口岸检疫防线不断筑牢。检出多例重大传染病、较大传染病。隔离检疫进境大中动物5.9万头，约占全国的四分之一。检出未准入境食品批次居全国第二。获批国家级进出口商品质量安全风险评估中心和一级风险监测点，共采集风险信息4,010条，总署采纳6条，均排名全国前列。

——过去一年，服务发展大局主动有为、精准有效。

积极服务稳外贸稳外资。扎实做好惠企纾困工作，先后出台、细化145项措施，分别针对困难型、龙头型企业开展“护链行动”和前瞻性帮扶调研，举办2期“海关—企业家沙龙”，服务质效大幅提升。高级认证企业达159家，同比增长29%，创历史新高。在全国率先实施高级认证企业免担保措施，共备案免担保额度1.89亿元，减少企业资金占压8,730万元。撰写上报统计分析文章497篇，其中向天津市报送统计专报50篇，共获省部级以上批示30篇次，均创历史新高。高质量完成6项重点产品专项调研工作，获得署领导肯定。在各方努力下，天津市外贸从6月份开始，连续实现正增长，其中4个月增长超过两位数；我关服务复工复产工作得到中央调研组高度肯定。

有力支持天津高水平开放。推出自贸试验区创新措施17项，3项向全国复制推广，占海关系统的三分之一，占天津市的30%。创新“港场直通”改革，服务“一带一路”建设，共监管跨境班列396列、4.27万标箱。服务综合保税区高质量发展，东疆综合保税区和泰达综合保税区正式验收，天津港保税区和天津港综合保税区正在整合优化之中。扎实推进跨境贸易便利化专项行动，加强京津两地协作，严格抓好口岸通关时长管控，在全国率先搭建“通关效率统计分析应用数据平台”，全年海、陆、空进口整体通关时间均明显优于全国平均水平；全年进出口人工分析布控查获率在全国报关单量前12位海关中排名第一，努力做到管得住通得快。在全国率先建立 B2B 服务平台，出口额突破 13 亿元。

持续提升综合治税水平。实征税收排名全国第四。稽查补税、审价补税、归类补税均实现正增长。汇总征税比例同比提升。9 项税政调研课题被上级采纳，预计每年为企业增加退税 8,000 余万元。签发价格预裁定数量位居全国第一。验估处置反馈及时率达 100%。

——过去一年，关区科技创新贴近需求、成果丰硕。

科技抗疫成效显著。高标准完成总署“人员密集场所新型冠状病毒快速捕获及检测设备研制”项目。开发“全自动冷链食品新冠病毒污染全方位消杀装置”“旅客健康申明卡辅助应用”“天津口岸进口冷链食品流向信息收集系统”，这些都大幅提升了作业效率。

实验室建设取得突破。新增实验室检测项目 880 项，检测能力达到 8,114 项。关区核酸日检测量、出口防疫物资检测能力覆盖率均大幅提升。动植食中心成为天津市第一家可开展非洲猪瘟检测的第三方检测机构，同步获得象牙及其制品鉴定资质。承担“海关系统实验室基因组数据库及分析平台”建设，基因测序与数据分析研究取得阶段性成果。

科研水平明显提高。“通关现场集成便携查验装备研制及应用”为近 12 年来首次获批的国家级项目。全年，获批总署科研项目 14 项，位列全国海关第二。获省部级二等奖 1 项，专利授权 12 项。

——过去一年，全面从严治党持续不懈、纵深推进。

干部队伍建设不断加强。坚持党管干部原则，加强选拔任用和职级晋升管理。稳步推进专业技术类公务员分类管理。持续强化干部监督管理。开展“三个三分之一”考核，常态化推动总署考核指标任务落实。全年开展培训 289 期，参训 28.2 万人次。在全国技能比武中，获得食品标签检验岗位技能比武团体第一名，个人包揽全国前四名的好成绩。常态化加强内务规范管理，确保纪律要求落实到位。

党风廉政建设和反腐败斗争深入推进。严格落实中央八项规定精神及其实施细则，深入开展形式主义、官僚主义专项整治，扎实推进为基层减负，发文、会议数量持续压减。加强党风廉政建设，着力构建两级党委主体责任、纪检组监督责任、党委书记第一责任人、班子成员“一岗双责”的“四责协同”机制。实施“党组织书记述职+分管关领导点评”的“双向监督”机制。配备支部纪检委员，形成“关党委—党委纪检组—派驻纪检组—纪检委员”监督格局。从严从实开展机关“灯下黑”问题专项整治。持续开展各类监督检查，常态化推进风险灭减。

——过去一年，综合保障能力不断加强、持续提升。

法治建设扎实推进。法制建议书相关

做法在总署会议上做经验交流；开发“规范性文件查询系统”，常态化做好文件清理。积极参与《中华人民共和国国境卫生检疫法》修法工作；深化行政审批改革，网上办理达95%以上；举办首届法律知识竞赛。普法活动得到市普法办肯定。

综合办公畅通高效。重点工作落实督查有力，12360海关热线接通率连续三年全国第一，主流媒体先后报道关区工作1,800余次，与新加坡关税局正式建立合作关系，政策研究、信息报送取得新成效。扎实开展业务数据安全检查专项行动。督审监督作用进一步发挥。

基础保障扎实有力。积极争取上级财政支持，全面实施预算绩效管理，财务管理水平进一步提升。统一工资津补贴，积极筹措资金保障绩效奖、精神文明奖发放，民生成色越来越好。后勤保障更加精细。基建、工青、离退和学会工作进一步加强。

同志们！回顾一年来的工作，面对前所未有的多重压力和困难挑战，大家以风雨无阻的心态，始终保持着栉风沐雨的姿态，沉着应对有风有雨的常态，在疫情冲击的逆境中，圆满完成了各项任务并收获了新成绩、实现了新突破。关区工作获得市委市政府领导批示肯定33次，收到外界感谢信248封。取得这些成绩实属不易，这都得益于习近平新时代中国特色社会主义思想的光辉指引，得益于总署党委的坚强领导，得益于全关上下的精诚团结和辛苦付出。在此，我代表关党委，向大家表示衷心的感谢并致以崇高的敬意！

经过一年的锤炼，我们加深了在严峻形势下做好各项工作的规律性认识，我们深切体会到，要高质量做好各项工作：

一是必须坚决做到“两个维护”。一年来，我们始终以习近平总书记重要指示批示精神为行动号令，始终按照党中央决策部署因时因势调整策略，做到思想上、政治上、行动上与党中央保持高度一致。我们深刻感受到，只有毫不动摇坚持党的领导，坚决做到“两个维护”，才能够科学应对各种困难挑战，确保关区各项工作行稳致远、进而有为。

二是必须牢牢秉持执法为民。一年来，我们坚持从守护群众安全出发，义无反顾冲在口岸一线，战疫情、强监管、守国门；从解决发展难题出发，坚定不移站在企业身边，抓调研、出政策、优服务，工作始终与上级要求相符、与企业期待合拍。我们深刻感受到，只有始终秉持“人民海关为人民”的价值理念，才能够在复杂局面中拨云见日、理清思路，在坚守初心中担当使命、砥砺前行。

三是必须持续深化改革创新。一年来，我们通过制度创新提升了管理水平，通过政策创新提升了服务质量，通过科技创新提升了工作效率。我们深刻感受到，只有不断革故鼎新，勇于自我革命，才能够不断提出新思路、新方法、新模式，妥善应对各种新情况、新问题、新挑战，在更高水平、更深层次、更广范围上，展现更大作为。

四是必须始终强化荣誉意识。一年来，广大干部职工从捍卫职责、捍卫荣誉出发，团结一心、攻坚克难，表现出了高度的团队精神，形成了干事创业的强大合力。我们深刻感受到，只有始终强化荣誉意识，才能保持积极进取的状态和攻坚克难的意志，才能打造一支有责任心和进取心、有向心力和战斗力的干部队伍。

五是必须切实做到严管厚爱。一年来，我们坚持挺纪在前、关心常在，大力褒奖先进典型，从严惩处违纪情事，有力保障了纪律执行到位、措施落实到位。我们深刻感受到，只有坚持严管与厚爱结合、激励和约束并重，使管理有力度、关怀有温度，才能确保令行禁止、高效顺畅，才能更好凝聚人心、汇集力量。

这些在工作实践中积累下来的经验和认识，我们要用心坚守并不断发扬，朝着高质量“一流海关”的目标坚定前行。

二、当前工作面临的形势

今年是历史交汇之年、新征程起步之年，准确判断形势，理清发展思路，对做好全年工作至关重要。国内外形势变化，天津建设社会主义现代化大都市的部署，开启建设社会主义现代化海关和高质量“一流海关”的目标，均对我们的工作提出了新的要求。

三、2021年工作安排

经认真研究，关党委确定今年关区工作的总体思路是：以习近平新时代中国特色社会主义思想为指导，深入贯彻党的十九大和十九届二中、三中、四中、五中全会精神，认真落实中央经济工作会议部署，全面加强党的领导，增强“四个意识”、坚定“四个自信”、做到“两个维护”，立足新发展阶段，贯彻新发展理念，服务构建新发展格局，以服务高质量发展为主题，以深化供给侧结构性改革为主线，以改革创新为根本动力，以满足人民群众美好生活需要为根本目的，坚持系统观念，落实“六稳”“六保”部署，更好统筹发展和安全，强化监管优化服务，巩固拓展疫情防控和服务外贸发展成果，马上就办、真抓实干，持续推进“五关”建设，提升制度创新和治理能力建设水平，坚定信心、乘势而上，开启建设社会主义现代化海关和高质量“一流海关”新征程，以优异成绩迎接建党一百周年。

同志们！本届党委成立之初，我们就鲜明提出要创建“一流海关”。一年打基础，两年上台阶，三年就要见成效。站在新起点，我们提出全面建设高质量“一流海关”，这是从历史、现实和未来的维度，经过深入思考而决定的。未来五年，我们要坚定信心、乘势而上，朝着国际先进、国内一流的高质量“一流海关”目标扎实推进。

什么是高质量“一流海关”？

——就是要更高水平建设政治机关，彰显一流的政治统领能力。贯彻落实习近平总书记重要指示批示精神，把党的领导贯穿工作的全过程、各领域，践行新发展理念、服务构建新发展格局的能力和水平切实提高，“以行动体现忠诚、用效果落实责任”成为普遍认同和自觉遵循。

——就是要更高质量维护国门安全，彰显一流的风险防控能力。法治建设纵深推进，管理精细化、执法规范化水平显著提高，开放监管能力、防范化解重大风险能力、突发事件应急处突能力有效提升，统筹安全和发展更加协调、更加有力。

——就是要更加务实促进外贸发展，彰显一流的服务大局能力。贯彻国家战略意图更加主动，服务大局成效更加凸显，政策供给能力和质量显著增强，服务经济社会发展的深度和广度明显扩大，在服务国家大局、稳外贸稳外资上发挥更大作用、展现更多作为。

——就是要更大力度推进思想解放，彰显一流的改革创新能力。关区谋创新、推改革的氛围更加浓厚，将改革创新融入关区发展各个领域，推进改革持续深化，职责衔接更加紧密，工作流程更加顺畅，系统集成、协同高效的目标基本实现，新海关体制机制优势充分彰显。

——就是要更广领域实现智慧管理，彰显一流的科技引领能力。科技地位和话语权要明显提高，智慧监管、智慧决策、智慧服务、智慧管理建设取得新成效，建成好使管用、方便易用的系统，打造具有一流科研能力、检测能力和创收能力的现代实验室，科技支撑保障作用大幅提升。

——就是要更高标准做到严管厚爱，彰显一流的综合保障能力。“两个责任”落实要更加协同，“三不”机制建设取得新成效，全面从严治党引领保障作用更加凸显，廉洁自律成为道德操守和行动自觉，政治生态更加清朗清明、正气充盈；人才结构、年龄结构更趋合理；自我保障能力大幅提升，民生福祉达到新水平，干部队伍职业荣誉感和归属感显著增强。

以上我们初步归纳了建设高质量“一流海关”需要具备的6种能力，各部门各单位要认真开展相关研究。

为什么说我们有信心建成“一流海关”？

——我们的信心来自多重机遇的叠加。坐落在天津这座对外开放前沿城市，我们有习近平总书记建设“绿色港口、智慧港口”的殷切希望，有“双循环”新发展格局、京津冀协同发展、雄安新区、“一带一路”等国家发展大局，有自由贸易试验区、综合保税区、自创区等政策高地，处于多重机遇叠加的难得阶段，我们在未来必定大有可为，也必须大有作为，这些都为建设更高质量“一流海关”创造了良好的外部条件。

——我们的信心来自多年发展的积淀。经过多年改革发展，我们形成了很多工作优势和特色品牌，在融资租赁、汽车、冷链食品、大中动物、大宗资源性商品等方面，处于全国前列，部分领域领跑全国。我们还拥有大体量实验室资源，15个总署国家重点实验室、9个区域实验室和1个市重点实验室，为建设高质量“一流海关”提供了坚强支撑。

——我们的信心来自对标达标的实践。过去两年，我们创新建立“一流海关”评价体系，瞄准一流水平，通过指标引领，不断自我加压、苦练内功，补齐短板、洗筋伐髓，积极争当“五关”建设的排头兵。从整体上看，关区对标达标的意识更强，珍视荣誉的氛围更浓，争创一流的劲头更足，这都为建设高质量“一流海关”奠定了坚实基础。

——我们的信心来自全面过硬的队伍。我们的队伍中，研究生以上学历占四分之一，35岁以下年轻干部占三分之一，党员占五分之四。经过层层选拔，大家在千军万马中脱颖而出，可谓人之精英、同龄之佼佼者。这样一支年轻化的高素质干部队伍，是我们建设高质量“一流海关”强有力的中坚力量。

——我们的信心来自争先奋进的传承。天津海关的发展史，就是一部自强不息、改革创新、勇立潮头的奋斗史，我们在历史上创造了多个全国第一，先后承担了多项总署试点任务，在机构改革、业务改革、制度创新中勇于走在前、敢于扛红旗。长期传承下来的不甘落后的传统、流淌在津关人血液中不甘平庸的基因，是我们建设高质量“一流海关”最深沉的内生动力。

同志们！建设高质量“一流海关”有天时、有地利、有人和、有基础。我们要坚定必胜的信念，要相信只要上下同心、上下同欲，不当看客、争做主人，自觉把个人成长进步和价值实现，与关区改革发展的具体实践统一起来，高质量“一流海关”就一定能够建成，也必须要建成！

建设高质量“一流海关”，今年要迈好第一步，见到新气象，实现新作为。重点做好以下工作：

（一）全面加强党的领导，在政治建设上要有新作为。

一是要深入学习贯彻习近平新时代中国特色社会主义思想。要继续发挥党委理论学习中心组、党委会带动引领作用，及时跟进学习习近平总书记最新重要讲话精神，不断增强“四个意识”、坚定“四个自信”、做到“两个维护”，不断提高政治判断力、政治领悟力、政治执行力。持续深入学习党的十九届五中全会精神，分期分批组织处级以上干部集中轮训。抓好党的优良传统和作风教育，开展好“党旗在基层一线高高飘扬——以实际行动庆祝中国共产党成立100周年”“我为群众办实事”活动。持续抓好青年理论学习小组学习。举办优秀年轻干部党的理论和党性教育培训班。

二是要坚决贯彻落实习近平总书记重

要讲话精神和指示批示精神。要坚持“第一议题”制度，完善上下贯通、执行有力的抓落实工作机制。全力支持“智慧港口、绿色港口”建设，推广京冀地区应用“集疏港智慧平台”，推动“船边直提”“抵港直装”上规模、上水平。加强海关知识产权保护。做好定点帮扶困难村经验总结工作。持续强化政治监督、纪检监察、巡察、督审、督查联动，确保各项决策部署落实落细。

三是要坚决走好新时代党的组织路线。要坚持党管干部原则，进一步推进干部工作“五大体系”建设，树立更加鲜明的选人用人导向，让各类优秀干部都能找到努力方向。加强处科级领导班子和人才队伍建设，加大优秀年轻干部选拔力度，加强执法一线科长队伍建设。稳妥有序推进专业技术类公务员分类管理，探索发挥公务员职务职级并行制度激励作用的实现方法和途径，落实好事业单位聘用制度。改进优化队伍考核，做到“用成绩单说话”。大力培树典型，营造崇尚荣誉、追求先进的浓厚氛围。突出准军事化纪律部队特色，常态化做好纪律作风视频检查，完善内务规范强化月等特色做法，强化日常养成，推动“政治坚定、业务精通、令行禁止、担当奉献”的准军事化纪律部队面貌焕然一新。注重实操实训，扩大一线执法岗位人员资质覆盖率，鼓励第二专业学习，分级分类做好处科级领导干部脱产培训。加强和改进思想政治工作，定期开展思想动态分析。高标准推动文明单位、青年文明号创建工作。加强文化建设，开展关史教育。更好发挥群团组织作用，激发队伍活力。

四是要不断加强党的基层组织建设。要不断增强党组织政治功能和组织功能，从严管思想、管工作、管作风、管纪律。持续巩固“强基提质工程”，加强党建分类指导，抓好基层党建实训，深化“四强”党支部建设，打造党建品牌“升级版”。建立健全海关党建制度机制，提升标准化规范化水平。持续探索党建与业务深度融合的方法，着力破解“两张皮”问题。大力加强政治机关建设，深化模范机关创建。

（二）坚决守住检疫防线，在疫情防控上要有新作为。

一是要不断加强口岸卫生检疫。坚决克服麻痹思想、厌战情绪、侥幸心理和松劲心态，严格执行疫情防控要求和操作标准，完善常态化防控机制，加强疫情信息监测和重点布控，坚持做好“三查三排一转运”，严格做好出入境人员和交通工具检疫。不断完善口岸检疫设施，持续推进口岸核心能力建设。完成保健中心实验室扩能改造和设备配置，提升健康服务水平和传染病检测能力。优化特殊物品监管机制，做好新冠病毒疫苗出口监管等工作。统筹抓好人员、物资、资金保障。

二是要严格高风险货物风险监测和预防性消毒工作。科学规范实施采样检测，落实预防性消毒措施，推进各项工作规范化、标准化、信息化。严格监督落实口岸高风险非冷链集装箱货物预防性消毒措施，夯实各方责任。

三是要严格防止疫情叠加输入。牢固树立总体国家安全观，加强传染病风险预警，严防埃博拉、拉沙热、鼠疫等重大传染病传入。完善动植物疫情疫病监测和早期预警机制，实施动植检准入、查验、检测、后续处置等全链条检疫监管，扎实做好国门生物安全监测和安全风险监控，持续严防疫情疫病传入传出和外来物种入侵。做实做细内部人员安全防护，切实做到“打胜仗、零感染”。

（三）切实提升监管效能，在安全保障上要有新作为。

一是要加强口岸安全监管。严格落实进出口贸易禁限管控，加强口岸环节反恐维稳，开展安全生产专项整治。规范监管作业场所运行管理，完善口岸监控指挥体系。推进机检设备智能审图，优化智能审像模式。规范进出境运输工具监管。不断提升物流有效监管能力。继续推进行李物品、邮递物品监管智能化、规范化建设，完善旅检“无感通关”模式。

二是要严格进出口检验。严格落实“四个最严”要求，加强进口食品化妆品风险监测，持续开展进口食品“国门守护”行动，高质量做好进出口食品安全监管。坚决贯彻落实总署商检模式改革任务。持续推进质量安全风险预警体系建设，发挥国家级风险评估中心，一级、二级风险监测点作用。

三是要推进风险整体防控、精准防控。统筹关区风险布控规则管理，将风险防控的视野前推后移，延伸风险防控链条。加强风险防控区域协作，深化口岸安全风险联合研判和协同处置，完善风控部门与现场联系配合工作机制。加强综合保税区风险分析，推动稽核查指令统筹下达，加强安全准入风险防控。

四是要始终保持打击走私高压态势。全面落实党中央关于海关缉私管理体制调整的重大决策，积极构建防控、监管、打击“三位一体”体系。创新打击模式，提高执法质效。不断完善“全员打私”机制。巩固深化“双向考评”机制。全力做好缉私保障，打造“智慧缉私”升级版。

（四）积极促进“双循环”，在服务发展上要有新作为。

一是要全力服务供应链产业链稳定。做好“补链”，支持符合国家产业发展规划的先进装备、关键零部件进口。加强天津口岸和天津市外贸形势分析，完善统计调查研究方法，聚焦重点产业、产业链供应链重点环节、关键技术“卡脖子”商品开展分析研究，做好重点商品监测预警。推进“延链”，将保税货物按状态分类监管扩展到保税物流中心（B型）和公共保税库；全面推广企业集团加工贸易监管模式，促进保税维修等业务发展，探索实施高端制造业全产业链保税模式；引导企业更好利用跨境电商 B2B 市场“穿透”效应，打造跨境电商进出口集散中心。助力“强链”，探索打造“新型保税工厂”监管模式；实施“一企一策”服务加工贸易企业发展；以国家和地方产业链供应链龙头企业为重点，加大信用培育和企业认证力度。

二是要积极服务国家发展大局。主动融入京津冀协同发展，在对接、协同、改革、联动上下功夫。落实京津冀三关合作备忘录，支持雄安新区深化改革和扩大开放。深化“港场直通”改革，助力“一带一路”建设。用足综合保税区政策，鼓励科技型、创新型企业入区发展；用好税收政策，支持大中院校、科研院所等科研“国家队”享受税收减免、开展科技攻关。促进天津地区优质农产品扩大出口，服务乡村振兴。落实种质资源检疫创新监管措施，支持国家种子库建设。

三是要贴近服务稳外贸稳外资。大力支持融资租赁、服务贸易、汽车贸易等新业态发展。加强 WTO/TBT-SPS 措施的通报评议。推进“支部联系企业、党员服务群众”和“海关—企业家沙龙”活动常态化、制度化。推广“互联网+稽核查”。开展涉税、涉检等重点领域专项稽核查。扩大主动披露适用范围到检验检疫领域。落实总署部署，拓展“多证合一”“双随机、一公开”，深化行政审批改革，规范行政审批流程。

四是要不断加强综合治税。加强税收监控分析和企业调研，完善税收征管作业制度。强化归类审价，推动关税、稽查、缉私、风控、现场等部门形成合力，有效防范区域性税收风险。推广关税保证保险、汇总征税、自报自缴等措施。优化非贸税收征管机制，不断提高征税比例。深化属地纳税管理，扩大企业覆盖面，提升税收征管效能，做到量质并举，全力完成税收预算目标。落实关税调整、减税降费等国家税收政策，加强税政调研，为税收政策制定积极提出合理性建议。加强原产地管理，做好《区域全面经济伙伴关系协定》（RCEP）实施前准备工作，加大宣传，提升关区自贸协定原产地关税优惠政策利用水平。

（五）不断提升创新质效，在深化改革上要有新作为。

一是要在持续深化改革创新上下更大功夫。做好新一代通关管理系统推广应用工作。推动“五个两”改革任务理清走顺、落实见效。建立一线问题常态化、滚动收集和清零机制，在问题持续灭减中推动关检深度融合。开展机构改革“回头看”，厘清部门职责边界。提高改革系统集成水平，强化业务结合部协调联动。

二是要在推动更高水平对外开放上下更大功夫。跟进支持天津港保税区和天津港综合保税区整合升级，以及临港综合保税区申建工作。持续推动国发〔2019〕3号文的21条政策措施扩大受惠面，强化事中事后监督，促进综合保税区高质量发展。加强自贸试验区海关监管制度集成创新和复制推广。做好新一轮跨境贸易便利化专项行动，不断巩固口岸整体通关时效，进一步提升“两步申报”“提前申报”应用率，继续抓好超长报关单专项整治。深化“单一窗口”建设，落实总署部署，精简进出口环节监管证件，降低进出口环节合规成本。

三是要在提升创新质量上下更大功夫。坚持问题导向、需求导向、效果导向，加强跨区域、跨部门、跨领域协同创新，从企业最急、群众最盼、地方发展最需的地方改起，提升海关改革创新的质量和效益。实施政策创新全流程管理，做好创新举措的跟进评估和修订完善工作，释放更多创新红利。要完整准确全面贯彻新发展理念，落实总署“十四五”规划，研究提出一批引领关区高质量发展的重点工程项目。

四是要在深化企事业单位改革上下更大功夫。事业单位改革重点要提升执法支撑能力、事业发展保障能力、市场开拓能力和廉洁自律能力。企业改革方面，要严格落实各项管理措施，确保改革沿着设定路线推进。强化关属企业市场主体地位，提升市场竞争力。

（六）着力夯实工作基础，在内部建设上要有新作为。

一是要加强智慧海关建设。加强科研管理，做好业务急需的关键技术研究和装备研发，提高项目数量和质量。健全完善关区科技领导制度。积极做好申报国家重大项目储备工作。持续深化区块链技术在自贸试验区、通关担保创新、企业稽核查等业务中的应用。用足用好大数据、人工智能、AR（增强现实）、VR（虚拟现实）等新技术，研究推动“5G＋智能监管”“5G＋业务培训、会议管理、协同办公”“5G+智慧应急安全管理”。梳理数据应用体系，打造关级大数据池。推进“大运维”“大安全”“强服务”体系建设。要以科技大楼建设为契机做好实验室整体规划，申报天津（海河）重点实验室和海关总署中心实验室。做好海关基因组数据库及基因信息全自动分析平台建设。推进实验室管理规范化、精细化。加强数据管理，确保业务数据安全。

二是要加强清廉海关建设。落实总署关于各级党委全面从严治党主体责任检查考核要求，完善党建述职评议制度和履责提醒机制。持之以恒纠治“四风”，持续深入开展形式主义、官僚主义整治，健全基层减负机制，深化“好差评”系统应用。进一步发挥纪检委员作用，巩固完善末端监督。做实做细日常监督，持续灭减廉政风险。严肃财经纪律，全面实施预算绩效管理，推进“智慧财务”建设，抓好预算执行，规范政府采购、涉案财物管理，降低检验检疫环节收费，推进闲置资产整合优化。认真落实政府“过紧日子”要求，从制度约束和道德规劝入手，提升全员节约意识。加快基建项目推进和收尾工作。不断提高后勤服务规范化、精细化、科学化水平。

三是要加强法治海关建设。加强法制建议、案例警示、重大案件督办联动。推进制度规范化建设，完善意见征求和定期清理机制。优化“业务规范性文件查询系统”，做好规范性文件的立改废释和动态归集管理。编制权责清单，不断提高复议应诉水平，规范权力运行。加大普法宣传力度，提升全员法治素养，为建设高质量“一流海关”提供坚强的法治保障。

同志们，蓝图已绘就，关键在落实。在接下来的工作中，希望大家保持好“五种劲头”，自觉把思想和行动统一到关党委部署要求上来，共同为高质量“一流海关”建设添砖加瓦、贡献力量。

——要保持“艰险拿来足踩平”的闯劲。面对纷繁复杂的国际国内形势，特别是疫情带来的各种不确定性，实现高质量“一流海关”建设的良好开局，绝不是轻轻松松、舒舒服服的，将会遇到各种各样的风险挑战，面临各种各样的变数和压力。我们必须进一步解放思想，开阔眼界、思路和胸襟，时刻保持敢想敢干、敢闯敢试的冲劲，不被困难吓倒，勇于迈出第一步；必须进一步振奋精神，要有争第一的志气、勇担当的士气、干实事的正气，把蕴含在干部队伍里的磅礴力量充分释放出来；必须进一步强化斗争精神，敢于迎着矛盾问题上，不推不绕、不躲不避，多一些硬气，始终保持闯的魄力、抢的意识、争的劲头，以百折不挠的精神、昂扬向上的斗志、敢打敢拼的血性，凝聚起改革发展的强大力量。

——要保持“不破楼兰终不还”的拼劲。荣誉和尊重，都是拼来的、干来的。海关改革发展到现在，全国海关硬件条件不相上下，能否实现更大发展，拼的就是干部队伍的精气神。经过两年的“对标达标”，关区改革发展走到了越进越难但又不进则退的关键时期，能不能保持住工作劲头并实现更大发展，直接决定了未来几年关区发展质量。新的一年，我们要在滚石上山中继续强化担当精神，在逆水行舟中继续激发拼搏意志，进一步增强“一日不为、三日不安”的责任心和“时不我待、只争朝夕”的紧迫感，以钉钉子精神和抓铁有痕的作风，沉下心来、扑下身子，知重负重、担当作为，做到不获全胜不收兵、不达目标不罢休。

——要保持“用心精至自无疑”的钻劲。人才是关区的第一资源，干部队伍的整体能力和素质，直接决定了“一流海关”建设的质量和水平。在新知识更新迭代迅猛的时代，海关改革发展面临的复杂性全面上升，如果对国际国内形势的变化趋势不掌握，不晓“国之大者”；对系统内的发展不了解，胸无全局；对群众期待和企业诉求的变化不敏感，迷失方向，就无法胜任工作，就有被淘汰的危险。我们要始终保持对新理论、新政策、新知识的敏感和渴求，重学习、多钻研、勤思考，不断充电加油、补短补缺，努力成为了解大局大势、熟悉理论政策、晓通分管工作的“行家里手”。

——要保持“咬定青山不放松”的韧劲。行百里者半九十。建设社会主义现代化海关、打造更高质量的“一流海关”，不是百米冲刺，而是马拉松，需要的不只是漂亮的开局和瞬间的成功，更要有水滴石穿的韧劲和久久为功的恒心。我们要坚持一张蓝图绘到底、干到底，一切立足于干成，一切立足于干好，一切立足于干出成效。在推改革、谋发展中不做虚功，不摆盆景，不虎头蛇尾，按照既定路线图，一步接着一步走，一件接着一件干，一关接着一关闯，坚定朝着高质量“一流海关”的目标不断迈进。

——要保持“一子落而满盘活”的巧劲。落实好各项任务，既需要实干和苦干，也需要智慧和技巧。面对层出不穷的新情况、新问题，面对艰巨繁重的监管服务任务，有时按照传统路子可能走不通、走不顺、走得累，这时候我们就要谋变，变则通、通则久。要善于总结工作经验，遵循客观规律，找准着力点，找到开锁解结的关键；要善于抓主要矛盾和矛盾的主要方面，“打蛇打七寸”，做到精准施策、纲举目张；要持续创新管理手段和科技手段，打破传统路径依赖，做到不拼人力拼智力，不打消耗战，实现“四两拨千斤”，在创新中提升工作质量，提高治理效能。

同志们！今年是“十四五”规划的第一年，开好局、起好步至关重要。我们要更加紧密地团结在以习近平同志为核心的党中央周围，在总署党委的坚强领导下，再接再厉、奋发进取，坚定信心、乘势而上，不断推进“五关”建设，全力开启建设社会主义现代化海关和高质量“一流海关”新征程，以优异成绩向建党100周年献礼！

在2021年天津海关全面从严治党工作会议上的讲话

天津海关党委书记、关长　赵革

（2021年2月3日）

这次会议的主题是，深入学习贯彻习近平总书记重要讲话精神，按照十九届中央纪委五次全会要求，落实2021年全国海关工作会议、全国海关全面从严治党工作会议部署，总结去年工作，分析工作形势，部署今年任务。下面，我代表关党委讲几点意见。

一、2020年工作回顾

过去一年，全关上下认真落实新时代党的建设总要求，全面履行管党治党政治责任，持续强化正风肃纪，认真做好全面从严治党、党风廉政建设和反腐败各项工作。

一是政治建设统领作用有效发挥。牢牢把握政治机关定位，始终把政治建设摆在首位，不断增强“四个意识”，坚定“四个自信”，做到“两个维护”。坚持以习近平新时代中国特色社会主义思想为引领，持续抓好理论武装，认真学习贯彻十九届五中全会精神，关党委带头开展专题学习44次。组织关区开展党的十九届五中全会精神和《习近平谈治国理政》第三卷等内容专题学习。抓实青年理论学习小组，不断拓展学习的广度和深度。将学习贯彻习近平总书记重要指示批示精神，落实党中央重大决策部署，作为党委会和每月形势分析及工作督查例会第一议题，做到第一时间传达学习和贯彻落实，在推进“智慧港口、绿色港口”建设，打击“洋垃圾”走私、象牙等濒危动植物及其制品走私，守牢新冠肺炎疫情口岸防线，落实稳外贸稳外资以及对口困难村帮扶方面取得新成效。加强政治监督、纪检监察、巡察、督审和督查联动，不断严明政治纪律和政治规矩，提高执行能力和落实水平，努力做到以行动体现忠诚、用效果落实责任。

二是从严治党体制机制不断完善。深入推进两级党委主体责任、纪检组监督责任、党委书记第一责任人、班子成员“一岗双责”责任落实，努力构建“四责协同”机制，促进“两个责任”同向发力。认真贯彻落实《党委（党组）落实全面从严治党主体责任规定》，制定两级党委主体责任清单，制定全面从严治党重点任务并督办落实。完成两级党委党风廉政建设责任制自查工作。定期召开全面从严治党专题会议、派驻纪检组座谈会，研究新情况，解决新问题。从组织领导、人员配备、工作重点、联系配合等方面进一步强化党支部纪检委员工作，持续夯实“关党委—党委纪检组—派驻纪检组—纪检委员”监督格局，着力打通全面从严治党“最后一公里”。

三是管党治党主体责任不断压实。加强党组织书记述职考核，实施“党组织书记述职+分管关领导点评+党委书记讲评”的“双向监督”机制，强化党建“第一责任人”职责，有效传导全面从严管党治党压力。从严管理干部队伍，干部配偶、子女及其配偶从业行为自查申报全覆盖；认真执行领导干部个人有关事项“两项法规”，如实报告率有效提升。加强基层组织建设，深化“强基提质工程”，扎实开展“四强”党支部建设，推动党建品牌换挡升级；不断巩固深化“不忘初心、牢记使命”主题教育成果，持续开展“支部联系企业、党员服务群众”活动，基层党建工作在服务企业发展实践中有效加强。坚持以党建激活力、提动力，各级党组织和广大党员干部积极投身疫情防控一线，871人主动递交请战书，451名党员干部下沉社区企业，成立25个临时党支部，党组织战斗堡垒和党员先锋模范作用得到有效发挥。

四是权力运行监督制约得到强化。保持执纪审查工作高压态势，匿名诬告专项整治初见成效。持续加强监督工作，组织开展专项整治监督，持续消除廉政风险。用足用好“四种形态”，加大“第一种形态”的运用。用足用好“新海廉”平台，促进权力规范运行。扎实开展警示教育，加大案例通报曝光，让党员干部知敬畏、明底线、受警醒。

五是巡视整改和巡察同步推进。深化总署巡视整改，对完成整改、长期整改以及专项整治任务开展自查评估。扎实开展中央巡视整改“回头看”。建立巡察与巡视整改联动机制，将总署巡视反馈问题纳入巡察内容，持续抓紧抓好。做好巡察“后半篇文章”，健全整改落实情况评估制度，完善整改日常监督机制，切实提高整改质量。

六是推动作风建设不断抓细抓常。认真落实中央八项规定及其实施细则精神，坚持以上率下，党委委员自觉遵守六项言行自我要求，从点滴小事做起推动作风转变。抓好重点整治，组织开展形式主义、官僚主义专项整治以及“为基层减负”工作，坚持落实周二周四“无会日”、日报周报月报“正面清单”和“机关引领基层”等举措，发文、会议数量持续压减。从严从实开展“低级红”“高级黑”和机关“灯下黑”专项整治。强化准军事化纪律作风日常养成，组织开展内务规范强化月活动；政务服务“好差评”系统全年无差评。

二、深刻理解十九届中央纪委五次全会和全国海关全面从严治党工作会议精神，清醒认识关区面临的严峻形势

在十九届中央纪委第五次全体会议上，习近平总书记充分肯定了过去一年全面从严治党取得新的重大成果，深刻阐述了全面从严治党新形势新任务，强调要深入贯彻全面从严治党方针，充分发挥全面从严治党引领保障作用，坚定政治方向，保持政治定力，做到态度不能变、决心不能减、尺度不能松，确保“十四五”时期我国发展的目标任务落到实处。习近平总书记的重要讲话高屋建瓴、思想深邃、内涵丰富，是推进全面从严治党向纵深发展的根本遵循。

在全国海关全面从严治党工作会议上，倪岳峰署长、陶治国组长分别总结了过去一年全国海关工作进展情况，指出了在政治建设、落实全面从严治党责任、作风建设、反腐败等领域存在的问题，并对做好今年全面从严治党、党风廉政建设和

反腐败工作做出部署，为我们抓好关区工作提供了方向和指引。

学习会议精神、对标上级要求，我们必须清醒认识到，关区工作中仍然存在一些突出问题和薄弱环节，主要表现在以下几个方面。

（一）执法风险易发多发，反腐败斗争形势依然严峻。

习近平总书记指出，党的十八大以来，尽管党风廉政建设和反腐败斗争取得了历史性成就，但形势依然严峻复杂，腐败这个党执政的最大风险仍然存在，存量还未清底，增量仍有发生。倪岳峰署长也指出，目前海关系统基层一线执法腐败问题仍时有发生。

党风廉政建设永远在路上，反腐败斗争永远在路上。腐败问题关乎党的执政基础，关乎人心向背。廉洁从政是我们创建“一流海关”的基础，如果廉政的底线守不住，“一流海关”也就无从谈起。

在近两年的执纪审查中，对执法领域问题的反映仍然集中。个别单位行政执法监管不到位，致使制度空转，执法风险最终演化成廉政风险。有的干部缺乏责任心，因未履行法院协助执行内容，致使法院对我关处以罚款，造成工作被动。在当前持续加大反腐力度的情况下，一些人仍然不收敛不收手，边查边犯，肆无忌惮，比如有的实验室职工铤而走险，搞权力寻租，谋取私利，涉嫌严重违纪违法，成为我关机构改革以来第一个因职务犯罪被地方纪委监察立案的案件；有的关员退休后，退而不休、贴着海关发财，为他人居间联系办理通关手续并从中获利，无视法律底线，淡忘党员宗旨，说明我们一体推进不敢腐、不能腐、不想腐仍然任重而道远。这些案例提醒我们在反腐败这个问题上始终要如临深渊、如履薄冰。

（二）监督存在短板，风险防控能力还需继续加强。

习近平总书记强调，要把监督贯穿于党领导经济社会发展全过程，构建全覆盖的责任制度和监督制度。陶治国组长也指出目前海关系统仍然存在监督的死角和盲区，要求必须树立系统思维，统筹好监督和协同的关系，构建优势互补、协同高效的监督“大格局”。

信任不能代替监督，严管亦是厚爱。健全完善监督体系，不仅关系到关区全面从严治党向纵深发展的质量，也直接关系到风险的防范和安全的保障。从天津海关实际来看，我们在监督方面仍然存在一些突出的问题。

一方面，对干部职工“八小时”之外的监督管理不到位。总署党委一再强调要重视干部职工“八小时”之外监督，关党委也采取了一些措施，但从实践来看，对“八小时”之外的管理重视不够、方法不多、效果不够好。有的关员法纪观念淡薄，在扫黑除恶、正风肃纪的高压态势下，顶风违纪，甚至以身试法，发生故意毁坏他人财物、盗窃等行为，性质恶劣，影响很坏，与当前全面依法治国、全面从严治党的大形势很不合拍，给海关队伍形象带来严重不良影响。另一方面，对新领域、新业态发展带来的伴生风险防范不足，比如寄递渠道风险更加隐蔽，监管和风险防控还需要加强，廉政风险表现比较突出，我们关也曾在这个方面摔过跟头、吃过亏。

（三）纪律防线失守，与准军事化纪律部队要求还有较大差距。

习近平总书记指出，要把严的主基调长期坚持下去，以系统治理、标本兼治的理念正风肃纪反腐。要求党员、干部要筑牢思想防线，时刻自重自省自警自励，慎独慎微慎始慎终，做政治信念坚定、遵规守纪的明白人。

加强纪律建设是全面从严治党的治本之策，是准军事化海关纪律部队的重要标志，也是我们创建高质量“一流海关”的根本保证。但过去一年，我关还是发生了不少违纪问题。

在疫情防控的关键时期，关党委多次强调要做到令行禁止、令出必行，但仍有个别党员干部顶风违纪，对党委要求置若罔闻。有的不如实报告个人去向，还有的谎称进出疫情重点地区，更有甚者明知关区集中隔离居住的要求，不经请示报告，擅自从防控一线离岗返家。有的职工无视国家法律法规和纪律要求，参与赌博违法活动被公安机关行政拘留，还故意编造理由向单位请假，不如实报告个人去向，隐瞒拘留处罚实情，这些都与海关准军事化纪律部队要求格格不入。

（四）敢抓真管的力度不够，宽松软问题依然十分突出。

习近平总书记强调，党委（党组）要履行主体责任，书记作为第一责任人要敢抓真管。倪岳峰署长指出，目前海关系统仍然存在全面从严治党责任没有完全压实的问题，有的党委责任落实存在“堵点”和“温差”。

主要负责同志是一个单位的“主心骨”和“领头羊”，各级领导班子是我们创建高质量“一流海关”的“急先锋”和“主力军”。领导班子的整体素质和工作水平，直接决定了关区改革发展的质量。回顾关区发生的一些违纪违法问题，虽然表现在个体，原因各种各样，但究其根源，都与一个单位的风气和生态紧密相关；再深探一层，也反映出我们一些同志、特别是主要负责同志责任落实不到位、分管领导从严管理不到位、压力传导不到位，管理上长期宽松软的“量变”，最终导致了违纪违法行为发生的“质变”。

比如，有的缺少敢抓敢管的勇气，平时当好人，不愿得罪人，没能发现一些倾向性、苗头性的问题，即便是发现了，纠正也不及时，处理起来不疼不痒，管理上失之于宽、失之于软；如果有些问题能够提早“黑起脸”来制止、批评帮助，那就有可能保护了我们的干部，反之，那就是害了大家。有的缺少常抓常管的韧劲，上面有要求就紧一紧，平常就松一松，时紧时松的状态，本身也破坏了纪律规矩的严肃性，正气营造得不够，就助长了一些歪风邪气。有的缺少能抓会管的本领，对承担的党风廉政建设责任不了解、不清楚，责任落实浮于表面、形式单一、效果不好。同志们，知耻而后勇不丢人，看到工作存在的不足，勇于承认、勇于改正、勇于改进不丢人；相反，面对问题视而不见、发现问题麻木不仁、对待问题得过且过，那才可怕、才可悲、真正丢人。

（五）“四风”问题隐患犹存，作风建设还需持续强化。

习近平总书记强调，要毫不松懈纠治“四风”，坚决防止形式主义、官僚主义滋生蔓延。倪岳峰署长也指出目前海关系统形式主义、官僚主义问题仍未根治，还有干部依然抱着作风问题是小事小节的错误思想。

作风问题本质上是党性问题。在复杂的内外部形势下，我们能否逆风破浪，推动高质量“一流海关”建设开新局、谱新篇，关键就在于思想是不是解放、作风是不是过硬、工作是不是务实、担当是不是有力、队伍是不是有活力。当前，我关在作风建设方面还存在一些突出问题。

一些部门作风拖沓，不用心不务实，不担当慢作为，“说了当成做了，做了当成做成了”等形式主义问题依然存在。一些基层单位执行力不强，有的对关党委议定的事项执行不力。比如出现的“盲样不盲”问题，本届党委成立不久就制定了一系列措施，但有些业务现场、实验室在实际操作过程中，经常不照规矩干、不严格执行。有纪律、有要求，不照着做、不执行，就会给违法违纪者留出空子。有的不作为、乱作为，不能及时回应企业诉求、解决群众难题，导致小事拖大、大事拖炸，最终造成“拉仇恨”，引发工作对象的投诉，不仅侵害了企业利益，更是冲抵了企业群众对海关改革的获得感。一些同志干工作循规蹈矩，等、靠、要思想依然较浓，面对矛盾和问题，缺乏斗争精神，一味地躲、忍、绕。一些年轻干部缺少活力、得过且过，甚至有时遇到问题自欺欺人，等等，这些都与创建高质量“一流海关”的要求不相匹配。

（六）全面从严治党制度机制建设还有差距，“两个责任”协同配合还不到位。

习近平总书记强调，要落实党委的主体责任和纪委的监督责任，做到守土有责，不能让制度成为“纸老虎”“稻草人”。陶治国组长指出，“两个责任”打滑空转的问题依然存在，还有一些部门单位领导班子把管党治党当成“软任务”，“严紧硬”的立场不稳、措施不多。

全面从严治党，落实主体责任是前提，落实监督责任是保障，两者相辅相成。推动全面从严治党向纵深发展，关键看行动，根本在担当。只有“两个责任”充分发挥统分结合优越性，既各司其职，又同向发力，才能真正拧紧责任链条，确保责任落实效果。对标习近平总书记的要求，对照总署党委和驻署纪检监察组指出的问题，我关在机制建设、责任落实上，仍然存在不足。

主体责任与监督责任的落实，在深层次的协同频率上没有找准契合点，廉政教育、廉政制度、廉政监督并重的管理机制还没有有效构建起来。党风党纪的监督管理与监督、执纪、问责的职责履行还需要进一步加大协同配合的力度，“两个责任”同向发力还存在不足，职能交叉部位主动履职、相互补位的意识还需要进一步提升。人事、政工、督察内审等部门与纪检监察机构联系配合机制还不够完善。派驻监督工作的效能还要进一步提高，纪检队伍的功能作用有待进一步发挥，监督、治未病的能力还需进一步加强。

同志们！在全国海关全面从严治党工作会议上，天津海关已经两次被点名通报，上次是邮办的沈智辉案，这次是 3 人因涉嫌盗窃和受贿犯罪被司法机关采取了强制措施。我们千万不要自我感觉良好，头脑要冷静，要有“坐不住”的责任感、“慢不得”的危机感、“等不起”的紧迫感，始终保持“赶考”的清醒，不断增强自我净化、自我革新、自我完善、自我提高能力，扎实推进全面从严治党各项任务落实落细、取得实效。

三、2021 年主要任务

根据总署党委部署要求，经关党委研究，2021 年关区全面从严治党工作的总体要求是：以习近平新时代中国特色社会主义思想为指导，深入贯彻党的十九大和十九届二中、三中、四中、五中全会精神，认真落实十九届中央纪委第五次全会部署，增强“四个意识”，坚定“四个自信”，做到“两个维护”，认真落实全国海关工作会议、全面从严治党工作会议部署要求，坚持稳中求进，立足新发展阶段，贯彻新发展理念，推动构建新发展格局，深入贯彻全面从严治党方针，充分发挥全面从严治党引领保障作用，把严的主基调长期坚持下去，以高质量发展为主题，坚持系统观念，一体推进不敢腐、不能腐、不想腐，持续深化清廉海关建设，锻造准军事化纪律部队，深入推进“政治建关、改革强关、依法把关、科技兴关、从严治关”，全面加强基层组织建设，为建设社会主义现代化海关、开启高质量“一流海关”建设新征程提供坚强保证，以优异成绩庆祝中国共产党成立 100 周年。

要重点做好以下几个方面工作。

一是要始终把政治建设摆在首位。要牢牢把握政治机关定位，进一步增强“四个意识”，坚定“四个自信”，做到“两个维护”，不断提高政治判断力、政治领悟力、政治执行力。要把学习习近平新时代中国特色社会主义思想与“四史”学习贯通起来，不断加强党性锻炼，坚定理想信念。要制定两级党委中心组学习实施细则，健全中心组学习情况报备、巡听旁听等机制，同步完善述学、评学、考学机制，把学习新思想情况作为干部考核的重要内容，作为全员培训的最重要内容，确保进教材、进课堂、进头脑。要抓好党的十九届五中全会精神轮训，巩固深化“不忘初心、牢记使命”主题教育成果，组织开展好“党旗在基层一线高高飘扬”活动。进一步严明政治纪律和政治规矩，织牢织密组织体系，推动党建高质量发展。全面落实“第一议题”制度，完善效果评估、督查问责机制，形成学习传达和督促落实的封闭链条，继续以最坚决的态度、最迅速的行动、最有力的措施贯彻好习近平总书记重要指示批示精神，落实好党中央重大决策部署，在关区树立起“以行动体现忠诚、用效果落实责任”的鲜明导向。

二是要驰而不息加强纪律作风建设。要锲而不舍落实中央八项规定精神，持续纠治形式主义、官僚主义，严肃整治反映强烈的不担当、不作为、拉仇恨、耽误事等问题，严查享乐主义和奢靡之风，深化“好差评”系统的推广应用，不断改进政风作风。各级领导干部要自觉反对特权思想和特权行为，严格管好家属子女，抓好家风家教。要健全基层减负常态化机制，继续落实“无会日”“正面清单”等制度，统筹规范各项督查检查考核，优化学习培训。要严肃财经纪律，认真贯彻落实政府“过紧日子”要求，创建节约型机关，集中财力保重点、保运转、保民生。不断巩固完善“支部联系企业、党员服务群众”“海关—企业家沙龙”机制，开展好“我为群众办实事”主题实践活动。

三是要坚持系统观念推进清廉海关建设。要把严的主基调长期坚持下去，加大“惩”的力度，完善“治”的举措，提升“防”的效果，做到系统施治、标本兼治。要继续以零容忍态度惩治腐败，既要紧盯“关键少数”、重点领域和关键岗位，对腐败问题严惩不贷，也要聚焦“小微权力”，坚决整治慢作为、吃拿卡要等群众身边腐败和作风问题，发现一起、查处一起，绝不姑息。要严格落实打私反腐“一案双查”，完善问题线索移交、案件办理反馈等工作机制。要坚持惩前毖后、治病救人，完善受处分人员跟踪回访制度。严肃查处诬告陷害行为，对失实检举控告及时澄清正名。要坚持严惩腐败和廉政教育紧密结合，以发生在身边的违纪违法案例为反面教材，做到查处一案、警示一片、治理一域。

四是要高标准严要求管理干部队伍。要坚持党管干部原则和“20字”好干部标准，突出政治标准和实干实绩导向，加强优秀年轻干部培养选拔力度，以正确用人导向不断激发队伍活力。要加强选人用人检查，加大领导干部个人有关事项报告申报和查核工作力度。要坚持把听党指挥、政治坚定作为准军事化纪律部队的灵魂，进一步加强纪律作风建设，狠抓日常养成，灵活开展视频检查、内务规范强化月等活动，做到令行禁止、整齐划一。要精准规范运用“四种形态”特别是“第一种形态”。要加强培训教育，聚焦实战实训，按照总署安排开展岗位练兵和技能比武。要激励担当作为，深入开展党的优良传统和作风教育，大力弘扬伟大抗疫精神、劳模精神、工匠精神，培树先进典型，增强荣誉意识，积极培育新时代海关职业精神。不断巩固拓展精神文明建设成果，创新思想政治工作方式，加强文化建设，优化民生保障，不断增强干部职工的荣誉感和归属感。

五是要坚持底线思维加强权力管控。要加强政治巡察和政治监督，聚焦“四个落实”，提升政治监督的精准性和有效性。创新方式方法，促进巡察监督与纪律监督、监察监督、派驻监督、审计监督、群众监督等贯通融合，提高工作质量。要压紧压实整改主体责任，持续抓实抓好中央巡视、总署巡视、党委巡察整改落实。坚持以评促改，切实发挥巡察成效。落实总署巡视巡察上下联动制度，完善巡察工作领导体制，不断提升巡察工作规范化水平。对巡视巡察指出的问题，各单位领导班子要根据职责和分工对号入座、主动认领，决不允许大而化之、笼而统之。有些问题的发生跟主要领导、分管领导有着密切关系，不能什么事情都大家一起扛，看似搞得轰轰烈烈，实际上是棚架虚设，谁都有责任到最后就变成谁都没责任。今年巡视巡察整改任务落实，党委班子要落到人头、落到科室。统筹推进规范性文件立改废释工作，着力提高法治化、规范化水平。加强网络安全建设，确保关区数据安全。要提高风险防控协同性、有效性，加强跨部门风险联合研判，提升精准识别和处置风险能力。开展重点领域风险排查，优化跨境电商领域风险信息化防控，从制度机制层面压缩自由裁量权。推进督察项目清单式管理，加强对非执法领域审计监督，深化内控机制建设，用好“新海廉”平台，持续防范化解工作风险。

六是要全力压实全面从严治党责任。要狠抓全面从严治党主体责任清单落实。加强“四责”协同，基层党委要坚决扛起主责，加强对全面从严治党正风反腐各项工作的领导和管理监督；主要负责同志作为第一责任人，要真抓善管，切实履行“一岗双责”；纪检监察部门要切实承担好监督职责，协助党委落实主体责任；各职能部门要承担起本业务条线和领域的全面从严治党工作。要强化责任传导，落实总署关于各级党委全面从严治党主体责任检查考核要求，加强对党委“一把手”和领导班子的监督。扎实开展“基层组织建设年”活动，不断增强基层党组织政治功能和组织功能，从严管思想、管工作、管作风、管纪律，持续深化“强基提质工程”。在廉政建设、纪律作风上之所以屡抓屡犯，很重要的一个原因就是基层党组织作用发挥得还不到位，虽然基层党支部都设立了纪检委员，但纪检委员的作用还需进一步加强，工作开展要与整个党风廉政建设和从严治党的机制有机融合起来、协调起来、同步起来。今年要全力加强基层组织建设，各部门单位领导班子要下大力气关心关注此项工作，做到就地、及时解决消化具体矛盾，避免小事演变成大问题，确保队伍长治久安。要提高问责质量，聚焦政治责任，盯住“关键少数”，突出重点领域，精准规范开展问责。要落实容错纠错机制，严格执行党员权利保障条例，让干事的人愿干事、担当的人敢担当。

七是要切实加强干部“八小时”之外管理。这一年来关区发生的一些“八小时”之外的违法违纪情事，也是一种警醒，说明我们在这方面关心、教育、帮助做得还不够。对于“八小时”之外的管理，各级领导干部承担着帮助、教育、挽救的责任，绝不能撒手不管。要从完善制度入手，将“八小时”之外管理，纳入领导班子“一岗双责”履职内容，对有迹象、有苗头、有反映的问题，领导干部不管不问的，一旦发生违法违纪问题，也要追究相关领导的责任。建立定期谈话提醒制度，通过干部“八小时”之内的表现有针对性抓好“八小时”之外管理。要延伸监督触角，制定纪检委员考核管理办法，完善监督信息直报工作机制，加强纪检委员业务培训交流。要提高执纪问责震慑力，对信访举报、群众反映和管理相对人的投诉进行深入核实，做到举一反三；监察、人事、政工部门要进一步加强信息共享，对重点人群有针对性地加大管理监督力度，对“八小时”之外酒驾醉驾等违纪违法问题，从严从重从快处理。要倡导加强家风建设，建立家属通讯录，组织开展家属联谊教育活动，讲明违纪的危害及代价，动员家属做好“八小时”之外监督提醒工作。要持续抓好思想道德和党纪国法教育，加强廉政文化建设，继续开展警示教育月活动，增强自律意识和自制能力，做到慎独、慎微、慎始、慎终。

八是要进一步规范事业单位管理。各事业单位的主要负责同志、领导班子要清醒认识到工作面临的严峻形势，准确把握工作要求，在加强党风廉政纪律作风建设上，要真下功夫、下苦功夫。要着力优化岗位设置，进一步明确各部门权责关系，填补职责空白，减少职责交叉，责任到岗、责任到人，保证高效协同。要持续规范工作流程，建立“盲样”检测货物清单目录，全面梳理取制样、样品交接流转、检测、报告出具等各个环节存在的风险，制定消除和保障措施；要进一步加强监督管理，一旦发现未落实的环节，就要追究领导责任，绝不手软。要健全财务管理制度，突出工程建设、财务审批、资金监管、对外投资等重点领域，明确财务机构岗位责任制，建立健全支出管理制度、资金使用内控机制；加强进出口环节涉企收费管理，切实将减税降费措施落实到位。要着眼打造事业单位一流人才队伍，严格执行竞聘上岗和领导选任有关规定，构建科学合理的人才培养交流机制。要加强监督，中心党委要落实好主体责任，按照“一岗双责”要求，贯彻好民主集中制，加强纪律作风建设；纪委书记要发挥好监督的主体作用；各派驻纪检组要紧盯具体矛盾和问题，抓好监督工作，一视同仁、同等力度加强对隶属海关和事业单位的监督；纪检部门要做好监督的再监督。各实验室的特点和特性决定了在安全生产方面存在着很高的风险，稍不注意，就有可能引发难以预料的重大安全事故，不仅会影响干部职工的生命财产安全，也会对关区业务运行造成重大危害，安全生产方面出了问题也是“一票否决”，各事业单位的负责同志在安全生产方面同样不可以掉以轻心。要从严从实抓好实验室安全管理，坚决守住安全生产底线。

同志们！奋斗百年路，起航新征程。站在“两个一百年”的历史交汇点，让我们更加紧密地团结在以习近平同志为核心的党中央周围，勠力同心、锐意进取，不断开创关区全面从严治党、党风廉政建设和反腐败工作新局面，为建设更高质量“一流海关”提供坚强保证，在推动社会主义现代化海关建设中做出更大贡献！

第二篇

专记

天津海关党史学习教育

2021年，天津海关党委深入贯彻党中央统一部署，认真落实总署党委具体安排，在总署第六巡回指导组指导下，紧扣学习贯彻习近平新时代中国特色社会主义思想这一主线，按照学史明理、学史增信、学史崇德、学史力行的要求，锚定学党史悟思想办实事开新局的目标，聚焦学习党的百年奋斗历程，聚焦学习贯彻党的十九届六中全会精神，把学习党史与学习党的创新理论结合起来，与做好中国共产党成立100周年庆祝活动结合起来，与推进关区中心工作结合起来，立足实际守正创新，精心组织深入推进，推动党史学习教育扎实有效开展。

一、紧扣主题主线，扎实有效开展党史学习教育

（一）坚持入脑入心“学党史”，全关上下形成知史爱党、知史爱国的高度自觉。

关党委把开展党史学习教育作为头等大事和首要政治任务，以高度的政治自觉，认真履行主体责任，坚持规定动作高标准、自选动作有特色，以上率下抓好示范带动，高标准推进党史学习走深走实。带头开展党委会“第一议题”和理论学习中心组学习42次，专题读书班3次，深入学习习近平总书记在党史学习教育动员大会、庆祝中国共产党成立100周年大会、党的十九届六中全会上的重要讲话精神，跟进学习习近平总书记参观“不忘初心、牢记使命”中国共产党历史展览、北大红楼，在广西、福建、西藏、陕西等地考察期间重要讲话和重要指示精神，准确把握党史学习教育根本遵循，深化历史认知、掌握历史规律、筑牢历史记忆，带动关区基层党委、基层党支部开展集中学习4,500余次，有效确保了党史学习教育重点学习任务高质量完成。扎实开展“四史”学习，该关副处级以上党员领导干部全部通读中央指定的“4本书”，认真研读4本重要参考资料；基层党支部普遍开展“四个专题”研讨。组织“红色观影”“红色家书品读”“参观红色教育基地”“打卡红色地标”“唱红歌”等系列活动，举办“学史·铸魂”红色讲坛43场，在

“悦动津关”微信公众号开通“百年党史百日读”“百年党史红歌记忆”等特色内容，深入学习践行伟大建党精神，学习各个历史时期涌现出的英雄模范人物。统筹宏观与微观，将党史学习与关史学习结合起来，落实署领导指示，完成规范优化海关总署武清教育培训基地及关区陈列图片、物品摆放工作，确保摆放陈列物品符合时代要求、彰显海关特色、弘扬海关文化。挖掘利用好关区红色资源，编发《天津海关革命故事集萃》《天津海关历史上的第一》，把党领导下的红色海关历史和新中国海关史研究作为深化党史学习教育的重要举措。先后召开6次工作推进会和座谈会，推动基层党组织集中学、研讨学、常态学，切实把主体责任扛在肩上、抓在手上。该关4个指导组开展4次阶段性评估，将党史学习教育尤其是处级以上领导干部学习情况纳入巡察，层层压实责任，抓牢“关键少数”，抓实全体党员。广大党员干部通过回顾党的百年奋斗历程，坚定了践行“两个维护”的政治自觉，传承了红色血脉的理想信念，厚植了人民至上的深厚情怀，进一步增强了历史自信、理论自觉、政治意识、性质宗旨、革命精神和时代责任。

（二）坚持联系实际“悟思想”，持续兴起学习宣传贯彻习近平新时代中国特色社会主义思想热潮。

统筹历史和现实，将党史学习教育与开创天津海关事业发展新局面结合起来。紧紧抓住感悟思想伟力这个首要，在学懂弄通做实习近平新时代中国特色社会主义思想上下功夫。突出联系实际“悟”，天津海关党委委员带头讲党课、谈体会、明方向、提要求，带动各级党组织书记、党员领导干部、先进典型等讲专题党课近900次。将党史学习课程作为综合性培训的必修课，引进天津大学“中国共产党人精神谱系”讲师团系统宣讲16场，4,478人次参加海关总署和天津关区党史培训，用党的创新理论武装头脑、凝心聚魂。坚持学研结合，天津海关党委委员和各部门（单位）主要负责同志牵头37个课题，深入开展研究攻关，党员干部撰写心得体会380余篇，形成理论研究成果200余篇，其中2篇被收入天津市庆祝建党100周年文集，3篇在海关总署专题征文中获奖；2项调研成果分获天津市市级机关优秀调研成果一、二等奖，天津海关是唯一获得两个奖项的市级机关。坚持严的标准、实的作风，342个党支部高质量开好专题组织生活会，各级党员领导干部以普通党员身份过好双重组织生活，开展谈心谈话4,071人次，深刻检视问题，扎实推动整改。将“学习强国”“钉钉”平台作为学习习近平新时代中国特色社会主义思想的重要抓手，全关党员干部“学习强国”平台年度平均分超过1.7万分，“钉钉”平台党的十九届五中全会精神、党史学习教育和习近平法治思想网上专题班学习完成率100%。在海关总署政工办网站刊发党史学习教育信息简报235篇，并列全国海关第三名；在海关总署“金钥匙”、“中国海关强国号”、天津“支部生活”、“天津机关党建”等署市党建媒体刊发稿件200余篇，天津海关党史学习教育专题网站和专栏刊发信息1,700余篇。统筹开展党史知识竞赛，33个部门（单位）组队参赛，全关近2,600名在职在编党员热情参与海关总署党史知识竞赛，促进学习教育全面覆盖、走深走实、热潮迭起。

（三）坚持善作善成“办实事”，切实增进企业和基层的获得感和满意度。

统筹理论与实践，将党史学习教育与海关监管服务实际结合起来。深入贯彻落实党中央关于“五个着力”的部署，对标海关总署“三个走进”“三个找准”“三项工程”的具体要求，突出问题导向，牢牢盯住企业和基层“急难愁盼”，回应“槽点”、纾解“痛点”、打通“堵点”、补齐“断点”，用心用力用情解决企业的烦心事、基层的困难事。该关制定《天津海关调查研究工作管理办法》，关党委委员下基层进企业调研320多次，听心声、察实情、访全貌、问需求，各部门单位开展调研1,700多次，先后征求社会企业和人民群众意见建议995条。深入开展“我为群众办实事”实践活动，天津海关党委确立10个重点民生项目、37条具体措施，已全部落实，4项长效机制扎实推进；19个隶属海关党委201个重点民生项目、471条具体措施全部完成。深化“机关引领基层、支部联系企业、党员服务群众”活动，举办“海关—企业家沙龙”3期，打造新型关企交流平台；机关部门联系122个基层党支部，222个执法一线科室党支部联系2,129家企业，采取支部联席会、党员突击队、专项工作组、“网格化”“一厂一策”“户籍式”等方式，解决企业问题1,760个，收到感谢信169封。91个机关基层党支部与村（社区）党组织结对共建，开展“我为群众办实事”主题党日活动600余次，为身边群众办实事950余件，形成党建共建、党史共学、资源共享、实事共办的生动局面。持续为基层减负释压，开展5次及时奖励，对疫情防控一线人员慰问567人次；组织全员心理测评，开展心理辅导近800人次。持续压减会议文件，下行发文同比下降46.3%，便函同比下降63.1%，干部职工切实感受到党史学习教育带来的新变化、新面貌。“天津海关综合处牵头服务政治外交大局，稳妥处置南非输华柑橘货船滞港”“监管处牵头深化‘船边直提’‘抵港直装’改革，优化口岸营商环境”“行邮处牵头打造‘大通关基地’安全屏障，牢固口岸邮路安全防线”“天津东疆海关构建‘一题一策一档案’机制，解决保税仓储企业仓库闲置问题”4个办实事案例入选海关总署“我为群众办实事”百佳项目，并列全国海关第一名。办实事典型做法被中央媒体、海关总署和天津市媒体、互联网主流网站宣传报道1,030余次，进一步放大了党史学习教育的社会影响力和感召力。

（四）坚持真抓实干“开新局”，向建设高质量“一流海关”迈出新步伐。

统筹传承与创新，将党史学习教育与加强海关改革创新结合起来。提出“规范化、标准化、信息化”工作理念，强化科学精准防控，协同实现“铁桶般无缝管道式”管理。2021 年 12 月首次在高风险非冷链货物中检出新冠病毒核酸阳性，首次从入境人员中检出奥密克戎变异株，确保了天津口岸新冠肺炎疫情防控形势的整体平稳。海关总署一级挂牌督办“使命 2003”案件 49.8 万吨固体废物全部退运出境，得到中央媒体的广泛报道；坚决捍卫意识形态安全，查获违禁出版物 1.5 万件，同比增加 111.95%。服务智慧港口、绿色港口建设，推进进口“船边直提”和出口“抵港直装”改革提质增量，2021 年 7 月 21 日国务院常务会议确定，以上两项改革在全国扩大试点、复制推广；相关经验做法被海关总署向中央党史学习教育领导小组推荐。持续优化企业合规申报管理，进行前置指导、强化关企沟通、开展集中考核，在 2021 年下半年海关总署考核中规范申报指标正确率达到 100%。圆满完成对口帮扶天津市困难村工作，帮扶组组长被评为全国脱贫攻坚先进个人，启动对天津市两个经济薄弱村的扶持工作。探索基层落实党中央决策部署工作机制，谋划开展“基层组织建设年”活动，开展科级党支部书记党建、业务“双能力”评估和党员干部政治、业务“双素质”提升工作。开展“推诿扯皮”“有令不行、有禁不止”“工作方法简单粗暴”三类问题自查自纠，组织“想为、敢为、勤为、善为”大讨论，干部队伍工作作风有了新变化。

二、突出建章立制，推动党史学习教育常态化长效化

党史学习教育开展以来，全关上下积极探索、勇于实践，在多个维度取得了显著成果、积累了宝贵经验。针对党员干部队伍大、层级多、分布广的特点，结合党建工作和业务工作同频共振、双融双促的实际需求，在实践中形成了一系列机制制度。这些机制制度在党史学习教育中发挥了重要作用，推动党员干部锤炼党性修养、增强行动自觉、增长本领才干、提升服务效能，为天津关区中心工作的高质量发展奠定了坚实基础。

（一）强化理论武装，建立健全常态化政治理论学习、评估和成果转化机制。

各级党组织把学习牢牢抓在手上，建立健全常态化政治理论学习、评估和成果转化机制。建立重大节点、重要时段和重要会议学习宣传贯彻落实机制，推动党员干部坚持政治标准，将“两个维护”落实在推进重大改革、重点工作任务中。围绕党的基本理论教育、党性教育、党风廉政教育和准军事化纪律部队建设要求开展政治能力教育培训。建立党支部定期通报、定期讲评党员干部政治理论学习情况机

制，肯定成绩、指出差距和不足。依托两级青年理论学习小组等载体，开展130场学习活动，建立政治理论研究交流和成果转化机制，推进青年理论学习提升工程。

（二）统筹“三个结合”，建立健全党建业务深度融合机制。

各级党组织坚持将党史学习教育与做好本职工作结合起来、与推进中心工作结合起来、与推进改革工作结合起来，积极探索创新党建和业务深度融合机制，党建业务“两张皮”问题得到一定的解决。建立责任落实机制，推动党支部书记切实履行好行政党务“一肩挑”责任。建立党员干部日常管理机制，全方位掌握党员干部队伍情况，跟进做好思想工作。建立党建联建共建机制，强化关港、关企、关关、关地等协同协作，解决共同关心关注的问题。建立党建与业务统筹分析评估机制，让考核成为推进融合的指挥棒。1个基层党组织被天津市市级机关工委列为机关党建与业务深度融合机制试点，党建案例在天津市市级机关党建工作研讨会上做了专题宣传推介。3个科级党支部确定为天津海关党建业务融合试点，20名科级党支部书记获评天津海关“党建能力优、业务能力优”的“双优”书记。

（三）注重加强“四炼（练）”，建立健全“双能力”“双素质”评估机制。

各级党组织扎实开展科级党支部书记党建、业务“双能力”评估和副处级及以下干部政治、业务“双素质”提升工作，推动党建能力“实学实用”、业务能力“实操实训”、资质达标“实考实备”，不断加强思想淬炼、政治历练、实践锻炼、专业训练。通过“双能力”“双素质”评估，科级党支部书记“一肩挑”的履职能力有效加强，干部队伍的综合素质明显提升，人力资源集约化管理机制实现创新，通过海关总署各类资质考试人次增加56.5%，各项资质总体储备均达到1.5倍。“双能力”评估被海关总署确定为“书记项目”试点，并在全国海关党史学习教育推进会上交流。

（四）坚持人民至上，建立健全“机关引领基层、支部联系企业、党员服务群众”机制。

各级党组织以“机关引领基层、支部联系企业、党员服务群众”活动为抓手，践行“人民海关为人民”工作理念，持续深化“我为群众办实事”实践活动，探索建立了服务地方经济发展、支部联系服务企业项目清单和解决问题推进机制、服务机制、评估机制的“一清单三机制”，围绕落实新发展理念、加强疫情防控和促进“双循环”格局，紧盯国家、天津市重点项目重点产业开展服务，推动各项工作落地见效。活动案例入选中央和国家机关工委党建创新成果展示交流活动“百优案例”。2个支部联系基层案例被评为天津市市级机关优秀案例。

（撰稿人：卢建峰）

天津海关学习宣传贯彻党的十九届六中全会精神

天津海关充分认识学习宣传贯彻党的十九届六中全会精神的重大意义，把学习全会精神作为重要的政治任务，切实负起政治责任和领导责任，按照海关总署党委工作部署，周密组织，精细安排，组织广大党员干部原原本本学习全会公报、《中共中央关于党的百年奋斗重大成就和历史经验的决议》（以下简称《决议》）和习近平总书记所作说明等会议文件，迅速在关区掀起学习贯彻热潮。

一、原原本本学，充分认识全会重大意义

一是迅速传达学。天津海关党委立即召开党委会传达学习，以“学习十九届六中全会”为主题组织2021年党委理论学习中心组（扩大）第四季度专题学习暨党的十九届六中全会精神专题读书班，围绕深入学习领会党的十九届六中全会精神，切实把思想和行动统一到全会精神上来，从党的百年奋斗重大成就和历史经验中汲取智慧和力量，结合实际谈如何贯彻落实全会精神，进一步担当作为、干事创业，推动2021年工作迈上新台阶、2022年工作理出新思路、高质量“一流海关”建设取得新成绩，开展深入研讨交流。

二是组织推动学。认真落实海关总署“把深入学习贯彻全会精神与深化党史学习教育结合起来，与弘扬伟大建党精神结合起来，与挖掘整理海关红色资源、传承红色基因结合起来”的要求，坚持以上率下，组织推动各级党组织制订好学习计划，创新学习形式，用好“晨会讲堂”“班前一刻钟”等学习品牌，将学习贯彻全会精神与党史学习教育结合起来，充分认识全会的重大意义，结合实际采取“三会一课”、主题党日、集中学习研讨、微信群交流等多种方式，学习宣讲全会精神，做到党员群众全覆盖。

二、深入系统学，全面把握《决议》主要内涵

天津海关把十九届六中全会精神作为各级各类培训学习重点内容，深入持续抓

好学习。

一是领导干部带头学。关党委、各部门（单位）主要负责同志和各级党组织书记先学一步、学深一层，理解掌握基本内容、丰富内涵与核心要义，带头撰写心得体会，开辟“学习十九届六中全会专栏”，择优发布相关学习情况。

二是系统培训深入学。分类分级抓好党的理论教育和专业能力培训，系统开展学习党的十九届六中全会精神处级以上领导干部全员培训和党员干部线上培训、测试，做好迎接党的二十大宣传引导。该关团委积极发挥自身优势，建立和完善两级青年理论学习小组学习机制，组织青年党员团员开展学习研讨等形式多样的学习教育活动，增强从政治高度看待经济社会发展、审视岗位职责使命的自觉性、主动性，自觉加强理论武装、指导海关实践工作。

三是深入企业联动学。通过“支部联系企业、党员服务群众”等方式，加强与辖区企业的联学联建，坚持到企业调研时开展全会精神宣讲，在业务现场、报关大厅、口岸一线通过电子屏幕、展板、布告栏等向社会宣传全会精神。同步发挥天津市市级机关“津港先锋”党建联盟首批轮值单位作用，在成员单位间开展学习研讨，推进习近平新时代中国特色社会主义思想和党的十九届六中全会精神学习不断走深走实，进一步坚定了历史自信、增进了团结统一、增强了斗争精神。

三、结合实际学，持续组织贯彻落实全会精神

天津海关始终坚持以习近平新时代中国特色社会主义思想为指导，深刻理解“十个明确”的战略思想和创新理念，深入领会中国共产党百年奋斗的5个方面重大历史意义和一百年来积累的10个方面宝贵历史经验，在学懂弄通做实十九届六中全会精神上持续用力，不断提高学习成效。

一是坚决贯彻落实习近平总书记重要指示批示精神和党中央重大决策部署。坚持把政治建设摆在首位，加强政治机关建设和政治意识教育，坚持并不断完善“第一议题”制度，用制度保障第一时间研究、第一时间落实、第一时间见到成效。“关港集疏港智慧平台”升级版在京津冀地区推广应用，平台共注册企业1,985家，认证车辆1.6万辆、司机1.7万人，累计撮合81万余箱，辐射29个省市；“船边直提”“抵港直装”比率分别达到33.9%和23%；“监管产装、抵港直装”举措应用到京冀地区；打造与天津港智能化码头相匹配的海关智慧物流监管模式。严厉打击“洋垃圾”走私，共立案90起，查扣涉案固体废物3,859吨，退运36万余吨；研制矿产品现场固体废物排查仪，填补了该专业领域国内外空白；严打象牙等濒危物种及其制品走私，共立案30起，查获象牙制品492克、石珊瑚2,392件、黄檀木

16.3吨。圆满完成结对帮扶困难村各项工作任务，继续选派3名干部对口扶持经济薄弱村。

二是主动服务大局，全心践行为民服务宗旨。坚持将贯彻落实十九届六中全会作为强化政治机关意识、践行“两个维护”的重要抓手，作为加强对党忠诚教育、巩固拓展党史学习教育成果的重要内容。党委书记靠前指挥，直接部署推动。结合“我为群众办实事”实践活动，关党委委员深入基层联系点指导或基层调研300多次，督促各单位找准定位、主动担当，发挥机关引领基层作用，带动本业务条线，找准找实习近平总书记重要指示和党中央工作决策部署的着力点，带动222个执法一线支部联系2,129家企业，解决各类问题1,760个，收到感谢信169封。其中“机关引领基层、支部联系企业、党员服务群众”活动入选全国第三届党建创新成果百优案例，4项案例入选总署百佳项目。同步继续实施好“海关—企业家沙龙”和“人大代表、政协委员走进海关”系列活动，打造“亲”“清”新型政商关系。

三是时刻保持高度警醒，切实扛起疫情防控责任。全面推进“规范化、标准化、信息化”管理，明确“静、快、严、细、实、足”的工作思路，修订4版空港、5版海港口岸防控作业指引，实行“非必要不登临”，疫情防控机制不断完善，共检疫出入境人员31.9万人次、交通工具1.2万架（艘）次。实施的“14+7+7”集中管理模式，先后被海关总署、国务院联防联控机制向全国推广。先后印发更新4版分级分类安全防护方案，建立三级安全防护监督员队伍，常态化开展“四不两直”检查，压紧压实防控责任。开发应用“疫情统计分析智能系统”。共开展新冠病毒核酸和抗体检测8.74万人次，整体疫苗接种率达98%，一线人员实现全覆盖。为加强防疫保障，建立了“一线在岗”“二线预备”“三线应急”3支梯队，开展实操培训62期，做实一线人员关心关爱工作，人员保障有效加强。完成保健中心改造扩能，核酸日检测能力从2,000例提升至6,200例；引进移动P2+实验室，升级“旅客健康申明卡辅助应用”系统，科技支撑能力有效提升。同步加强口岸检疫防控，共检出乙肝、甲流、疟疾等传染病143例，同比增长28%。截获植物检疫性有害生物50种、3,097种次，隔离进境大中动物7.8万余头；“国门绿盾2021”行动成效明显，坚决防止疫情叠加。

四是压实管党治党责任，清廉海关建设有效加强。坚持将严明党的政治纪律和政治规矩摆在首位，确保干部职工始终在思想上、政治上、行动上同党中央保持高度一致。天津关区两级党委主体责任、纪检组监督责任、党委书记第一责任人、班子成员“一岗双责”责任的“四责协同”机制进一步完善；建立巡察与巡视整改联动机制，通过巡察发现问题501个，同比提升 130%，覆盖率达到 82%。加强监督执纪问责，“现场监管与外勤执法权力寻租”专项整治扎实开展，排查重点问题 1,156 个。不断加大执纪审查力度，年内受理违纪问题线索 62 条，立案审查 15 起，移送地方纪委监委 5 件，运用“四种形态”处理 52 人，形成有力震慑。严格落实中央八项规定精神，持续整治形式主义、官僚主义，严肃查改“推诿扯皮”“有令不行、有禁不止”“工作方法简单粗暴”三类突出问题。积极配合完成国家审计工作，扎实整改反馈问题；推进“巡审合一”，将经济责任纳入领导干部任前告知范围，审计发现问题 254 个，提出建议 102 条。严肃开展领导干部违规投资企业及在企业兼职自查整改。加强队伍规范化管理，常态化做好日常纪律作风检查，展现准军事化海关纪律部队良好风貌。

（撰稿人：卢建峰）

天津海关定点帮扶及推动乡村振兴工作

2021年，天津海关认真贯彻习近平总书记关于精准扶贫、精准脱贫，以及关于全面实施乡村振兴的重要指示精神，落实天津市委、市政府关于结对帮扶困难村工作、关于全面推进乡村振兴加快农业农村现代化的部署要求，全力推进对口帮扶工作。2021年，天津海关完成天津市宁河区板桥镇盆罐庄村对口帮扶工作，开展对天津市宁河区板桥镇于三庄村和赵学庄村对口扶持。

一、对口帮扶宁河区板桥镇盆罐庄村

改善村容村貌。天津海关驻盆罐庄村帮扶工作组（以下简称“帮扶工作组”）用“建项目定规范”思路完善乡村治理短板，帮助制定《板桥镇盆罐庄村村规民约》《村级活动广场管理规定》《盆罐庄村党群活动中心使用管理规定》等制度，逐步形成村庄有参照、村民愿意配合遵守的村规民约体系；规范村级组织议事决策规则，落实重大事务决策公开要求，严格执行党务、村务、账务公开，确保村级组织高效规范运转。重点抓环境改善，解决了群众反映强烈的7,000米河道清淤，盆罐庄村全部农田受益；村内主要街巷全部完成硬化道路；积极推进“厕所革命”工作，97.3%的农户完成改造，对户厕裸露管道加装伴热带和保温管套，解决厕所冬季防冻问题；建成村西、村北两个健身广场。落实天津市推进乡村振兴暨农村人居环境整治3年行动工作部署，制订《盆罐庄村环境卫生治理方案（试行）》《盆罐庄村住户环境卫生间考核制度》《盆罐庄村住户环境卫生奖励办法（试行）》，建立盆罐庄村村标，对全部路灯进行改造，种植5,000余棵成树，对部分民居外立面进行改造等，村容村貌不断改善。

聚焦扶智扶志。为村内幼儿园全部更换断桥铝门窗，添置大功率冷暖空调，为中小学添置电脑、打印机等电教设备，募集8,000余册图书、远程教育课程等，为孩子们创造良好学习环境。帮扶工作组、村党务工作者和待就业大学生组成管理和师资力量，引导农民和学生到农家书屋“充电”、培训村民网络知识。多次组织大型农业技术培训，邀请技术专家现场指导。逢年过节组织慰问困难群体；与天津市残疾人福利基金会建立共建合作机制，以精准助残助推精准扶贫，给残疾人等弱势群体发放残障康复器材、生活用品等；解决了4户残疾人和困难户就业问题。联系专业培训机构，对该村听障人士开展语言能力康复培训。

关注产业带动。帮扶工作组通过各种渠道收集和整理产业发展信息、重要产业转移信息，主动联系走访相关企业，宣传宁河区的良好投资环境和产业发展前景，吸引多家企业前往宁河区考察洽谈，并主动对接政府，积极为企业落地解决实际问题，截至2021年12月，共有4家企业落户，累计注册资本2.4亿元，已在地方纳税超过6亿元。引进大米加工包装项目，推动农产品销售向线上线下拓展、与体验式旅游平台对接；联系天津报关协会积极发挥行业优势，通过电商等途径帮助村农产品打开销路，增加了农民收入；联系天津海关检测部门，经化验发现，该村黑陶原料中富含“锶”等微量元素，为下一步相关产业、产品发展打下了基础。加大对盆罐庄村黑陶制作技艺的对外宣传，打造乡村文化旅游示范点，引进北京寒舍文旅集团与板桥镇达成全域旅游发展合作意向并签约。将高附加值的花卉种植和村内传统特色产业黑陶技艺结合起来，引进郁金香种植企业，建起天津市唯一一家进口种苗花卉种植基地。

抓实支部建设。修缮党群服务中心，建立党员活动阵地和为村民办事的综合活动场所，为党员活动、村民学习培训、老年和残疾村民日间照料、村庄文化展示提供场地。对于新上任的村“两委”（村党支部委员会和村民委员会）班子，发挥驻村第一书记传、帮、带作用，带头讲专题党课、带头做政策宣讲，强化理论学习，抓党建工作能力提升，着力打造干事创业、团结共事、作风优良、服务百姓的村“两委”班子；每周召开村“两委”碰头会，学文件、明任务、督落实，压实责任，增强“两委”班子的凝聚力、战斗力；发挥支部教育监督管理党员的主体作用，及时组织跟进学习习近平总书记最新重要讲话和指示批示精神、中央最新决策部署，以及天津市、天津市宁河区最新的工作要求，组织党员到平津战役纪念馆、时代记忆纪念馆等参观学习，观看先进事迹影像资料，强化党员的身份意识和宗旨意识。在2021年的疫情防控等工作中，“两委”班子成员和共产党员冲锋在前、勇挑重担，发挥了先锋模范作用。

2021年，天津海关驻盆罐庄村帮扶工作组组长周明陶作为天津市宁河区唯一的驻村帮扶工作者受邀参加天津市庆祝中华人民共和国成立70周年招待会，得到天津市领导接见。

二、对口扶持宁河区板桥镇于三庄村和赵学庄村

提前研判科学谋划。天津海关驻宁河区板桥镇于三庄村和赵学庄村帮扶工作队（以下简称“驻村工作队”）完成两村全部117户村民入户走访，全面掌握村庄人口构成、就业现状、家庭土地等基础情况，充分了解村民现实困难和未来期望。走访天津市宁河区国土资源局，掌握两个村庄土地存量、性质、使用及规划情况，夯实利用土地资源发展产业的基础。形成“一村一策、一户一账、一人一方、精准扶持”的工作思路。在天津海关各检测中心支持下，对两村土壤、水质和农产品完成取样检测，检出土壤中碘含量显著高于全国平均值，水稻、西红柿均富含硒和锶两种对人体有益的微量元素。走访天津市农科院、农学院等专业机构，听取品种优化、品牌塑造、销路拓展等方面意见建议。走访天津市宁河区发改委、农业农村委、合作交流办，了解宁河区乡村振兴与产业发展总体规划。前往宁河区七里海镇、东棘坨镇2个天津市市级驻村工作队，及4个特色村庄学习考察风力发电、光伏发电、花卉种植等落地项目，学习吸收好的经验做法。

提升公共服务水平。驻村工作队将天津海关基层党组织建设好的经验做法，带到村庄融入日常，充分发挥党员先锋模范带头作用，着力提升村公共服务水平。启动村级组织活动场所提升改造、休闲健身广场建设；联系天津市残疾人福利基金会，推动“集善云听”“蜜儿餐”等项目在两村落地，福利惠及100人次；筹措向村民捐赠口罩、手套等防疫物资和罚没侵权物资共计3批，2,000余件，会同板桥镇政府向宁河区有关部门协调解决危桥修缮一事；在天津海关行邮监管部门协助下组织电商直播带货培训1次，拓宽西红柿种植户销售平台和视野；组织村庄4,050人参与手工艺品制作等。

带动村庄产业发展。驻村工作队依托农科院介绍的农产品流通企业，利用部分耕地尝试开展即食玉米、口感西红柿的“订单农业”合作。接洽海吉星农产业批发市场，对接西红柿销路；充分利用报关协会、电商协会等资源平台，探索特色农产品直播带货新模式。对接天津海关口岸监管部门、统计分析部门，为扶持工作提供支持；联系天津市口岸单位，积极寻求招商引资项目意向。

（撰稿人：闫　乾　杨礼现）

天津海关统筹口岸疫情防控和促进外贸稳增长工作

天津海关深入贯彻落实习近平总书记关于统筹推进新冠肺炎疫情防控和经济社会发展工作的重要讲话精神，始终坚持人民至上、生命至上，坚持“外防输入、内防反弹”总策略和“动态清零”总方针，坚持“人、物、环境”同防、多病同防，统一标准、统一规范、统一实施，科学精准执行好口岸疫情防控各项措施，坚决巩固来之不易的疫情防控成果。根据天津市委市政府工作部署和海关总署应对疫情影响促进外贸稳增长措施具体要求，结合天津海关实际和企业反映问题，制发《天津海关关于应对疫情 促进外贸稳增长的具体措施》。在坚决守住国门卫生检疫防线的同时，全面统筹推进促外贸稳增长各项工作，努力打造一流的口岸营商环境，助力天津口岸企业摆脱疫情影响、尽快复工复产恢复发展，为打赢疫情防控的人民战争、总体战、阻击战持续做出贡献。

一、天津口岸疫情防控

（一）疫情监测和风险评估。

2021 年，天津海关持续完善多点触发的疫情监测预警网。结合天津口岸实际，重点跟踪周边和通航国家地区的疫情发展态势变化等情况，在密切关注全球新冠肺炎疫情发展态势的基础上，同时关注埃博拉、中东呼吸综合征、拉沙热、黄热病、鼠疫等疫情。动态开展风险研判，组织开展联合研判、总结重点航班检出情况、分析进境航班风险态势。2021 年，在海关总署指定网站共收集编译境外疫情信息 200 余条。天津海关作为海关总署疫情分析评估组组长单位牵头完成全年海关系统传染病疫情风险评估工作，累计组织线上集中工作 4 次，参与风险评估专家 30 人次，编写 2021 年全国海关传染病疫情风险评估报告 4 份，评估 12 种传染病疫情风险，为海关总署发布全球各类传染病疫情公告提供决策支持。为国家联防联控机制和海关总署决策层出谋划策，为天津市防控指挥部及关区统筹经济发展及疫情防控指挥部提供参考。

（二）疫情防控制度体系建设。

天津海关统筹制订天津口岸疫情防控

政策，修订4版《空港口岸疫情防控作业指引》、5版《海港口岸防控作业指引》等，细化业务流程、规范业务衔接节点。针对外交人员包机等重点航班、疫情严重国家等制订专项工作方案，巩固疫情防控成效。强化重点检疫措施。天津海关对来自印度等高风险国家的航空器、船舶等检疫查验，对染疫交通工具、染疫嫌疑交通工具的卫生处理100%实施专人监督；对14天内有印度、泰国等重点国家旅居史的入境人员，实施指定点位采样、单独划分区域等候、集中移交隔离等措施；对载有21天内印度旅居史的人员入境船舶的全体船员开展采样检测。全年共检疫出入境交通工具约1.2万架/艘次，检疫出入境人员约32万人次。天津海关印发、更新四版《天津海关分级分类安全防护工作方案》，建立关区三级安全防护监督员队伍，印发安全防护自查督查工作方案，对业务工作与安全防护工作“同研究、同部署、同督促”，对关区安全体系建设以及安全防护监督管理制度建设提出明确要求。

（三）安全防护和感染控制。

严格旅检现场三区划分，入境人员全部在红区完成入境检疫，检疫人员按照“绿→黄→红→黄→绿”路径单向运行；全程设立安全防护监督岗，严禁串岗和逆向流动，保障闭环管理。天津滨海国际机场旅检口岸样本采集区配备空气消毒机、生物安全柜等设备，海港口岸设立检疫方舱及医疗垃圾桶，严格做好环境卫生消毒，强化医疗垃圾废弃物处置。加强随时消毒、终末消毒，定期对环境开展采样检测，确保作业现场、重点场所、重点对象消毒全覆盖、无死角。对染疫交通工具终末消毒实施100%专人监督。天津海关连续四季度组织开展安全防护督查和多轮次安全防护自查。通过每日监控检查、现场视频连线等多种形式，对一线人员安全防护情况进行检查。对发现的问题，制订整改方案，及时向相关单位反馈整改意见。建立问题清单和管理台账，实行销账管理，紧盯整改落实。加强口岸相关从业人员的安全防护管理。天津海关加强疫情防控相关要求的宣传培训力度，开展多次口岸相关从业人员的安全防护管理培训；落实进入机场红区和登临国际航行船舶从业人员向辖区海关报备机制，联合地方疫情防控指挥部及口岸联检单位加强联合管控；要求辖区海关采取登临顺势检查、每日巡查、视频监控检查等方式，对进入机场红区和登临国际航行船舶从业人员的防护情况进行监督检查；积极与机场和港口运营单位合作，加强信息技术支撑，提升监控预警精准度。

加强对高风险人员的管理。制订海、空港卫生检疫岗位封闭居住管理方案，配备健康管理、防控消毒、信息联络、安全保卫、后勤保障等人员，建立安全防护、疫情物质保障、工作场所感染控制、突发事件应急处置等管理制度，实施新冠病毒核酸每日一检。

（四）卫生处理监管。

建立高风险非冷链集装箱货物、邮件快件跨境电商商品等的消毒监管制度。印发《天津海关口岸新冠肺炎疫情防控消毒及终末消毒监督实施办法（第一版）》，明确消毒及终末消毒监督管理要求，规范终末消毒监督工作，落实海关工作场所消毒，实现疫情防控消毒及终末消毒监督的规范化、标准化。

（五）联防联控。

配合天津市疫情防控指挥部做好疫情防控措施制定，强化入境人员闭环管理。加强与天津出入境边防检查总站、航空公司、船舶代理企业等的联系，提前获知重点地区旅居史人员信息等，强化精准检疫。联系天津市疾病预防控制中心开展部分新冠病毒核酸阳性样本基因测序，从空港入境人员中检出全国内地首例奥密克戎变异株，监测入境变异毒株情况，采取针对性疫情防控措施。密切联系天津市卫生健康委员会，持续做好入境人员信息通报、阳性人员处置、地方医务人员支援、防护物资及试剂耗材保障等工作。

（六）物资保障。

了解一线物资采购需求，加强存量管理，加强申领、入库、出库管理以及使用审批，做好“一支笔”审批，确保疫情物资的统一调配，合理使用。做好防护物资、试剂耗材采购、验收工作，准确掌握现存底数及使用消耗情况，建立“红线预警”机制，加强对每批次物资采购、储存、配发全流程、全链条质量安全管控。

二、促外贸稳增长

（一）提供便捷的通关服务，确保重点物资通关顺畅。

天津海关保障防疫和民生物资快速通关。对专门用于疫情防控治疗的进口药品、消毒物品、防护用品、医疗器械等，做到即到即提，实现疫情物资通关“零延时”。设立进口疫情物资快速通关专用窗口，开通绿色通道，坚持全时守候，确保疫情物资快速通关。2021年，保障新冠病毒疫苗成品通关771万支，价值11.62亿元。天津口岸新冠病毒核酸检测试剂出口1.44亿份，价值超过14.35亿元，增量显著。2021年，天津口岸累计出口主要疫情防控物资超过13亿件。对进口肉类等民生物资，海关关员挺进码头查验，允许货主不到场，解决企业人力、运力不足难题，宁愿“人等货”，不让“货等人”。据统计，对于肉类等冷链运输货物，海关挺进码头查验1个集装箱可以为企业节省900元到1,100元物流成本。创新进境农产品检疫监管，推进通关模式改革。推动进境油菜籽指定生产加工单位资质建设。强化植物检疫初筛鉴定职能，优化鲜活农产品快速通关和检验检疫管理模式，缩短有害生物鉴定用时，改革新鲜水果检疫工作程序，探索生鲜类产品快检快放通关模式。加快农产品调拨，支持中粮集团进口保障粮、黑龙江企业进口春耕种子快速通关，助力春耕生产。保障万头种牛在天津“过关”，助力畜牧业复产。

（二）优化通关流程，稳外贸稳外资各项措施成效显著。

在促进贸易便利化、优化口岸营商环境上持续发力，优化通关流程，深化“提前申报”［经海关批准，进出口货物的收发货人、受委托的报关企业可以在取得提（运）单或者载货清单（舱单）数据后，向海关提前申报］、“两步申报”（符合海关相关要求时，进口货物的收货人、受委托的报关企业可以采用第一步概要申报、第二步完整申报的分步方式向海关申报）、“船边直提”（进口货物不卸入码头仓库，在船边直接交给收货人）、“抵港直装”（出口货物运抵场站前完成申报，运抵后直接装船）业务改革，为企业提供更多元、更便捷的通关服务。2021 年，天津口岸 20.55%的进口集装箱货物通过“船边直提”快速提箱，进口提箱用时从以往 1~2天最短压缩至 1.5 小时；14.68%的出口集装箱货物通过“抵港直装”在运抵码头后 24 小时内快速装船出运，出口企业无须提前 5 天送至港口落箱堆存，此两项改革模式被国务院及国家口岸管理办公室复制推广到全国海关。发挥海关职能作用，放大政策叠加优势，“一企一策”为企业量身定做帮扶方案，为企业纾困解难，激发市场主体活力。建立通关问题快速解决机制，通过进一步完善 12360 海关热线、“问题清零”机制、企业协调员等多种形式，多层级多渠道常态化开展企业问题收集，组织全业务领域专家及时研究反馈，实现涉企问题快速响应、协同研究、动态清零。

积极支持天津航空口岸功能提升，推进海关指定监管场地建设，在天津航空物流发展有限公司航空口岸大通关基地设立进境水果、植物种苗、冰鲜水产品、食用水生动物综合性指定监管场地。落实构建海陆空立体物流体系、提升贸易便利化水平、建设北方消费品进口集散地等 7 项海关政策，助力天津市加快推进交通运输基础设施建设，完善集疏运体系，促进天津贸易高质量发展。在天津东疆港区试点内贸货物作业 11 万标箱，探索海关监管和非海关监管货物同步作业、内外贸货物同船运输模式，服务“双循环”（国内大循环为主、国内国际双循环相互促进）发展新格局。推出“航空产业链企业货物状态原地转换”模式，助力首个完全由国内企业实施装配加工的空客 A320 机身在天津完成实物交付。对照国务院及天津市要求，协调推动落实新业态新模式发展，落实包括跨境电商发展、保税维修、通关模式改革等在内的 8 条举措，持续推进跨境电商 B2B 出口监管改革，全面推广跨境电商出口商品退货监管措施，支持企业设立海外仓。在全国率先打造跨境电商 B2B 出口服务平台，出口额突破 180 亿元。

（撰稿人：张晴晴　彭　城）

天津海关优化口岸营商环境促进跨境贸易便利化

2021年，天津海关认真落实海关总署、天津市委市政府相关部署要求，扎实开展跨境贸易便利化专项行动，推出系列改革措施，持续巩固压缩整体通关时间成效，努力使天津口岸的营商环境与国际国内先进地区标准对标，更具竞争力。

一、提高政治站位，扩大专项行动成绩

天津海关深入学习贯彻习近平总书记关于优化营商环境的重要指示批示精神和党中央、国务院相关决策部署，进一步提高政治站位，继续发力，促进天津口岸营商环境持续优化提升。2021年年初，制订印发《天津海关2021年优化口岸营商环境促进跨境贸易便利化专项行动方案》，举全关之力开展跨境贸易便利化专项行动。在落实国家口岸管理办公室18项既定任务的基础上，推出5项创新举措，细化72项落实措施，建立台账，“挂图作战”，建立周报制度督办落实，所有任务提前完成；针对海关总署、国家发展改革委、财政部等十部委联合印发的《关于进一步深化跨境贸易便利化改革优化口岸营商环境的通知》，制定细化落实海关措施32条，稳步推进；针对《国务院关于开展营商环境创新试点工作的意见》，天津不在6个试点城市范围内，但天津海关按照天津市相关要求，进一步提高政治敏锐性，积极对标先进，就具备落实条件的政策内容及落实措施深入研究，率先推进。加强督查督办，既关注措施落实的数量，又重点关注措施实施的效果。大处着眼、小处发力、全程紧盯，推动跨境贸易便利化工作措施落地见效。

建立“精准分析、精准施策”提升口岸通关效率新模式，分关区、分商品、分环节加强针对性监控，建立通关时效管控长效机制，该模式被海关总署作为监管创新举措复制推广到全国海关；运用“三个三分之一”考核的理念，针对重点通关环节的作业岗位人员开展通关时效考核，形成全方位研判、全流程梳理、全链条管控、各环节发力的进口时长管控工作局

面；开发超长报关单分析及监控预警系统，实现对报关单的实时监控、及时干预，改变超长报关单仅有“事后”分析工具的现状；比对标准品边境合规时间口径，建立全口径商品的边境合规时间监控机制，促进边境合规时间的持续压缩；实施全天候预约通关服务和延时加班查验举措，具备放行条件的报关单及时放行，做到“日清日结”；配合地方口岸部门梳理公开天津口岸海运集装箱货物通关作业流程时限，对外公布重点报关企业整体通关时间，增强口岸通关时间透明度，稳定企业预期。

持续巩固压缩整体通关时间成效，2021 年，天津口岸进口整体通关时间为 34.93 小时，较全国短 1.71 小时，位列全国主要海运口岸第 5 位，较 2017 年压缩 73.09%；出口整体通关时间为 0.74 小时，较全国短 1.00 小时，位列全国主要海运口岸第 2 位，较 2017 年压缩 96.46%。

二、加强创新，持续优化通关模式改革

一是持续深化“船边直提”“抵港直装”业务模式改革，推广应用“集疏港智慧平台”，扩大平台业务应用规模。截至 2021 年年底，“集疏港智慧平台”认证车辆超过 1.4 万辆、司机超过 1.5 万名，开展集疏运作业量超过 52 万箱，辐射全国 26 个省份和直辖市。二是申报环节大力推行“提前申报”“两步申报”改革。2021 年，天津口岸企业运用“两步申报”模式比率为 19.2%；“提前申报”进、出口应用比率分别为 61.21%、92.05%。三是对通关流程持续优化，提升通关效率。天津海关发挥“互联网+海关”服务优势，对原产地签证业务办理提质提速，压缩审核时间，对于申报信息“随报随审”，助力企业享受优惠关税；深入推进通关无纸化作业；推广“入境货物检验检疫证明”电子化，变“线下领”为“线上查”，企业可通过“国际贸易单一窗口”在线查询“入境货物检验检疫证明”的电子信息，省去往返海关业务现场当面领取的环节，省去海关制证、企业取证等环节，缩短放行时间；跨境电商 B2B 企业通过“一次登记”“一点对接”享受海关“优先查验”“一体通关”等便利措施，实现全程通关无纸化，压缩入网申请时间。四是创新监管措施，针对冻品实施“挺进码头”“免于到场”查验；针对进口汽车创新实施随车检验单“预打印”措施，将拟证、收单、复审、缮制流程前置，提升时效；加快进口汽车检测线复工进度，检测线复工最高峰期间每天可上线检测汽车约 1,200 辆，快速解决港口积压待检车辆情况。对进境植物种苗现场查验未发现检验检疫风险，凭企业承诺书，准予提离，减少企业等待时间；创新“智能审图+影子商品”分析模式，建立“机检查验为主、人工查验为辅”查验模式，用智审结论替代部分

人工审像岗位，缩短整体通关时长；对符合条件的进口铁矿实施“先放后检”“边卸货边取样”“传送带取样”“传送带检验检疫”等模式快速验核；充分利用自动采样、视频监控等科技设备，提高码头作业、综合业务处置、查验取样效率。五是服务口岸开发开放。提前介入，全程指导，支持天津港口岸大港港区中石化天津液化天然气有限责任公司液化天然气（LNG）码头2号泊位、北疆港区天津港第二集装箱码头有限公司集装箱码头10号、11号、12号泊位、大沽口港区天津博迈科海洋工程有限公司临港博迈科2号码头、大港港区天津渤化南港码头仓储有限公司1至3号泊位正式对外开放，积极协助天津市商务局开展本年度口岸综合绩效评估。

三、协同联动，提升区域通关效率

在提升区域通关便利化方面，截至2021年年底，天津海关已联合北京、天津两地政府部门及海关推出贸易便利化公告8份，出台便利化改革措施148条。建立京津两地海关通关协同工作机制，成立联合工作专班，召开联席会议4期，共同推出：京津两地海关AEO（Authorized Economic Operator，经认证的经营者）高级认证企业便利化措施互认，增设京津AEO企业专用通关窗口，委派专人负责解决突发问题；实施海关“两段准入”（以口岸放行为界，根据“是否允许货物入境”和“是否允许货物进入国内市场销售或使用”，分段实施“准许入境” “合格入市”）监管协同，根据企业需求，京津海关开展跨关区附条件提离、合并检查等业务模式；共同建立京津协同的“集疏港智慧平台”，实现天津海港、北京空港互联互通，完成异地预约，降低集疏运成本，提高作业效率；开展口岸跨境电商合作，鼓励北京企业通过天津港开展跨境电商B2B货物出口，支持天津跨境电商B2C出口业务转关北京空运出口。

四、加强宣讲，充分释放海关改革红利

持续加强对企政策宣贯，组建贸易便利化政策宣讲团队，联合天津市商务局、天津报关协会、天津市工商业联合会等，积极组织开展对企政策宣讲超过30场，受众企业超过2,000人次；编写发放海关贸易便利化政策“百问百答”宣传册、明白纸超过1,500份，针对已推出的如“船边直提”“抵港直装”“两步申报”“提前申报”等系列措施进行政策辅导，运用新闻媒介、网站、公众号等多种渠道加强宣贯；构建“网格化”政策服务平台，搭建天津海关和隶属海关两级“网格化”宣讲服务网络，确保海关政策措施直达收发货人，实现海关政策服务全覆盖；“一对一”信用培育企业534家，帮助30家企业提交

认证申请，较上年同期增加650%；畅通关企沟通渠道，通过“海关—企业家沙龙”、企业协调员队伍等，深入重点企业上门服务，通过“一口受理”“问题清零”、12360海关热线等多种方式，确保企业问题及时解决，提升企业获得感。

（撰稿人：彭　城）

天津海关打击走私重点专项工作

2021年，天津海关贯彻落实习近平总书记重要指示批示精神，锲而不舍、一以贯之开展打击走私工作，制订专项行动方案，成立工作专班，风控情报、正面监管、专业缉私和业务现场点线面结合，在禁止“洋垃圾”入境等重点领域开展系列专项行动，推动打击走私工作不断实现新突破。

2021年，天津海关开展“国门利剑2021”专项行动，组织“使命”系列专项行动10次。刑事立案151起，案值43.76亿元；海关总署一级挂牌督办案件8起、二级挂牌督办案件3起。开展打击重点涉税、农产品走私刑事立案68起；“使命2106”打击快件渠道走私日用品行动，案值2.53亿元；打击坚果走私行动，案值2.94亿元；“使命2109”打击平行进口汽车走私行动，案值4.01亿元。组织开展“蓝天2021”专项行动，召开布置会、推进会共3次，举办“固体废物属性鉴别业务培训”1次，完成刑事立案9起，查扣涉案固体废物230.6吨，退运36.57万吨。完成截至2021年年底天津海关查扣固体废物数量最大的“使命2003”专案全部涉案固体废物退运工作。组织打击象牙等濒危物种及其制品走私“护卫2021”专项行动，刑事立案4起，查获象牙制品491.9克、石珊瑚2,392株、玳瑁标本2件、西洋参2,393.8克、黄檀木16.3吨等。打击涉枪涉毒走私刑事立案37起，查获气动力枪支2支、铅弹242粒、枪支零部件16件、冰毒1,717.44克、冰毒片剂217.49克、大麻植物3,769.5克、大麻油219.95克、含大麻食品1,478.93克等。

一、重点领域风控查发

2021年，天津海关贸易渠道人工分析布控查获固体废物65票；贸易渠道人工分析布控查获涉濒危货物13票；邮件渠道布控查发涉濒危物品16票，快件渠道布控查发涉濒危物品129票；贸易渠道布控查获涉知识产权货物81票。邮递渠道布控查发涉知识产权货物141票。

在打击非贸渠道违法犯罪走私方面，开展毒品、侵权等11个专题风险分析和处置。组建毒品风险分析专班，联合快件现场查发大麻、冰毒等各类毒品31票，邮递涉毒邮包40票。

二、强化正面监管

2021年，天津海关制定《天津海关持续强化管控严厉打击洋垃圾走私工作落实措施》等相关文件，并严格落实，强化口岸监管。一是推动机检审像智能审图，上线试运行智能审图信息化平台，丰富影子商品库，持续提升疑似固体废物审图效能。二是推进快筛设备应用。自主研制矿产品固体废物多模探测仪，配套制定相关工作规范，在海关系统内率先实现锚地、泊位等场景下快速筛查矿产品，提高现场固体废物鉴别能力。三是按照“规范化、标准化、信息化”要求，牵头制定全国首个再生金属原料SN标准《进口再生钢铁原料检验规程》，制定天津关区再生钢铁、铜、黄铜、铸造铝合金原料4个查检操作指南，提高一线执法效能。四是加大舱单分析力度，防范无主固体废物滞港风险。结合以往查发案例，强化分析布控，增加影子商品查验力度。五是实施“动态清零”管理机制，做好非法入境固体废物处置。建立督办台账，将事前、事中、事后查发的各类非法入境固体废物全面纳入清单管理，实施“动态清零”。2021年，共退运非法入境固体废物37.2万吨。依法解决执法过程中查获的“双无”非法入境固体废物的处置问题。召开天津关区联席会议，加强与地方主管部门的联系配合，发展防控“洋垃圾”入境交流合作。

在行邮物品监管上，建立以“智能审图为主、人工审图为辅、先期机检结合”的“1+1+1”工作模式，实现预警“优”、管控“强”、通关“快”、监管“准”；加强风险研判，盯紧敏感节点、把握最新动向、抓住关键环节，切实发挥天津口岸首都安全“护城河”作用，锁定重点航班，加大对重点航班查获力度，提高查验精准度；着重加强现场业务技能培训，坚持党建业务深度融合，深刻把握邮件监管特别是禁限类物品监管的政治属性，以总体国家安全观为理论指导，发挥组织优势、整合监管资源，不断提升邮件监管一线关员对各类禁限物品的敏感意识和识别能力，增强对海外代购、濒危物种、涉枪涉爆物品、违禁出版物等禁限类物品的查缉水平；强化视频巡查，利用二、三级监控指挥中心实现入境人员全路线有效监管，布控形式立体化，查发快速联动，一经查发，第一时间移交相关案件线索给海关缉私部门。

三、打击货运渠道走私

2021年，天津海关大力打击货运渠道象牙等濒危物种及其制品走私。监管部门主动收集监管一线查验异常动态信息，分析走私违规动向和伪瞒报、夹藏夹带手法规律；充分发挥机检查验优势，持续开展智能审图标图工作，扩大濒危物种及其制品识别、拦截范围；加强风险分析，针对走私濒危物种及其制品进行预定式布控，严密防范濒危野生动物及其产品伪报、夹藏等走私活动，针对二胡、三弦等使用濒危物种制品的高风险乐器下达预定式布控建议。年内，共查获“黄檀木制品”“西洋参制品”“象牙制品钢琴贴片”“沉香属植物”等案件共计22起。

为加大货运渠道“洋垃圾”走私打击力度，该关监管部门围绕天津关区高风险商品，推动智能审图标图工作，不断丰富有效识别商品清单，加大机检查验固体废物筛查力度；天津海关开展海运进口矿产品锚地和泊位固体废物筛查专班工作，制定进口散装矿产品卸货前固体废物筛查工作规程，推动散矿卸货前筛查及矿产品固体废物多模探测仪研发。进一步规范舱单数据传输管理，加大舱单分析力度，持续开展“固废清港”行动，防范无主固体废物滞港风险。初步建成覆盖“前中后”的固体废物打击立体防控体系。截至2021年年底，固体废物人工布控查获50起，占同期天津关区查获固体废物案件数量的70%。2021年9月，对于1票1,099吨未申报的固体废物责令承运人按期退运出境，成为新的《中华人民共和国固体废物污染环境防治法》实施以来天津海关首次依法责令承运人承担固体废物退运责任的成功案例。2021年，天津海关重点打击涉税商品、涉枪涉毒走私行为。组织该关各口岸检查部门严厉打击夹藏走私重点消费品行为；编写酒类查缉工作方法，组织所属隶属海关对酒类、枪支查缉方法和典型案例开展学习，进一步提升现场查缉工作水平。针对涉税货物，重点深入分析以往查发案例，综合研判贸易国别、商品名称等参数，促进打击伪瞒报走私出口涉税货物。通过布控，查获1票走私出口“硅铁”，重量9吨，涉嫌偷逃税款。

2021年，天津海关严厉打击出口货物短装行为，防止骗取出口退税风险。全年共计查发出口货物严重短装情事56起，案值4,700余万元。

四、首起进境邮递渠道走私淫秽物品刑事案件

2021年，天津海关查获首起进境邮递渠道走私淫秽物品刑事案件。该关所属天津邮局海关在寄自香港地区的4个邮包中连续查获疑似淫秽卡片，共计2,966张，涉嫌走私淫秽物品罪。

2021年3月，天津邮局海关在对进境邮件进行常规查验时，发现1个寄自香港地区、申报品名为“周边”的邮包X光机机检查验呈现印刷品类特征的图像，现场开拆后发现该邮包内装有1,378张疑似淫秽卡片。经布控，后续又有另外3个类似邮包被查获。

2021年4月20日，天津海关缉私部门接受案件线索后，对收件人宋某涉嫌走私淫秽物品立案侦查。

（撰稿人：卫丽玲　马绍峰　孙志鹏　李亚栋　李建锋　林　楠　彭　城）

天津海关开展国门生物安全行动

2021年，天津海关以习近平总书记关于国家生物安全建设的一系列重要讲话和重要指示批示精神为指导，坚持总体国家安全观，认真贯彻落实《中华人民共和国生物安全法》（以下简称《生物安全法》）和海关总署《国门生物安全体系建设方案》《海关总署办公厅关于印发〈海关生物安全体系建设方案〉任务分工的通知》《海关总署关于成立海关总署生物安全工作领导小组的通知》等相关文件精神，结合天津关区实际，印发《天津海关国门生物安全风险防控工作方案》，由天津海关关长赵革担任领导小组组长，组织推动天津海关国门生物安全工作，筑牢天津口岸生物安全屏障。

一、进出口食用农产品和饲料安全风险监控专项工作

依据《海关总署动植司关于印发2021年度进出口食用农产品和饲料安全风险监控计划的函》的要求，天津海关下发了《天津海关关于印发〈天津海关2021年度进出口食用农产品和饲料安全风险监控计划实施方案〉的通知》，组织各隶属海关顺利完成天津辖区进出境粮食、水果、水生动物、饲料、转基因五大类项目的安全风险监控工作。

2021年，进口共完成粮食352批、水果208批、饲料和饲料添加剂送检样品332个、转基因398批，全年无进口食用水生动物；出口共完成粮食14批、水果1批、饲料和饲料添加剂送检样品74个、出口食用水生动物送检样品24个。

经天津海关动植物与食品检测中心检测，在进口方面：粮食、水果共检测样品560个，合格率为100%，饲料共获得检测数据1,618个，除1个检测项目霉菌总数超标外（货物已按照要求退运），其他项目全部合格，合格率为99.94%；在出口方面：粮食、水果共检测样品15个，合格率为100%，饲料和食用水生动物共获得检测数据1,244次，合格率100%。进出口食用农产品和饲料产品安全卫生整体质量情况良好。

二、国门生物安全监测工作

（一）植物检疫部分。

依据《天津海关2021年度国门生物安全监测实施方案（植物检疫部分）》，参照海关总署下发的外来有害生物监测指南，天津海关制订关区生物安全监测实施方案，科学选定监测点位置、确定监测时间、规范监测器材和使用药剂，动员全关区力量对检疫性实蝇，外来有害杂草、舞毒蛾、林木害虫、红火蚁以及其他重点外来物种，在国际物流、兴东物流等海关查验场周边区域，以及卸港口码头及其周边实际情况、重要铁路与公路运输节点路线、加工仓储企业附近，开展监测与防控，全面了解外来有害生物分布情况，并与天津市农业农村委建立合作沟通机制，构筑关口—境内生物安全防线，确保监测、防控有机结合，顺利完成了本年度监测任务。2021年，天津口岸共布点近2,000个，共监测到近200种植物有害生物。

（二）动物检疫部分。

按照海关总署相关要求，天津海关下发了《天津海关2021年度国门生物安全监测实施方案（动物检疫部分）》，对进出境陆生动物、水生动物、非食用动物产品、动物源性饲料、动物源性生物材料等动物及动物产品等开展了动物疫病监测工作；同时在风险分析的基础上，制定并实施了携带、寄递渠道进境动物及其产品疫病监测工作。

2021年，共对6万余头进境动物进行疫病监测，监测疫病项目26万余项次，共检出阳性动物271头；共对600余批次进境动物产品进行疫病监测，监测疫病项目1,000余项次，均为阴性。天津海关及时对不合格进境动物进行扑杀销毁处理，严防重大动物疫病随进境动物传入，切实筑牢国门生物安全屏障，服务经济社会发展。

三、参与天津市生物安全工作情况

为全面贯彻落实党中央关于生物安全的战略部署，构建天津口岸出入境生物安全防控体系，根据天津市要求，对照《生物安全法》梳理天津海关工作职责、履职情况，梳理存在的短板弱项以及重点工作任务，积极参与天津市生物安全风险防控和治理体系建设，作为天津市生物安全工作协调机制牵头单位之一，主要负责天津市出入境生物安全防控工作；严格实施监管，保障口岸生物安全工作；防范外来物种入侵；其他社生物安全领域有关工作的落实。

一是制订下发《天津海关国门生物安全风险防控工作方案》，形成以天津海关关长为领导小组组长，各部门共同参与的工作机制，为进一步开展有关工作形成了强有力的组织保障。

二是形成工作汇报、工作会议、工作专班制度，按照分工，组织落实党中央以及海关总署、天津市、天津海关党委生物安全工作部署，确保工作有序推进。

三是按时召开一次季度例会，按时向天津市生物安全联合协调机制报送了三期国门生物安全季度形式分析报告。

四是按时参加天津市卫健委组织季度生物安全风险研判会议，总结本季度生物安全形势，对下季度生物安全风险进行评估。

五是根据天津市生物安全工作协调机制专家委员会安排，派员参加天津市生物安全工作专业咨询、风险研判、政策建议等工作。

六是对口联系天津市公安局、市交通运输委、市国家安全局、中国民航天津安全监管局，开展相近领域生物安全工作。

四、打击非法引进外来物种和种子苗木"国门绿盾2021"专项

根据《海关总署打击非法引进外来物种和种子苗木"国门绿盾2021"行动方案》要求，天津海关结合天津关区业务实际情况，制订《天津海关打击非法引进外来物种和种子苗木"国门绿盾2021"行动方案》，从严格检疫审批、加强风险研判、加强技术能力支撑、加强实际业务监管、加强专题宣传教育、强化沟通协作机制6个方面细化具体行动工作。

天津海关成立以副关长谭绪良为组长的天津海关外来入侵物种口岸防控领导小组，成员包括动植处、行邮处、缉私局、教育处，各隶属海关，风险防控分局，动植食中心等部门主要负责人。天津海关明确各部门、各单位的职责分工，由领导小组统一指导协调本关区外来入侵物种口岸防控相关工作。

（一）开展宣传教育。

结合"国家安全教育日"，4月1日—15日，天津海关先后走进天津耀华中学、天津外国语大学附属东疆外国语学校、天津第二南开中学、河南省鲁山县第三十初中、南开区新星小学、东丽区宝元小学、汉阳道中学、天津理工大学8所大、中、小学和盛景铭都社区、名居花园社区等3个社区开展国门生物安全宣传，提高广大师生对防范外来物种入侵和动植物疫情疫病重要性的认识。天津海关还走进粮油企业、邮快件企业、船代企业、码头现场等，宣传生物安全法和外来物种防控知识，覆盖人数达到300余人。

天津海关组织召开"天津海关国门安全新闻发布会"，带领新闻媒体、外界民众参观天津市法治教育基地，教育基地陈列的从旅检和快件渠道截获的非法进境活动物、标本、濒危野生动植物及其制品使参观人员触动深刻。

此外，天津海关借助多媒体平台，多点开花，宣传教育效果更进一步。《天津日报》《法治日报》刊发《天津海关科普讲堂——外来入侵物种》《国门生物安全普法进校园》《守护国门生物安全》《筑牢国家生物安全第一道屏障》等报道，"海

关发布”“天津海关12360”等“两微一端”刊发《天津海关启动“国门绿盾”2021行动》《践行总体国家安全观｜国门生物安全知多少》《践行总体国家安全观｜维护国门生物安全　共建绿色生态家园》《国门生物安全教育，从娃娃抓起》《践行总体国家安全观｜生物安全法》等11篇稿件。系列宣传教育活动增进民众对外来物种防控的了解，鼓励民众成为维护国门生物安全的宣传者、践行者和保护者。

（二）口岸把关效能提高。

天津非贸渠道各业务现场高度重视此项行动，邮件快件业务现场发挥海关审单、审图优势，加强正面监管，运用即决式布控等手段，加强对高风险物品的布控查验；旅检现场落实落细海关总署关于旅客行李物品的3个100%要求，发现疑点一律开箱彻查，强化对旅检渠道外来物种和种子苗木走私打击针对性。多部门联动，提升监管效能，人工审单、机检查验及人工查验各环节密切配合，增强查发针对性和查验处置能力，形成审查联动，提升整体监管效能。

提升信息化水平，增强监管效能。充分应用新上线的邮件查验“同屏比对”系统，提升查验工作的精准度和效率。建立查发情事信息化台账及法律法规资料库，累积风险数据，提升处置能力。

2021年4月1日开展活动至2021年年底，天津海关共查发仙人掌科植物种子、大丝葵种子、南芥种子、巴拉望巨扁锹形虫、毛象大兜虫、螃蟹锹形虫、平头大锹形虫、弯角大锹形虫、南美角蛙等非法引进外来物种和种子种苗共313批次，161.12千克，主要来自美国、加拿大、法国，取得了较显著的成果。

（撰稿人：李富文　高　建　郭　景）

第三篇

政治建设

党建工作

概况

天津海关机关党委（思想政治工作办公室、党委宣传部、党委巡察工作办公室）的主要职责，是承担天津海关党的建设领导小组办公室职责，组织落实海关党的建设工作规划，组织推动全面从严治党主体责任落实；承担天津海关党委中心组学习和民主生活会相关工作；承担天津海关机关党员领导干部民主生活会相关工作，指导下级单位领导干部民主生活会和党委中心组学习相关工作；协助天津海关党委落实意识形态工作责任制，组织天津海关宣传文化工作，加强思想政治工作，组织开展精神文明创建工作；组织推动天津海关基层党组织建设，提高基层组织力，发挥基层党组织战斗堡垒作用和党员先锋模范作用；协助推动党风廉政建设主体责任落实，组织开展天津海关行风建设和纠风工作，组织开展廉政教育；组织落实准军事化海关纪律部队建设规划，加强纪律建设和作风建设；推动天津海关党建工作，拟订组织、宣传、统战工作规划并组织落实；组织开展天津海关群团工作，指导下级单位群团工作；推动天津海关党风廉政建设和反腐败工作，加强对基层党组织和党员的日常监督和纪律审查，做好案件审理工作；组织实施天津海关定点扶贫工作，落实天津海关定点扶贫任务；协调办理政治部相关事务，起草天津海关党委及政治部相关文稿；承办上级交办的其他工作事项。2021 年，天津海关机关党委深入学习贯彻习近平新时代中国特色社会主义思想，认真落实“政治建关、改革强关、依法把关、科技兴关、从严治关”建设总要求，聚焦“坚定信心　乘势而上　开启高质量‘一流海关’建设新征程”的天津关区工作主题，统筹推进党建、思想政治工作、精神文明创建、准军事化纪律部队建设、巡视整改以及群团工作，以优异成绩庆祝中国共产党成立一百周年。

宣传思想文化

【强化理论武装】2021 年，天津海关扎实推动开展党史学习教育。天津海关党委开展党委会“第一议题”和理论学习中心组学习42次，组织专题读书班3次；天津海关基层党委、基层党支部开展集中学习4,500余次。副处级以上党员领导干部全部通读中央指定的“4本书”，基层党支部普遍开展“四个专题”研讨。举办“学史·铸魂”红色讲坛43场，在“悦动津关”开通“百年党史百日读”“百年党史红歌记忆”等特色栏目。编发《天津海关革命故事集萃》和《历史上的第一》等学习资料。直属海关和隶属海关两级青年理论学习小组开展130场学习活动。天津海关党委委员和各级党组织书记等讲专题党课近900次。党员干部形成理论研究成果200余篇，其中2篇收入天津市庆祝建党100周年文集，3篇在海关总署专题征文中获奖；2个调研成果分获天津市市级机关优秀调研成果一、二等奖，天津海关是唯一获得两个奖项的市级机关。承担中央组织部和海关总署政工办2项课题研究任务。组织342个党支部召开专题组织生活会、56个领导班子召开专题民主生活会。在海关总署、天津市党建媒体刊发稿件200余篇。开展“我为群众办实事”实践活动，直属海关和隶属海关两级党委确立的211个重点项目全部完成。4个办实事案例入选海关总署“我为群众办实事”百佳项目。办实事典型做法被中央媒体、海关总署以及天津市媒体、互联网主流网站宣传报道1,030余次。

▲2021年5月14日，天津海关青年理论学习小组开展“重走长征路传承红色情”主题活动

【做好意识形态工作】2021年，天津海关制定《关于进一步加强和改进思想政治工作的意见》，明确20项重点任务。修订《天津海关关于深化新时代文明单位创建工作的指导意见》，细化22项工作任务。深化精神文明创建，制定《2022年度天津海关精神文明建设工作要点》，推动各创建单位落实全国和天津市文明单位测评体系各指标项目。加强统筹推动，形成创建合力，坚持精神文明创建工作“一把手”挂帅，形成“一把手”亲自抓、分管领导直接抓、职能部门主动抓、党团工会配合抓、纪检监察协助抓、基层科室具体抓的工作机制。开展2021年度干部职工思想动态情况调研，参与率超过92%，形成调研报告。该关通过树立先进典型，充分发挥示范引领作用。2021年，天津海关2人获得国家级荣誉称号，6个集体、2名个人获得省部级荣誉称号，3个集体、4名个人获得天津市市级机关系统荣誉称号，8个集体、6名个人获得天津市青年荣誉称号，100名党员、20个党支部获评天津关区“两优一先”（优秀党员、优秀党务工作者，先进基层党组织），20名基层科室党支部书记获评天津关区“双优”（党建能力优、业务能力优）书记。6名执法一线科长获评2021年度全国海关百名优秀执法一线科长。天津海关获评天津市青年文明号5个、“天津好人”6人。天津南疆海关固体废物展示馆被命名为滨海新区新时代文明实践基地。

基层组织建设

【“基层组织建设年”活动】2021年，天津海关进一步深化“强基提质工程”要求，开展“基层组织建设年”活动。组织各基层党组织开展“党组织设置不到位、改选换届不及时、基本组织生活不落实、党费收缴管理不规范”等基本问题的“四个清零”工作，巩固基层党组织规范化建设成果。组织制定机关和隶属海关支委会、支部及事业企业支部、临时党支部等6类工作指引，推动开展差异化、特色化的党建活动，坚持“抓两头带中间”。对事业单位党组织，突出加强党的领导，采取“严格要求+帮助指导”的方式，加强指导帮带、促进转化提升。对企业党支部，进一步规范党组织设置，将党建工作纳入企业章程，落实党支部在公司治理中的法定地位。组织推进党员干部“双能力”“双素质”评估，对党员干部的政治素质和业务能力进行全面评估，深入探索党建业务双促进双驱动机制。经统计，天津海关执法一线支部书记（科长）党建能力评估优秀率100%；业务能力评估优秀率97.9%；党员干部政治素质优秀率99.57%，业务素质评估优秀率97.8%，累计1,028人次新通过海关总署各类资质考试，增幅56.5%。天津海关党建业务“双能力”评估被海关总署确定为“书记项目”试点。

【“机关引领基层、支部联系企业、党员服务群众”活动】2021年，天津海关深化拓展“机关引领基层、支部联系企业、党员服务群众”活动，与“我为群众办实事”实践活动和党建品牌创建工作统筹推进、相互融合，提升活动质效。天津海关各级党组织将活动作为长期任务和抓党建落实的重点工作，紧密结合疫情防控、优化营商环境、推动“船边直提”“抵港直装”等改革，扎实组织推动。坚持问题导向、目标导向、任务导向，运用党建业务融合推进机制与统筹分析机制，通过党建共建联建等方式，解决工作中的堵点和难点问题。活动中，该关机关部门联系122个基层党支部，222个执法一线科室党支部联系2,129家企业，采取支部联席会、党员突击队、专项工作组、“网格化”、“一厂一策”、“户籍式”等方式，解决企业问题1,760个，收到感谢信169封，该活动入选全国“第三届党建创新成果展示交流活动”百优案例。

▲2021 年 10 月，“机关引领基层、支部联系企业、党员服务群众”活动荣获中央和国家机关工委“第三届党建创新成果展示交流活动”百优案例

【党建品牌换挡升级】2021 年，天津海关围绕“体现工作特点、反映支部特色、展现党员特长”，推动党建品牌换挡升级，形成了 1 个全国党建“百优案例”，6 个海关总署品牌、4 个海关总署百佳案例，12 个天津市市级机关“双示范”，60 个天津海关关级品牌、107 个“四强”党支部的品牌体系。完善党建品牌创建指导意见，举办党建品牌创建工作推动会。开展党建与业务深度融合试点工作，天津新港海关综合业务三处党总支被确定为天津市市级机关党建与业务深度融合机制试点党组织，参加“津港先锋”党建联盟，有关党建案例在天津市委市级机关工委党建工作研讨会上进行经验交流。同时，在天津滨海机场海关、天津保税区海关和西青海关各选取了 1 个党支部作为天津海关党建与业务深度融合试点党组织，将试点工作扩大到 4 个。以口岸、属地业务特点为基础，找准关地关港关企共同点，在一起解难题提效率创业绩争先进中深化党建共建联建。

党风廉政

【落实全面从严治党责任】2021 年，天津海关召开全面从严治党工作会议，制定《天津海关 2021 年全面从严治党重点任务分解》。落实《中共海关总署委员会关于加强对“一把手”和领导班子监督的实施意见》要求，细化具体落实措施。2021 年 11 月 24 日，天津海关党委会议专题研究全面从严治党工作。落实海关总署和天津市关于开展警示教育月工作的安排，采取专题研讨、支部书记讲廉政党课、参观爱国主义教育基地、主题党日活动等方式切实抓好落实。组织 12 个部门单位开展“基层书记组长谈责任”视频访谈活动，3 个视频在海关总署政工办网站展播。继续深化党支部纪检委员工作，全覆盖开展天津海关干部配偶、子女及其配偶从业行为规范工作。出台《天津海关党组织办理党纪处分事项工作指引（试行）》，进一步规范各级党组织办理党纪处分事项。

【纪律作风建设】2021年，天津海关落实海关总署《深入治理违反中央八项规定精神突出问题进一步推进清廉海关建设的若干措施的通知》要求，细化重点工作任务并抓好落实。开展“面对面”宣讲276次，涉及科室398个、人员2,358人，覆盖率80%。组织129家企业开展外出执法政风评议，“一对一”征求特约监督员意见建议11条。扎实推进准军事化纪律部队建设，认真抓好“内务规范强化月”活动，开展不打招呼全覆盖实地检查，并对所发现问题进行通报。积极组织参加全国海关商检领域练兵比武，天津海关闯入全国海关商检领域“万人争先”线上练兵八强，4名个人跻身全国海关商检领域“万人争先”线上练兵百强。5个培训课件被海关总署采纳并发布在“钉钉”平台“岗位练兵集中教学”专栏中。

群团工作

【服务中心工作】2021年，天津海关规范31个基层工会以及相应经费审查委员会、女职工委员会等工会组织建设，吸收工会会员3,860名。联合天津市总工会组织开展天津海关口岸“外防输入”岗位练兵比武活动，覆盖空港检疫查验、海港检疫查验、实验室检测人员共1,000余人。发挥16个文体协会、2,000余名会员作用，广泛开展各类文体活动，参与人数突破20,000人次。推进各隶属海关单位、事业单位建成一批文体活动室、图书室、心理疏导室等职工活动场所。选送舞蹈《国门先锋》在天津市群众舞蹈比赛中荣获一等奖，诗朗诵《我看见了你，中国海关》被海关总署评为海关优秀文艺节目。成立天津海关心理健康服务协会，形成“心理训练、咨询服务、危机干预”三位一体心理健康工作模式；组织心理普测2,885人次，覆盖97%在职关员；为“红区”抗疫人员开展线上心理服务10余次。2021年10月，天津海关心理成长工作中心成立并试运营，面向职工、深入一线提供专业化心理健康服务。

【共青团工作】2021年，天津海关团委组织各级团组织开展学习130余场次；建立直属海关、隶属海关两级青年理论学习小组21个，开展学习活动103场；建立学研转化机制，形成成果论文7篇，被海关总署情况交流、天津机关党建等多平台采用。制定《天津海关青年文明号创建活动管理办法（试行）》，指导天津关区28个集体创建天津海关关级青年文明号，14个集体创建天津市市级青年文明号，其中3个集体成功获评“第20届全国青年文明号”。依托天津海关“挚爱一家”青年志愿服务队，组织各类志愿服务99场次，参与856人次。2021年，组织“两红两优”[五四红旗团委（团支部），优秀共青团员、优秀共青团干部]、优秀志愿服务个人及集体评优评先活动3次，评选出先进集体15个、个人35名，共获评省（市）

级及以上青年荣誉22项，其中“全国五四红旗团支部”2个、“全国优秀青年志愿服务个人”1个、“全国青年文明号”3个。

（撰稿人：孔丹丹　冯　晶　刘艳芳　闫　乾　赵　罡　侯　科　姜宜宾　贾彦卿　黄　颖　韩　宁）

政治巡察

概况

按照全国海关党的领导体制改革工作部署会要求，天津海关设立党委巡察工作办公室（以下简称“巡察办”），在天津海关党委领导下开展政治巡察工作，巡察办履行天津海关党委巡察工作领导小组办公室工作职责。2021 年 5 月，天津海关巡察办按照海关总署党委制定印发的《中共海关总署委员会关于加强巡视巡察上下联动的实施意见》要求，作为党委工作部门和政治部组成部门，独立开展工作，单独开展平时考核、年度考核和表彰奖励，设立并开通专门收发文账号。

2021 年，天津海关党委坚持以习近平新时代中国特色社会主义思想为指导，学习贯彻习近平总书记关于巡视巡察工作的重要论述，紧密结合实际贯彻落实海关总署党委关于直属海关党委开展巡察工作的指导意见以及海关总署党委关于加强巡视巡察上下联动的实施意见，将“两个维护”作为根本任务，坚持“严”的主基调，切实发挥巡察“利剑”作用，推动巡察工作不断走向深入。同时，在统筹各方面监督力量上进行了探索，形成了“巡审合一”“巡监合一”等工作模式，有力推进了巡察工作的高质量发展。

天津海关党委书记、关长、党委巡察工作领导小组组长赵革在巡察工作领导小组会上指出：通过不断完善制度和机制建设，夯实工作基础，创新思路方法，天津海关巡察工作的政治属性越来越突出，巡察质量越来越高，巡察报告一次比一次质量高，一次比一次更聚焦更深入，巡察的作用越来越明显。

2021 年，天津海关党委综合运用常规巡察、专项巡察以及巡察“回头看”等方式，组建了 17 个巡察组，分 3 轮对 31 个单位（部门）进行巡察，覆盖率达到 82%。其中，对 9 个单位开展了常规巡察；对 13 个职能部门开展了专项巡察；对巡察反馈满 1 年的 9 个单位开展了巡察“回头看”。通过巡察发现问题 501 个，同比提升 130%。

巡察工作

【组织实施】 2021 年，天津海关党委总结工作经验，不断提高政治站位，强化责任意识，坚持将“两个维护”作为根本任务，紧盯习近平总书记重要指示批示精神和党中央重大决策部署，以及海关总署党委工作要求在基层的贯彻落实情况和质量效果，突出抓好队伍建设、制度建设、组织实施、巡察整改等关键环节，切实发挥“监督保障执行，促进完善发展”作用。天津海关党委组建17个巡察组，分别对天津大港海关、塘沽海关、静海海关、宁河海关、天津保税区海关、天津东疆海关、北塘海关、工业产品安全技术中心、中国电子口岸数据中心天津分中心开展常规巡察工作；对法规处、综合业务处、自贸区和特殊区域发展处、关税处、卫生检疫处、动植物检疫处、进出口食品安全处、商品检验处、行邮监管处、统计分析处、企业管理和稽查处、财务处、科技处开展专项巡察工作；对天津滨海机场海关、天津临港海关、天津南疆海关、蓟州海关、北辰海关、天津河西海关、动植物与食品检测中心、化矿金属材料检测中心、天津国际旅行卫生保健中心开展巡察“回头看”工作。

▲2021年3月2日，天津海关党委2021年第一轮巡察工作动员部署会

巡察组进驻前均由天津海关副关长兼政治部主任、党委巡察工作领导小组副组长钟海澄主持召开巡察工作动员部署会，同时由巡察办组织开展巡察干部培训。实地巡察结束后，天津海关党委书记、关长、党委巡察工作领导小组组长赵革主持召开天津海关党委巡察工作领导小组会议，听取巡察情况汇报，研究提出反馈意见，同时就下一步巡察工作提出要求。天津海关党委书记、关长、党委巡察工作领导小组组长赵革在天津海关党委巡察领导小组会议中就天津海关巡察工作提出要求：继续保持政治定力，进一步从政治上理解把握巡察工作，增强巡察工作的使命感责任感；强化责任担当，进一步推进各类监督贯通融合，加强对“一把手”的监督，推动巡察工作的高质量发展；严肃工作要求，进一步督促巡察整改工作落实，准确把握新要求，提高巡察工作质效，落实系统观念，构建统筹监督工作格局。

【队伍管理】2021年，天津海关党委突出政治意识、政治能力和政治纪律的要求，将“高站位，永奋斗，敢斗争”作为专职巡察干部党员先锋模范作用发挥的着力点，履职尽责，担当作为，初步建立起一支爱学习、勤思考、勇实践、有能力的专业化巡察队伍。总结形成“态度严肃、工作严谨、自我严格”的“三严”要求，“缺人手不缺干劲、缺休息不缺热情、缺时间不缺奉献”的“三不缺”精神。在工作中牢牢守住“发现问题”这个生命线，日常注重文件学习并及时归纳检视要点，巡前集体研究讨论巡察监督重点内容，实地指导督导时当“黑脸包公”，直截了当指出存在问题及工作方向，督促巡察组切实落实主体责任。择优吸收四级调研员（高级主管、高级主办）以上职级公务员进入巡察队伍，及时将新提拔的副处级领导干部、隶属海关科级党委委员、基层执法一线优秀科长充实入库。天津海关党委于2021年2月5日印发《天津海关党委关于印发巡察干部队伍库人员名单的通知》，补充调整包含73名巡察组组长（副组长）、79名巡察组干部的巡察干部队伍，入库人数较2020增长17%。

对照培养“召之即来、来之能战、战之能胜”的巡察尖兵目标，注重工作经验的总结和传承，组织5名参加海关总署巡视的干部、具有一定巡察经验的干部结合自身经历和心得，分享工作经验、交流工作方法，提升巡察干部听取汇报、个别谈话、调阅资料、撰写报告等专业实操能力，为“真发现问题、发现真问题”打好本领基础。注重专业培训和职能支持，巡前结合被巡察对象具体工作职责，由相关职能部门业务骨干专题授课，宣讲政策，阐明尺度，提出重点关注的事项和问题，巡察期间对专业性较强或巡察组无法把握的问题，及时提供专业指导或人力支持。2021年，天津海关党委组织全体巡察干部专题培训4期、业务测试4次；开展理论研讨取得良好成果，1篇研讨文章被海关总署巡视办评定为三等奖、2篇被评定为优秀奖；选派8人参加海关总署巡视，5人考核优秀，优秀比率达到62.5%；1期海关总署《政治工作简报》、3期天津海关《情况通报》推介了巡察工作经验和成效，2期天津海关《工作简报》在海关总署巡视办网站刊发。

【制度建设】2021年，天津海关党委印发《天津海关党委关于做好2021年度巡视巡察整改及专项整治工作的通知》，并对《天津海关党委巡察工作实施细则》《被巡察党组织配合天津海关党委巡察工作实施办法》《天津海关党委巡察干部选派管理考核办法（试行）》《天津海关党委巡察组组长负责制实施办法》等巡察制度予以完善和修订；巡察办制定《党委巡察工作办公室与人事处巡察工作协作配合机制》《党委巡察工作办公室与机关党委巡察工作协作配合机制》，并对《党委巡察工作办公室与监察室巡察工作协作配合机制》《党委巡察工作办公室与督察内审处协作配合机制》予以修订。适应巡察监督重点的变化，制定并动态调整关区巡察检视要点内容。

巡察办汇总巡察工作相关制度规定、实践成果经验，编制完成2万余字的《巡察工作百问》，以简明扼要的问答形式，诠释巡察的职责定义、工作程序、工作方法、工作技巧及工作纪律等方面的内容，成为“巡察新兵”的入门级教材，也为压缩巡前培训时间、夯实巡察干部基本功打下基础。紧密围绕“聚焦党中央重大决策部署和海关总署党委工作要求在基层贯彻落实情况，进一步促进党员干部担当作为；聚焦群众身边腐败问题和不正之风，推动全面从严治党向基层延伸；聚焦基层党组织领导班子和干部队伍建设，推动解决软弱涣散问题、增强基层治理实效”的“三个聚焦”巡察监督重点，分类梳理470个文件，汇总形成约7万字的《巡察检视基本要点》，从34个方面提出506条检视要求。由巡察办整理工作指南和文书模板20余个，为巡察组规范开展工作提供保障。对构建“大监督”格局提出明确要求并逐步落实，在坚持选人用人专项检查与巡察同步进行的同时，2021年对9个单位的巡察与领导干部经济责任审计同部署、同检查，形成了“共同组建小组、共同发布公告、共同实地入驻、共同听取汇报、共同查发问题、共同分析研判”的“六个共同”工作机制，真正实现了同类监督通过一次监督、一个监督组、一次性监督行为、一次监督检查完成，信息、资源、力量和成果得到共享共用，切实提升了监督的精准性，达到为基层减负目的。

【特色做法】2021年，天津海关党委立足提升巡前培训质量，推动实现“变各巡察组分别走访为巡察办统一汇总各职能部门意见建议、变巡察前普及性培训为务实管用的巡察方法‘小班教学’、变巡察组进驻后了解情况为培训阶段听取情况介绍”的“3个转变”，促使巡察工作准备更充分、路径更明确、重点更突出。在巡察组集中培训阶段试行巡察组与被巡察单位巡前沟通机制，提前掌握整体情况、提前研判开局方向，为巡察组实地开展“政治体检”赢得更充足时间。摒弃单纯查阅资料、过度依赖“痕迹”的做法，“因时而变、因势而异”，更加注重从巡察对象的总体情况汇报中挖线索，更加注重发挥网络调查问卷的功用，更加注重个别谈话的时机和技巧，更加注重明察暗访和走访调研的针对性，更加注重发挥巡察组“组务会”制度优势，通过集体智慧破解工作困局。2021年，各巡察组发现问题的能力得到明显提升，发现问题数量由平均23个增加到30个。

巡前由纪检监察机构对巡察干部进行廉政审核，确保“打铁必须自身硬”；巡中由巡察办结合实地指导督导情况制发《实地督导意见书》，对巡察组及巡察干部工作表现及时点评，不断压紧压实巡察组及其成员的工作责任；巡后对巡察干部表现逐一做出书面鉴定，并反馈人事部门及所在单位（部门）。2021年，天津海关党委使用巡察干部142人次，对25名巡察干部予以集体奖励，对7名参加两轮以上巡察工作且2次考核结果为“优秀”的干部由巡察办向所在单位（部门）提出了年度考核优秀的建议。

【巡察整改】2021年，天津海关党委把巡察整改质量效果作为检验“两个维护”的试金石，通过完善机制、压实责任、强力督促，促使各级领导班子落实巡察整改主体责任，增强全面从严治党自觉性，在尽职担当中推进高质量“一流海关”建设。将巡视反馈问题和整改落实情况作为巡察监督重点，对巡视反馈问题扭住不放、寸步不让，以巡察检验巡视整改成效。将中央巡视海关总署反馈的问题、海关总署巡视反馈的问题、天津海关巡察发现的问题等，梳理归并为1张“总清单”，结合天津海关重点工作制定年度细化任务。每季度召开巡视巡察整改工作推进会，听取推动落实情况汇报，印发《天津海关党委关于做好2021年巡视巡察整改及专项整治工作的通知》，一体推动巡视反馈问题、形式主义官僚主义等5个专项整治及巡察发现共性问题的整改落实。以《天津海关党委巡察整改评估办法（试行）》为基本遵循，建立被巡察单位每月自查、上级组织阶段检查、巡察组1年后“回头看”工作机制，明确巡察整改具体责任、任务内容和质量标准。天津海关政治部就组织人事部门进一步加强巡视（巡察）整改监督工作明确8项要求。在每季度定期召开的巡视巡察整改推进会上，选定不少于3个单位汇报巡察整改情况。通过巡察“回头看”，发现主体责任落实有差距、举一反三不到位等问题38个，通过量化打分排名，客观反映了被巡察单位党组织抓巡察整改的工作质量和效果，有力推动了以巡促改、以改促建。

每轮反馈后巡察办立即举办巡察整改专题培训，集体学习习近平总书记关于巡视整改工作的重要论述，海关总署党委和天津海关党委关于巡视巡察整改工作的指示要求和天津海关巡察整改制度规定及工作要求，抓实整改“起步一公里”。推出巡察整改“一表一清单”（巡察整改月度完成情况表和巡察整改基本任务清单），明确整改责任和工作任务，每月定期评估。建立《巡察建议书》制度，由巡察办在每轮巡察后将巡察发现问题及时通报、移交、转办相关职能部门并跟踪处置结果。年内向12个职能部门发出《巡察建议书》28份，通报问题223个，由职能部门紧盯具体问题整改，并从职能条线角度举一反三、专项治理，推动形成“职能+基层”的整改合力，扩大巡察监督效果、推动标本兼治。结合巡察“回头看”，对巡察整改工作不力的1个事业单位党委进行了党内问责。针对共性问题开展接力整改，由巡察办系统梳理、分类汇总查发问题，先后2次以“问题清单”形式向天津海关各部门（单位）通报，通过相互借鉴、自查自改，推动全面从严治党责任落实。

（撰稿人：孙文志　杨学军）

纪检监察

概况

天津海关监察室（党委纪检组）主要承担监督促进天津海关党委领导班子落实全面从严治党主体责任，监督促进党政一把手当好第一责任人；监督检查天津海关党委领导班子及其成员遵守党章党规党纪、执行党的路线方针政策和决议，推进党风廉政建设和反腐败斗争及廉洁自律等情况；按权限处置核查有关问题线索、审查违纪案件；协助天津海关党委开展党的问责工作；指导天津海关党委派驻纪检组日常工作，承办上级纪检监察部门交办的其他事项等职责。2021 年，天津海关监察室（党委纪检组）荣立集体 3 等功 1 次、集体嘉奖 1 次，监察室党支部被评为“四强”党支部、基层先进党组织。

2021 年，天津海关监察室（党委纪检组）深入贯彻中央纪委第十九届五次全会精神，认真落实全国海关全面从严治党工作会议、纪检监察工作会议部署，坚持以高质量发展为主题、以党史学习教育为契机、以权力寻租专项整治为抓手，严格监督执纪问责，有力推动天津海关全面从严治党、党风廉政建设和反腐败工作取得新成效。一方面，聚焦“国之大者”，紧紧围绕习近平总书记重要指示批示精神和党中央重大决策部署，常态化开展政治监督。另一方面，强化日常监督，不断夯实清廉海关建设基础。落实海关总署党委关于加强对一把手和领导班子监督的实施意见，制定两级党委任务分工，明确 35 项监督重点事项，督促“关键少数”主动开展监督、自觉接受监督。扎实开展专项监督，深入查找执法领域廉政风险和高风险岗位，有针对性地制定风险防控措施，持续深度净化天津口岸一线执法环境，初步构筑起执法领域廉政风险防控屏障。坚持严的主基调不动摇，持续强化监督执纪问责，精准运用“四种形态”，特别是督促天津海关各级党组织用足用好“第一种形态”，让红脸出汗成为常态，不断推动“两个责任”同向用力、形成合力，共同抓早抓小、防微杜渐，让党员干部习惯在监督和约束下工作生活。

监督检查

【政治监督常态化开展】2021 年，天津海关坚持把“两个维护”作为政治监督首要政治任务，聚焦“国之大者”，坚决扛起疫情防控监督政治责任。成立疫情防控监督工作领导小组，制发“一方案两清单”，建立“1+20”工作机制，保证工作高效开展。着眼全链条精准防控要求，针对旅检、冷链等重点部位，开展现场检查 387 次、视频监督 356 次，切实为天津口岸筑起疫情“防护墙”。

▲2021 年 6 月，监察室统筹天津关区派驻纪检组开展疫情防控再监督工作

坚守“再监督”定位，组织召开“监督与再监督”见面会，成立“再监督工作小组”，制作 2 期问题视频专辑，针对监督发现的 222 个问题向有关单位制发监督建议书 24 份，推动疫情防控责任层层落实；聚焦“关键少数”，突出对“一把手”和领导班子的监督。制定两级纪检机构任务分工，明确监督重点。天津海关党委纪检组组长参加党委会议 43 次，提出监督意见 33 次，监督天津海关党委贯彻执行民主集中制；与其他关党委委员逐一进行廉政日常谈话，做好督促提醒。约谈 2 个隶属海关、事业单位领导班子及 8 名处、科级领导干部，督促履职尽责。对 21 名提任或转任的“一把手”审慎回复党风廉政意见，对 11 名新任“一把手”开展任前廉政谈话，坚决防止“带病提拔”“带病上岗”。组织全体正处级领导干部集中观看警示教育片，不断强化对“一把手”的教育警示；聚焦“政治纪律和政治规矩”，推动党内政治生活不断从严。督促天津关区各级党组织严格落实“第一议题”制度，确保第一时间传达学习、部署落实。加强党史学习教育开展情况的监督检查，督促各级党组织做实规定动作、创新自选动作，推动党史学习教育走深走实。对 29 个党委领导班子民主生活会和 19 个基层党组织组织生活会开展专项监督检查，强化对问题整改情况的跟踪问效，紧盯避重就轻、走过场等问题，促进政治纪律和政治规矩立起来、严起来、实起来。

【强化日常监督】2021 年，天津海关紧盯重点领域、突出问题和关键环节，常抓不懈、久久为功。充分利用驻海关总署纪检监察组以及地方纪委监委通报的典型案例，督促各级党组织开展警示教育，引导干部职工牢记红线、守住底线。以“钉钉子”的精神守住关键时间节点，针对“公车私用”“私车公养”问题，先后组织开展5次监督检查，做到逢节必提醒、必检查，坚决防范不正之风。

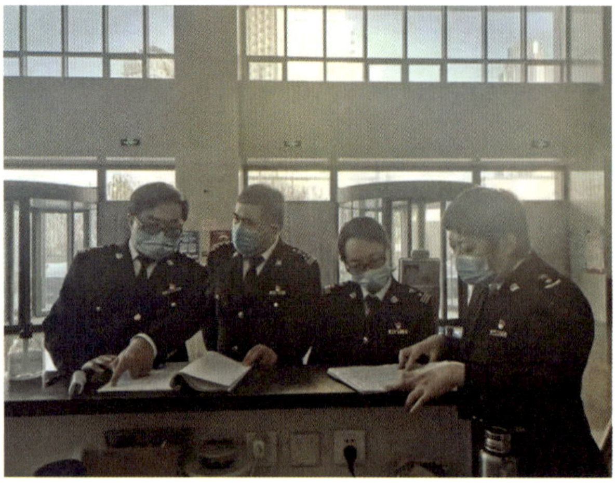
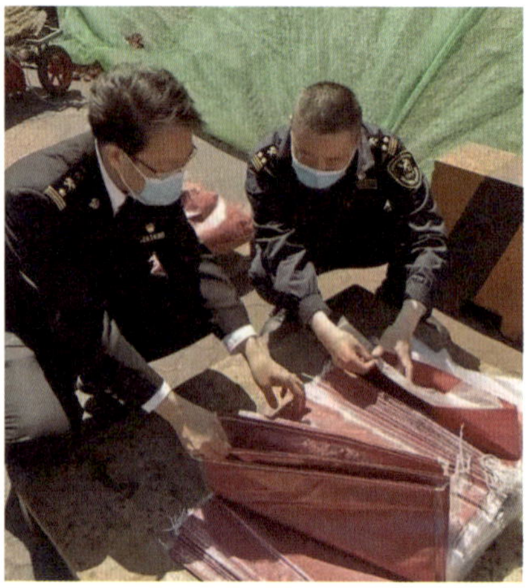

▲2021年11月，监察室统筹天津关区派驻纪检组对口岸一线开展常态化监督检查

落实天津海关党委要求，深入整治“推诿扯皮”“有令不行、有禁不止”“工作方法简单粗暴”等形式主义、官僚主义苗头性问题，防止作风问题蔓延；针对3项业务领域典型问题，细致开展责任分析，先后对9个领导班子、25名处科级领导干部进行责任追究，打通责任传导“堵点”，确保令行禁止。对技术检测类事业单位人员违纪违法案件多发问题进行专题分析，深刻剖析成因，有针对性地提出4条工作建议，推动加强风险防控。针对样品管理环节存在的执法相对人参与送样、“盲样”样品未隐去关键信息等情况，开展“回头看”，推动“盲样”检测落实到位。同时，就发现的样品后续处置不规范等问题，及时向相关部门提出监督建议，堵塞管理漏洞；制定《天津海关纪检机构信息宣传工作管理办法》，完善派驻监督制度体系。组织现场观摩会1次，派驻纪检组座谈会2次，开展纪检业务培训班1次，提升履职能力。发挥考核“指挥棒”作用，引导派驻监督工作向重点工作聚焦聚力，不断提升派驻监督效能。2021年，天津海关派驻纪检组共开展监督检查773次，制发监督建议书46份，运用第一种形态13人次，移交问题线索8条，监督有效性较往年提升。

【做实专项监督】2021年，天津海关开展“现场监管与外勤执法权力寻租”专项整治工作，把权力寻租专项整治作为推进全面从严治党的有力抓手，以“六抓六促”做好专项整治工作。成立专项整治工作领导小组，先后5次组织召开专题会议研究工作。针对各阶段重点任务，制发通知76个、工作提示20份，对9个职能部门、20个隶属海关、5个事业单位进行督导，组织召开机关、基层两个现场观摩会，推进工作有序开展；开展三轮风险清单制定工作，形成天津关区 1,156 条整治重点问题，梳理天津关区层面廉政风险 122 条。注重谈话工作，对 220 名谈话人系统培训，对 3,133 人开展谈话，通过谈话排查出廉政风险 546 个，重点关注岗位 315 个，重点关注对象 28 人。此外，将心得体会检视出的 97 条廉政风险，并入风险清单；通过设立举报箱、线索“大起底”、违规事项申报、数据分析、“四类人群”排查、12360 海关热线投诉筛查 6 种方式，专项整治期间受理并处置问题线索 51 件、立案 11 起，执纪审查成效明显提升；开展“10+3+3+4”违纪违法典型案例警示教育，组织 3,201 人参加纪法教育考试，安排 44 名代表旁听化矿金案件庭审，强化教育效果。组织 3,209 名干部职工撰写心得体会，先后 4 次下发通知，促进提高质量；成立 6 个实地检查组和 3 个暗访组，对 47 个部门单位进行实地检查和暗访，发现问题 193 个，提出建议 151 条，向 7 个单位制发监督建议书，确保工作及时纠偏；加强对海关总署实地检查组反馈的 7 个方面问题、28 条整改措施整改落实情况的监督检查，确保立行立改项目扎实到位、集中整改项目如期落实、长期整改项目稳步推进。

▲2021 年，天津海关在关区内深入开展“现场监管与外勤执法权力寻租”专项整治工作

【派驻监督工作】2021 年，天津海关始终把派驻监督作为监督体系的重要一环，不断固本培元、提质增效，推动监督下沉、监督落地，补齐基层治理短板。以制度建设强基础，围绕《天津海关党委派驻纪检组管理办法实施细则》这个核心，制定出台工作例会、工作报告、工作考核等系列制度，形成“1+7”制度体系，夯实基础、规范工作。坚持定期召开例会、定期布置调研课题、每半年召开派驻座谈会、定期报告工作情况等工作机制，加强对派驻纪检组的指导，推动派驻监督更加

精准聚焦；以全面覆盖增辐射。在对天津海关20个隶属海关单位（含风险防控分局）进行派驻监督的基础上，进一步统筹监督力量，将6个事业单位一并纳入派驻监督范围，实现派驻监督全覆盖。积极探索和创新监督模式，对综合派驻的派驻纪检组实行分开派驻，实现对全部驻在单位"全天候"监督的目标，推动派驻监督从"有形"向"有效"转变；以量化考核提效能。切实发挥考核"指挥棒"作用，不断修订考核办法、细化考核指标、设置负面清单，引导派驻监督向重点工作任务聚焦，向自身短板不足用力。2021年，各派驻纪检组累计开展监督检查773次，制发监督建议书46份，移交问题线索8件，"千里眼""顺风耳""预警机"作用增强。

▲2021年8月，天津关区派驻纪检组对单位开展常态化日常监督

▲2021年12月，天津关区派驻纪检组与驻在单位召开工作例会

执纪问责

【规范执纪审查】2021年，天津海关坚持把执纪审查作为核心职责，持续释放"严"的信号，形成震慑。2021年受理违纪问题线索62件，其中移送地方纪委监委5件。注重精准运用"第一种形态"，先后对41名干部做出谈话提醒、诫勉等处理。针对"旋转门"现象，开展违规经商办企业问题专项排查，发现22件涉嫌违纪问题线索，已立案审查6起、组织处理10人；年内立案审查15起，移送地方纪委监委5人、纪律处分10人，形成有力震慑。对2个处级党委领导班子及相关领导干部启动问责程序，精准规范问责，倒逼责任落实。强化打私反腐"一案双查"，召开联席会议1次，收到问题线索2件，其中1件已立案审查。推进受贿行贿一起查，探索建立行贿人"黑名单"制度，斩断利益链条。注重做好案件处理"后半篇"文章，针对案发领域存在的制度短板和管理漏洞，制发纪律检查建议书5份，督促案发单位健全完善相关制度机制，扎牢"不能腐"的笼子；将案件查处与警示教育相

结合，先后印发 2 期案件通报，深刻剖析发案原因，提出警示鉴戒要求，促进“不想腐”的自觉。

以案促改

【做实查办案件的“后半篇文章”】 2021 年，天津海关认真落实《直属海关单位党纪处分决定执行工作实施办法（试行）》和《关于对受处分党员开展帮扶教育工作办法》，监察室会同组织人事部门、机关党委、案发单位、党委派驻纪检组共同开展纪律处分执行和回访教育专项监督检查，全年与 8 名受处分人、所在党支部负责同志开展回访谈话，了解受处分人思想状况、知错认错、现实表现和工作实绩等情况。2021 年，天津海关制发《关于开展进一步关心关注干部职工工作生活专项工作的通知》，明确 7 类重点关心关注的人员，督促相关党组织负责人有针对性地采取措施开展关心关爱、帮扶教育工作。建立以案促改工作登记表制度，督促机关党委和案发部门逐案开展以案促改工作。

（撰稿人：马玉合　李　玮　李　禹
李恩斗　张广辉　赵永明
赵艳峰　陶志国　滑存良）

队伍管理

概况

天津海关人事处（党委组织部）主要职责是贯彻落实党的组织路线和干部工作的方针政策、决策部署和人事管理各项法律法规，组织落实海关总署党委关于海关干部人事工作的各项决议决定，组织实施天津海关党委关于天津海关干部人事工作的各项决议决定；在天津海关党委领导下，按分工履行政治部组成部门工作职责，组织指导落实天津海关干部人事管理工作；拟订天津海关干部人事管理规划、制度，拟订天津海关领导班子和领导干部队伍、优秀年轻干部队伍建设规划、制度，拟定公务员管理工作制度，拟订天津海关人才队伍建设规划、制度，并按干部管理权限组织实施；按干部管理权限组织实施关衔管理工作制度、领导班子和领导干部监督管理制度、选人用人监督检查制度；组织实施海关机构编制管理制度；按人事管理权限组织实施海关劳动工资、福利待遇、社会保险等管理制度等；拟定事业单位人事管理工作制度并按人事管理权限组织实施，组织实施职称评审管理工作制度。

2021 年，天津海关人事处（党委组织部）深入践行新时代党的组织路线，把政治建设摆在首位，坚持务实高效，在担当作为中忠诚履职，在疫情防控人力保障能力提升、干部队伍结构优化、科学严谨做好公务员管理、从严从实管理监督、考核评价体系建设、推进事业单位改革等方面均有了较大发展，为高质量“一流海关”建设提供坚强组织和人力保障，圆满完成各项工作任务。

机构编制管理

【政策落实】2021 年，天津海关深入学习贯彻《中国共产党机构编制工作条例》，严格机构编制管理。将该条例纳入 2021 年天津海关党委中心组（扩大）第四季度专题学习班、2021 年正处级领导干部能力提升培训班、2021 年副处级领导干部专业化能力提升专题培训班等培训学习内容；组织天津海关内部人事干部学习，并要求做好传达，提高天津海关整体机构编制工作的能力和水平；将该条例学习作为条条干预问题自查自纠、机构编制核查、专项督查的重要内容，确保该条例精神落到实处。坚持刚性约束，严格执行“三定”规定，落实海关总署对机关、基层编制比例的要求；坚持优化协同高效，力求科学合理、权责一致；坚持“底数清、变动明、数据新”，建立机构台账动态调整机制，扎实做好年度统计和实名制信息更新。按照海关总署人教司通知要求，开展机构编制条条干预问题自查自纠、机构编制核查、《中国共产党机构编制工作条例》及配套法规制度贯彻落实情况专项督查等工作，严格机构编制管理，严明机构编制纪律。

▲2021 年 12 月 17 日，天津海关举办人事干部业务培训班

【机构编制调整】2021 年，天津海关在严格执行和落实海关总署“三定”批复的同时，根据海关总署业务改革、业务调整变化等工作需要，在权限内按照规定程序和要求，优化调整机构编制。在隶属海关单位编制数量内，优化调整天津新港海关、天津临港海关、天津南疆海关和天津海关风险防控分局 4 个隶属海关单位的编制。优化科级机构设置和职责，调整天津海关科技处、天津临港海关、天津邮局海关、塘沽海关、天津海关风险防控分局等部门（单位）共 13 个科级机构名称及职责。推进稽查业务改革，调整企业管理和稽查处、隶属海关稽查业务相关职责，稽查部门取消常规稽查、增加自主查发违规问题的“简易程序和快速办理案件”等职责，东丽海关专项稽查一、二、三、四科调整为稽查一、二、三、四科，在东丽海关增设贸易调查科。

干部人事管理

【疫情防控人力调配】2021 年，天津海关动态调整疫情防控一线人力调配，为疫情防控提供坚强组织保障。建立并动态调整疫情防控“一线在岗”“二线预备”“三线应急”3 支梯队，将新招录公务员安排到防疫一线，在艰苦岗位经受锻炼，上好入关“第一课”。完善组织人事、业务职能、现场单位“三方联动”机制，对防疫现场人力需求第一时间分析研判，第一时间动态调配，为打赢疫情防控持久战提供有力的人员保障。紧盯各疫情防控现场人员结构变化，动态调整支援人员数量，科学统筹做好疫情防控人力调配。持续跟踪疫情防控一线人员上岗情况，加大人员轮换力度，避免长期连续作业。组织 22 人通过新冠病毒核酸检测（PCR）考核；制订《关于成立支援核酸检测实验室“工作专班”的实施方案》，协调关区内其他各事业单位支援保健中心43人，形成62人的新冠病毒核酸检测实验室“工作专班”；制订《天津海关支持北京冬奥会新冠病毒检测人员保障工作实施方案》，补充支援新冠病毒核酸检测实验室“工作专班”6人。

【领导干部队伍建设】2021年，天津海关坚定落实“好干部”标准，做好干部选任，进一步加强执法一线科长队伍建设，大力选拔优秀年轻干部，持续优化领导班子结构。把坚决捍卫“两个确立”，增强“四个意识”，坚定“四个自信”，做到“两个维护”作为干部选任的首要政治标准，深入考察政治忠诚、政治定力、政治能力、政治担当情况。制定做好干部选拔任用综合研判工作的指导意见，突出研判、考察干部在落实习近平总书记重要指示批示精神、疫情防控、重大改革等工作中的表现情况，为选好、用好干部提供基本依据。落实《海关总署党委关于进一步加强执法一线科长队伍建设若干措施》，面向执法一线科长开展调研，摸清队伍现状，针对性研究提出改进措施。发挥各级基层联系点带动作用，深入开展执法一线科长“双能力”建设，推动党建业务双促进双提升。加强执法一线科长多岗位历练，不断增强履职本领，拓宽发展渠道。着眼合理调配资质人员、丰富干部经历、锻炼干部能力，统筹兼顾基层间的横向交流及机关、基层间的纵向交流，加大跨部门、跨条线、跨岗位人员交流力度，不断提升干部综合素质和专业素养，拓宽工作视野。注重整体规划，提出“十四五”各级领导班子结构优化目标及加强人才队伍建设的具体措施，做好前瞻性布局和预判性分析。注重日常调研，全方位、多角度、近距离了解干部，努力掌握一批在贯彻落实习近平总书记重要指示批示精神、做好口岸疫情防控、守卫国门安全、优化营商环境、稳外贸稳增长、“船边直提”等工作中表现突出的干部，为党委选人用人筑牢基础。常态化开展各级班子结构、各层队伍状况分析研判，强化跟踪管理、动态调整，持续优化领导班子配备，增强班子整体功能。突出大力选拔优秀年轻干部导向，着力打造优秀年轻干部培养储备、选拔使用、从严管理环环相扣的全链条机制，不唯资历、不唯年龄、不求全责备，注重从年龄结构、任职经历、素质能力等多维度对干部进行全面、立体的综合研判。

【高素质专业化队伍建设】2021年，天津海关深入推进专业技术类公务员分类管理改革，进一步加强和规范职级公务员管理，推动高素质专业化公务员队伍建设。推进将职务与职级并行制度与海关干部管理、关衔评授等制度衔接起来，为职级公务员评授或晋升关衔。推动专业技术类公务员与综合管理类或行政执法类岗位之间的相互交流。开展公务员法律法规实施情况自查，认真总结成效经验、查摆存在问题、提出整改措施，进一步提升公务员管理效能。始终把政治标准放在首位，研究制定《天津海关关于明确职级公务员管理、考核、晋升等有关事项（试行）的通知》，统筹考虑职级公务员队伍的长远发展，不断增强正向激励的持续性和有效性。深入学习贯彻海关总署公务员考试录用工作新要求，首次采用结构化小组面试方式开展公务员考试录用面试工作，全力推进公务员考录面试工作制度化、规范化、标准化运行，圆满完成机构改革后规模最大的公务员考录面试工作。大力引进专业背景人员充实到口岸疫情防控一线，共招录公务员54名，涵盖卫生检疫、动植物检疫、进出口食品质量安全监管等国门生物安全专业，切实为关区补充执法人才力量。

【监督管理】2021年，天津海关坚持以习近平新时代中国特色社会主义思想为指导，坚持全面从严治党，严格干部监督管理。持续做好领导干部个人有关事项报告工作，加强政策宣传，精心组织实施，指导填报对象认真学习人教司发布的问题解答和案例选编；选人用人工作总体好评率较2020年度进一步提升，干部群众的满意度和认同率较高；将选人用人检查与巡察工作深度融合，紧盯育选管用全链条，从严从实查找问题，2021年对8家隶属单位开展选人用人监督检查；多措并举开展违规企业兼职（任职）清理，盯紧责任单位和兼职干部本人，实行台账式管理。开展处级以上干部在高校、科研院所兼职情况自查，并督促从严从细做好整改工作。汇编《天津海关因私出国（境）管理工作手册》，组织对干部配偶移居国（境）外情况和干部职工因私出国（境）管理情况进行自查。

【正向激励体系建设】2021年，天津海关紧紧围绕高质量“一流海关”建设目标，构建具有天津海关特色的考核模式和奖励体系。围绕海关总署对天津海关领导班子的考核，以及关区内对各部门（单位）领导班子和领导干部的考核等两个层次的年度考核工作，不断完善《工作落实指标总目录》评估机制，将发力点分解到全年各个季度，充分用好“三个三分之一”考核理念（即将考核对象按工作实绩划分为三个梯次），构建起具有鲜明特色的年度考核工作模式。以专项考核为抓手切实提升通关作业环节工作效率。按照“三个三分之一”的理念，进一步探索激发关员工作积极性的有效措施，自2021年7月起运用“三个三分之一”考核理念，在各隶属海关接单、查验岗，天津临港海关验估岗，北塘海关审像岗，天津海关风险防控分局布控岗等15个单位的5类岗位开展工作效率考核，涉及230人左右，取得积极成效。以及时奖励为抓手凝聚争创高质量“一流海关”的高昂士气。按季度开展及时奖励工作，重点奖励在落实习近平总书记重要指示批示精神，落实海关总署党委决策部署和天津海关党委工作要求，在重点急难工作、突发事件中表现突出、成绩显著的个人和集体，以及在其他重要专项工作中取得突出成绩的个人和集体。在及时奖励的框架下，对于在疫情防控等汇聚全关之力集中攻坚克难中涌现的先进典型给予集中激励，为关区攻坚工作摇旗鼓劲，注入强劲动力。自主研发应用奖励系统，借助信息化手段提升及时奖励工作效率。全年开展及时奖励 4 次，其中包括 1 次对进口冷链食品安全监管人员的及时奖励，共奖励 200 名个人和 25 个集体，对 143 名同志予以通报表扬，相关经验做法在海关总署《综合信息呈报》刊发。

【事业单位人事管理】 2021 年，天津海关以“学党史促事业单位发展课题研究”为牵引，加速推进事业单位改革，破解事业单位高质量发展中的难题。紧紧围绕事业单位发展面临的困难及原因、发展机遇、实现路径、合作机制、管理措施五个方面，组织关区专家 88 人开展课题研究，职能部门收集建议 26 条，形成答复意见 40 余项，各事业单位开展党史学习教育活动 100 余次，形成课题研究报告 17 篇，综合情况报告 6 篇，通过进一步落实“清单管理”，选优配齐班子成员，全面开展事业单位岗位设置、岗位聘任及合同签订，推进党委巡察、派驻监督全覆盖，实施准军管理，建立健全激励机制等一系列改革措施，事业单位党的领导得到有效加强，管理体制机制更加清晰，检测能力、创收能力有效提升，干部职工的认同感和获得感显著增强。

（撰稿人：王世辉　王淮维　王鹏飞
李　兰　李君君　李　想
谢圣礼　谢　晨）

教育培训

概况

天津海关教育处负责组织实施天津海关干部教育培训工作规划、制度制定，承担集中轮训、专题培训、初任培训、在职培训工作，承担人才培养、兼职教师管理工作，承办上级交办的其他工作事项，现为天津海关政治部组成部门。2021年，天津海关教育处坚持学习习近平新时代中国特色社会主义思想往深里走、往实里走、往心里走，按照海关总署党委和天津海关党委的工作部署，落细落实疫情防控要求，围绕海关中心工作、重点工作开展天津海关教育培训工作，完成海关总署政治部下发的4个模块、共17个专题的教学要求，推动天津海关各部门（单位）组织培训231期，协调各部门（单位）参加海关总署培训99期。在职公务员、事业编人员均如期完成全国海关教育培训中心、海关总署人事教育司下发的年度学时学分考核指标。

在2021年海关总署对直属海关年度考核客观指标中，天津海关教育培训工作考核指标在全国直属海关中排名第一。

政治理论培训

【政治理论专题培训】2021年，天津海关开展党的十九届五中全会精神暨党史学习教育培训，按照海关总署要求，举办3期处级以上干部学习贯彻党的十九届五中全会精神暨党史学习教育专题培训班。培训班严格落实海关总署要求，将党的十九届五中全会精神专题培训与党史学习教育双主题同步推进；融合培训开展形式，网络培训与脱产培训双载体同步运行；全面加强学员管理，学员网格化自主管理与参训部门管理双体系同步联动；以测促学、以考促训，党的十九届五中全会精神、党史学习教育双题库同步考核。培训考核合格率100%。参加中国干部网络学院“党史百年”网上专题班，组织天津海关副处级（含）以上领导干部、二级巡视员、二级总监、督办、事业单位六级以上管理岗人员参加中共中央组织部在中国干部网络学院举办的“党史百年”网上专题班，参训人员均按时完成课程学习并获得结业证书。参加海关总署网上专题班，组织关区全体在岗人员参加海关总署举办的学习贯彻党的十九届五中全会精神网上专题班、党史学习教育网上专题班、学习宣传贯彻习近平法治思想网上专题班，以“统一为参训人员报名，统一学习进度，统一考试安排”为抓手切实加强培训管理，参训人员全员通过考核。

▲2021 年 4 月 12 日，天津海关处级以上干部学习贯彻党的十九届五中全会精神暨党史学习教育专题培训班开班式

【思想政治教育合作】2021 年，天津海关为提升关区思想政治教育质量，与天津大学马克思主义学院合作，派员到天津大学（北洋园校区）体验“建党百年铭初心，虚拟体验长征路”党史学习教育 VR 沉浸式课堂，双方就共同开发重点项目及精品课程、共同开展“虚仿”体验教学中心建设、深化“中国共产党人精神谱系研究”的合作与交流、加强走访研讨等方面签署合作协议，并就教学中心建设、培训课程引入等问题进行研究并达成一致意见。引进天津大学“中国共产党精神谱系”讲师团，把中国共产党精神谱系宣讲作为党史学习教育的着力点，制作宣讲课程 15 门，统筹运用在天津海关军转干部能力提升培训班、优秀年轻干部能力提升培训班、正处级领导干部能力提升培训班、副处级领导干部专业化能力提升网上专题培训班，以及职能部门党史学习教育专题培训中。

▲2021 年 6 月 2 日，天津海关教育处赴天津大学马克思主义学院开展思想政治教育合作

业务能力培训

【业务能力（1+1）评估】2021 年，天津海关着眼加强党建和业务深度融合，提升干部队伍业务能力素质，探索复合型人才培养新路径，促进人力资源优化配置，创新开展业务能力（1+1）评估工作。根据天津海关业务特点，将“原关”专业划分为监管、征税、稽查、保税、统计，“原检”专业划分为进出口商品检验、动植物检疫、食品安全、卫生检疫共 9 个专业类别，并具体细化为 22 个专业，下设

32个实训科目。制作、整理、运用课程213门，汇总整理文件规定222份，收集关区各部门（单位）制作的视频课47个、PPT课件51个，运用海关总署“钉钉”平台课程88个。研究形成22个题库、近3,000道题目。认定跟班作业科室167个，制定实操考核验收标准32类。运用“钉钉”教育培训平台，建立22个网上专题培训班，按照4个阶段设置学习考核内容，使参训学员第二专业能力逐步从“零基础”提升到具备“独立上岗、独立作业”能力。共开展2场次业务知识考试、107场次实操考核，基层一线业务科室党员干部普遍具备了关检2个以上业务能力。评估结果作为领导职务选拔、职级晋升、岗位交流的重要参考，纳入干部选拔任用综合研判范围。在天津海关“基层组织建设年”活动的“优秀科级党支部书记评比”中，40名科级党支部书记被评选为党建能力优、业务能力优的“双优书记”。本项工作与天津海关机关党委牵头的“党建能力评估”合并作为天津海关“双能力”和“双素质”评估工作入选全国海关基层党建“书记项目”试点。

▲2021年7月19日，天津海关组织业务能力（1+1）业务知识考试

【关区岗位资质储备】 2021年，天津海关根据岗位资质需求实际，制定各岗位工作人员需要取得的本岗位资质证书，副处级以下领导干部要至少取得1个分管领域的岗位资质证书，各单位各项岗位资质需求人数与储备人数的比例要达到1∶1.5的资质储备目标。按照海关总署明确的一线岗位资质，梳理关区一线业务科室与各岗位资质对应关系，跟进更新关区需要岗位资质科室的资质人数及缺口情况，动态掌握资质底数。根据不同岗位资质情况分析制订培训考核方案，融合采用课堂讲授、现场演示、跟班作业等多种形式组织岗位资质培训，持续提升资质人才储备水平。年内，天津海关通过海关总署各类资质考试人数同比增加56.5%，动植物检疫、国境口岸卫生监督员、加工食品签证官、危险货物及其包装检验监管等各项资质总体储备均达到需求人数的1.5倍，建立了危险货物及其包装检验监管资质后备梯队，处级领导干部100%取得规定目标资质要求。

【津关云课堂】 2021年，天津海关为推进海关“互联网+教育培训”综合平台建设，充分利用视频系统、互联网、新媒体等现代科技手段开展远程培训、在线学习，围绕海关总署、天津海关年度重点工作，探索通过视频演示直播手段开展实务技能培训，扩大培训覆盖面、受益面，提高培训实效。年内组织《打造数字经济时代全球跨境贸易基础服务设施》《海关安全监管》《民法典新规的法律解读》《民法典新规及其对海关工作的启示》云课堂，开展关企连线直播、企业家上讲台活动，邀请相关领域专家、智库授课，强化各部门（单位）安全生产意识、提升风险隐患排查能力，加深干部职工对民法典的理解、提升干部职工对海关区块链改革、稳外贸稳外资措施的了解，加强干部职工新理论新知识新技能培训，提高履职能力。

【海关兼职教师选聘及培训】2021年，天津海关结合业务发展和教育培训工作需要，经过各部门（单位）推荐，教育培训管理部门选拔，人事、政工、监察部门审核，确定聘任119人为天津海关2021—2023年度兼职教师，12人为天津海关2021—2023年度兼职教师后备库人员。天津海关兼职教师具有较高的思想政治觉悟和职业道德素质，热爱海关教育培训事业，工作责任心强；对应聘专业领域有较高的理论政策水平和扎实的专业知识基础，有3年以上本专业岗位工作实践经验和一定的研究能力；掌握现代教育培训理论和方法，能够胜任教学工作，授课内容与形式符合教学对象的认知和需求特点。为进一步提升兼职教师教学能力水平，举办兼职教师培训班，内容涵盖党的十九届六中全会精神学习、演示型教学资源设计、教学能力提升专题课程，关区兼职教师以及后备库人员全部参训并通过考核。

新冠肺炎疫情防控培训

【新冠肺炎疫情防控专项培训机制建设】2021年天津海关将疫情防控培训纳入关区统筹口岸疫情防控和促进外贸稳增长指挥部会议内容。根据常态化疫情防控形势变化，立足天津海关实际，提出“一目标、两标准、三体系”的培训思路。即以“补齐能力短板、提升能力储备、强化实战应用”为培训总体目标，根据海关总署和天津市疫情防控专业能力培训要求，根据不同培训对象分级分类科学组训，确保应训尽训、全员覆盖。以“基础理论扎实、实战经验丰富、具备教学能力”为师资标准，建立40余人的疫情防控专项师资库并动态调整；以“掌握理论、作业规范、安全高效”为考核标准，采取“理论测试+实操考核”的形式验收培训效果，逐人录像、一人一表，考核不通过不能上岗。完善政策理论培训体系，及时对国务院联防联控机制、海关总署、天津市疫情防控相关部门等最新印发的防控政策、方案、规范、指南等进行培训解读；完善技术规范培训体系，聚焦个人防护、入境人员和货物采样、消毒监督等重点岗位全面开展培训，实现口岸防疫工作内容全覆盖；完善应急演练体系，组织开展“短平快”演练和综合性模拟演练，检验培训成效和应急预案，提升应急处突能力。

【分级分类疫情防控培训及考核】2021年天津海关根据关区在口岸一线卫生检疫、口岸一线查验监管、进口冷链食品安全监管等业务现场配置“一线在岗、二线预备、三线应急”3支梯队的工作计划，对人力资源情况进行全面摸底统计，将关区45岁以下干部全部纳入后备梯队。以作业人员安全防护为重点，根据天津海关及关区各相关职能部门发布的口岸一线疫情防控相关岗位的防护标准、指南制定培训教案，将海关总署通报的违反安全防护规定的问题纳入培训范畴重点学习。以新冠病毒核酸采样技术规范为重点，针对不同岗位，区分“对入境人员采样”和“对进境货物采样”，以“熟知规定、熟悉流程、熟练操作”为标准，开展上岗前核酸采样理论培训和一对一实操培训，达到实训要求且考核达标后方可上岗，确保作业人员核酸采样动作到位、深度到位、时长到位。持续推动口岸一线封闭管理人员疫情防控工作能力提升，综合运用“学习强国”App、“钉钉”平台及业务专家视频授课等“互联网+”方式开展岗位培训；统筹关区疫情防控专项师资库资源，组织口岸一线封闭管理人员采取分组训练、角色互换、师傅带徒弟等方式开展针对性专项培训；一线封闭管理梯队带班处级领导加强跟班指导，定期对规定流程、规范操作开展现场培训，及时纠正不规范操作，对每个封闭管理周期的整体上岗情况及时复盘，完善培训资料。教育处联合相关口岸一线疫情防控部门梳理10余种口岸一线疫情防控现场突发情况并开展“短平快”和综合性模拟演练，开展进境运输工具、入境人员、进境货物的口岸环节新冠病毒核酸检测采样、预防性消毒监督、突发事件应急处置等情况的全流程模拟演练，提升口岸一线疫情防控应急处置能力。通过理论测试、实操练习、情景模拟等方式开展考核，采取少量多次、逐人录像的方式进行，共组织分级分类疫情防控培训62批次。45岁以下干部全部完成以防护装备规范穿脱为基础、对入境人员和进境冷链货物核酸采样技术为重点的普训并通过考核。

▲2021年8月19日，天津海关举办第33批新冠肺炎疫情防控培训，全年共举办62批次

【纪检干部疫情防控专项监督培训】2021年，天津海关为深入贯彻落实中央纪委关于毫不松懈抓好疫情防控监督工作的部署，落细落实全国海关纪检机构毫不松懈抓好新冠肺炎疫情防控监督工作视频会议精神，对标对表海关总署“四不两直”（不发通知、不打招呼、不听汇报、不用陪同接待、直奔基层、直插现场）督查发现、驻署纪检监察组在专项检查中发现和日常检查通报的问题，将疫情防控监督纳入疫情防控专项培训内容。对天津海关纪检干部开展疫情防控监督专场培训，结合关区内部疫情防控演练、内部疫情防控突发事件应急演练“复盘推演”中发现的问题，以及业务职能部门及纪检、巡察、人事等部门联合检查发现的问题隐患，统筹纳入培训内容，强化纪检干部对口岸一线疫情防控重点岗位操作规范、重要环节、作业标准的监督能力，保障政治监督职责的有效履行。

（撰稿人：王　欣　孔少华　李　迪　张　杰　陈　忠　赵　晨　赵雅婧　窦丽娟）

第四篇

业务建设

法治建设

概况

天津海关法规处（以下简称“法规处”）是天津关区负责法治工作的职能管理部门。承担关区法治海关建设、依法行政的协调推进工作；负责有关法律、行政法规、规章的核提意见并对关区拟出台规范性文件和管理制度进行合法性审查；组织推动天津海关行政审批制度改革；管理关区行政复议、行政应诉、行政赔偿工作；管理关区公职律师事务，协调、指导海关民事经济诉讼、劳动仲裁案件相关事宜；组织推动普法宣传工作。

天津海关共有公职律师55人，分布在职能部门、派驻组及隶属海关。天津海关在各隶属海关设专兼职法治人员或者法治联络员，其中天津新港海关、天津滨海机场海关、塘沽海关、天津保税区海关和天津东疆海关等较大业务现场设法规科，并配备专职法治人员，负责所在隶属海关法律事务。

2021年，天津海关落实习近平法治思想，坚持法治精神、法治理念，深入推行行政执法公示制度、执法全过程记录制度、重大执法决定法制审核制度“三项制度”，严把“立法”关，从源头上规范执法，通过行政复议、应对行政诉讼维护海关相对人合法权益、监督行政执法行为合理合法。落实普法责任制，提高关员队伍和社会公众的法治意识。落实行政审批取消及下放管理，施行“证照分离”改革，优化海关职能实现方式。

法治队伍建设

【学习贯彻习近平法治思想】2021年，天津海关深入学习贯彻习近平法治思想，4个季度的党委理论学习中心组（扩大）学习读书班均将习近平法治思想作为必学内容，邀请南开大学法学院付士成教授进行习近平法治思想专题授课。利用“钉钉”等在线学习平台举办“学习宣传贯彻习近平法治思想网上专题培训班”，组织全关3,208人参训，累计完成128,320学时、64,160学分。贯彻落实法治建设第一责任人职责的相关要求，在天津关区形势分析会上就直属海关、隶属海关两级海关主要负责人履行法治建议第一责任人职责进行专题汇报。天津海关关领导对天津关区法治工作和法治队伍建设提出7点要求。天津海关将述法内容纳入述职，并明确具体要求，对领导班子工作总结和主要负责人述职报告中的述法内容提出具体要求，确保述法工作落到实处。

▲2021年12月，南开大学法学院付士成教授为关党委理论学习中心组（扩大）学习读书班进行习近平法治思想专题授课

【公职律师管理】2021年，天津海关申报获批新任公职律师3名，天津海关机关、13个隶属海关、1个纪检组和缉私局均配备了公职律师。根据专业、岗位等情况对关区55名公职律师进行专业分类，按照民事、刑事、行政、知产等领域划分业务专长，便利法治人才的培养使用。2021年，天津海关实施一线法治人才旁听行政复议案件听证会、研讨会，选取有经验的一线公职律师加入行政复议案件合议组全过程参与案件审理等一系列创新培养举措。2021年，天津海关下发《天津海关法律顾问工作办法》，从法律顾问的报批流程、应履行的职责、对法律顾问的考评等方面进行了细化，进一步规范和加强天津海关法律顾问工作，充分发挥法律顾问在推进法治海关建设方面的积极作用。天津海关法规处与组织人事部门就法治人才培养使用进行交流座谈，从法治人才储备、激励机制等方面谋划多项培养使用举措，促进法治人才在“一流海关”建设中发挥积极作用。

【普法宣传】2021年，天津海关做好“七五”普法总结表彰。天津海关法规处获得全国普法工作先进单位，天津滨海机场海关获天津市普法工作先进单位，天津新港海关李婷同志（女）获评天津市普法工作先进个人，天津海关“扫黄打非”警示教育展（天津邮局海关）获评天津市法治宣传教育阵地优秀品牌荣誉称号，天津海关截获携带邮寄禁限物法治宣传教育基地（天津滨海机场海关）获评天津市法治宣传教育基地荣誉称号。制订普法责任清单和2021年度普法计划，落实普法责任制。组建普法讲师团，在天津海关所属19个隶属海关现场、派驻组、缉私分局，开展《中华人民共和国民法典》与海关工作、“以案释法”两个主题的系列宣讲，培树关警员的法治思维。在“4·15全民国家安全教育日”开展“进校园”活动，并召开国门生物安全主题新闻发布会向社会公开发布了一批典型案例。深入社区、功能区等面向企业开展海关普法宣讲，解读新修订的《中华人民共和国行政处罚法》。了解、收集企业在开办、落地、经营过程中出现的高频海关政策疑难问题，编写招商引资《海关政策明白纸百答百问》。在天津港保税区管委会开展“海关政策明白纸”政策宣讲活动，为管委会40余名招商工作人员介绍海关在贸易便利化、特殊监管区、跨境电商等方面的优惠政策，并进行了现场互动。

规范行政执法

【行政许可管理】2021年，天津海关精简行政审批事项，取消“报关企业注册登记”行政许可；落实《中华人民共和国海关行政许可管理办法》，对办事指南、法律文书、制度文件等开展针对性清理修订，围绕天津海关行政审批业务概况及海关系统行政审批管理要求、行政审批“一个窗口”服务规范、海关行政审批网上办理平台及电子签章系统功能应用指导、天津市网上办事大厅许可事项操作规程更新维护指南等方面内容，举办天津关区行政审批业务培训，对《中华人民共和国行政许可法》及《中华人民共和国海关行政许可管理办法》进行解读；动态调整行政审批对外公开信息，对天津海关门户网站行政许可事项办事指南、“天津海关行政审批受理场所一览表”等对外公开信息进行梳理修订，并参照天津市政务服务办发布标准，对标北京、上海等先进地区，开展对照检查、信息增补、热词报送等自查整改工作；持续深化行政审批改革，贯彻落实《国务院关于深化“证照分离”改革进一步激发市场主体发展活力的通知》，对天津关区涉企经营许可事项全部实施“证照分离”改革，并在自由贸易试验区内加大改革力度，通过审批改备案、实行告知承诺审批和优化审批服务分类推进落实改革要求。推动海关行政审批网上办理平台升级，优化网上办理流程。

【复议应诉与法制建议】2021年，天津海关行政复议诉讼案件数量持续下降。2021年受理行政复议申请5件，审结5件，其中维持原行政行为2件、撤销原行政行为1件、申请人自愿撤回行政复议申请案件终止2件。复议工作发挥化解行政争议主渠道作用，充分保障复议申请人合法权益，为复议申请人查阅案卷材料提供便利，举行行政复议听证会2次，听证参加人超过20人次。行政复议应诉工作中践行“枫桥经验”、突出源头治理，在进入复议程序前化解行政争议4件，复议诉讼案件数量同比下降58%。2021年，未发生被复议至海关总署的案件，无被诉行政案件，实现行政诉讼案件“清零”。

2021年，天津海关持续推进关区法制建议书工作，共制发法制建议书10份，内容涉及行政审批、行政处罚、海关监管规范等领域，已制发的法制建议书均已得到整改落实情况的反馈。涉及规范性文件制定及不符合监管规范的已立即整改，行政处罚案件能够整改的立即整改，并组织实施行政处罚的人员进行学习培训。

法治服务保障

【法律法规规章修订】2021年，天津海关配合海关总署做好相关法律、规章的修订工作。参加海关总署与农业农村部组成的《中华人民共和国进出境动植物检疫法》修法专班，配合海关总署对《中华人民共和国海关进出口货物商品归类管理规定》《中华人民共和国海关经核准出口商管理办法》《中华人民共和国海关办理行政处罚案件程序规定》《进境木材检疫监督管理办法》等行政规章的修改、拟定，参加海关总署法律、规章修改、审核共计7人次，提出意见建议50余条。协助海关总署开展对国务院关于清理不合理罚款事项、司法部关于规范行政执法有关问题的书面调研、海关总署关于企业破产海关债权申报事宜等3项法律问题的研究。积极参与海关总署组织的《“十四五”时期海关法治工作规划》编制工作，梳理、校对20余稿，为海关总署的法律法规规章的制修订工作，贡献了天津海关的智慧和力量。

【规范性文件管理】2021年，天津海关继续推进业务规范性文件清理工作，各业务职能部门切实担负起职能管理责任，对照上位法及相关政策规定，按业务线条摸家底、找问题，逐条梳理、逐项审查，及时推进天津海关公告的立、改、废工作，清除“僵尸”文件。经过清理，2021年，天津海关现行有效规范性文件62件；继续优化“津关业务规范性文件查询系统”查询功能，录入规范性文件（公告）、业务管理文件、作业指导书等文件660件；2021年，天津海关严格按照全国人民代表大会常务委员会法制工作委员会发布的《立法技术规范（试行）（一）》《立法技术规范（试行）（二）》《海关立法工作管理规定》及《天津海关业务规范性文件管理工作规程》开展业务规范性文件立改废工作，理顺上下位关系，避免出现名称、术语不规范情况。此外，天津海关还承担海关总署规范性文件查询系统的录入维护工作，截至2021年年底该系统中共有文件8,000余份。

（撰稿人：刘　丽　杨玉峥　李桂强　张秀颖）

业务改革与发展

概况

2018年，原出入境检验检疫管理职责和队伍划入海关后，海关总署在全国各直属海关设立综合业务部门。天津海关综合业务处的主要职责是：承担天津海关日常业务统筹协调工作；承担天津海关综合业务对外协调工作，按照分工承办国家口岸开放、扩大开放有关海关综合协调事宜；牵头拟订天津海关业务综合发展规划；承担天津海关重大改革事项、促进外贸发展措施等统筹规划、整体推进、综合协调、督促落实工作；承担全国通关一体化相关工作，推动落实通关流程标准、通关运行管理工作制度；组织推动与海关管理相关的技术性贸易措施工作；组织实施与海关有关的技术规范及相应管理制度；承担海关通关管理系统通用参数维护工作；承担海关“货物进/出口证明书”及检验、检疫证书的职能管理；组织实施知识产权海关保护，指导、监督知识产权执法活动。

2021年，天津海关综合业务处在天津海关党委领导下，贯彻落实海关总署“五关”建设的总体要求，加强“强基提质”建设，巩固拓展口岸疫情防控和促进外贸稳增长成效，推动京津冀区域海关全业务领域一体化改革，持续推进天津海关业务运行顺畅，推进天津关区改革任务落地见效，完善贸易管制和技术性贸易措施工作机制，强化知识产权海关保护，充分发挥职能作用，持续提升天津海关整体业务水平。服务国家政治外交大局，稳妥处置南非柑橘船舶滞港情事。围绕统筹疫情防控和促进外贸稳增长的要求，维护中国在“全球抗疫”中的大国担当和国家形象，建立保障防疫物资通关全链条服务模式，加强出口防疫物资监管，全年累计保障出口防疫物资超13亿件，助力打好疫情防控全球阻击战。围绕打造“双循环”（国内大循环为主、国内国际双循环相互促进）发展新格局，保护自主创新，严打知识产权侵权行为，全年侵权案件立案数同比增长70%，位居全国海关前列，把“保护知识产权就是保护创新”落地落实。坚决贯彻党中央国务院决策部署，部署实施打击“洋垃圾”走私47项工作措施。优化完善天津海关业务运行机制，对标中央对口岸管理体制改革“优化协同高效”的部署要求，承担全国首个海、空运口岸现场H2018新一代海关通关系统切换任务。建立一线问题常态化、滚动收集和清零机制，处置职责不清、管理缺位、衔接不顺、政令不畅等问题56项，在问题持续灭减中推动关检业务深度融合。牵头京冀两关探索跨关区协作机制，完成海关总署“两段准入”监管作业操作规程修订、“两证合一”（“货物进口证明书”和“进口机动车辆随车检验单”）专项调研等任务。牢记以人民为中心的发展思想，全力提升跨境贸易便利化水平，实施“18+5”（在海关总署18条措施基础上，创新任务5项）便利化措施。保障企业通关预期，全年进、出口整体通关时间较2020年分别压缩17.3%和48.6%。支持天津对外开放，助力天津航空口岸大通关基地设立进境水果、植物种苗等多类监管场地，全程

▲2021年7月13日，天津新港海关、南疆海关组建党员突击队深入南非输华柑橘船舶靠泊进港现场保障货物通关

指导天津港多个泊位正式对外开放，多举措支持北方国际航运枢纽建设，做好世界智能大会等国际展会通关保障，充分体现海关服务地方经济发展的责任意识。

促进贸易便利化

【通关监管模式】2021年，天津海关在促进贸易便利化、优化口岸营商环境上持续发力，为促外贸、稳增长打造良好的外部环境。扎实开展跨境贸易便利化专项行动，联合京津两地政府10部门推出便利化措施25条，细化落实72项具体任务，对超2,000家企业开展了政策宣讲。推进“两步申报”“提前申报”模式改革。全年天津口岸企业运用“两步申报”模式比率为19.2%；“提前申报”进、出口应用比率分别为61.21%、92.05%。推进“船边直提”“抵港直装”通关模式改革，天津口岸20.55%的进口集装箱货物通过“船边直提”快速提箱，进口提箱用时从以往1~2天最短压缩至1.5小时；14.68%的出口集装箱货物通过“抵港直装”在运抵码头后24小时内快速装船出运，出口企业无须提前5天送至港口落箱堆存，此两项改革模式被国务院及国家口岸管理办公室复制推广到全国海关。2021年天津港年集装箱吞吐量首次突破2,000万标箱，实现了历史性新跨越。

【外贸发展】2021年，天津海关统筹做好促进外贸保稳提质工作，培育潜力更足、动力更强劲的外贸发展动能。落实构

建海陆空立体物流体系、提升贸易便利化水平、建设北方消费品进口集散地等7项“津关”政策，助力天津市加快推进交通运输基础设施建设，完善集疏运体系，促进天津贸易高质量发展。协调推动落实新业态新模式发展，对照国务院及天津市要求，落实包括跨境电商发展、优化市场采购、保税维修、通关模式改革等在内的8条举措，助力天津市充分释放消费潜力。加大对跨境电商支持力度，持续推进跨境电商B2B出口监管改革，全面推广跨境电商出口商品退货监管措施，支持企业设立海外仓，在全国率先打造跨境电商B2B出口服务平台，出口额突破180亿元。出台保税展示交易监管细则，开展保税展示交易业务96票、货值2.08亿元。实施航空产业全链条集群监管，创新飞机“维修改装+租赁”模式，完成国内首单“客改货”保税租赁业务。服务“双循环”发展新格局，探索实现海关监管货物和非海关监管货物同步作业，保障内外贸货物同船运输发展，支持东疆港区内外贸货物同船运输、同步作业，试点内贸货物作业11万标箱。推出“航空产业链企业货物状态原地转换”模式，助力首个完全由国内企业实施装配加工的空客A320机身在天津完成实物交付。“保税租赁海关监管新模式”作为天津市唯一入选项目，纳入国务院第四批“最佳实践案例”；“AOG航材应急维修新模式”等8项经验向京津冀复制推广。天津海关特殊监管区域一线进出口总值2,538.7亿元，同比增长27.2%，高于天津市外贸增速10.9个百分点，对外开放平台的龙头带动作用发挥明显。全年保税维修、融资租赁业务货值分别达159亿元和648亿元，同比分别增长73.8%和80.6%。

【助企纾困】2021年，天津海关放大政策叠加优势，“一企一策”为企业量身定做帮扶方案，为企业纾困解难，激发市场主体活力。编写发放海关贸易便利化政策“百问百答”宣传册、明白纸超过1,500份，针对已推出的如“船边直提”“抵港直装”“两步申报”“提前申报”等系列措施进行政策辅导，运用新闻媒介、网站、公众号等多种渠道加强宣贯。构建“网格化”政策服务平台，搭建天津海关和隶属海关两级“网格化”宣讲服务网络，确保海关政策措施直达收发货人，实现海关政策服务全覆盖。落实关税调整、减税降费等税收政策，年内共办理特定减免税1.56亿元，税收担保企业覆盖率、汇总征税比率分别达到19.7%和36%。加强信用管理，高级认证企业数量达270家，同比提升68.8%，再创历史新高。举办“海关—企业家沙龙”活动3期。组织171家出口企业完成国外技术性贸易措施影响调查，采取“钉钉联群”直播方式对170余家企业开展技术性贸易壁垒理论知识培训和实践案例交流，帮扶企业突破贸易壁垒、扩大出口。引导企业充分利用RCEP关税减让政策，指导做好不同自贸协定降税清单的选择，最大限度享受关税减让红利。建立通关问题快速解决机制，通过进一步完善12360海关热线、“问题清零”机制、企业协调员等多种形式，多层级多渠道常态化开展企业问题收集，组织全业务领域专家及时研究反馈，实现涉企问题快速响应、协同研究、动态清零。

业务改革协调

【关检融合】2021年，天津海关细化海关总署部署，以“问题清零”为抓手，坚持问题导向、目标导向、结果导向，继续收集、分析、解决关检业务融合过程中运行模式、流程、标准、系统、制度等方面存在的疑难问题。按照“通过解决一个问题，完善一个规定，最终解决一类问题”的工作原则，坚持“聚焦重点、破解难点、营造亮点”，积极拓展问题收集渠道，强化问题解决成效，在天津关区持续收集关检业务深度融合问题，建立挂账销号机制，对56项问题予以分类处置。将“问题清零”机制与海关总署信息化系统和改革试点工作有机融合，全年收集处置改革问题26项，其中天津海关解决18项，上报海关总署8项，为海关总署改革决策部署提供有力支持。在全国海关“问题清零”暨“我为群众办实事”视频推进会上，天津海关作为全国7个直属海关代表之一，做典型交流发言，介绍天津海关经验做法。

【五项创新】2021年，天津海关按照海关总署要求推进实施“五项创新”（高效便捷的申报制度、协同优化的风险管理制度、衔接有序的监管作业制度、统一规范的通关制度、自由便利的特定区域海关监管制度）改革，重点解决改革“最后一公里”问题。通过关企座谈、调研走访、在线培训、微信新媒体等多种形式宣传改革政策精神，整理制作天津海关“两步申报”“两段准入”政策明白纸，引导企业积极参与、准确应用并享受改革带来的通关便利。向海关总署报送H2018新一代海关通关系统切换工作问题17类，为海关总署扩大试点提供预警和经验。牵头修订《海关“两段准入”监管作业操作规程》，进一步完善优化“两段准入”业务流程和系统操作要求。全年天津海关申报“两段准入”信息化监管报关单15,863票，其中附条件提离14,176票、合并检查1,684票。

【京津冀协同发展】2021年，天津海关联合京冀两地海关确定推进海关全业务领域一体化、统筹推进业务协同发展、落实海关总署对区域经济发展战略支持措施、建立异常问题快速处置机制4个方面共计24项具体工作任务，在自贸创新、风险监控、商品安全监测预警、冬奥会物资通关保障等多个领域初步建立了跨关区联合协作机制。开展京津冀一体化“监管产装、抵港直装”工作，为出口企业提供便利。在综合保税区设立、特殊监管区域整合优化、海关监管制度创新和特殊区域风险防控等方面进行交流合作，促进京津冀海关特殊监管区域高质量发展。京冀海关赴雄安新区开展专题宣讲、编制改革宣传视频“明白纸”和“一图读懂”等多媒体宣传资料，在中国（天津）国际贸易单一窗口、天津和石家庄海关12360海关热线和政务服务公众号等载体发布，引导企业广泛参与改革，保证任务落地落实。

【“一带一路”建设】2021年，天津海关推进融入“一带一路”建设，积极推进指定监管场地建设，丰富海运口岸指定监管场地功能。新增华锐全日物流股份有限公司、天津港国际物流发展有限公司两家肉类指定监管场地。支持中欧班列发展措施，推广实施“港场直通”作业改革创新，将中欧班列承运的过境货物纳入“船边直提”作业范围，支持中欧班列枢纽站点建设，发挥中铁天津集装箱中心站效能，助力扩大国际班列运行规模。优化“单一窗口”（参与国际贸易和运输的各方，通过单一的平台提交标准化的信息和单证以满足相关法律法规及管理）服务应用，对接建设银行天津分行，推进“关银一通”项目实施工作，在建行营业网点分3批开设共21家合作制卡代理点，积极配合推动进出口环节涉及的监管证件通过国际贸易“单一窗口”一口受理，38种进出口环节监管证件中，已有33种可通过“单一窗口”进行申领。加强疫情防控工作，密切关注全球传染病疫情信息，特别是“一带一路”沿线国家和地区新冠肺炎疫情流行发展态势，牵头组织海关系统全球疫情风险评估工作，在口岸严格落实海关总署“三查三排一转运”检疫措施。加强与“一带一路”沿线国家和地区的AEO互认工作，参与海关总署部署、组织的AEO互认工作，承接与智利、阿根廷海关有关AEO互认工作的推进任务。

通关运行管理

【防疫物资通关】2021年，天津海关坚持“快速通关”与“安全保障”双管齐下，保障防疫物资及民生物资在天津口岸有序通关。制发《天津海关关于做好防疫物资及民生物资通关应急保障工作的通知》，加强出口医疗物资质量安全监管，出台进一步强化出口防疫物资质量安全监管工作通知，规范细化各环节操作，为“中国制造”保驾护航。年内，共保障新冠病毒疫苗成品通关771万支，价值11.62亿元，新冠病毒检测试剂出口1.44亿份，价值超过14.35亿元。

在新冠病毒检测试剂盒、新冠病毒疫苗出口量逐步增大的情况下，天津海关组织成立专家团队，围绕企业生产设备及原材料进口、新冠病毒检测试剂及疫苗等重点防疫物资产品出口需求，建立通关保障工作专班，优化流程，从产品审批、通关保障到标准咨询等，全链条、全方位解决企业通关疑难问题。结合党史教育，以开展“我为群众办实事”实践活动为契机，对重点防疫物资生产企业，如与康希诺生物股份公司开展支部共建，建立“问题清零”机制，开展“一对一”现场调研帮扶。发挥属地海关作用，塘沽海关以“网格化”服务企业为依托，针对出口新冠病毒检测试剂业务量急速增长的业务需求，指派专人联络员对接企业，提供预约通关等便利服务，帮助企业实现发展新目标；天津滨海机场海关成立党员服务专岗、“夜间通关”小分队，开展“网格化”服务，保障重要防疫物资有序出口通关。在保障新冠病毒疫苗出口方面，设立“新冠疫苗出口通关专办窗口”，通过提前预约、即时办理、应急值班等措施保障新冠病毒疫苗顺利通关。

【通关时长压缩】 2021 年，天津海关通过科技建设、人员管理、通关模式改革等措施，持续巩固压缩整体通关时长，全年天津口岸进口整体通关时间 34.93 小时，较 2017 年压缩 73.09%；出口整体通关时间为 0.74 小时，较 2017 年压缩 96.46%。运用规范化、标准化、信息化“三化”理念，建立全口径货物通关时长监控机制，分关区、分商品、分环节加强通关时长数据分析及通报。自主开发“超长报关单分析及监控预警系统”，为一线关员提供事中监控、及时干预处理的手段。组织建立出口货物通关监控协调处置小组，对出口货物通关情况定期开展监控分析，对出口现场突发的应急情况及时进行协调处置。落实《天津海关业务一线岗位绩效考核实施方案（试行）》，对重点通关环节的作业岗位及人员开展通关时效考核。及时跟进处理企业反馈的通关问题，实施全天候预约通关服务和延时加班查验举措，具备放行条件的报关单及时放行，做到“日清日结”。深化“船边直提”和“抵港直装”业务模式改革，推出“集疏港智慧平台”的网上办、掌上办功能，以及应用平台网约箱车智能匹配功能，提升港区进出口货物吞吐效率。开展“两步申报+区块链”试点，落实容错机制，充分尊重企业意愿，引导企业积极运用新模式通关。推广“两步申报”“提前申报”通关模式，鼓励进出口企业采用提前申报，提前办理单证审核和货物运输作业，非布控查验货物抵达口岸后即可放行提离；进一步优化进口“两步申报”通关模式，在“两步申报”模式下，企业不需要一次性填报所有申报项目，可分为概要申报及完整申报两步进行分别申报，在概要申报时，企业最少只需提交 9 个项目，无须查验的货物货到即可放行提离。2021 年，天津口岸企业运用“两步申报”模式比率为 19.2%；“提前申报”进、出口应用比率分别为 61.21%和 92.05%。

【业务运行】 2021 年，天津海关承担全国首个海、空运口岸现场切换工作，全面推广应用 H2018 新一代通关管理系统。配合做好通关业务流程与系统的开发测试工作，组建现场保障工作组 2 个、在线应急保障工作组 1 个，及时协调解决业务现场在通关运行方面的问题，向海关总署报告H2018新一代通关管理系统切换17类问题，为海关总署扩大试点提供预警和经验。编写业务问答18条以及疑难问题解决方案，提升一线关员的应用体验和改革获得感，2021年12月30日H2018新一代通关系统在天津海关完成全面切换工作。加强报关单修撤、滞报金减免、特殊通道处置等业务管理工作，保障业务规范性运行。做好冬奥、残奥及民生等重要物资通关应急保障工作，制发《关于进一步做好冬奥、残奥及民生等重要物资通关应急保障工作的通知》，主要通关业务现场设置冬奥会物资通关专用窗口，服务相关物资通过应用“提前申报”“两步申报”“船边直提”等新模式通关，为通关提速；通过“一口受理”、12360海关热线、关企400通关协调热线、骨干人员值守等方式为企业提供“全方位”通关咨询服务，确保物资高效通关，组织重点现场开展进口冬奥物资通关保障工作演练。

贸易管制与技术性贸易措施

【贸易管制】2021年，天津海关强化出口管制执法，组织开展出口管制工作的执法重点、工作实践中的疑难问题处置等调研，组织天津海关综合业务知识培训班进行出口管制法规学习。向海关总署报送出口管制人才15人，其中入选海关总署人才专家库1人。牵头3个直属海关开展“货物进口证明书”和“进口机动车辆随车检验单”“两证合一”调研，以及天津整车进口口岸相关工作情况调研，形成报告上报海关总署。牵头开展无线电接收设备的管理工作，及时掌握天津海关无线电接收设备的管理情况。设置专人专岗，及时接收海关总署下发通用业务参数表188份，确保国家管控政策按时落实。开展贸管类联网监管证件验核情况调研，向海关总署报告的44014000木废料完善参数的建议已被采纳。建立重点旧机电产品进口许可证验核和事后监控机制，强化证件管理工作；联合天津海关科技处开发监控程序，通过科技手段加强证件差错监控自查工作。开展“入境货物检验检疫证明”电子化业务专题调研，形成系统优化意见建议6项并反馈海关总署，截至2021年年底，天津海关辖区累计685家企业下载电子化证明58,190次，手机扫描二维码下载3,734次。

【技术性贸易措施】2021年，天津海关以出口企业技术性贸易措施咨询服务工作为依托，统筹开展海关技术性贸易措施工作。制发《天津海关关于落实出口企业技术性贸易措施咨询服务工作的通知》，建立技术性贸易措施工作机制；组织出口企业遭受国外技术性贸易措施影响年度调查工作，全年共有171家出口企业参与调查，其中12家企业反馈受到影响，造成的直接损失金额为2,640.6万元，为适应进口国技术要求而新增的成本为2,690.6万元；结合调查结果将55家重点企业纳入重点帮扶清单，并结合帮扶实效情况组织开展了“咨询服务十佳案例”评选活动。完成天津关区64名技术性贸易措施业务骨干推荐工作，按照《技术性贸易措施业务骨干管理办法（试行）》的要求组织相关业务骨干开展工作，组织技术性贸易措施知识网络培训班，关企累计332人参加。

【海关技术规范】2021年，天津海关以参与海关技术规范制修订项目作为重要抓手，加强海关技术规范管理。新增61个海关技术规范（检验检疫行业标准）制修订项目（其中牵头38项），保障26个重点项目顺利实施；切实加强项目执行跟踪和监督管理工作，牵头完成8个海关技术规范的报批工作，确保20个海关技术规范制修订项目按期结题报审。加强对国外相关技术法规的信息收集和标准解读，以“执法规范·标准引领”为主题开展“世界标准日”系列宣传活动，2次组织73名专家参与标准化公益讲座；举办主题为“标准化与海关监管实务”的青年沙龙。利用新媒体发布《政策预警》《出口指南》10余篇，组织专家对《进口再生钢铁原料检验规程》（SN/T 5353—2021）、《进境牛羊指定隔离检疫场建设规范》（SN/T 4233—2021）等海关技术规范的起草背景、适用范围、技术路线、注意事项、应用前景等开展详细的标准解读，相关解读材料在海关总署门户网站、官方微信、《中国海关》杂志等发布，标准宣传效果显著。

知识产权海关保护

【全链条协同保护】2021年，天津海关以“打造一流海关”为工作指引，践行国家创新驱动发展战略。对内完善制度建设、强化顶层设计，对外坚持综合治理、拓展“两法衔接”工作深度，横向加强与兄弟海关合作，形成知识产权全链条保护态势。强化顶层设计，完善制度建设，制发《天津海关知识产权保护工作规程》，落实“管办分离”的执法工作原则，初步确立“上下贯通、执行有力”的知识产权海关保护工作体系。坚持综合治理，加强与天津市市场监督管理委员会、天津市公安局、天津市第三中级人民法院等地方单位的执法合作，畅通行政执法与刑事司法有效衔接，拓展“两法衔接”工作深度，全年共向公安机关通报侵权案件线索14条，移送案件8起，处理人民法院司法协查37件，向公安机关通报和移送案件数量均为2020年的两倍。积极参与《“一带一路”国家海关保护制度研究丛书》编写和知识产权保护执法文书修订等署级工作；支持知识产权海关保护信息化建设，持续推进“知识产权海关保护执法系统”的优化更新，协助海关总署实现全国海关侵权案件全流程线上办理，全流程可溯，提高执法透明度、案件办理效率和数据分析水平。运用区域海关执法合作机制，深化“京津冀海关”知识产权保护协作，实现三地海关数据共享、布控共商、监管共治，联合举办知识产权海关保护理论与执法能力培训，以及冬奥会相关知识产权保护研讨会，共同拟定北京冬奥会知识产权保护工作举措。

【专项执法】2021年，天津海关细化落实海关总署“龙腾行动2021”知识产权保护专项行动方案，制发《天津海关2021年知识产权保护专项行动方案》，将专项行动细化为“强化风险研判”“提高办案效能”“加大惩处力度”“优化企业服务”等8部分共25项行动措施，实施“压力递增”督导考核机制，压紧压实工作责任。依托专项执法，天津海关全年共对415个批次的进出口货物、物品采取知识产权海关保护措施，查扣侵权嫌疑商品327批次，152.55万件，案值合计1,521.58万元，同比分别增长28.09%、38.56%、82.85%和189.36%；在货运渠道，共立案查办侵权案件101起，同比增长80.36%，机构改革以来，货运渠道查办侵权案件首次超百起。此外，天津海关还开展寄递渠道知识产权保护“蓝网行动”和出口转运货物知识产权保护“净网行动”。各项行动期间，天津海关加强侵权商品情报信息的共享、互通，强化天津关区知识产权保护风险分析工作小组的作用，拓展情报信息来源，对布控规则进行动态优化调整，对进出境侵权商品精准打击。全年通过自主分析布控，在货运渠道查扣侵权案件81起，是2020年全年的2.08倍；邮递渠道知识产权布控查发141批；首次在空运渠道查获侵权商品932件，取得突破。

【助企维权】2021年，天津海关坚持“打促结合”的工作原则，面向辖区企业提供“一企一策”个性化指导与服务，在风险防范、异地维权、通关便利、互助培训等方面为自主知识产权企业提供服务，支持企业应对进出口环节遇到的侵权纠纷，防范侵权商品口岸漂移，与黄埔、广州、宁波、杭州、上海等兄弟海关合作，在长三角、珠三角地区协同查获侵犯天津市企业商标权足球、砂轮片等货物3批22万余件。年内，共有31家天津市知识产权权利人申请海关备案124项，同比增长169.5%。天津市金桥焊材集团股份有限公司和天津世纪五矿贸易有限公司等“龙腾行动”重点保护企业，积极收集、整理侵权商品线索，反映其产品海外市场被假冒情况，协助海关查发侵权商品。全年，天津海关共查获自主知识产权侵权案件15起，查扣侵权嫌疑货物61.4万件，占全部查扣侵权商品数量的37.4%。8月，在南京某公司出口货物中查获侵犯天津市重点培育的国际自主品牌“金桥”商标权电焊条110吨。

【社会共治】2021年，天津海关积极参与天津市双打办、战略办组织开展的各项工作，充分发挥海关在国家知识产权保护工作中重要作用。参加天津市政协“强化知识产权保护体系建设”专题协商会议，与天津市知识产权局联合举办两期“走出去”企业知识产权保护政策宣讲会，与人民法院、检察院建立知识产权保护案件执法联络机制，形成执法合力，“4·26知识产权宣传周”期间，天津海关查办的东莞某公司出口侵权胶带案，成功入选海关总署发布的“2020年全国海关知识产权典型案例”。全年，组织开展内外部知识产权培训14场次，参训关员500余人，参训企业近两百家；举办“天津海关知识产权保护工作新闻发布会”，多渠道发布新闻宣传报道30余篇，营造知识产权保护社会共治的良好氛围，社会关注度持续提升。

（撰稿人：井　岩　张宇鹏　侯　进
袁　伟　高鑫琪　彭　城
韩述波）

自贸区和特殊监管区域管理

概况

天津海关自贸区和特殊区域发展处（以下简称“天津海关自贸处”）主要负责牵头组织推动实施天津自由贸易试验区与海关管理相关的改革任务、天津自由贸易试验区事中事后监督工作以及推动天津自由贸易试验区监管制度创新，组织开展复制推广和发展评估工作。此外还负责组织实施综合保税区等特殊监管区域和保税物流中心（B型）有关规划、设立、验收、调整、退出等工作制度，组织开展绩效评估等事中事后监督工作；组织实施综合保税区等特殊监管区域和保税物流中心（B型）管理制度，对特殊区域海关监管工作进行指导、监控和监督，承担特殊监管区域海关信息化管理与维护。

2021年，天津市海关特殊监管区域一线进出口总值2,538.7亿元，同比增长27.2%，增幅高于天津市外贸进出口增速10.9个百分点，占天津市外贸进出口值的29.6%。

2021年，天津关区备案27项创新举措，15项在该关区复制推广；“AOG航材应急维修新模式”等8项经验向京津冀复制推广；天津海关报送的“提升口岸通关效率新模式”（ZM202100016）创新举措获得海关总署备案；天津海关报送的“保税租赁海关监管新模式”入选国务院自由贸易试验区工作部际联席会议办公室印发的第四批最佳实践案例。

辖区内自贸区和特殊监管区域业务

【自贸区和特殊监管区域分布】 2021年，天津海关辖区范围内有1个自由贸易试验区，即中国（天津）自由贸易试验区（以下简称“天津自贸试验区”）。天津自贸试验区于2015年4月21日挂牌，实施范围119.9平方千米，涵盖3个片区：天津港片区30平方千米（其中含东疆综合保税区10.29平方千米），是中国北方国际航运中心和国际物流中心的核心功能区；天津机场片区43.1平方千米（其中含天津港综合保税区1.3平方千米和滨海新区综合保税区1.599平方千米），是天津先进制造业和研发转化的重要集聚区，民用航空、装备制造、电子信息、生物医药等先进制造业产业已形成优势，是中国华北地区重要的航空货运中心；滨海新区中心商务片区 46.8 平方千米（其中含天津港综合保税区 4.37 平方千米），是天津金融改革创新集聚区、滨海新区城市核心区。天津自贸试验区范围内的天津东疆综合保税区、天津港保税区、天津港综合保税区、滨海新区综合保税区，同时属于海关特殊监管区域，具有双重“区域身份”。

天津海关辖区范围内有 5 个海关特殊监管区域，分别为天津港保税区、天津港综合保税区、天津泰达综合保税区、天津东疆综合保税区、天津滨海新区综合保税区。

【特殊监管区域业务】天津港保税区重点发展国际贸易、国际物流、临港加工、展示展销和跨境电商等产业。2021 年，天津港保税区进出口总值 736.8 亿元，同比增长 10.3%。在 2021 年公布的 2020 年度全国综合保税区发展绩效评估中，天津港保税区在全国和东部地区排名均获得 A 类。天津港综合保税区以港口物流仓储为主，是全国重要的平行进口汽车口岸。2021 年，天津港综合保税区进出口总值 129.6 亿元，同比增长 12.1%。天津泰达综合保税区主要业务涉及家具制造、保税维修、物流仓储等领域。2021 年，天津泰达综合保税区进出口总值 106.8 亿元，同比增加 7.3 倍。天津东疆综合保税区主要业务涉及融资租赁、物流仓储、跨境电商、保税展示交易等领域。2021 年，天津东疆综合保税区进出口值 1,190.9 亿元，同比增长 8.9%。在 2020 年度全国综合保税区发展绩效评估中，天津东疆综合保税区在全国和东部地区排名均获得 A 类。天津滨海新区综合保税区以空中客车（天津）总装有限公司为产业龙头，集整机组装、关键部件和复合材料制造、航空设备生产、维修、物流分拨等航空产业集群。2021 年，天津滨海新区综合保税区进出口值 374.7 亿元，同比增长 49.7%。

自贸区和特殊监管区域海关管理

【自贸试验区制度创新】2021 年，天津海关自贸处制定自贸创新规范性文件，提升创新质量。制定了《天津海关关于加强自贸试验区海关监管制度创新的指导意见》和《天津自贸试验区海关监管创新举措备案与评审工作指引》，对自贸创新备案和评审工作实施全流程管理，提升创新质量。从创新举措提出、培育、备案到复制推广进行全流程规范管理，做好创新举措的跟进评估和修订完善工作。明确将备案分为天津海关和海关总署两级，将复制推广细分为天津海关、京津冀区域、海关总署、国务院 4 个层面。

2021 年，天津海关联合天津自贸试验区管委会开展“党建引领　激发创新”活动，制订《关于开展“党建引领激发创新”的活动方案》，确定 15 个课题联合开展调研。牵头开展京津冀自贸试验区海关制度创新。组织成立推动“京津冀自贸试验区海关监管协同创新”领导小组，制发《北京海关、天津海关、石家庄海关开展自贸试验区海关监管协同创新工作方案》。3个海关提出了“保税物料跨关区直供”等4个联合创新意向。

【特殊监管区域事中事后监督】2021年，天津海关联合天津市商务局（以下简称“市商务局”）建立海关特殊监管区域发展水平联合通报制度，并与市商务局联合发布《市商务局 天津海关关于建立我市海关特殊监管区域发展水平联合通报机制的通知》和《市商务局 天津海关关于修订我市海关特殊监管区域发展水平联合通报机制的通知》，每月分析、通报各特殊区域发展状况，督促地方政府充分发挥主体责任，推动海关特殊监管区域高质量发展。

2021年，天津海关加强对海关特殊监管区域的绩效评估工作。督促天津市滨海新区将综合保税区绩效评估纳入各功能区领导班子年度绩效考核指标。明确综合保税区绩效评估内涵、外延，并向各功能区进行宣讲，指导天津市商务局和各功能区管委会规范开展综合保税区发展绩效评估指标数据报送工作。同时，天津海关深入海关特殊监管区域进行调研和督导，对近两年海关特殊监管区域发展情况进行客观分析，向天津市领导报送《天津海关关于近两年我市海关特殊区域发展情况的分析报告》，就明确区域发展定位、发展新业态、推动区域转型升级等工作提出建议；撰写《我市海关特殊监管区域发展情况分析》，准确把握天津海关特殊监管区域在全国所处位置及存在差距，结合天津实际，提出充分发挥综合保税区政策优势、提升特殊区域发展水平的具体措施，不断提升特殊区域发展水平。

【综合保税区申建与整合优化】2021年，天津海关为推动天津临港综合保税区申请设立工作，积极配合天津市商务部门和保税区管委会制订申建方案，规划区域产业布局，并多次赴海关总署对方案进行沟通，得到海关总署的指导和支持。此外，天津海关配合天津市商务部门向海关总署报送《天津市人民政府关于天津临港综合保税区近期筹备情况的报告》，推进天津临港综合保税区申建。

2021年，天津海关多次派员陪同地方政府赴海关总署对天津港保税区与天津港综合保税区整合工作进行专题汇报，配合天津市商务部门向海关总署报送《天津市人民政府关于天津港保税区和天津港综合保税区整合后实测面积情况的报告》，并督促地方政府对天津港保税区与天津港综合保税区整合后发展定位进行重新规划，积极对两个区域现有技术和监管设施重新进行规划和改造，并根据发展定位加大招商引资力度。

【综合保税区新兴业态发展】2021年，天津海关依托综合保税区政策优势，推动保税租赁业务发展，创新“租赁+加工制造”“租赁+维修改装”等海关监管模式，先后推出天津关区内联动监管、差异化担保、跨关区异地委托监管、租赁资产交易等一系列海关监管措施，及时解决了租赁飞机实际入区难、租赁标的物通关物流成本高等难题，帮助企业解决保税状态飞机异地维修、再租赁、疫情期间飞机进出境等问题。2021 年，天津海关共监管飞机、飞机发动机、船舶、海工平台等融资租赁标的物 179 个，办理融资租赁业务货值 648.13 亿元，同比分别增长 38.76%、80.64%；监管维修改装保税状态飞机 5 架。

▲2021 年 11 月 8 日，天津保税区海关关员对融资租赁飞机进行现场监管

2021 年，天津海关制发《天津海关特殊监管区域保税展示交易监管操作规程》，联合天津市商务局召开 2 次“保税展示交易业务推动会”，开展政策宣讲，推动天津海关特殊区域保税展示交易业务发展。2021 年，天津海关特殊区域开展保税展示交易业务 96 票，共计货值 2.08 亿元，其中汽车零配件货值 125 万元、冻肉货值 1,010 万元、老爷车货值 3,687 万元、果汁饮料 10.84 万元、地特胰岛素 1.6 亿元。

2021 年，天津海关贯彻落实《商务部等八部门关于促进汽车平行进口试点的若干意见》（商建发〔2016〕50 号）和《商务部等七部门关于进一步促进汽车平行进口发展的意见》（商建函〔2019〕462 号），多措并举支持平行进口汽车（以下简称“平行车”）业务发展。2021 年，天津海关会同天津市商务局、天津市生态环境局、天津港保税区管委会等部门单位，深入调研平行车行业发展现状，积极与环保部、国家市场监督管理局所属大气监管、认证部门进行沟通，推动解决国六排放标准、环保信息公开等制约平行车进口有关问题，同时做好海关通关保障，优化通关方案，科学调配业务骨干，做好验估保障，严格依规查检，压缩出证时间，提高监管和通关效率，促进平行车稳定发展。2021 年，天津海关特殊区域二线进口平行车 18,022 辆，货值 85.4 亿元，分别占全国的 82.31%、79.96%。

（撰稿人：于士兵　王乐乐）

风险管理

概况

天津海关风险防控分局成立于2018年12月14日，主要负责收集、处置业务风险信息和情报信息；开展风险人工分析研判，下达风险作业指令；对提出的风险作业指令进行跟踪和监控，根据工作需求进行应用功能研发等；业务领域覆盖天津口岸贸易与邮件、快件、跨境电商、旅检等业务全渠道，监控业务链条贯穿“事前、事中、事后”等相关环节，在打击“洋垃圾”、濒危物种、野生动物及其制品走私进境等方面实施安全准入风险管控。2021年，天津海关风险防控分局内设科室11个，分别是办公室、人事政工科、风险信息情报科、风险分析科、布控选查科、舱单分析处置科、非贸风险防控科、评估监控科、数据应用管理科、指令细化科、后续风险管理科。2021年，天津海关风险防控工作以习近平新时代中国特色社会主义思想为指导，按照海关总署统一工作部署和要求，坚持风险整体防控与精准防控有机结合，坚持情报驱动与大数据支撑同向发力，坚持业务创新和实战导向，树立系统观念，有效发挥业务中枢作用，推动风险防控工作高质量发展。在人工布控质量方面，持续用力稳定查获率水平，提升人工分析布控质量；在服务进出口贸易便利化方面，天津海关贯彻国家高质量发展要求，注重强化内外联动，经常性开展内部部门间联合研判和对外专题联合研判，校正精准布控方向。2021年，天津海关共查验进口标准品650票，查验出口标准品913票，区块链报关单共计1,518票。

风险信息与处置

【风险信息收集反馈】2021年，天津海关内部各职能管理部门、隶属海关、实验室通过信息化系统实现风险信息交流共享，特别是强化安全准入等方面查发情事的风险信息收集，被海关总署《全国风险信息周报》采用比率大幅提升。开展境外国家、地区新冠肺炎疫情信息收集工作，结合天津口岸实际，密切关注周边及其他国家地区的疫情形势、防控政策变化情况、疫情发展态势或突发情况，有针对性地收集相关风险信息，定期编发天津海关《风险信息情报专刊》（新型冠状病毒疫情专题）。奥密克戎变异毒株在南非被发现后，自2021年12月起，及时对奥密克戎变异毒株的信息进行搜集及风险分析，严密监测全球范围新冠变异病毒流行趋势，《风险信息情报专刊》（新型冠状病毒疫情专题）调整为周边国家地区和其他国家地区两部分内容，并将周边国家地区疫情风险信息作为重点收集方向，定期编发“奥密克戎”病毒疫情专题信息。2021年，编发《风险信息情报专刊》（新型冠状病毒疫情专题）36期，其中奥密克戎专题5期、印度疫情专题3期，南非柑橘专题、亚洲重点国家疫情专题各1期。建立固体废物查发情事定期收集制度，每月定期收集天津关区固体废物查发情事，2021年共收集并向海关总署风险防控局（青岛）报送92条查发情事。建立重大敏感查发情事快速反馈制度，针对布控查获固体废物、濒危物种、毒品、涉爆涉恐、检疫性有害生物、重大食品安全、重大商品质量安全及其他严重影响社会安全的情事，建立快速反馈制度，业务现场查发后第一时间反馈风险管理部门，由风险管理部门经研判后进行及时处置。

【风险预警工作机制】2021年，天津海关在贯彻落实总体国家安全观方面，坚持“提前介入，精准防控”的指导原则，注重发挥风险信息和风险预警的工作先导作用，持续推进新海关风险业务全面深度融合，并强化发挥风险预警在风险防控中的基础作用，建立健全风险预警工作机制，注重各部门加强协作配合，形成了由隶属海关就业务工作中的相关风险点向相关业务职能或风险管理部门提出风险预警建议，经风险管理部门与相关职能部门联合研判后需发布天津关区风险预警的，由风险管理部门进行统筹发布的风险预警工作机制，实现了风险管理部门在风险预警发布工作中的统筹研判和协调作用。2021年，共对固体废物、濒危物种、毒品、涉税、疫病疫情、食品安全、商品质量等领域存在的风险发布天津关区风险预警提示78篇，同时共接收处置海关总署风险司和海关总署风险防控局（青岛、上海、黄埔）风险预警118篇。

【海关风险情报站（天津）建设】2021年4月，天津海关被海关总署风险司批准成立海关风险情报工作站（天津），成为全国首批4个海关风险情报工作站之一，完成了海关总署规定的任务，实现了风险情报工作站高标准起步，发挥了风险情报精准制导作用。工作站成立后，贯彻落实海关总署的部署要求，研究制订海关风险情报工作站（天津）试点工作方案，建立基础运行制度，依托风控部门现有机构人员，内部加强协作配合形成工作合力，并与天津市市场监督管理委员会、国家安全局等部门开展信息共享，探索信息化科技手段的运用，提升工作水平，着眼实战化和信息价值最大化，探索高质量信息的收集、甄别、处置等工作流程，建立联合各相关单位、部门共同经营的海关风险情报体系。在京津冀一体化防控、进境冷链食品、汽车、矿产品、饲料等领域实现了重点突破。

风险分析

【建立人工分析精准布控体系】2021年，天津海关贯彻落实总体国家安全观，树立口岸大安全理念，增强风险防控能力，守住系统性、区域性、行业性安全风险底线，以精准、有效的风险防控工作维护国门安全。尤其是根据习近平总书记对海关工作的重要指示批示精神和党中央、国务院重大决策部署，把禁止“洋垃圾”走私入境、濒危物种安全风险防控、打击危险化学品伪瞒报进出口、服务推动国家重大战略实施放在重点突出位置。按照海关总署和天津海关的风险防控要求，以各类专项专题工作为索引，以风险情报为依托，提炼风险指向，丰富数据分析手段，

▲2021 年 2 月 4 日，天津海关风险防控分局组织开展关区布控查发十佳案例交流会

形成精准分析维度，初步实现风险防控工作重点领域全面精准覆盖，确保“应控尽控”。收集汇总风险特征，同步建立跟班作业、信息收集、案例分享、数据研判、下达指令、评估优化指令的工作流程，逐步建立起人工分析精准布控体系。

【“洋垃圾”风险防控】2021 年，天津海关贯彻落实习近平总书记关于禁止“洋垃圾”入境的重要指示批示精神，列为天津海关重点工作，要求各部门通力合作，形成打击固体废物“洋垃圾”走私合力。持续坚持打击“洋垃圾”走私工作专题汇报工作制，每季度列入天津海关巡视巡察整改工作推进会和形势分析及工作督查例会重点工作汇报内容，并始终将此项工作作为“第一议题”进行学习研究、贯彻落实，主要负责人直接主持研究部署。天津海关风险防控分局挑选精干专家成立固体废物专项工作小组，开展固体废物“洋垃圾”专项人工分析布控，建立联防联控机制并实体运行，天津海关职能部门、缉私局、隶属海关和实验室联动机制初步形成。经常性开展固体废物联合研判，与海关总署风险防控局紧密联系，掌握全国最新查发动向，建立重大查发信息快速响应机制，相关职能部门发挥“吹哨人”的信息先导作用，隶属海关和实验室加强信息反馈，校正精准布控方向。初步建成覆盖“前中后”的固体废物打击立体防控体系。在“前端”环节，将口岸安全防线前置，依托多维数据，探索以舱单为

索引的大宗散货矿产品货到前固体废物风险分析，尝试入境拒止、前置拦截查验。2021年上半年，天津海关风险防控部门与缉私局、综合业务、商检等部门组织开展联合专项行动，加大“前端”分析监控力度，对天津口岸散装固体废物走私起到了一定的打击和震慑作用。在“中端”环节，继续发挥天津海关风险防控分局固体废物专项工作小组团队化、项目化管理优势，开展多维度风险分析，优化布控指令，提升固体废物打击精准度。在“后端”环节，强化后续风险管理职能发挥，天津海关风险防控部门与企管部门、东丽海关等部门协作，完成对76家企业的自主分析，并将“事后”分析发现的风险点反哺“事中”，进行有针对性的分析布控。2021年，天津海关下达固体废物人工精准布控指令605条，查获伪报品名进口的固体废物65起，涉及货重2,740.842吨，主要查获商品为废矿渣、废纸、废塑料、废金属、废日用品等。

【濒危及野生动物风险防控】2021年，天津海关贯彻落实习近平总书记关于打击象牙等濒危物种走私作出的重要批示精神，把打击象牙等濒危物种及其制品走私工作作为重大政治任务，对濒危物种走私严厉打击，坚持“零容忍”。2021年8月11日，召开天津关区濒危动植物及其制品、野生动物及其产品风险联合研判会议，天津海关有关职能部门、缉私局、隶属海关、风险防控分局、动植物与食品检测中心等14个部门（单位）参加会议。会议通报2021年1月至7月天津口岸贸易渠道和非贸渠道濒危及野生动物风险态势，学习野生动物商品有关政策、全国海关查发情况及相关案例，各部门结合分管领域交流介绍在打击濒危及野生动物走私工作方面的经验、做法，对重点难点问题进行交流讨论并开展风险研判，为进一步形成天津关区打击濒危及野生动物走私合力，明确防控管理方向和目标起到指导和推动作用。在事前环节，加强对《濒危野生动植物种国际贸易保护公约》附录、《国家重点保护野生动物名录》、《国家重点保护野生植物名录》3个文件的集中深入学习和研讨，结合海关税则进行差异化分析比较，提炼出风险点，针对高风险商品进行精准布控；在事中环节，对天津关区范围内的高风险商品如象牙、异宠等开展联合研判，在非贸和贸易渠道统一下达布控，形成天津关区防控濒危风险的合力；在事后环节，定期跟踪梳理包括天津海关在内的全国海关濒危及野生动物指令执行情况，及时对事后查发结果进行后续评估，在天津关区层面梳理指令查获情况，将事后监控评估结果反向闭环指导精准布控，不断修正低效指令，并紧盯全国海关濒危及野生动物查发风险动态，追加有针对性的布控指令。2021年，天津海关贸易渠道人工分析布控查获涉濒危13票，是2020年的3.25倍，查获累计货重10.8吨，货值303.94万元，主要商品为家具、中药材及工艺品。2021 年 10 月 14 日，天津海关人工精准分析布控查获天津某公司自法国进口一批涉濒危药品，数量 14.86 万盒，重 2,453 千克，货值 219.48 万元。邮件渠道布控查发涉濒危物品 16 票，快件渠道布控查发涉濒危物品 129 票，主要商品为象牙制品、花旗参类、含鲟鱼子成分洗护用品等。

【知识产权风险防控】2021 年，天津海关围绕“龙腾行动 2021”知识产权保护专项行动的重点部署，加大对重点侵权高风险货物的风险防控力度，依托信息交流平台，找准贴合口岸实际的防控重点；依托数据技术平台进行风险聚焦，靶向锁定风险单据；依托专家团队平台，保持口岸侵权打击态势，持续加强保护自主知识产权的实战能力。一方面以实战为导向，通过精准分析布控查获了管件、滤清器、焊条等侵犯自主品牌商品，另一方面以服务企业为出发点，密切与自主品牌权利人的联动配合，连续布控查获涉嫌侵犯专利权的电焊网等商品，有效维护企业的合法权益，为自主品牌进一步开拓国际市场保驾护航。2021 年 9 月 10 日查获自 2018 年 12 月天津海关风险防控分局成立后最大一起侵权案件，该案件侵权天津市重点培育自主品牌“金桥”商标专用权电焊条，货重约 120 吨，货值约 20 万元。由于焊材类产品的特殊性，一旦伪劣商品侵权的行为发生，不仅损害我国自主知识产权企业的合法利益，更严重影响“一带一路”国家和地区基础建设品质安全，对“中国制造”信誉乃至“一带一路”建设的推进带来恶劣影响。该起查获案件是天津海关围绕“龙腾行动 2021”知识产权保护专项行动的典型案例，促使引导该关风险防控部门不断加大对“一带一路”沿线国家和地区，以及关键领域、重点环节、重点行业侵权高风险货物的风险防控力度，持续加强自主知识产权保护，净化天津口岸进出口环境，保护企业合法权益，维护自主品牌企业在国际市场上的信誉。2021 年，共下达侵权人工精准布控指令 103 条，侵权查获共计 81 票；货运渠道连续查获输美侵权案件 4 批次；邮递渠道布控查发 141 票，共计 200 余件，查发占比达 60%，邮递渠道布控查发侵权情事同比增长约 2 倍，查发占比增长 36 个百分点。

【危化品风险防控】2021 年，天津海关贯彻落实党中央、国务院关于安全生产监管“全覆盖、零容忍、严监管、重实效”有关要求，落实海关总署党委关于强化国门安全监管的要求，推动实施危化品风险防控措施。该关风险防控部门配合口岸监管部门按照关区危化品工作要求，制定、发布相关布控规则，并做好规则运行的日常监控工作，同时加强部门间的联合研判，优化关区危化品布控规则；组织开展天津关区内 16 个隶属海关开展属地企业化工品生产与使用情况调研，助力危化品分析防控工作，收集到 687 家企业的调研问卷，涉及产品 899 种，原材料 2,577 种。

在根据调研结果开展的企业核查中，发现1家企业存在进口危化品申报不实且外包装无中文危险公示标签问题，移交缉私部门进行立案侦办；加强对伪瞒报危险货物的风险分析，利用云擎等数据平台，对易发生伪瞒报的商品和企业进行分析和特征挖掘，针对高风险商品和企业实施布控；建立打击危化品伪瞒报专项工作小组，开展打击危化品伪瞒报精准布控。2021年，通过自主分析下达布控规则61条，查验报关单106票，查获17票。查获涉及2类、3类、8类危险货物，总量超过70吨。

风险布控

【建立风险布控运行体系】2021年，天津海关建立针对布控指令运行的监控监测制度，实时获取天津关区风险布控整体运行情况，全面优化风险布控作业流程和风险布控规则运行体系，确保天津口岸所有商品、企业风险防控全覆盖；优化人工分析布控，建立下达风险布控、指令执行监控、有效性监控评估、优化布控的工作回路；优化人工分析作业流程，天津海关风险防控分局成立专项工作组从不同角度开展信息收集及分析，扩大风险分析视角；建立基于大数据的风险分析模式，用好智能分析手段，人工分析布控更加科学、高效；畅通天津海关风险防控分局与各业务现场综合业务岗、查验岗的联系渠道，对审单、查验过程中发现的异常情况及时予以布控；开展业务调研，积极探索新的分析角度、拓展风险信息来源、了解行业状况、获取行业发展态势信息。

【风险闭环管控】2021年，天津海关为提升风险防控精准性，着力优化布控规则，完善指令生成、下达、执行、反馈闭合回路。以布控要求的可执行性、查验记录监控、查获数据分析等作为关键控制点，动态评价布控效能，变滞后评价整体查获率为以超前评价指导风险布控的动态调整，将风险评估动作前移在布控更迭之前，有效提升布控查验精准性。利用云擎搭建规则内控模型，科学设置评估标准，对比天津人工布控规则查获率与全国平均水平，实施分档评级。对于评级较差或很差的规则，风控部门及时与相关职能部门、业务现场沟通联系，开展针对性的研判，调整低效无效指令，推动规则优化管理。2021年，调整人工分析长期未命中及查获率较低的布控规则44条，有效优化监管资源配置，提升风控有效性、精准性，实现风险业务运行规范化、精细化管理。

【构建风险管理新格局】2021年，天津海关顺应保障供应链安全、优化营商环境的任务要求，将风险管理作为贸易安全与便利的制度安排，风险管理工作从传统的“防”与“打”（防风险、打走私），向“保”与“促”（保安全、促发展）延伸，形成“防、打、保、促”全方位发力的风险管理新格局。

天津海关着眼海关风险管理新格局和高质量发展要求，创新风险管理工作中的服务模式，支持重点产业、优势产业等可持续发展，优化天津口岸营商环境，提升贸易便利化程度，让守法诚信企业及时享受政策红利，不断增加企业获得感。风险管理新格局框架内容包括：推动提升人工分析布控精准度，规范下达风险布控指令，提升布控效能；严格按照《中华人民共和国海关注册登记和备案企业信用管理办法》（海关总署令第251号）相关规定，优化完善针对AEO高级认证企业的布控下达，确保海关AEO高级认证企业享受通关便利；加强天津海关风险防控部门与各业务现场联系，建立专门风控工作联系群，遇到疑难问题第一时间解决，促进提高工作效率；注重研究重点货物进口保障工作，从风险防控角度提供通关便利化措施。

▲2021年4月，天津海关风险防控分局布控查获输美侵权奢侈品

【进出口查获率管控】2021年，天津海关以全面提升人工布控有效率、建设高质量“一流海关”为目标，强化人工分析布控质量导向，通过培养锻炼专业技术人才、深入挖潜内部精准分析能力、持续提升天津海关部门间协同一体化防控效能、完善人工分析高质量查获以及开展人工分析查获率现场考核工作，促进人工分析布控查获率指标稳步提升。2021年，天津海关进口人工分析高质量查获351票，出口人工分析高质量查获344票，进出口人工分析高质量查获共695票。

后续风险管理

【统筹稽核查指令改革】2021年4月13日，天津海关统筹口岸疫情防控和促进外贸稳增长工作指挥部会议研究决定，根据海关总署关于健全风险防控机制规范稽核查指令的相关文件要求，按照“选”“查”“处”分离的原则，统一由天津海关风险防控分局负责规范天津关区稽核查指令下达工作，在全国率先实施以企业为单元的统筹稽核查指令改革工作。引入风险管理理念，确定以企业为单元，实施海关稽核查差别化分类管理，在保障风险处置类稽核查指令优先下达基础上，以业务管理类核查指令为基础，实现以企业为单元统筹下达指令的“最大公约数”，以统一制订计划、统一需求接收、统一指令下达、统一结果反馈“四个统一”实现稽核查闭环管理。通过稽核查指令统筹下达，实现“多查合一”工作要求，对内“省人力、简流程”，优化海关资源配置，对外减少下企业频次，提升海关改革治理效能。改革实施后，2021年共减少下企业频次195次，减少作业人次175人次；接收定期管理类核查指令反馈551条，未见异常287条，发现问题264条。统筹接收并下达海关总署风控局、税收征管局稽核查指令24条，受理13条，退回11条；汇总天津关区需求统筹下达稽核查指令1,051条，发挥了统筹管理改革的优势作用。

【后续监管环节风险分析】2021年，天津海关注重开展后续监管环节风险分析，建立内外联动机制，共同为查发大案要案输送精准风险线索。强化部门间协同联动，优化“选”的工作机制，发挥相关业务职能部门业务管理经验、属地海关稽查实战经验和风控部门的大数据分析优势，做到优势互补，突出精准高效；畅通线索移交渠道，相关业务职能处室和隶属海关提高风险研判的自主分析能力，提出有价值的风险线索；加大联合研判力度，围绕风险线索开展联合研判，根据实际情况，采用成立联合贸易调查、市场调研组或临时工作专班等形式，摸清底数，印证风险状况，精准掌握相关风险点，为稽查精准打击提供数据支撑；强化事前、事中和后续协同联动，畅通信息收集、交换、共享渠道，协同联动，重点打击行业性、团伙性等重案大案。对于口岸事前及事中发现的重大敏感性风险，建立后续快速反应机制，及时开展风险分析，视情况通过稽查手段进行后续处置；充分发挥云擎和天眼查等系统的大数据支持作用，动态建立天津关区重点涉税商品的数据模型，定期进行数据调取和分析，丰富模型的查询要素，实现智能快速全方向筛选和精准靶向指引锁定风险的管理目标。2021年，累计下达稽查指令212条，其中移交缉私28家次、立案8家次、追补税51家次。其中，通过精准分析发现天津某医院进口的2套美国某品牌治疗系统存在价格低报问题，及时锁定风险点，与天津海关稽查中心开展联合研判，去企业逐项核查固定问题证据，经价格磋商后完成一次性补税。

区域联合防控

【口岸部门风险联合防控】2021年，天津海关按照“务实、管用”的原则，着眼提升工作效率，增强工作针对性，全方位多渠道提升风险防控能力和信息来源，由天津海关风险防控分局直接与地方政府有关部门建立对口协作机制。2021年4月29日与天津市国家安全局某支队签署合作备忘录，开展信息交换、联合研判、协同处置等工作；2021年12月15日与滨海新区市场监管局签署合作备忘录，开展信息共享、会商、协同联动、重点品牌保护等机制建设，2021年开展信息数据共享1次，会商3次。同期，与天津市生态环境局、天津出入境边防检查总站和天津市公安局的相关部门等接洽口岸安全风险联合防控事宜。

【京津冀区域风险联合防控】2021年，天津海关牵头组织开展京津冀区域风险防控一体化工作，主要合作任务是梳理京津冀一体化风险防控的现状、存在的问题，需要修订的法规或规范性文件；组织编写《京津冀区域一体化发展海关风险防控推进方案》，推动京津冀协同发展和风险防控一体化。天津海关与北京海关、石家庄海关共同研究，建立京津冀区域统一的风险规则提炼加工标准，力求实现区域内布控处置效率和执法统一，同时针对企业反映强烈的重复布控、重复检查等痛点问题对症施策，优化京津冀海关风险布控逻辑，提升企业获得感。在此基础上，三地海关通过互访调研、寻求海关总署政策支持、共建区域内随机布控规则、共享区域适用的管理对象名单等举措，推动区域风险防控功能化分工，提升京津冀区域布控处置效率和执法统一性。

专业技术研究与应用

【商品信息的甄别比对】 2021 年，天津海关进一步加强该关风控部门与缉私部门的协作，充分发挥缉私外围信息优势与风控数据分析优势，将相关信息的数据印证作为双方协作的结合点，进一步提升了信息产品向案件的转化速度。双方开展了专题工作信息的验证工作，将传统依靠逐票查询核对的方式改为自动批量查询，同时实现了非报关单申报数据的关联查询。在验证工作中，天津海关依托云擎、风险管理子系统等数据平台，实现信息关键字与海关通关数据的自动比对、相关通关单证展示，并实现对涉税额、偷漏税额的一键汇总统计。先后完成 4 个批次、近 2,000 条关键信息的比对。天津海关依据该关风控部门提供的数据，缉私部门快速立案 3 起，案值近 3,000 万元。

【指令执行监控】 2021 年，天津海关发挥风险管理垂直管理、统一指挥、直达一线的优势，建立大数据抽核和及时反馈机制。研发“布控指令执行情况监控”及“检查作业结果录入异常监控”两个云擎模型，定期抓取两类异常数据开展分析核查。第一时间联系相关现场，提醒严格按照风险布控指令要求作业，并及时按规定录入处置结果，督促修正异常数据。强调对于不能执行的布控指令要与风险部门联系，保证指令执行有效性。围绕固体废物处置、取样送检、案件处罚，以及高质量查获等报关单分类实施专项核查，重点核查是否全程录入处置结果、处置结果录入是否真实准确。2021 年，共开展布控指令执行有效性考核 12 次，重点与随机相结合对 18 个业务现场的 850 票报关单核查执行情况进行抽查，并督促整改。强化重点领域布控执行核查，保障关键领域风险管理整体效能。

【建立风险评估监控支撑体系】 2021 年，天津海关利用云擎大数据开展专项、案件、高质量三类评估，完善风险监控指标体系，为精准布控提供智慧支撑。开展全国海关人工分析布控情况的专项监控评估，挖掘固体废物、濒危、危化品等重要领域布控信息；开展案件数据风险监控评估，以案情及企业历史行为信息为依据挖掘潜在风险，提供布控建议；开展高质量查获监控评估，从查获商品特征、涉及企业等方面提炼有价值信息，供人工分析人员参考。此外，对于医疗物资等专项工作实行同步评估监控，通过“因事建模、专人监控、异常报告”的方式，就相关布控指令下达、执行情况进行跟踪，发现异常情况及时报告处置。同时，不断完善内控评估工作，以评估指标数据变化和目标完成情况为重点，推进业务绩效评估，强化内部管理控制。持续推动完善覆盖业务绩效、风险态势、内部控制的风险评估监控支撑体系。

【专业技术研究】2021 年，天津海关与时俱进应对国际贸易发展新形势、新业态，注重风险防控专业领域人才培养、实战锻炼和技术研究，推动风险防控措施精准严密，专业技术水平持续提高，并按照好使管用的原则，推动研究成果在风险防控领域的实际转化应用。2021 年，天津海关风险防控分局牵头推进署级课题《对业务深度融合下海关风险防控的思考》研究，组织合肥、杭州、海口、昆明等直属海关风险防控分局共同参与；牵头开展《京津冀风险防控一体化专项课题》研究，完成《京津冀区域风险信息数据共享工作规范》初稿；参与海关总署风险司《开源风险情报采集和分析研究》《海关后续环节风险防控》等课题研究；组织开展天津关区内“海关风险管理高质量发展”征文活动，选编论文 7 篇；撰写的《检验检疫风险布控纳入两轮驱动研究》《海关风险管理差异化绩效评估方法研究》2 篇论文获得海关总署风险司二等奖；参与海关总署风险防控领域业务改革相关政策的研究制定，如《海关风险管理实施办法（草案）》《海关风险监测和风险评估实施细则（草案）》《海关风险预警工作机制（草案）》等规范性文件的制定修订工作。

（撰稿人：马凯旋　王立中　王　伟
王　莹　王海洋　齐　进
李亚栋　李建锋　吴丽颖
张晓岚　张　婧　范　洋
林　楠　周嘉权　孟繁鑫
荣　波　钱　镇　徐可欣
阚黎娜　薛树彤）

关税征管

概况

天津海关关税处（以下简称“关税处”）主要负责牵头推动天津海关综合治税工作，承担税收分析、征管质量监控与考核工作；承担进出境货物、物品税收和船舶吨税等税费征管工作，组织落实税费征管规定，承担海关税款担保和税费电子支付的综合管理及滞纳金减免的审批工作；组织实施国家关税和进口环节税减免，承担天津海关减免税职能管理工作；组织实施海关商品归类有关工作制度并制定相关操作规范；组织实施进出口商品海关估价工作制度并制定相关操作规范；组织实施进出口货物原产地管理工作制度，承担原产地证签证管理相关工作；组织实施反倾销和反补贴措施、保障措施和其他关税措施；拟定天津海关涉税领域化验工作制度并组织实施；承担验估职能管理工作；承担刑事走私案件税款的计核管理和保证金规范管理、税款的强制执行等工作；承办上级交办的其他工作事项。该处管辖范围为税收征管、税收要素的各项海关管理工作。

2021年，关税处贯彻落实海关总署“五关”建设的总体要求，统筹发展和安全，强化监管优化服务，统筹抓好疫情防控和促进外贸稳增长，深入推进“五关”建设。牵头做好RCEP全国的宣传培训及天津关区的推动落实工作。《RCEP原产地规则和关税减让》在海关总署征文活动中获二等奖，天津海关作为主要推动单位获得组织推动奖；积极落实海关税款担保改革，整合原汇总征税、纳税期限、征税要素等多门类担保，在使用范围上，实现了一张保函全国通用；大力推进天津关区税政调研工作，助力经济发展。积极完成海关总署减免税政策调研工作，形成产业结构指导目录、海陆石油政策等各类减免税政策建议32条，其中海陆石油清单变更等多条建议被国家部委采用。

聚力党史学习教育活动，学习贯彻习近平总书记在党史学习教育动员大会上的重要讲话精神，推动“我为群众办实事”实践活动走向深入。为天津市产业人才创新创业联盟企业量身定制纳税服务方案；

助力首家北京企业在天津海关享受高级认证免担保通关资格；进一步推广原产地证书申领便利化措施。2021 年，天津市企业原产地证书自助打印比率达到 99%，比 2020 年提升了 20 个百分点，惠及天津关区 1,341 家签证企业。

2021 年，税收总量 1,577.06 亿元，同比增长 6.07%，其中实征税收 1,362.52 亿元，同比增加 6.05%。强化非贸征税管理，邮递渠道征税率 47.5%，较 2020 年提升 10 余个百分点。落实关税调整、减税降费等税收政策，共特定减免税款 1.58 亿元。税收担保企业覆盖率、汇总征税比率分别达到 19.67%和 36.03%，达到“一流海关”预设目标。规范申报正确率 100%。

税则税政

【归类职能管理】 2021 年，天津海关夯实归类业务基础，为进出口企业提供精准、高效、便捷的商品归类与税政服务。修订出台《天津海关关区商品归类认定工作规范》，明确了天津关区商品归类认定工作的工作流程、填制规范、报送机制等。全年共受理归类专业认定 113 项，其中，31 项在 0.5 个工作日内答复，占比 27.4%；49 项在 1 个工作日内答复，占比 43.4%；32 项认定（12 项已担保放行）在 2 个工作日内答复，占比 28.3%；1 项认定（已担保放行）在 3 个工作日内答复，占比 0.9%。答复时效优于海关总署规定的作业时限（5 个工作日）。调整优化涉税化验工作流程，减少业务交叉，将工业产品安全技术中心承检商品调整入化矿金属材料检测中心。加强涉税化验风险研究，撰写《天津关区涉税化验工作情况分析报告》。减少无效送检，全年送验量 1,046 宗，命中率 37.6%，涉及货值 14.56 亿元。妥善处理化验难题，将疑难商品税号认定前置化，避免出现纳税争议。

【预裁定及税则调研】 2021 年，天津海关紧密围绕“十四五”规划和 2022 年《商品名称及编码协调制度》（简称《协调制度》）转版工作开展税政调研工作。召开天津关区办公会，推动税政调研工作上水平，向天津市 300 余家生产型企业及大型进出口企业发放《天津海关税则调研工作企业需求调查问卷》。通过海关 12360 热线征集调研课题。年内辖区各隶属海关上报税政调研课题 152 项，经天津关区集中审核上报片头海关深圳海关课题 87 项。参与海关总署风电设备降低进口关税、医用人体植入物材料降低进口关税等多项联合调研课题，共计 22 项通过海关总署审核。最终“风力发电机用联轴器”“人造关节”2 项商品降低进口关税建议被国务院关税税则委员会采纳。2021 年，天津海关共处置归类预裁定 440 份，签发归类预裁定 82 份。

【海关总署项目】 2021 年，天津海关参与《协调制度》第六审议循环的翻译及转换、资料汇编、培训教材的编写，参与 2022 版《协调制度注释》编译，翻译资料达10余万字；派员随海关总署团组参加世界海关组织（WCO）协调制度委员会第68次会议，负责发言参与讨论的多项议题均获采纳；参与审分会、科分会等国际性会议对案的准备；参与《协调制度》第七审议循环（2027年版《协调制度》）议题的准备。

2021年，天津海关多措并举，持续推进归类信息化建设。做好“进出口商品归类应用2020版”及“金关二期归类化验辅助决策系统”的运维工作。牵头开发并升级“税政调研子应用”模块。平稳运维微信公众号“海关归类一指通”和“中国海关归类化验”App。协助海关总署关税征管司开展“进出口商品归类应用2020版”更新升级全国培训。牵头海关总署关税征管司网络组开展2022年《协调制度》转版相应的系统数据维护工作。

【规范申报管理】2021年下半年，天津海关规范申报在海关总署考核中达到正确率100%。年内，制发提升规范申报正确率整体方案，推出“规范申报十项举措”，编辑20余篇重点商品规范申报指引在海关总署及天津海关12360发布；科学考核调动口岸及属地海关两个积极性；与天津报关协会共同召开专题宣讲培训会，从企业源头提升报关质量；解决无异地通关数据难题。成立天津关区规范申报工作专班，9月以来审核报关单数据90余万条次，实现对重点商品全覆盖；协调海关总署关税征管司、税收征管局了解抽样规则，主动汇报天津海关提升措施。年内共组织5次规范申报集中考核，正确率由4月份86%逐步提升至11月底99%以上。加大与异地海关沟通联系，全力修改错误数据。

估价管理

【估价管理与研究】2021年，天津海关为3家企业的技术援助费用、保险费用等进行预裁定，出具决定书4份。开展保税展示交易商品交易估价创新工作，制定《天津海关保税展示交易商品估价指导意见》，规范保税展示交易估价操作。牵头开展海关总署关税征管司课题“租赁贸易审价技术研究”的研究，对租赁贸易行业进行了深入调研，撰写课题报告《租赁贸易海关价格管理研究》，对租赁贸易相关概念及分类、我国目前租赁贸易现状进行了介绍，对海关现行租赁贸易法律法规进行了详细梳理，提出了海关在租赁贸易管理上存在的困难以及对策建议。

【“双特”价格台账】2021年，天津海关进一步推进属地纳税人管理，将天津关区纳税金额排名前30位的企业纳入管理范围，建立企业底账，并进行纳税信用水平评估，强化税收风险协同管理，切实提高税收征管效能。建立属地纳税企业底账和“双特”价格台账（海关以企业为单元，对涉及“双特”情形的进口货物价格登记建立的台账。“双特”是特许权使用费和特殊关系影响成交价格的简称）。在推动“双特”价格台账方面，与天津报关协会合作组织线上宣讲会，引导企业按照海关总署公告，规范“双特”价格申报行为，降低企业合规成本。建立天津海关关税处与隶属海关“双特”价格台账联络员制度，指导解答业务现场在建立台账过程中的疑难问题，共为关区 6 家企业建立“双特”价格台账，引导企业自主申报特许权使用费后续征税 7,603 万元。

税收征管

【税收改革】2021 年，天津海关加强汇总征税这个“一流海关”关税领域核心指标的推广应用，汇总征税报关单比率 36.03%，同比增长 1.03%。对进出口企业和属地企业开展汇总征税政策宣讲，发挥好口岸海关和属地海关各自优势，专人负责，“一企一策”，锁定重点工作目标统筹推进。同时，借力“两步申报”等其他改革，发挥政策叠加形成的集成优势。

2021 年，天津海关推进以企业为单元的税收担保改革，深入一线指导企业与海关对接工作，召开政策宣讲会 5 次。与中国银行、民生银行等多家银行开展业务对接，共同编写政策解读并在主要媒体上进行广泛宣传，积极宣讲公告实施给企业通关业务带来的便利。另外针对保税出区展示交易业务，探索担保业务的新突破，不断深入挖掘担保人创新领域，与天津市中小企业融资担保中心、天津市科融融资担保有限公司、中国出口信用保险公司天津分公司等密切配合，出台新担保人的担保方案，同时利用区块链技术，让数据发挥效能，助力企业线上申请免抵押纯信用的担保授信，降低担保成本。

【“十四五”期间税收优惠政策】2021 年，天津海关共办理各类“进出口货物征免税证明”1,784 份，同比下降 73%；审批总货值 3.62 亿美元，同比下降 61.74%；减免关税 1.24 亿元人民币，减免增值税 3,168.50 万元人民币。

2021 年，天津海关采取多项举措帮助天津市高校、科研院所在“十四五”开局之年、多项税收优惠政策过渡期顺利进口设备。对可能享受免收政策的急用科研设备进行担保处理，确保科研项目的进度。共办理担保 124 票，担保放行科研设备货值 3.5 亿元。宣传“十四五”期间的科技创新进口税收政策的变化，让享惠主体提前做好准备。做好已进口免税设备的后续服务，及时确认享惠科研设备共享需求。

针对“十四五”期间进口天然气增值税先征后返政策变化，结合前期企业需求调研情况，组织召开“助力保供季、关税在行动”专题政策宣讲会，现场解答企业问题 8 个，中国石油化工股份有限公司天然气分公司等 6 家企业参会。针对退税进度问题主动沟通走访财政部天津监管局、国库等部门。最终完成石脑退税 1.96 亿元、天然气退税 17.17 亿元。

【税收风险防控】2021 年 6 月，天津海关在对属地重点纳税企业的“双特”问题排查中发现，某汽车有限公司天津分公司与德国某汽车公司签订有财务补偿协议，用于对部分车型国产化率提升进行经济补偿，存在极大的漏税风险。该关关税处高度重视此项工作，组织各隶属海关价格、归类、稽查部门技术骨干，成立“国产化率补偿费补税”工作小组，在天津海关无先例可循的前提下，克服涉及进口商品价值高，时间跨度长，技术认定过程复杂，税率变化和分摊难度大等困难，通过细致的资料审核，依靠过硬的关税技术，最终实现该关首次对类似国产化率补偿费审价补税。该案获得天津海关集体三等功表彰。

2021 年，天津海关根据海关总署开展打击跨境电商进口走私“断链刨根”专项整治行动。天津海关关税处成立由一把手任组长的工作专班，多次召开专题会议。研究制订《关税处打击跨境电商进口走私“断链刨根”专项整治工作方案》。加大数据分析力度，指导业务现场开展风险排查，主动移交案件线索。专班成员加班加点进行数据调取和分析。累计分析跨境电商进口申报数据超过一百万条。

2021 年，天津海关成立“进口原产地业务风险防控小组”，加强防范进口原产地证书不规范使用带来的业务风险。在进口原产地业务领域开展全面自查，并对自查发现的业务风险点，经核实后按照不同情形开展补税等后续处理，连续破解进口原产地业务领域存在的业务数据量大、单票货值低、税收要素审核复杂、随附单据形式多样等风险防控难题，实现税收应收尽收。制定《天津海关原产地业务工作质量抽样核查管理暂行办法》，促进提高原产地业务风险防范能力。

【税收专项审计】2021 年，天津海关接受审计署对海关的税收专项审计。审计前开展自查，对自查发现的税收类风险进行清理整改。审计期间，对审计提出的问题，在第一时间给予明确答复。最终，价格和验估领域未下发任何审计取证单，取得估价领域审计“零报告”的成绩。针对审计发现的“退税不及时”“提前申报报关单税率、汇率适用错误”等关税业务问题，天津海关组织研发团队研发税收征管节点信息化监控功能，对“退税不及时”“提前申报报关单税率、汇率适用错误”“保证金处理不及时”“退运货物超 1 年未征税”等问题加强监控；要求各业务现场核对疑似问题数据进行逐项核实，对有问题的报关单及时处置，确保问题数据“动态清零”。

针对“调节税收进度，提前征收税款”问题，天津海关坚决落实“准确归类、正确估价、依率计征、依法减免、严肃退补、及时入库”的海关税收基本工作原则，坚持依法治税，规范征税作业。

针对“个人进境邮件税款未及时上缴国库”问题，天津邮局海关制发《天津邮局海关邮政代收代缴行邮税征管工作指引（试行）》，严守相关工作时限要求，确保税款及时入库。进一步加大已申报未缴税工作的催缴处置力度，审前将长期未缴税数据清零；提高月末补充申报单据的处置效率。做好税单汇总、打印、核注、核销等各环节管理，每周与天津海关财务部门进行对账。

【RCEP 关税实施准备】2021 年，天津海关协助海关总署起草海关系统 RCEP 关税实施准备系列工作方案，牵头组织实施对外宣传和《RCEP 原产地规则和关税减让》主题征文，获海关总署组织推动奖。牵头完成《RCEP 关税减让和原产地规则》培训教材初稿，并制作培训课件。在天津海关范围内开展 RCEP 关税实施准备培训，关税及原产地岗位关员培训覆盖率达 100%。聚焦 RCEP 关税政策与天津产业、行业和企业的契合点，联合天津市商务局对天津市汽车、自行车、钢铁等产业开展实地调研。挖掘 RCEP 关税政策在促进天津市对外开放的积极作用。天津市商务局、天津市贸促会首次联合举办天津市自由贸易协定关税减让政策利用情况暨 RCEP 关税实施准备工作专题新闻发布会，让企业更准确、更全面、更深入了解 RCEP 关税政策，增强了中小企业把握 RCEP 机遇的能力，帮助天津市企业熟悉和利用协定规则。加强原产地证书申领、关税减让引导、经核准出口商制度等操作环节的培训，提升企业管理水平和协定关税政策利用能力。2021 年，天津海关与天津市商务局、中国国际贸易促进委员会天津市分会联合举办了 20 余场 RCEP 关税实施政策宣讲会，近 2,000 家进出口企业参加了系列政策培训。独立或合作编写 RCEP 关税政策宣传稿件 4 篇，在海关总署《海关发布》等载体发布。撰写《RCEP 关税优惠政策对天津市外贸四大影响需引起重视》（情况通报）。论文《RCEP 原产地规则》获得中国海关传媒中心第三届国门传播奖一等奖。

▲2021 年 9 月 26 日，天津海关、天津市商务局、中国国际贸易促进委员会天津市分会联合举办天津市自由贸易协定关税减让政策利用情况暨 RCEP 关税实施准备工作专题新闻发布会

（撰稿人：史东玥　沈　诣　穆雪梅　王雅敏　许　毅　王　衡　高　鹏）

卫生检疫

概况

天津海关卫生检疫处牵头负责天津口岸卫生检疫工作。其主要职责为：开展传染病疫情监测，承担传染病疫情的收集、分析、研判工作；承担出入境人员、交通工具、运载工具、货物、行李、邮包快件、尸体/骸骨卫生检疫监管；承担口岸传染病疫情和突发公共卫生事件应对工作，协助有关部门开展口岸输入性疫情处理；开展出入境特殊物品卫生检疫监管；承担出入境人员及口岸人员的健康体检、预防接种等的监督管理工作；承担口岸食品经营单位卫生许可及日常卫生监督管理；承担口岸饮用水供应和公共场所经营单位的卫生许可，以及相关日常卫生监督管理工作；承担口岸及输入性病媒生物预防控制工作，组织实施病媒生物预防与控制措施，指导出入境口岸卫生处理监督管理工作；组织推动天津口岸核心能力建设。

2021 年，天津海关共检疫出入境交通工具约 1.2 万架/艘次，从出入境人员中检出新冠病毒核酸阳性、乙肝、甲流、疟疾等传染病上百例；完成特殊物品审批 2,000 余批次，从中检出非法入境特殊物品；完成口岸食品监督抽检 400 余件次，检出不合格若干批次；审批发放口岸卫生许可证 80 余份；开展监测体检约 1.3 万次，黄热病疫苗接种总人数 3,000 余人次。

检疫管理

【疫情监测】2021 年，天津海关持续完善多点触发的疫情监测预警网。结合天津口岸实际，重点跟踪周边和通航国家地区的疫情发展态势变化、新冠病毒变异株发展态势、防控政策变化情况、疫情重大变化或突发情况等疫情信息，在密切关注全球新冠肺炎疫情发展态势的基础上，同时关注埃博拉、中东呼吸综合征、拉沙热、黄热病、鼠疫等疫情，强化与航空公司以及地方外事、卫生健康等部门的沟通联系，针对性地收集相关信息，为做好疫情防控工作提供支持。年内，在海关总署指定网站共收集编译境外疫情信息 200 余条，为海关总署发布全球各类传染病疫情公告提供决策支持。

根据疫情防控工作需要和疫情最新发展态势，组织开展对高风险出入境人员、重点交通工具等风险联合研判和风险布控工作，督导旅检现场及时接收布控指令，按照指令开展布控拦截和检出情况的跟踪反馈，总结重点航班检出情况，分析关区航班风险态势。定期、不定期根据对口岸检出情况、境外疫情情况等进行动态研判、分析评估，为口岸疫情防控提供支持。持续加强与海关总署风险司、风险防控局联系，强化与各海关风险联合防控，积极获取疫情风险信息和数据支持。

【疫情防控】2021 年，天津海关组织制订《防控境外新冠肺炎疫情输入工作方案》等疫情防控机制方案，抓实抓细疫情防控的环节、节点。根据疫情形势发展，动态修订 6 版《空港口岸疫情防控作业指引》、7 版《海港口岸防控作业指引》等，不断细化业务流程、规范业务衔接节点。

空港口岸，针对未成年学生、外交人员包机等重点人群重点航班，以及印度等疫情严重国家，制订专项工作方案，强化疫情防控。严格按照国务院联防联控机制和海关总署口岸防控技术方案和操作指南，实施“三查三排一转运”。制订冬奥备降、外交人员包机等专项工作方案，对入境重点航班实施“一机一策”，不断细化业务流程，构建“物理隔离、单向运行、闭环管理”模式。成立卫生处理监督工作专班，构建关级领导指挥、业务部门指导、隶属海关严格执行的“三级”协同作业体系，通过文件解读、座谈交流、组织航空公司签订主体责任告知书等压紧压实企业主体责任，持续加强入境航空器终末消毒监管。

海港口岸，对重点国际航行船舶实施“一船一案”，追溯 28 天内航行史和旅居史，对 21 天内有印度旅居史船员全船开展采样检测。对有症状船员强化采样检测、转运诊治，对下船船员实施采样检测、移交隔离、便利返乡。对染疫及染疫嫌疑船舶签发“检验检疫处理通知书”并实施终末消毒现场监督，对第一入境口岸发现确诊病例、无症状感染者、疑似病例、有症状者等情况及时通报下一港所在地海关。采取顺势检查、视频监控、日常巡查等措施，加强登临人员防护安全监管。

【安全防护】2021 年，天津海关印发更新 4 版《天津海关分级分类安全防护工作方案》，建立天津海关三级安全防护监督员队伍，印发安全防护自查督查工作方案，对业务工作与安全防护工作“同研究、同部署、同督促”，明确安全体系建设以及安全防护监督管理制度建设要求，明确各部门、各单位安全防护管理职责，对安全防护工作自查督查提出了要求。拟定并发布《天津海关关于成立安全防护专家组和各业务条线安全防护监督员的通知》，要求各单位建立隶属海关及作业班组“两级”安全防护监督员队伍，确保天津海关安全防护工作“三级安全防护监督”工作落到实处。建立“岗前检查、工作巡查、全程督查”和“双人作业、互相监督”的安全防护监督制度，安全防护监督员应做到“三知四会”（知新冠病毒知识、知疫情风险、知业务要求、会选择个人防护装备、会穿脱、会污染控制、会应急处置），监督指导不同岗位按照风险防护需要做好个人防护、规范穿脱个人防护装备、巡查现场污染分区管理、人员流向、消毒除污、感染或污染的应急处置等工作。

连续4个季度组织开展安全防护督查和多轮次安全防护自查，建立详细工作方案，采取实地专项督查、视频监督检查、区域交叉互查的方式开展不定期飞行检查，通过每日监控检查、现场视频连线等多种形式，对一线人员安全防护情况进行检查，充分发挥天津海关和各隶属海关安全防护专家组的作用。对检查发现的问题，制订整改方案，及时向相关单位反馈整改意见。建立发现问题、整改措施、完成情况“三个清单”，实行销账管理，紧盯整改落实。加强海关疫情防控相关要求的宣传培训力度，多次开展口岸相关从业人员的安全防护管理培训，2021年全年200余人次参加安全防护监督员培训；落实进入机场红区和登临国际航行船舶从业人员向辖区海关报备机制，联合地方疫情防控指挥部及口岸联检单位加强联合管控；要求辖区海关采取登临顺势检查、每日巡查、视频监控检查等方式，对进入机场红区和登临国际航行船舶从业人员的防护情况进行监督检查；积极与机场和港口运营单位合作，加强信息技术支撑，提升监控预警精准度。

【感染控制】2021年，天津海关严格旅检现场三区划分，入境人员全部在红区完成入境检疫，检疫人员按照“绿→黄→红→黄→绿”路径单向运行；全程设立安全防护监督岗，严禁串岗和逆向流动，保障闭环管理。机场旅检口岸样本采集区配备空气消毒机、生物安全柜等设备，海港口岸设立防护方舱及医疗垃圾桶，严格做好环境卫生消毒，强化医疗垃圾废弃物处置。加强随时消毒、终末消毒，定期对环境开展采样检测，确保作业现场、重点场所、重点对象消毒全覆盖、无死角。对染疫交通工具终末消毒实施100%专人监督。要求各作业现场设置个人防护装备脱卸区，脱卸区内应设置穿衣镜，配备消毒剂，每步脱摘应注意做好手卫生。现场根据具体情况确定个人防护装备穿脱顺序，穿戴个人防护装备的顺序以方便更换个人防护装备为原则。工作结束后，脱摘个人防护装备的顺序原则上是先脱污染较重和体积较大的装备，务必确保医用防护口罩等呼吸防护装备最后摘除，并迅速穿戴新的呼吸防护装备。口罩及一次性工作帽同一步骤脱摘，两者的穿戴先后顺序根据是否需要更换口罩或更好的系带固定效果决定。

【特殊物品监管】2021年，天津海关

严格落实海关总署各项政策要求，强化监管优化服务，优化特殊物品卫生检疫审批流程，压缩审批时限，确保进出口特殊物品生物安全的前提下，着力营造便利高效的通关环境。制订《天津海关新冠病毒疫苗出境监管工作方案》，服务国家外交大局，加强新冠病毒疫苗全链条管理和全流程追溯，做好出境卫生检疫保障，确保安全、快速、规范出境。严厉打击通过邮件、快件、行李携带物、跨境电商等非贸渠道非法出境新冠病毒疫苗。与中国检科院签订出入境高风险特殊物品风险评估合作协议，委托其对高风险特殊物品（A 级和 B 级特殊物品）开展风险评估，确保评估结果的公正性、科学性、权威性。

开展出入境特殊物品卫生检疫审批工作，帮助康希诺、华大基因、中逸安科等特殊物品企业进口腺病毒、人体血液样本、疫苗菌毒株等高风险特殊物品，2021 年共审批 2,000 余批次，同比增长近一倍。对于布控抽中需查验的特殊物品，由专业人员双人上岗共同查验，严格比对单证是否相符；对于旅检和邮快件现场，针对特殊物品的外包装特点、来源国、储存条件等加大布控力度，严防未经审批的特殊物品通过个人携带和邮寄的形式入境，2021 年截获不合格案例均依法销毁或退运。加强对特殊物品企业的现场考核和日常监管，根据企业信用等级和类别，制订日常监管计划并实施，确保企业对特殊物品的生物风险可控，进出口记录完整无误。

疾病监测

【监测体检】2021 年，天津海关严格执行海关总署和国家卫健委各项要求，统筹做好疫情防控和业务运行，提升信息化、便利化水平，服务出入境人员。将出入境人员传染病监测体检预约纳入“全国一体化在线政务服务平台”天津网上办事大厅，出入境人员可在该平台上实现网维预约，同时开通“天津国际旅行保健中心公众号”微信预约功能，可手机查询相关信息。在落实落细各项新冠肺炎疫情防控要求的前提下，保健中心针对体检业务流程进行了重新调整，通过预约严格控制体检人数；将 X 线检查调整至体检第一项目，以便第一时间识别异常人员；制订了各类突发事件应急处置方案，并多次进行实战演练，确保疫情防控和体检业务运转两不误。2021 年，开展传染病监测体检 1.3 万余人次，同比增长 22%；检出传染病 80 余例。

【预防接种】2021 年，天津海关认真贯彻落实《中华人民共和国疫苗管理法》各项规定，严格按照海关总署相关要求，做好黄热病疫苗接种工作。依据海关总署卫生检疫司信息化相关规定，开展疫苗溯源码扫描工作。受种人员通过 App 扫描可获知受种疫苗的全部信息，保证疫苗合法性、安全性，切实保障受种人员的知情权益。完成多批集体单位或团体疫苗接种、制证、签发等工作。做好赴非洲天津市卫健委医疗队、维和部队、武警特战队、维和医疗队等接种黄热病疫苗的接种及签证工作。完成了留观大厅内接种疫苗流程等各种提示标牌的设计、制作、安装，建设的3个玻璃隔断疫苗接种工作台投入使用，充分配置信息化设备，在HPV团体接种、留学高峰期疫苗接种记录翻译转录中发挥作用。根据接种工作中遇到的实际问题，制定或修订《疫苗保护期和有效期规定》《疫苗储存管理规定》《不良反应急救工作规程》《预防接种部消毒规程》等程序文件。对多种疫苗接种间隔、翻译转录流程、蛋白制剂使用、疫情防控下的消毒管理等进行了规范。2021年，接种黄热病疫苗3,000余人次，同比增长5.8%。

【实验室管理】2021年，天津海关加大卫生检疫实验室资金投入、提升口岸传染病检出能力，在口岸防控新冠肺炎疫情方面做出贡献。相继通过了黄热病毒、寨卡病毒、基孔肯雅病毒、中东呼吸综合征冠状病毒、登革热病毒、霍乱弧菌、疟原虫、新型冠状病毒等26个项目的能力验证，为实现口岸“多病同防”打下了坚实基础。对新冠检疫实验室进行了改造升级，引进华大检测流水线，显著提升检测效率和自动化水平。建成2个新冠病毒检测实验室，分别用于人员、货物检测，严格按照国家实验室生物安全标准开展相应检测活动。加大人才培养力度，组建一支“召之即来、来之能战、战之能胜”的实验室检测队伍。实验室40余人已参加天津市卫生健康委组织的新冠病毒核酸检测培训班，并获得核酸检测资质。为应对疟疾输入再传播，巩固疟疾检测能力，2人具备疟原虫镜检和核酸检测能力。2021年，开展传染病检测项目60余万次，同比增长123%。

卫生监督

【口岸食品生产经营单位卫生监督】2021年，天津海关坚持问题导向，重点关注风险程度高、消费集中、合格率较低的食品和环节。以重点场所、重点企业、重点品种、重点项目为核心目标，注重对航站楼、交通工具等重点场所的抽检覆盖，注重对航空配餐、职工食堂、邮轮等重点场所的抽检覆盖，加大对大宗食品、高风险食品的抽检力度。时间上，合理、均衡地分配全年各季度抽检任务，结合季节时令特点，在任务分配上有所侧重；对象上，对既往抽检发现问题的企业、食品品种增加抽检数量；对社会实时反映的热点问题，及时安排专项抽检。结合天津口岸特点，口岸食品安全抽检以监督抽检为主，突出微生物超标的食品污染指标检测。抽检食品类别紧密结合空港、海港口岸各自特点及食品生产经营现状，重点关注高风险食品种类及环节，覆盖生产、餐饮、流通等不同业态。空港口岸特别关注航空食品，海港口岸特别关注邮（客）轮食品等。

依法及时启动不合格（问题）食品的

后续处置工作，责令企业查找原因落实整改，对存在违法情节的，按照《中华人民共和国食品安全法》及其实施条例进行处罚；强化工作规范，及时上报相关信息；发现可能存在系统性食品安全问题的，向海关总署汇报有关安全风险状况；加强不合格（问题）食品的上下游联动，查明来源和流向，督促企业及时采取停用、停售和召回等措施。以发现食品安全问题和隐患为导向，实现监督抽检与信息公开、核查处置的联动，及时发现食品安全隐患，有效防控系统性风险，全面了解天津海关口岸食品安全总体形势和趋势，为口岸食品风险评估提供技术支撑、为口岸食品监督执法提供依据、为口岸食品监管决策提供参考，强化食品生产经营企业主体责任，夯实依法履职基础，切实保障口岸食品安全，维护国家形象。监督抽检结合日常监督检查、专项整治、时令季节、案件稽查等执法工作开展，合理分布。重点对包括航空配餐、交通工具食品供应、餐饮食品等进行抽检。各隶属海关根据本辖区食品安全风险评估结果适当增加抽检食品品种。在元旦、春节、端午节、中秋节等传统节假日前，根据实际情况加强节令性食品抽检。结合舆情监测、日常监管等情况，对反映较突出的问题进行专项抽检，包括：流通范围广、消费量大、消费者投诉举报多的食品；监督检查、专项整治、案件稽查、事故调查、应急处置等工作表明存在较大隐患的食品；有关部门公布的可能存在食品安全问题的食品；已在境外造成健康危害并有证据表明可能在国内产生危害的食品。加强新冠肺炎疫情期间天津口岸食品生产经营单位的卫生监督，确保疫情防控制度落实到位。2021 年，共完成监督抽检 400 余件次，检测出不合格若干批次。

【出入境交通工具卫生监督】2021 年，天津海关严格落实口岸卫生监督抽检工作，加强疫情期间出入境交通工具固液体废弃物监管，防止疫情输入传播；通过现场检查，评估环境卫生是否满足居住人员的健康要求；通过资料检查以及现场验证，核实食品安全体系、水安全体系、废弃物安全管理体系、医疗急救安全体系、媒介控制体系等运行的有效性；就检查中发现的问题进行改进，向船方提出建议或要求，并对其改进情况进行追踪验证；完成有关证书（包括“证据报告表”）的更新或签发工作。通过本口岸监管系统数据库，查询在本口岸的既往资料信息，重点关注是否存在违规或者进行过卫生管理方面的整改，或者在近期是否接到国内其他口岸有关的监管提示。2021 年，通过出入境交通工具卫生监督等方式发现输入性病媒生物 5 批次。

【口岸卫生许可】2021 年，天津海关完成口岸卫生许可审批事权改革，进一步优化口岸营商环境，全面提升行政审批服务水平，深化制度创新，加快流程再造，不断创新举措，助力口岸卫生许可证审批服务提速增效。天津海关进一步梳理审批服务项目，完善服务流程，简化审批环节，压缩审批时限，编写服务指南，保持线上线下一致。结合“我为群众办实事”实践活动，进一步完善口岸卫生许可证核发服务事项，让该事项规范化、标准化，减轻企业和群众负担，推动营商环境持续优化。实施行政指导，提前介入，靠前服务。根据审批事项要求，分模块进行审核、决定、制证、打印和公示寄送等工作，推进审管有效衔接，助力审批更加规范高效，探索审批新模式，推动审批服务更加高效便捷，增强群众的获得感和满意度。

【病媒生物监测与控制】2021 年，天津海关为有效预防登革热等病媒传播疾病在口岸蔓延，按计划开展相关病媒生物监测活动。以各隶属海关卫生监督工作结合疫情防控相关工作为抓手，大力开展口岸环境病媒监测行动，重点对码头、厂库等区域的环境进行监测，对地下室、楼梯过道、污水管井、温室花房等易于蚊虫栖息的场所进行重点监测，为集中力量消灭卫生死角，有效改善环境卫生状况，形成共同防病、促进健康的工作格局。遵循安全、环保、科学、有效的监测原则，通过政府购买服务等方式，引进专业监测服务机构，根据秋冬季气候变化情况，以及本地区蚊虫、鼠类等重点病媒生物种类、分布和密度变化趋势，以监测点主动监测为主、其他环境监测为辅的方法，为源头治理提供数据支撑，提升病媒生物防制工作效果。针对登革热等蚊媒传染病，2021 年增加了蚊媒监测工作的密度和频率，对种群异常增多的情况，早发现、早报告、早处置。开展多种形式的病媒防治知识宣传教育活动，全方位、多层次宣传普及防治知识，有效提高群众卫生防病意识和能力，形成人人关注健康、人人践行健康理念的良好局面。依法、及时、准确、客观地发布工作信息，确保工作质量。2021 年，首次在跨境电商货物中截获大量德国小蠊。

【卫生处理监管】2021 年，天津海关充分发挥卫生处理在新冠肺炎疫情“物防”中的作用，建立高风险非冷链集装箱货物、邮件快件跨境电商商品等的消毒监管制度。印发《天津海关口岸新冠肺炎疫情防控消毒及终末消毒监督实施办法（第一版）》，明确消毒及终末消毒监督管理要求，规范终末消毒监督工作，落实海关工作场所消毒，实现疫情防控消毒及终末消毒监督的规范化、标准化。明确对邮快件、跨境电商商品的消毒主体责任和消毒处理监督要求，弥补疫情防控薄弱环节。根据业务类型、处理指征、处理方式等特点，分为高风险和一般风险两个级别动态管理。利用生物、物理、化学的方法，对出入境货物、交通工具、集装箱及其他检疫对象采取消除疫情疫病风险或者潜在危害措施，防止人类传染病传播。

口岸核心能力

【多病共防】2021 年，天津海关密切关注境外其他传染病疫情形势，同步强化其他传染病防控，充分调动天津海关疫情监测队伍积极性，利用信息化手段提升疫情搜集编译效率。加强统计分析和成果转化，针对境外中东呼吸综合征、黄热病、拉沙热、鼠疫等疫情下发疫情防控意见书 8 份，指导空、海港口岸一线结合海关总署发布的相关公告、警示通报、风险预警以及关区下发的防控意见书等，在新冠肺炎疫情各项防控措施 100% 落实到位的基础上，结合入境人员症状、体征、旅行史、接触史、暴露史、蚊虫叮咬史等情况，科学规范开展各类呼吸道、消化道、蚊媒传染病等可疑病例排查处置和采样检测。强化传染病检测试剂配备，配置多种类传染病检测试剂，持续提升其他传染病检测能力。

【人才培养】2021 年，天津海关常态化开展卫生检疫技能培训，储备疫情防控人力资源队伍，对关区 45 岁以下人员进行防护装备使用方法及人员口鼻咽拭子采样技能全员培训。开展免控证书签发、特殊物品监管、海空港采样技能培训等，提升一线人员业务技能。组织本年度卫生监督员资质考试，下发卫生监督员证书。商请天津市卫生健康委员会为天津国际旅行保健中心开展临床基因扩增检验技术规范化培训，40 余人获得新冠病毒核酸检测资质。积极开展基层组织建设年活动，组织开展业务能力“1+1”卫生检疫理论学习、跟班作业和实操考核。组织开展职业暴露感染等突发事件应急处置演练，提升应急处置能力，科学、及时、有效处置安全防护突发事件。根据口岸疫情防控新形势，配合人事部门完善人员调配应急预案，统筹人力资源配置，完善“一线、预备和应急”三级梯队建设，坚持“以战代练”“战练结合”，开展常态化实战性培训，组织开展职业暴露、口岸拥堵、生物样本撒溢等应急演练，提升关员应急处置能力，确保科学及时有效处置各类突发事件。

▲2021 年 6 月 28 日，天津海关卫生检疫处组织开展突发事件应急处置演练

【联防联控】2021 年，天津海关派员参与空、海港口岸疫情防控专班，共同开展风险研判，第一时间向地方通报进境旅客信息、新冠病毒阳性检出信息等，强化入境人员闭环管理，实现进境人员“点对点”移交。第一时间了解入境人员隔离期间新冠病毒核酸检测情况及相关人员确诊情况，对核酸检测阳性人员开展追溯及向海关总署进行报告。加强与边检、航空公司、船舶代理企业等联系，提前获知重点地区旅居史人员信息等，强化精准检疫。密切联系天津市疾病控制中心开展阳性样本基因测序，监测入境变异株情况，从空港入境人员中检出全国内地首例奥密克戎变异株。密切联系天津市卫生健康委员会、天津市发展和改革委员会、天津市商务局等有关部门，做好防护物资、检测试剂耗材及采样医护人员支持等，为口岸疫情防控提供有力支撑。

【国门生物安全】2021 年，天津海关依托“4·15 全民国家安全教育日”“4·26 全国疟疾日”“12·1 世界艾滋病日”等重要节点，宣教《生物安全法》等法规及新冠肺炎、疟疾、鼠疫、霍乱、黄热病等传染病防控健康知识。强化海、空口岸同防同控，加大空港、海港口岸国际旅行健康教育力度，促进出入境人员提高国际旅行健康意识。加强多种媒体共同宣教，通过宣传海报、宣传册、宣教视频，依托在口岸现场、报关大厅、12360 平台等线下线上手段，扩大国门生物安全宣传范围，提升防控成效。积极参与海关总署口岸公共卫生核心能力强制性国家标准制定。充分利用海关总署应对重大疫情卫生检疫基础设施建设项目，加强口岸设施建设和设备配备，优化完善口岸功能分区。助力旅检卫生检疫智能化通道建设，提升旅检口岸检疫信息化和智能化水平，为“智慧海关、智能边境、智享联通”（简称“三智”）建设做出卫生检疫贡献。

【设备物资保障】2021 年，天津海关持续完善“天津海关旅客健康申明卡辅助应用系统”应用，空港口岸“一码通关”日臻完善。实验室智能化升级改造完成并投入使用，配置高通量核酸提取仪等设备，大幅提升关区新冠病毒核酸等检测能力。引入 P2+移动实验室，支援北京口岸检测。

充分了解一线物资采购需求，加强存量管理，加强申领、入库、出库管理以及使用审批，做好“一支笔”审批，确保疫情物资的统一调配，合理使用。做好防护物资、试剂耗材采购、验核工作，准确掌握现存底数及使用消耗情况，建立“红线预警”机制，加强对每批次物资采购、储存、配发全流程、全链条质量安全管控。建立疫情物资库库存数量周报表，设置“蓝、黄、红”三色预警机制，做好一定保障期限防疫物资储备。按照“分级分类方案”的职责分工，完成条线日常督查工作，促进各部门加强疫情防控物资管理。加强物资装备储备库日常管理和雨季巡查力度，在物资装备储备库现有硬件条件的基础上，全部在库物资加盖防尘塑料棚膜，库存物资均按照分类存放、入库标识记录、先进先出等原则规范管理。选派专人加强物资库管理，7×24 小时待命接收、发放物资，严格落实出入库“双人作业”制度，建立完备的防控物资出入库台账并定期盘点，保持账实相符，确保在库物资安全。在《防控新冠肺炎专用物资临时储备库管理办法》基础上，修订《天津海关应急物资装备储备库管理办法（试行）》《疫情物资库库房管理制度》《库存物资保质期提示办法》，进一步确保物资安全、物尽其用。

（撰稿人：王东旭　刘光旭　刘斯文　杨　博　张晴晴）

动植物检疫

概况

自2018年机构改革后，天津海关设立动植物检疫处（以下简称“动植处”）。动植处的主要职责是：拟定天津海关出入境动植物、动植物产品和其他应检物检疫的工作制度；承担天津海关出入境动植物、动植物产品、其他应检物的检疫、监督管理工作；按分工组织实施承担境内外有关动植物疫病疫情、有毒有害物质信息、出入境动植物检疫法律法规和技术标准的收集工作；按分工承担出入境动植物及其产品检疫准入风险分析和紧急预防措施工作；对影响出入境农产品贸易的疫情及其他相关风险因子组织实施风险评估，拟定防止重大动植物疫情和有毒有害物质传入传出的紧急预防措施；组织实施入境动植物、动植物产品及其他应检物、过境动物的检疫审批和监督管理工作；按分工承担出入境动植物、动植物产品的生产、加工、存放单位注册登记和场所指定工作；组织外来有害生物和有毒有害物质监测工作；组织落实出入境动植物检疫除害处理工作规程，指导检疫除害处理药剂、器械的使用及除害处理新技术、新方法的推广应用；拟定天津海关出入境转基因生物及其产品、生物物种资源的检疫工作制度；承担上级交办的其他工作事项。该处内设4个科室，包括：综合科、动植物检疫一科、动植物检疫二科、动植物检疫三科。

2021年，动植处抓好党史学习教育，深入开展红色体验式教育活动，建立“晨习一短课、晨学一刻钟”制度，在线发布短课83条，落实基层组织建设年要求，刊发信息动态和新闻报道共31条。以党史学习教育推动“我为群众办实事”，服务企业优化口岸营商环境，《天津海关“我为群众办实事”实践活动重点项目清单完成情况工作台账》中动植处承担的3个项目均已完成年内任务，推动为企业群众解决疑难问题10个。

2021年，动植处坚持以习近平新时代中国特色社会主义思想为指导，坚决贯彻落实习近平总书记重要指示批示精神，坚持总体国家安全观，在天津海关党委坚强领导下，按照高质量“一流海关”建设的要求，持续加强国门生物安全建设，认真落实新冠肺炎疫情防控各项工作，做好进口高风险非冷链集装箱动植物及其产品口岸环节新冠病毒核酸检测和预防性消毒各项工作，主动服务开放大局，推动天津口岸动植检业务的顺利开展，为天津疫情防控、稳外贸稳外资工作提供坚实保障。

2021 年，天津海关检验检疫进境动物 103 批次，货值 9.59 亿元；动物产品 11,364 批次，货值 57.29 亿元；植物 1,811 批次，货值 11.17 亿元；植物产品 27,617 批次，货值 532.56 亿元。检验检疫出境动物 212 批次，货值 0.22 亿元；动物产品 1,717 批次，货值 4.28 亿元；植物 99 批次，货值 0.18 亿元；植物产品 15,829 批次，货值 27.8 亿元。举办 12 次业务能力培训，开展 2 次岗位资质考核。做好事业单位所属企业脱钩工作。年内办理 77 个审批审核事项，均在时限内完成，企业满意率 100%。

进出境动物检疫

【进境陆生动物检疫】 近 30 年来，天津口岸一直是我国进口活动物检疫的主要口岸、传统口岸，无论是进境检疫的动物种类和数量，还是检出的疫病种类和数量，一直名列前茅。2021 年，天津海关共计完成 11 批、78,499 头进境种牛的检疫工作。进境活动物尤其是进境种牛，是我国引进优质种用动物资源，实现农业升级换代的一项长期国策，事关我国种业复兴、乳业话语权、菜篮子稳定和农业脱困扶贫战略。2021 年，天津海关在海关总署动植司的指导支持下，结合天津地区优质种牛资源引进存在大量缺口的实际情况，根据种牛进口企业的实际需求，完成了 3 个万头进境种牛指定隔离检疫场（天津万晟牧业有限公司进境种牛指定隔离场、天津西青鹏远进境种牛隔离检疫场、天津滨海新区澳新牧业进境种牛隔离检疫场）的初审、上报工作，配合海关总署考核专家组顺利完成了隔离场的考核验收及后续整改工作，截至 2021 年年底，3 个隔离场已全部投入使用，经隔离检疫合格的优质种牛被运往天津及全国各地，在有效缓解我国优质种牛资源短缺、完成国内多个牛场扩群需求紧迫现状的同时，也带动了周边就业、种植及饲料生产等相关配套产业的发展，对地方经济起到了促进作用。

▲2021 年 3 月 31 日，天津东疆海关对一批新西兰进境种牛进行登临检疫

为建立健全进出境动物疫病风险监测预警体系，提高监测敏感性和准确性，提升实时分析、集中研判能力，严防动物疫病传入传出，维护国门生物安全、农业生产安全和人民身体健康安全，天津海关完成了海关总署《2021年度国门生物安全监测方案（动物检疫部分）》指定工作，同时根据海关总署动植司需求，参与了海关总署教培中心组织的动物检疫相关课程的录制工作，主持了《进境陆生动物疫病监测计划》的课件制作及相关视频的录制工作。为进一步向进口企业提供进境隔离场选址、建设等方面的政策支持，根据海关总署动植司的工作安排，天津海关主持了《进境种猪指定隔离检疫场建设规范》和《进境牛羊指定隔离检疫场建设规范》2个行业技术标准的修订工作，上述标准已通过标准委评审，并正式实施。同时为了加快规范的实施和全面普及，按照海关总署动植司的工作要求，完成了《进境种猪指定隔离检疫场建设规范解读》和《进境牛羊指定隔离检疫场建设规范解读》2个课件的制作及相关视频的录制工作。

【进境水生动物检疫】2021年，天津海关检验检疫进境水生动物全部为观赏水生动物（如热带观赏鱼、珊瑚等），无食用水生动物进境。受新冠肺炎疫情影响，2021年进口量大幅下降，共进境观赏水生动物约140万尾。进境观赏水生动物需要在指定隔离场实施隔离检疫，经隔离检疫合格后方可允许销售，目前天津辖区共有进境水生动物隔离场5家。在隔离检疫中，天津海关严格按照海关总署相关要求对进境观赏水生动物实施检疫监管。针对调研中发现的进境观赏鱼抽批率过高的问题，天津海关及时向海关总署动植司和风险防控局（青岛）反馈，协助海关总署修改了进境观赏鱼抽样送检表单，使抽样送检率正常化；为进一步规范进境观赏水生动物抽采样工作，下发了《动植处关于规范进境观赏水生动物抽采样的通知》，既能满足实验室检测最低要求，也为企业降低了成本。天津海关继续积极派员参加海关总署进境水生动物检疫监管相关工作，参与《进境水生动物指定隔离检疫场建设规范》（SN/T 2523—2021）的制定，参加《进境观赏海水鱼图鉴》的编写。

【出境水生动物检疫】2021年，天津海关检验检疫出境水生动物全部为食用水生动物（如鲫鱼、黄颡鱼等），贸易国家全部为韩国，共计出口韩国约800吨；无观赏水生动物出境。目前辖区共有出境水生动物注册登记养殖场、中转场10家，其中8家养殖场已推荐对韩注册登记；天津海关严格按照海关总署相关要求对出境水生动物实施检疫监管，动物疫病监测方面，监测均为阴性；有毒有害物质安全风险监控均未检出。天津海关继续落实《关于应对疫情影响　促进外贸稳增长的具体措施》的要求，共推荐辖区内2家新增出境水生动物注册登记养殖场对韩国注册，直接采信企业自我声明和自我评估，免于实施现场考核，直接上报海关总署对外推荐，有效服务企业，促外贸稳增长。天津海关制定下发了《天津海关出境食用水生动物检疫工作规范》，加强了出境水生动物检疫工作，强化了业务基础建设。

【进境非食用动物产品】 2021 年，天津海关共检疫查验进口非食用动物产品约 4,000 批，主要进口产品为原皮、原毛、洗净毛绒和动物油脂等；按照总署要求对进境皮张和毛类等非食用动物产品实施动物疫病监测，均为阴性。口岸查验环节，全年共检出多批不合格进口非食用动物产品，涉及的产品主要为洗净羊毛、羊绒和水洗羽毛羽绒等，主要是含脂率超标，均按照规定实施退运或销毁工作。天津海关严格进口非食用动物产品指定加工监管工作，2021 年取消 1 家企业进境非食用动物产品加工企业的指定，目前辖区内共有指定加工企业 3 家。天津海关积极落实党史学习教育“我为群众办实事”实践活动要求，为切实解决进口不合格洗净毛绒产品（洗净毛、绒和水洗羽毛羽绒）无法有效实施检疫处理以及退运难等问题，下发《动植处关于对进境不合格洗净毛绒产品实施分类处置的通知》，对进口不合格洗净毛绒产品实施分类处置，持续优化口岸营商环境，提升企业获得感。为强化业务基础建设，加强进口非食用动物产品检疫，天津海关制定下发了《天津海关进境非食用动物产品检疫工作规范》。

【“一流海关”建设进境动物及其产品疫情查截率指标】 2021 年，天津海关为高质量推动“一流海关”创建工作，根据往年指标数据测算情况，天津海关科学设定了进境动物检疫评价指标体系，确立了 2021 年指标值，开展了大量相关工作。要求各隶属海关严格按照海关总署及天津海关下发的进境动物及动物产品相关的管理办法、通知及工作规范要求，在保障动检资质人员数量的同时，优化人员的配置，不断提升进境动物及动物产品假证书、疫区货物及非疫区非检疫准入货物的查获率，不断加强进境非食用动物产品的口岸检疫和进境动物疫病风险监测工作。积极和各相关隶属海关沟通协调，在准确传达海关总署相关文件要求的同时，对一线人员提出的专业问题进行积极解答。根据实际工作需要，有针对性地开展进境动物及其产品现场检疫及证书真伪辨识等相关的业务培训及考核，不断扩充动检资质人员队伍。积极承担海关总署重大改革技术支撑工作任务，包括海关总署动物检疫规章制度、规划、业务专项、风险分析、检疫要求制定、议定书起草等重要工作。

进出境植物检疫

【“一流海关”建设进境植物有害生物检出率指标】 2021 年，天津海关为高质量推动“一流海关”创建工作，科学设定了天津海关进境植物有害生物检出评价指标体系，起到了工作有抓手、业务有支撑的实际作用，按照“对标达标、争创一流”要求，将指标进行科学有效的分解，压力传导，保障了天津关区动植物检疫能力建设提升，特别是在动植物疫病疫情截获方面，发挥了桥头堡的显著功效。为此，天津海关开展了大量相关工作。规范口岸检疫流程，提升疫情检出意识，各隶属海关查验业务现场要严格按照工作规范进行操作，严格落实布控指令要求，按照规定抽样检疫鉴定，切实保证工作质量。提高有害生物疫情录入效率，截获的进境植物如检出有害生物疫情，各隶属海关有害生物疫情截获信息录入人员应在检出报告出具后及时录入系统，并完成审核，严格按照要求完成信息录入，不漏报、不迟报、不瞒报。进一步加强检疫鉴定检测，各隶属海关按照《天津海关植物检疫初筛鉴定工作规范（试行）》，及时对发现的植物疫情进行鉴定并出具报告，各初筛鉴定室、动植食中心要主动提高技术水平，不断提高有害生物检测效率。

【进境植物有害生物检出情况】 2021年，天津口岸首次检出检疫性有害生物2种（印度蒺藜草、致死粒线虫），全国口岸

▲2021年6月，天津海关所属东疆海关关员查验进口原木

首次检出一般性有害生物1种（黑麦草花叶病毒）。发现濒危黄檀属植物、北沙参、沉香木属植物等。

从美国进境一年生黑麦草种子中截获黑麦草花叶病毒，为全国口岸首次检出，该病毒寄主范围主要为禾本科植物：水稻、小麦、玉米、燕麦、大麦、黑麦草、早熟禾、谷子等。发病后作物质量受到严重影响，我国尚无该病毒发生的相关报道，具有重要的检疫意义。

全国口岸第二次截获美国进口一年生黑麦草草种致死粒线虫，继上海口岸后，天津口岸成为全国第二个从美国进口的一年生黑麦草草种中截获致死粒线虫的口岸。该线虫寄主为一年生黑麦草和禾本科一年生草本植物鼠茅，主要危害黑麦草，可造成牧草的地上部分产量严重下降。同时该线虫还是产毒拉塞氏杆菌的传播媒介，该细菌可侵染多种牧草并产生毒素（称为一年生黑麦草剧毒病，ARGT），牲畜取食后中毒死亡，对畜牧业危害极大。线虫随进口一年生黑麦草种子传带，一旦传播扩散对我国农业生产有着较大的潜在危害，具有重要的检疫意义。

从美国进境散船玉米表层样品中截获检疫性有害生物四纹豆象，打破了天津口岸近二十年来进境散船粮食表层样品无检疫性昆虫检出的历史纪录。

【南非柑橘滞港任务稳妥完成处置】 2021年6月20日，我国驻南非使馆致电海关总署，请求协助解决南非柑橘货船滞

港问题。天津海关优化工作流程，以严格执行海关总署布控指令为根本原则，理清海关与地方政府部门间的职责分工，做好与地方政府部门、港务部门的协作配合，组织业务专家全程提供政策指导服务；注重工作效能，协调加快完成100余份次“进境动植物检疫许可证”办理工作，审批时间从规定时限的20天压缩至最短6个小时，查验环节派出业务骨干检疫取样，查验现场与检疫实验室无缝对接，全力提高查验放行效率；主动制订多项工作预案，为后续冷链散装货物通关积累经验。截至8月初，在确保防控安全前提下，以“零延误”保障南非柑橘货船在津通关。在天津海关党委指导下，稳妥完成处置3船、5,255.6吨南非柑橘滞港任务。南非外交部、农业部、贸工部三部部长通过我国驻南非使馆表示由衷感谢，称中方此举及时解决了南非困难，将促进扩大南柑橘对华出口，为南非经济复苏发展和中南经贸合作注入新动力。

【天津口岸近20年首例大宗粮食熏蒸处理妥善处置】2021年，天津海关组织成立由动植处、临港海关、动植食中心组成的保障“财富”号货轮通关工作专班，统筹做好检疫处理技术指导、现场监管、应急处置相关工作，组织完成近20年天津口岸首例进境船运散装粮食船舶熏蒸处理，有效避免了国家储备粮食的巨大经济损失。与货主及其代理人进行180多次沟通，对检疫处理方案进行6次修改，登轮人员新冠肺炎疫情防控方案6次修改，检疫处理监管方案3次修改，先后投入60余人次讨论，对检疫处理从业单位进行技术指导，投入20余人次进行现场监管。严密实施现场监管，对检疫处理过程符合性、操作规范性、安全防护有效性和处理全过程进行监管。按照“确保安全”的工作要求，针对实际工作开展情况进行风险研判，第一时间制定工作措施，坚决消除风险隐患，确保安全生产。同时总结经验，对检疫处理各环节工作进行总结并拍摄视频留存，制作教学视频，在海关全系统推广，加强检疫处理监管人才队伍建设，形成教学案例，为今后检疫处理监管工作打下坚实基础，筑牢国门生物安全防线。

【出境货物木质包装】2021年，天津海关为提升出境木质包装标识加施企业监管效能，认真贯彻落实天津海关关长赵革关于整治检疫处理市场乱象的工作要求，开展出境货物木质包装集中整治专项行动，对照32项检查事项，对天津关区19家标识加施企业开展全面检查，共发现问题17项次，由辖区隶属海关监督相关企业完成整改。暂停1家、吊销2家标识加施企业资质，收集处置出境货物木质包装违规使用线索5条。理顺了出境货物木质包装检疫监管工作程序，将标识加施企业监管、出口企业购买使用、出口前现场检疫和违法违规行为处置等有机融合，各管理部门、各业务环节有效衔接，形成了监管合力。加强对辖区内出口企业进行检疫法规宣讲，持续对天津关区内出口货物木质包装使用情况进行实时监控并定期统计，加强出境货物木质包装检疫查验。首次对未获得 IPPC 标识加施资质企业违规行为进行管理，实现零突破。紧盯日常管理中发现的违规情况，摸清违规木质包装供应链条，锁定未获得 IPPC 标识加施资质企业违规线索，转交缉私部门进行调查取证。通过借助缉私部门执法力量对违规企业进行处罚，将以往对违规使用出境木质包装企业的简易行政处罚，延伸到违规生产企业，震慑了违规生产、销售出境货物木质包装的不法企业。

【新冠肺炎疫情防控要求落实】2021 年，天津海关认真做好进口高风险非冷链集装箱动植物及其产品口岸环节新冠病毒核酸检测和预防性消毒相关工作。按照海关总署指示精神，组织制定《天津海关进口高风险非冷链集装箱动植物及其产品口岸环节新冠病毒检测和预防性消毒作业指引》；依据海关总署文件要求和货物实际情况，细化梳理粮食、饲料及饲料添加剂、无外包装的动植物及其产品、有外包装但易造成消毒液体渗透污染的动植物及其产品等不适宜取样和消毒的具体货物种类，为一线现场查验判定提供指导；做好动植检业务领域疫情防控督导检查，接受海关总署对进口水果现场检疫新冠病毒防护的远程督导检查，对发现的问题及时督促整改到位；依托天津关区二级监控指挥中心系统，开展动植检业务条线新冠肺炎疫情安全防护视频监督检查，提升天津关区新冠肺炎疫情防控现场作业人员安全防护和作业规范性水平。

【动植检人才队伍建设】2021 年，天津海关有效提升一线人员动植检实操能力，落实推动基层组织建设年活动“双能力”评估业务能力（1+1）提升工作，设置实训科目，在天津关区相关部门建立 15 个实训点，共有 220 名专业类别为“原关”的学员选择学习植物检疫专业的课程，使参训人员第二专业能力逐步从“零基础”提升到“具备上岗能力”。开展集中培训、在线培训和微课等多种形式的业务能力培训，有效提升一线人员能力。南疆海关植物检疫初筛鉴定标本展室被滨海新区区委评为“滨海新区新时代文明实践基地”。邀请植物检疫专家送课上门，赴口岸一线“全天候等待模式”培训基层关员，口岸一线关员利用查验间隙、午休等空余时间，见缝插针在初筛鉴定室完成培训，不耽误货物通关、不干扰工作秩序、不影响业务安排；职能处室、隶属海关、技术中心组成专班，开展实地教学，对卸货码头、运粮沿线、生态公园等区域开展外来有害生物监测及植物种类本底调查，实操实练，现场培训。开展集中培训、在线培训和微课等多种形式的业务能力培训，年内共举办 12 次动植检岗位业务能力培训，有效提升一线人员能力；年内开展2批动植检岗位资质考核，共有577人通过考试，考试合格率90.72%。

（撰稿人：马　健　王天威　刘亚峰
李富文　张建刚　郭　景）

进出口食品安全监管

概况

自2018年机构改革后，天津海关设立进出口食品安全处（以下简称“食品处”）。主要职责为：拟定天津海关进出口食品、化妆品安全和检验检疫的工作制度；承担进口食品、化妆品的检验检疫、监督管理工作；按分工组织实施安全风险分析和紧急预防措施工作，境外发生的食品、化妆品安全事件可能对我国境内造成影响，或者在接到执行管理部门通报进口食品、化妆品中发现严重安全问题时，组织采取风险预警或者控制措施；承担进境动植物源性食品检疫审批工作；按照多双边协议，承担出口食品相关工作以及承担上级交办的其他工作。

2021年，天津海关全面贯彻落实习近平总书记重要指示批示精神和党中央、国务院关于食品安全工作的重大决策部署，严格落实海关总署2021年进出口食品安全工作要点，在食品局的指导帮助下，坚持探索创新、融合发展、破解难题，以建设高质量“一流海关”为目标，力保疫情防控和食品安全工作“双战双赢”。2021年，天津海关全年共检出进口冷链商品阳性46批次，共检出不合格食品342批次；报送食品化妆品安全舆情信息6,653篇，获得海关总署采用450篇，同比分别增长81倍和76倍。

【冷链疫情防控】2021年，天津海关严格按照国务院联防联控工作机制要求，严格落实海关总署疫情防控规定，结合天津市地方防疫要求，以规范化、标准化、信息化“三化”为引领，结合一线实际，创新制定了《天津海关进口冷链食品核酸检测、预防性消毒监督及现场查验作业指引》，构建了“程序规范、流程顺畅、节点清晰、责任明确”的防控体系，有效保障了疫情防控工作的开展。采样准备、样本采集、样本传递、实验室检测等关键环节全部实现规范化操作。率先在海关系统对进口冷链食品新冠病毒核酸检测、预防性消毒监督、实验室检测等高风险岗位人员实施“14+7+7”封闭式管理，办公室定期开展监督检查，管理模式被海关总署采纳并在全国海关推广。据人事处统计，全年累计有593名红区工作人员实施了隔离居住。

【实操演练】 2021年，天津海关夯实业务基础，坚持“应培尽培”，强化岗位培训工作。天津海关分55批对天津关区1,066名45岁以下男性干部开展疫情防控培训；组织1,070人参加海关总署食品局举办的“进口冷链食品口岸新冠肺炎疫情防控网上培训班”；联合天津市总工会在天津关区举办口岸“外防输入”岗位练兵比武活动。组建疫情防控预备、应急梯队，积极开展冷链食品现场关员的培训和突发事件应急演练，提高现场关员的规范化标准化操作技能和应对能力，3个相关现场累计开展8次进口冷链食品核酸采样样本溢撒和职业暴露突发事件应急演练，提升了应对突发事件的能力，确保关键时刻冲得上、打得赢。加强专项演练，按照《天津海关进出口食品安全突发事件应急预案》，在4个隶属海关开展进出口食品安全突发事件应急演练。

【监督检查】 2021年，天津海关建立新冠肺炎疫情的常态化工作机制，组建了天津关区、职能部门、现场部门3个维度的疫情防控监督体系，每日开展视频检查和现场作业自查，对发现问题和隐患立行立改。对发现的46项冷链商品疫情防控典型问题，开展原因分析，举一反三。严格落实岗前安全防护培训和100%新冠病毒疫苗接种要求，落实“应检尽检”要求，实行“每日一检”，查验关员需持新冠病毒核酸检测阴性报告方可上岗作业；现场设立防护监督岗、指定防护监督员，指导关员规范穿戴防护装备，并督促海关监管场地企业人员做好个人防护；对海关查验冷库和商用冷库实行隔离作业，对海关未放行货物及放行完毕货物实行完全物理分割，防止交叉感染；加强实验室生物安全管理，制订暴露感染应急处置和样本溢撒泄漏应急处置预案，严格落实生物安全二级实验物理分区要求。

【信息溯源】 2021年，天津海关建立联动工作机制，加强与天津市商务局、市场监管委、港务局等地方政府部门的协作配合，构建“铁桶式”冷链食品疫情管控机制。参加市商务局组织的天津市海港疫情防控暨进口冷链物品管控专业组冷链管控组相关工作。坚持“逢阳必报”，第一时间向地方政府通报了海关阳性检出情况，协助排查各地通报阳性货物。协助港务局建设“天津关港集疏港智慧平台”，运用提离、物流、流向等货物数据信息实现监管流程全覆盖无遗漏。利用大数据、云计算等信息化手段，配合天津市市场监管部门打造“从口岸到餐桌”的进口冷冻食品全链条追溯平台，督促300余家进口冻品企业和30余家一级冷库录入进口（冷链）食品追溯数据近20万批次，实现进口货物正向追踪和生产主体反向溯源，涉疫食品单链查询不超过2分钟，在国务院对全国各地冷链疫情防控追溯开展的考核中天津位列第一名。

【国门守护行动】2021 年，天津海关严格落实国务院、海关总署等多部委联合下发的“国门守护”行动方案。加强监督抽检工作的抽检立项、结果上报和检测能力提升工作。印发《2021 年进出口风险监测实施方案》以及《开展天津海关出口食品化妆品安全监督抽检工作的通知》，细化执行措施，分解监测任务，明确分工和完成时限。通过“进出口食品化妆品安全抽样检验和风险监测管理系统”开展日常数据审核，通过培训加强针对性指导，严格执行海关总署下发的进出口食品化妆品安全监督抽检和风险监测计划。落实海关总署核查指令要求，对日本、西班牙、韩国、美国等通报的 6 批不合格食品开展核查。严把进口食品质量安全关，持续提升不合格检出水平。2021 年，天津海关共检出不合格食品 342 批次，5,700 余吨。

【食品安全信息工作】2021 年初，天津海关通过“聚焦服务大局、聚焦队伍建设、聚焦快速精准”的“三聚焦”工作模式，组建 46 名关员在内的信息员队伍，开展相关培训 20 余次，天津海关通过进出口食品安全舆情信息系统（FSI）报送信息 6,000 余篇，海关总署采用 400 余篇，报送量和采用量分别排全国第 3 名、全国第 6 名。天津海关参与的《海关多举措保障新疆番茄酱出口贸易稳定》和《新加坡食品安全治理体系研究及启示》等信息分别被海关总署相关刊物采用发表。同时，加强对食品安全信息的成果转化。通过对食品安全风险信息的分析、研判，及时关注相关风险，在天津海关风险防控分局的支持下实施专项布控，检出多批次不合格进口食品。

【人才教育培训】2021 年，天津海关坚持“三个突出”，做好进出口食品安全人才教育培训。突出“精准”：通过征集培训需求、结合海关总署考核项，就各业务现场在审单、查验、立项、信息报送等工作的弱项，有针对性地采取“送培训下基层”形式开展精准培训，共实地走访隶属海关 13 个次。突出“实效”：2021 年，天津海关共举办进出口食品安全领域培训 19 期，邀请隶属海关、兄弟海关、CCIC 中检公司、动植食检测中心等专家共计 48 人次参与授课，受训人数达 931 人次。突出“拓展”：食品处认真贯彻落实天津海关党委开展“基层组织建设年”活动各项要求，以加强复合型人才队伍建设为目标，开展进出口食品安全领域教育培训工作。天津关区原专业类别为“原关”的 311 名一线人员从岗位需求、专业背景等角度出发，自主选择食品安全作为第二专业。天津海关从“初学者”的角度出发，优化课程设置、规范学习内容、完善题库建设，细分 27 项学习内容，共制作、整理、收集视频课程 26 个、PPT 课件 9 个、文件规定 50 份，运用海关总署“钉钉”学习平台课程 10 个，形成 27 门课程，320 道学习题库，实操考核试卷 6 套。为提高业务能力评估工作质效，食品处就监考人员、考试形式及考点准备工作进行了多次部署，并联合教育处赴南开海关、武清海关开展现场实操培训调研，掌握本部门分管科目在基层的培训情况、进度，帮助协调跟班作业科室提高教学质量。

【出台便利措施】2021年，天津海关针对进口粮食开展包括检疫初筛、现场查验、实验室检验等植物检疫工作，如发现检疫性有害生物的进口粮食，要求其进行筛选销毁处理。配合海关总署针对进口粮食开展《进出口食品化妆品安全监督抽检和风险监测》，确保进口粮食安全。对进境高粱等粮食品种采取“边检、边卸、边运”措施，缓解港口库容压力，节约粮食加工企业运营成本。推动为民服务提质增效，针对进出口食品AEO企业，制定通关便利化措施，在审批窗口设立优先通道，设立优先办理的标识牌，优先审批环节。针对出口食品两家AEO企业，采取优先实验检查，送实验室检查等措施，涉及出口重量24,381.98吨，货值4,811.42万美元。面对疫情不利影响和严峻的外贸形势，天津海关充分发挥职能作用，大力扶持出口贸易，开展对应国家（地区）进口中国食品检疫管控措施信息的收集、研判、预警。对重点企业进行技术贸易措施指导，提供有针对性的咨询服务，解决企业通关疑难问题。制定“一企一品一策”精准化服务措施，实行监管前移、随产随检、快验快放、“抵港直装”等便利化措施。实现酸奶首次出口美国，涉及货值4,835.27美元，麻线蛋白粉首次出口美国，涉及货值36,556美元。多种产品实现逆势增长。出口籽仁，货值3,180万美元，同比增长5.05%。出口蜂蜜，货值1,450万美元，同比增长6.81%。

【食品安全宣传周】2021年6月8日至6月27日，天津海关贯彻落实国务院食品安全办等26部门关于开展2021年全国食品安全宣传周活动的相关通知要求，和天津市同步开展“尚俭崇信，守护阳光下的盘中餐”食品安全宣传周活动。

食品安全进口岸：天津新港海关、天津滨海机场海关、天津南疆海关、东丽海关、天津东疆海关分别在报关大厅、作业现场、口岸供船企业、航空商务区、亲海公园开展“食品安全在口岸”活动，结合“严防新冠肺炎疫情通过进口冷链食品输入风险”有关宣传，统一思想认识，使各企业切实履行主体责任，配合落实疫情防控相关工作。

▲2021年6月8日，天津海关在和平区天河城购物中心参加天津市食品安全宣传周主场宣传活动

食品安全进社区：蓟州海关、北辰海

关、宁河海关、北塘海关、动植物与食品检测中心分别赴劝宝购物广场、集贤里社区、福康社区、生态城宝龙广场开展“食品安全社区行”活动。就群众关心的食品问题进行现场解答，推动提升公众食品安全素养，弘扬勤俭节约的传统美德。

食品安全进校园：食品处、塘沽海关、天津河西海关分别赴滨海外国语小学、新星小学开展“食品安全校园行”活动。以“进口食品漂流记”、进口食品选购小知识和食品安全与健康为题，与学校师生开展互动式交流，增强学生对海关的了解和对进口食品的选购能力，深入宣传食品安全理念，帮助学生走出食品安全认知误区。

▲2021 年 6 月 11 日，天津海关食品处、教育处、塘沽海关赴滨海外国语小学与学校师生开展食品安全互动式交流

食品安全进企业：天津临港海关、北辰海关、宁河海关、西青海关、南开海关深入辖区 23 家企业开展“食品安全企业行”活动，引导相关食品进出口企业严格自律，树立风险防控意识，提升管理水平，对从业人员广泛开展诚信守法教育，营造尚德守法的市场环境，促进企业诚信守法经营。

▲2021 年 6 月 9 日，天津保税区海关、动植食中心与保税区管委会海港管理局共同举办普法活动

活动期间，开展咨询、讲座、培训 17 场次，发放宣传材料 5,000 余份，制挂展板、标语 31 个，宣传覆盖人群达 10,000 余人次。《民以食为天食以安为先　海关科普入校园》报道在天津“津云”媒体平台发布；《天津海关开展“食品安全校园行”活动》信息在海关总署网站发布；《天津海关开展食品安全宣传周活动》主题微信在微信公众号“悦动津关”发布；蓟州海关、武清海关、东丽海关、北辰海关等食品安全宣传周活动信息在天津海关网站发布。

（撰稿人：王润生　牛金刚　汪　洋
迟文鹤　周艾莹　赵媛媛
高先楚　窦珊珊）

商品检验

概况

天津海关商品检验处（以下简称“商检处”）按照“三定职责”，主要工作内容有7项：拟定天津海关进出口商品法定检验和监督管理的工作制度，组织开展监督管理；按分工承担进口商品安全风险评估、风险预警和快速反应相关工作；组织实施国家实行许可制度的进口商品验证工作制度；组织实施法定检验商品数量、重量鉴定监督管理工作制度；依据多双边协议承担出口商品检验相关工作，按分工承担技术性贸易措施相关工作；组织实施进口商品装运前检验工作制度，承担进出口商品检验结果采信管理工作；承担上级交办的其他工作事项。

▲2021年3月12日，天津海关召开进出口消费品质量安全新闻发布会

2021年，商检处坚持以习近平新时代中国特色社会主义思想武装头脑，践行“坚定信心　乘势而上　开启高质量‘一流海关’建设新征程”工作思路，聚焦“安全卫生健康环保”，不断提高商品检验把关能力。2021年，天津海关共检出不合格商品6,291批，退运销毁不合格商品256批；共检验汽车256,744辆，检出不合格1,942辆；检验危化品检验5,597批、3,766万吨，检出不合格品577批；检验液化天然气179批，重1,168万吨；检验原油228批，重2,126万吨；完成重量鉴定7,056批，重量13,569.2万吨，检出短重货物2,884批，短重重量91.6万吨。

进出口商品风险预警与快速反应监管体系建设

【进出口商品风险监测】2021年，天津海关增设3个进出口商品质量安全二级风险监测点，监测点总数达到8个。将邮递渠道物品纳入风险监测范围，共采集邮寄类风险信息101条，在13批邮件中检出危险液化气罐，经鉴定均为危险化学品。整合海关部门、市场监管部门、社会检验检测机构、国外通报、社会舆情等商品风险信息资源，采集各类风险信息，刊发《风险监测信息简讯》16期，做好“进出口商品质量安全风险管理系统”信息补录，共完成5大类共1,930项商品风险预判维护，录入并提交风险信息系统。依托国家级进出口商品质量安全风险评估中心，完成风险等级及风险消除措施评估类报告28篇，运用关区门户网站“风险评估中心”专栏，发布进口产品质量安全风险信息960条，法规与技术贸易措施标准目录1,596条，科普文章4篇。强化风险预警，针对进口汽车、危化品、医疗器械等重点商品发布风险预警通报。

【目录外商品抽查检验】 2021年8月27日，天津海关发布了《天津海关关于开展2021年法定检验商品以外进出口商品抽查检验工作的通知》，细化了工作内容。以洗碗机、儿童用品、打印机、文具、头盔等商品为重点，发布19类商品检验要素表和59项检验标准。明确现场检验、抽样数量、结果传递、风险信息采集等重点内容，增强操作便捷性。注重协同配合。加强同综合业务、风险防控、稽核查、隶属海关等部门及实验室的业务联系，聚焦不合格品做好后续处置。做好商品风险信息采集，筛选出7条不合格商品信息，录入进出口商品质量安全风险管理信息化系统。

2021年，天津海关共完成目录外商品抽查送检23批。进口检验涉及新港、东疆2个隶属海关，出口检验涉及北辰、东丽、河西、蓟州、武清、西青、南开、塘沽8个隶属海关。其中，进口8批，涉及洗碗机、空气净化器、打印机、头盔等商品；出口15批，涉及儿童自行车、毛绒玩具、儿童滑步车、塑料食品接触产品等。不合格共计7批，其中进口不合格4批，涉及打印机、头盔和文具用品；出口不合格3批，主要涉及儿童自行车和滑板车。

【京津冀三地协作机制】 2021年，天津海关牵头完成《建立京津冀三地海关跨区域风险信息采集共享和预警机制工作计划》，联合北京海关、石家庄海关分别制订落实工作方案，明确商品安全风险信息采集、成果共享、定期交流等工作机制。同时，组建“京津冀风险信息和预警工作群”，按月落实、督办、协调三地海关做好进出口商品风险信息采集工作。以京津冀三地国家级进出口商品质量安全风险评估中心和各级风险监测点为平台，聚焦北京舆情监测、天津港矿产品、河北白沟箱包等重点情况，分三批共享进出口商品质量安全风险信息，整理并分享汽车组合灯、旧印刷机、骨瓷餐具等不合格典型案例18起。

建立医疗器械京津冀协调监管工作机制。口岸海关将未经联网核查医疗器械的信息通报目的地海关，目的地海关按规定发起后续核查并将核查结果反馈口岸海关，形成进口医疗器械的监管闭环。2021年，天津、北京海关合作完成进口医疗器械后续核查5例，并发现1例未按规定申报，这也是医疗器械京津冀协同监管中首次发现异常情况，核查初见成效。

进出口危险化学品及其包装

【监管责任】2021年，天津海关系统梳理危险品机构情况、人员配备、监管货类、业务量以及相关法规文件，向赵革关长进行汇报。主管关领导带队关区检查工作组对涉及危险品检验业务的天津保税区海关、天津滨海机场海关、天津大港海关、天津临港海关、天津南疆海关开展专项监督检查，全面排查工作中存在的问题隐患，并采取“不打招呼”方式检查整改落实情况，切实消除安全风险隐患。发布《天津海关关于进一步压紧压实进出口危险化学品和危险货物检验监管责任的通知》，要求相关隶属海关进一步提升政治站位，指导建立内部持续培训机制、自查自纠长效机制，确保进出口危险品检验监管责任落到实处。主管关领导通过视频连线方式向总署领导汇报天津海关压紧压实危险品检验监管责任落实情况，有效维护国门安全。

【练兵比武】2021年，天津海关组织关区32个部门489人参加“线上练兵”活动，组织全关人员参与线上学习。主管关领导亲自讲授法律法规，邀请专家讲解TDG（《关于危险货物运输的建议书、规章范本》）、GHS（《全球化学品统一分类和标签制度》）及包装知识，梳理7个课件、59个常用标准、2版知识要点在关区发布。

▲2021年4月29日，天津海关组织开展危险化学品培训考试

组织天津关区7个部门制作20个培训课件，经审核完善后上报总署，其中5个课件被总署采用发布。建立11个联络小组以及百人标杆小组，组织梳理1,000余道自测题目，利用“钉钉”平台进行“每日一测”“每周一测”，多次开展关区模拟考试，并对成绩进行通报。开办提高班和辅导班，通过封闭训练和集中辅导，提升学习成绩。天津海关荣获全国团体八强，4人进入全国百强行列。开展关区新文件培训、现场实操培训、散装危化品培训等内部培训，提升一线人员业务能力。建立一线、应急、备战3个层级的后备队伍，组织报名应急队伍人员赴保税区海关开展跟班作业，实现跟班作业人员范围覆盖关区全部隶属海关。天津海关共160人参加总署岗位资质培训考核，其中89人通过考试。

【工作制度】2021年，天津海关落实海关总署《关于进出口危险化学品及其包装检验监管有关问题的公告》（海关总署公告2020年第129号）和《海关总署关于进一步加强进口危险化学品检验监管工作的通知》（2021年1月10日同步实施）要求，针对危化品检验方式的改变，从规范申报项目审核要求，聚焦检验内容安全要求，落实进口危化品检验方式三个方向，逐条修订《天津海关进出口危险品监管工作规范》，进一步规范一线执法工作。按照“规范化、标准化、信息化”要求，制定发布《天津海关进出口危险化学品及其包装属地查检操作指南（试行）》，规范关区危化品属地查检工作。针对突发情况和预警信息，面向相关隶属海关下发疫情期间出口氧气、进口涂料有毒有害超标等提示类通知，切实防范相关安全风险。

【安全风险管理】2021年，天津海关加强一线调研，在风险分析的基础上，向海关总署提出危化品检验检疫代码拆码建议，参加海关总署商检司危化品编码调整视频会议，将95个涉及危化品的HS编码拆分为检验检疫代码500余条，引导进出口危化品企业规范申报，强化危化品检验监管工作，防范企业伪瞒报风险。充分利用HLS2017、云擎、新一代查验管理系统、H2018等信息化系统，加强风险监测和数据分析，结合“化工品调研表”，对现场检验、口岸通关等海关现有业务数据进行比对分析，对3家出口企业、1家进口企业提出精准核查需求，发现1家企业存在“涉危不报”情况。针对海关总署取消目的地指令情况，对62家进口危化品企业提出核查需求，现场海关查发危化品伪瞒报、安全数据单和标签不合格等问题25起。

进口矿产品检验

【矿产品现场固体废物排查】2021年，天津海关为深入贯彻落实习近平总书记关于禁止“洋垃圾”入境的重要指示批示精神，按照海关总署领导有关严防废矿渣等固体废物落地入境的指示要求，天津海关受海关总署指派在全国范围内率先承担进口矿产品现场固体废物排查仪（以下简称“排查仪”）的试用工作，对海运方式进口散装铁矿试用排查仪完成卸货前固体废物快速筛查。

制发《天津海关进口矿产品现场固体废物排查仪试用工作操作指南（试行）》，规范排查仪标准化操作程序和信息化流程。通过增加“查检合一”电子专家—矿产品排查仪模块，提升任务派发、数据流转和结果反馈的信息化水平。排查结果异常，现场第一时间取样送专业鉴别机构实施固体废物属性鉴别，天津海关工业产品安全技术中心采取不间断作业方式实施快速鉴别，24小时内反馈鉴别结果。

2021年4月28日，海关总署与天津

海关进行视频连线。在海关总署领导现场指挥下，天津海关对一艘装载有19.05万吨澳大利亚进口散装铁矿的船舶开展卸货前固体废物排查，为后续工作立好“标杆”。2021年，天津海关试用排查仪对1,320票、8,884.35万吨进口散装铁矿在卸货前完成100%全覆盖式现场筛查，对企图违法走私固体废物企业形成有力震慑，天津口岸以散装铁矿名义进口固体废物实现“清零”。

【进口矿产品检验监管】2021年，天津海关完成进口矿产品（包括：进口铁矿、锰矿、铬矿、铅矿及其精矿、锌矿及其精矿、铜精矿、煤炭）检验6,183票、10,695.74万吨，较2020年同期相比分别下降17.62%、11.69%。

2021年，天津海关对部分进口矿产品实施“先放后检”6,164票、10,688.5万吨，口岸通关放行与实验室检测由“串联”改为“并联”，通关时间较改革政策实施前压缩了75%。不合格检出方面，检出2票集装箱装铁矿、1票集装箱装锰矿为禁止进口固体废物，共计1,062吨，均按照相关规定采取了后续处置。通过实验室检测，检出进口矿产品水分、主含量等品质项目与合同约定不符837票、626.35万吨，维护了矿产品贸易市场秩序。按照海关总署部署，作为全国汇总单位，对全国进口铁矿实施有毒有害元素监测，每月向海关总署上报全国监测情况分析报告，为下一步海关总署制定进口铁矿强制性技术标准提供依据。

进口再生金属检验

【工作程序规范化】2021年，天津海关按照“先感官目测、再物理测量、最后取样送检”的工作程序，深入一线开展常态化跟班作业，指导隶属海关重点关注安全环保项目，严格执行夹杂物、金属总量等现场查验要求，提升现场处置能力，避免出现过度依赖实验室固体废物鉴别情况。举办再生金属、再生钢铁、典型案例讲解培训3次，介绍货物典型特征，分享现场排查固体废物要点，共计参训100人次。组织化矿金中心梳理典型样品92个，建立《进口再生金属原料样品图册》，供执法人员对实货照片和检验情况进行参考借鉴。指导隶属海关形成先现场判别、再隶属海关内部合议、最后关区集中研讨的工作方式。建立工作专班，针对各类问题开展集中研判10余次，加强与其他直属海关的沟通联系，不断提升疑难问题处理能力。

【执法尺度标准化】2021年，针对再生金属原料国家标准和海关执法不完全匹配情况，天津海关商检处牵头制定全国首个再生金属原料SN标准《进口再生钢铁原料检验规程》，规范海关相关执法工作。参与海关总署再生铜、再生黄铜、再生铸造铝合金检验规程审定工作，推动相关规程出台。为避免海关规程出台前，各隶属海关可能出现的执法尺度不统一问题，

"超前"制定再生铜原料、再生黄铜原料、再生铸造铝合原料、再生钢铁原料四个查检操作指南，对照系统查验指令逐一明确查验重点和取样方法，提出现场查验、品质检测、固体废物鉴别3个层级的分类处置要求，减少现场执法的随意性、差异性。组织天津海关化矿金属材料中心承接署级课题研究工作，完成《海关进口再生金属原料安全监管》项目报告。结合天津关区实际，开展政研课题研究，撰写政研文章《进口再生金属原料检验监管现状分析及优化建议》和情况通报《硅钢片以再生钢铁原料名义进口存在三方面风险应予关注》，向海关总署报送的《再生黄铜来源复杂增加固体废物风险》在全系统发布。

【监控手段信息化】2021年天津海关商检处进一步扩展监控手段，统筹利用云擎、查验管理等海关系统关注送检比例，实时监控送检率、检出率变化情况。2021年在上、下半年固体废物检出量基本相同的同时，送检率由年初的50%以上，压缩到年末的1%左右。天津海关商检处加强与天津海关统计分析处的联系配合，关注再生金属原料通关时长统计，对超长单据进行提示，开展原因分析。2021年年末相比年初，天津进口再生金属原料整体通关时长压缩55.9%。天津海关商检处联合天津海关综合业务处在海关总署网站"政务公开"板块，共同对再生钢铁原料检验规程进行政策解读，做好政策宣贯；联合该关关税处、化矿金属材料检测中心在天津海关12360平台发布微信，宣传再生黄铜、铜、铸造铝合金、钢铁原料相关标准、检验要求和归类要点。

大宗商品重量鉴定

【重量鉴定改革】2021年，天津海关积极落实海关总署"将海关对进口大宗商品逐批实施重量鉴定调整为海关依企业申请实施，必要时海关依职权实施"的重量鉴定改革部署，多措并举，提升改革成效明显。

强化横向沟通，学习兄弟海关推进改革、服务企业成功经验；强化数据支撑，梳理大宗商品HS编码范围，通过云擎大数据应用，破解未申请实施重量鉴定的进口大宗商品数据获取难题，减轻一线海关统计压力；强化关企沟通，主动对天津地区28家重点进口大宗商品企业进行全覆盖上门走访调研，面对面解读海关总署2019年第159号公告精神，优化营商环境意义。开展问卷调研，了解企业重量鉴定需求和对海关相关工作建议。推进重量鉴定业务改革成效明显，散装化工品、动植物油脂、化肥等进口大宗商品全部不再申请海关实施重量鉴定，原油、液化天然气和铁矿等进口大宗商品不再申请海关实施重量鉴定比例显著增长。

【维护企业合法权益】2021年，天津海关落实海关总署重量鉴定改革部署，依企业申请对矿产品、液化天然气、原油、豆类、动植物油脂和粮谷等进口大宗商品实施重量鉴定，向需要海关实施重量鉴定的进口企业提供托底服务保障；各业务现场严格按照作业要求实施重量鉴定并规范货物实验室检测项目取样送检，及时出具海关重量证书供进口企业贸易结算索赔使用，有效维护国内企业的合法权益和经济利益，防范进口大宗商品恶意短少贸易欺诈行为。全年依企业申请实施进口大宗商品重量鉴定 7,056 票、13,569.2 万吨，同比分别减少 15.6%和 4.9%。其中，检出矿产品、液化天然气、豆类等进口大宗商品短重 2,884 票、短重重量 91.6 万吨、短重货值 39,725.5 万美元，短重检出率 40.8%。同比检出短重减少 11.5%、短重重量增长 19.4%、短重货值增长 111.7%、短重检出率上升 1.8 个百分点。

【保障改革规范运行】2021 年，天津海关时刻关注重量鉴定改革运行情况，防范进口大宗商品重量鉴定时长出现显著增长，改革落实过程中出现不作为、乱作为、乱收费、变相收费现象的出现。

针对关区业务现场反馈 H2018 系统 3.0 版上线后，由于系统设置原因，口岸海关重量鉴定部门无法获取企业申请出证相关信息，海关新一代查验管理平台无依企业申请实施重量鉴定工作指令，造成海关依企业申请实施重量鉴定工作受到影响的问题，及时开展走访调研，分析问题原因。派员参加海关总署商检司进口大宗商品重量鉴定监管方式调整集中工作，解决 H2018 系统 3.0 版推广后进口大宗商品重量鉴定缺少相关指令、口岸海关出现无法获取报关单信息及拟制证书等问题，保障进口大宗商品企业申请海关实施重量鉴定工作的正常开展与实施。

进口汽车检验

【业务深度融合】2021 年，天津海关受海关总署商检司委托，梳理进口汽车在原检验检疫主干系统中的运行逻辑和关键数据项，突出问题导向、结果导向，按照申报、逻辑校验、审单、布控、查验、拟证、签发、核销等环节进行功能再分配，协助商检司完成进口汽车商品检验业务从原主干系统向国际贸易“单一窗口”、H2018、新风控系统、新查管系统、拟证子系统成功迁移并全流程贯通。通过智能分析精准定位汽车商品编码“两段准入”范围，并在“单一窗口”实施应用，成功实现进口汽车“附条件提离”。进口汽车在口岸监管区完成必要的查验和上线检测后，即可提离到企业整备仓库等待检测结果，同时并行开展销售前整备。上述措施提升了进口车整体通关效率，加快了进口汽车由口岸到消费者手中的流通速度，获得企业一致好评。目前，天津口岸以一般贸易进口的中规车运用“附条件提离”模式的比率达 99%以上。

【风险管理】2021 年，天津海关充分发挥风险监测中心、风险评估中心技术支撑作用，提升进口汽车质量安全工作效能。针对进口汽车质量安全风险信息，开展来源调查分析、风险原因分析和舆情危害分析，实施风险评估并对风险消除措施采取车辆风险重现确认、随机抽取风险消除车辆、车辆会车转弯及十字路口等常见路况模拟、科学设定测试状态车速等方式开展实测验证，确保风险评估结果科学可信。2021 年，天津海关共检验进口汽车 25.7 万台，检出不合格车辆 1,942 台，全部实施了风险消除处置。组织国家级进出口商品质量安全风险评估中心（天津）对进口汽车开展风险评估及风险消除措施评估共计 11 起，海关总署根据天津海关评估结果和处置建议在全国范围发布对进口高风险车型加强检验的风险预警通知，全国海关依此查发 2,140 台高风险车辆。

【促进贸易便利】 2021 年，天津海关受海关总署商检司委托，在国际贸易“单一窗口”开发上线“进口机动车 VIN（车辆识别代号）申报系统”，针对进口汽车认证机构报送 VIN 内外网传输难、机构识别难等堵点，创新管理理念，提出将认证机构作为进出口业务管理对象的工作思路，用信息化、智能化手段将进口汽车认证机构报送环节整体纳入商品检验流程，压缩车辆到港后等待认证机构报送数据的时间，实现了 VIN 信息由境外到口岸的快速传递，完成海关与汽车认证机构的互联互通、实时协作，同时提升了 VIN 报送工作的规范性。目前一般贸易进口车辆 100%实现了 VIN 信息的电子报送。联合上海海关通过对 87 章商品编码智能分析精准定位汽车商品编码范围，并在“单一窗口”应用，成功在系统中实现进口汽车“两段准入”，压缩进口汽车在口岸监管区等待检测结果时间至少 1 个工作日。

（撰稿人：李一平　李　坚　吴月波
庞璐琨　赵　亮　钮　永）

口岸监管

概况

天津海关口岸监管处是2018年检验检疫职责并入海关后，天津海关新成立的业务职能部门。其主要职责是组织实施以下海关监管工作的相关制度并制定操作规范：进出境运输工具、货物和船员监管（包括动植物、食品、化妆品的海关检查、检验、检疫以及船员卫生检疫），物流监控，海关监管作业场所及经营人，暂准进出境货物、进出境展览品；承担国家禁止或限制进出境货物、进口固体废物、进出口易制毒化学品的口岸监管工作，海关货运口岸监管环节的反恐、防扩散、出口管制等工作，以及天津口岸货运监管业务日常运行监控指挥工作；牵头组织实施进出境卫生、动植物、食品、化妆品口岸检验检疫和进出境货物的口岸检验等工作，以及口岸监管环节检查、检验、检疫技术装备设施、现场快速检验化验设备保障规划。

2021年，天津海关口岸监管处贯彻落实海关总署“五关”建设的总体要求，统筹发展和安全，强化监管优化服务，统筹抓好疫情防控和促进外贸稳增长，深入推进“五关”建设。在天津海关党委的坚强领导下，以习近平新时代中国特色社会主义思想为指引，深入学习贯彻党的十九大和十九届三中、四中、五中、六中全会精神，不断增强“四个意识”、坚定“四个自信”、坚决做到“两个维护”。坚持以党建为引领，统筹推进稳外贸稳外资和疫情防控各项任务，结合天津海关货运口岸监管工作实际，认真落实加快构建国内国际“双循环”新发展格局相关工作，坚决筑牢货运口岸监管安全防线。推动“直提直装”改革向京津冀地区推广应用，深化京津冀海关协作支持，强化直提直装业务保障合力，提升改革服务便利化水平，持续开展政府部门和企业走访活动，扩大京津冀改革区域改革应用规模，推动改革发挥促外贸发展作用，实现直提直装上规模、上水平，直装直提改革事项再次纳入10部委联合发布的优化口岸营商环境措施，持续用高质量成效践行党中央、国务院决策部署；以“三智”倡议为引领，与天津港建成应用"关港集疏港智慧平台"，融入港口核心装卸环节和集疏运作业，天津海关关长赵革受邀出席海关门户网站"集疏港平台"专题在线访谈，助力智慧绿色港口建设；完善口岸监控指挥体系，以"三化"（规范化、标准化、信息化）工作要求为指导，切实发挥二级监控指挥中心检查、监督和指挥功能，持续做好重大节假日的应急值守，助力天津关区防护和作业水平提升；推进货运渠道机检设备智能审图制图工作，提升机检设备智能审图有效拦截水平，持续加强货运渠道智能审图研发工作，持续拓展丰富影子商品库，强化重点商品管控；成立天津海关安全生产工作领导小组，进一步推动落实安全生产专项整治三年行动实施方案，聚焦9个重点领域分四个阶段组织开展天津关区安全生产大检查，鼓励干部职工积极参与安全生产监督管理，发挥安全生产"吹哨人"机制的作用，坚决遏制突出风险问题演变成安全生产事故；发挥固体废物退运专班作用，强化退运通关保障和实货监管，坚持督办台账工作机制，实现非法进境固体废物动态清零、限期退运出境。助力华锐物流、国际物流、大通关基地一次性通过海关总署指定监管场地资质验收。发挥职能引领作用为现场提供业务能力评估支持，开展"监管起航"业务培训13期。发挥党员特长，支部累计取得岗位资质115个，人均3.97个，全员参与危险品岗位练兵和技能比武。开展关内、关港、关企联建，在监管司党支部"学用讲堂"活动上交流直提直装经验做法；用心用情践行"人民海关为人民"理念，牵头完成深化"船边直提""抵港直装"改革，优化口岸营商环境工作获评为全国海关"我为群众办实事"百佳项目。

货物检查

【口岸检查作业规范化】2021年，天津海关优化现场检查表单和作业方式要求，牵头收集查验项目执行问题争取海关总署层面解决，提高指令可实施性。紧紧围绕海关总署发布的业务领域内控节点，结合以往发现的执法操作问题，逐项进行分析梳理，举一反三查漏补缺形成制度，编制《口岸检查规范性内控检查对照清单》，作为日常内控检查的重要手段。组织开展口岸检查作业规范性督察检查，着力提升现场检查作业的规范性。全年共组织开展自查检查3次，对于查验作业规范性情况开展自查和检查，督促查验现场严格落实海关总署作业要求，促进口岸货运检查作业规范化、标准化。强化场所场地监控设备及查验关员音视频单兵应用，通过定期核查确保监管设施设备使用效能。建立以查验记录单、查验照片、音视频执法记录仪录证资料、监管场所固定摄像头监控相结合的系统化查验作业留证和实时监控体系，实现口岸检查音视频监督全覆盖，强化口岸检查工作可视化录证工作，消除现场作业"黑箱作业"隐患。强化

“新海廉”等平台应用。加强职能管理、监督检查，指导督促各口岸检查现场防范职责范围内的风险，规范执法行为，解决执法和业务管理中出现的普遍性、倾向性和苗头性问题。应用“新海廉”平台提示警示与监控分析模块，发现查验单据长时间未接单问题、查验处理意见与查验结果逻辑不符问题等。

【机检智能审图应用】2021年，天津海关持续推进人工查验为辅、机检查验为主查验模式，充分发挥H986设备与集中审像、智能审像优势，针对天津口岸进出口货物情况加强风险分析，持续提升机检查验效能。经统计，2021年共开展机检查验集装箱8.6万标箱，查验集装箱机检查验比率达到50%以上。货运渠道坚持整理高风险商品查发新品类，持续拓展丰富H986“影子商品”库，审图时自动提示风险。行邮渠道更新部署21种禁限类物品算法，逐步更新可识别商品，智能审图占总体机检比率超过40%。2021年，通过H986设备智能审图系统查获走私固体废物、涉证涉税等重大案件8起；查发伪报、夹藏等走私违规情事840起，包括查发固体废物情事19起，涉及固体废物899.7吨。通过CT设备智能审图系统查获毒品重大案件21起。深度参与智能审图工作，提升监管查验设备对进出境货物、物品的实际监管效能，切实加强实际监管。积极派员参加海关总署组织的智能审图相关工作，为智能审图工作贡献力量。2021年，天津海关先后6人次参加海关总署组织的专题研讨会、集中工作、线上测试等。

物流管理

【“船边直提”“抵港直装”改革】2021年，天津海关深入落实习近平总书记考察天津港时做出的重要指示精神，聚焦天津港现实情况和企业需求，深化“船边直提”“抵港直装”改革，促进智慧绿色港口建设、营造更优口岸营商环境，进一步提升天津口岸跨境贸易便利化水平。“船边直提”改革，进口集装箱货物可向海关提前申报，有关进境船舶抵港后，无须海关查验的货物即可放行并实现车辆从船边直接接卸、提货。“抵港直装”改革，出口集装箱货物可向海关提前申报，在港口船舶截关前直接将货物运抵码头，货物即放行并装船出口。2021年，天津海关围绕改革中企业关注的热点、难点问题，成立“扬帆”宣讲团，面向京津冀企业召开30余场政策宣讲和改革推介会；开展京津冀海关、商务部门联建，编发改革宣传视频、“明白纸”和“一图读懂”等多媒体宣传资料“广而告之”；依托海关总署平台与全国海关交流改革经验成果，以天津模式辐射全国，推动“船边直提”“抵港直装”上规模、上水平；加强业务协调保障，对外公布进口应急通关便捷通道和联系方式，按照“一个窗口”“一次办理”“一口答复”的原则，协同解决企业参与改革中遇到的通关、查验和港口作业难题，切实保障改革成效落地，提升企业满意度。2021 年 8 月“船边直提”“抵港直装”改革被国务院办公厅和国家口岸管理办公室在全国复制推广，并纳入海关总署深化跨境贸易便利化改革优化口岸营商环境的重要措施和天津市“十四五”规划。2021 年，天津口岸开展“船边直提”作业和实施“抵港直装”作业在运抵后 24 小时内装船出运的集装箱比例持续增长，尤其是 11 月、12 月上述比率分别超过了 30%和 20%。在持续优化的口岸营商环境助推下，2021 年天津港年集装箱吞吐量也首次突破 2,000 万标箱，实现了历史性新跨越。

▲2021 年 10 月 21 日　天津新港海关关员在“船边直提”作业现场进行现场监管

【“关港集疏港智慧平台”建设】“关港集疏港智慧平台”是为发挥改革服务港口发展、企业需求的优势，天津海关深入贯彻落实习近平总书记 2019 年 1 月在天津港考察时做出的重要指示精神，以习近平主席在中国—中东欧国家领导人峰会上提出的“三智”倡议为引领，根据海关总署和天津市委、市政府关于优化口岸营商环境、促进跨境贸易便利化专项行动方案，联合口岸相关单位，以问题为导向，以打通口岸物流通关流程中的痛点堵点、实现企业降费增效为目标，持续推进跨境贸易便利化而进行的改革新举措、新模式。“关港集疏港智慧平台”的开发，紧密围绕“三智”的理念，其建立既是港口发展模式的深刻变革，也是海关监管服务模式的深刻变革。通过打造智慧平台，依托科技赋能，聚焦海关监管集约化、智能化、可视化，探索海关与港口“数据层、设施层、操作层”三维融合，增强了开放监管能力，实现了海关在码头作业中的顺势监管。通过建设应用“关港集疏港智慧平台”，将海关通关与港口装卸作业进行智慧融合，聚焦一流港口提效降费的经济价值、安全便利的社会价值、绿色环保的生态价值进行规划建设，充分发挥互联网平台的交互汇聚效应，在港口核心的装卸输运环节，智能匹配各方资源，通过大规模实施“船边直提”“抵港直装”等优化口岸营商环境措施，探索实现“港口物流公交化”的目标，更好地助力天津本地企业腾飞，服务京津冀协同发展和“一带一路”建设。截至 2021 年年底，“关港集疏港智慧平台”已认证司机 1.7 万名、车辆 1.6 万辆，累计撮合量超 81 万箱，辐射全国 29 个省份和直辖市，京津冀企业撮合量位列该平台前三位。

▲2021 年 11 月 10 日，天津新港海关辖区内天津港智能化集装箱码头

【“港场直通”改革】2021 年，天津海关根据海关总署支持中欧班列发展工作部署，积极参与中蒙俄经济走廊、中巴经济走廊建设，大力发展以中欧班列（天津）为依托的国际海铁联运，立足天津港口岸实际，化解疫情对外贸进出口的不利影响，保障中欧班列运营持续向好，不断推动服务贸易重点创新项目落实落细。天津海关依托“船边直提”作业模式，对中欧班列承运的过境货物实施“港场直通”物流模式改革，货物进境时在港口码头卸船过程中可直运到铁路堆场等待装车发运。针对中欧班列运输的进出口货物，实施通关模式自主选择、全面实施无纸申报、转关申报自动核放等系列便利措施，企业可以自主选择海关通关一体化或者传统的转关申报模式。对于沿用传统转关模式的企业，实施“无纸申报+自动核放”的通关模式，企业无须向海关递交纸质单证，海关通关系统将自动审放转关货物申报单的电子信息，自动传输至港口部门，提升集疏港作业效率。此外，为发挥天津港“一带一路”建设重要海陆交汇点的区位优势，天津海关与新疆阿拉山口口岸、内蒙古二连浩特和满洲里口岸的海关单位建立关际协同保障制度，深化通关协作、监管一体化等关际协作，保障中欧班列通关更便利、物流更顺畅。加强与铁路运输部门沟通联系，确认班列发运信息，积极督促配合铁路部门争取班列开运计划支持，全力保障中欧班列过境货物疏运。自启动“港场直通”作业改革以来，中欧班列过境货物自卸船转运至铁路堆场时间由 2 至 3 天最短压缩至 3 小时以内，有效提升过境货物发运效率。企业自主选择申报模式，可以在口岸一地办结查验、放行等海关监管手续，实现货物“随到、随报、随放”。2021 年，天津关区监管中欧班列 497 列、5.31 万标箱，同比分别增长 25.5%和 24.36%。

运输工具及舱单管理

【运输工具监管】2021 年，天津海关统筹推进口岸疫情防控和促进外贸稳增长，在运输工具监管领域强化监管优化服务，坚决贯彻落实海关总署各项要求，筑牢国门安全防线，不断总结工作经验，提升口岸监管水平。2021 年监管进出境（港）航空器 3,300 余架次，其中进境（港）1,700 余架次、出境（港）1,600 余架次、登临检查 1,500 余架次；监管进出境（港）船舶近 16,000 艘次，其中进境（港）约 8,000 艘次、出境（港）约

8,000艘次、登临检查4,800余艘次；查获进境濒危物种情事3起，走私进境香烟情事3起。口岸监管处贯彻落实海关总署有关文件精神，按照天津海关疫情防控指挥部提出的“采取紧急措施，最大限度减少登轮船舶频次和登轮人员数量，降低疫情传播风险”要求，商各业务职能处梳理天津关区所有登轮业务，研究制定9项措施，疫情防控期间调整作业方式，合并检查作业，减少登轮频次，实行“非必要不登轮”。天津海关对天津关区所有登轮人员实施集中工作和集中封闭居住的“两集中”管理模式，集中工作关员采取“14+7+7”天模式闭环管理，在岗工作和封闭生活期间实行每日新冠病毒核酸检测和健康监测，严格落实全封闭人员管控机制，进一步降低口岸疫情传播风险。天津海关探索实现各专业人员开展协同工作，试行“登临检查+重量鉴定”“登临检查+植物检疫”“登临检查+卫生监督”等模式融合作业，海港登临专班根据各港区船舶情况动态分配任务，合理安排上岗，高效应对船舶集中靠泊情况，在人员不增加的前提下，提升整体作业效率近1倍。

【固体废物退运出境】2021年，天津海关充分发挥固体废物退运专班作用，全力推动固体废物退运出境。固体废物退运专班办公室设在口岸监管处，2021年向天津海关全面强化非法进境固体废物退运工作领导小组报送《关于全面强化非法进境固体废物退运工作开展情况的报告》12期，推动天津关区退运非法入境固体废物达37.2万吨。天津海关历年来查扣固体废物数量最大的“使命2003”专案全部涉案49.8万吨固体废物，在2020年退运工作基础上持续发力，2021年3月全部完成退运工作。天津海关持续把禁止“洋垃圾”入境工作作为重要政治任务，持续巩固“固废清港”行动长效机制，按照“边查发、边处理、边退运”原则，对非法进境固体废物依法责令进口者、承运人退运。2021年9月，对1票1,099吨未申报固体废物责令承运人按期退运出境，成为新固防法实施以来天津关区首次依法责令承运人承担固体废物退运责任的成功案例。天津海关坚持“两清单”台账督办，形成“动态清零”工作机制，对非法入境固体废物全面纳入台账管理，上下联动实时跟进固体废物退运进展情况，发现一票登记一票、登记一票督促一票、退运一票核销一票。口岸监管处持续加强形势研判和分析，强化舱单数据监控和开展甄别核查，做好固体废物退运通关保障和实货监管，与缉私部门、隶属海关协调一致、共同进退，保持立体协同作战工作态势，紧盯每个环节、每项任务，做到具备条件的固体废物全部予以退运，防范固体废物滞港风险，维护天津港碧水蓝天。

口岸安全生产及反恐

【安全生产专项整治三年行动】2021年，天津海关深入贯彻习近平总书记关于安全生产的重要论述和指示批示精神，认真落实党中央、国务院关于安全生产工作的决策部署，按照天津市委、市政府相关要求，扎实推进天津海关安全生产专项整治三年行动，将习近平总书记关于安全生产重要论述纳入党委学习、宣传工作重点；整理汇总了习近平总书记关于安全生产重要论述和批示指示汇编并发布天津关区；组织天津海关全体关党委委员、天津关区全体副处级以上领导干部以及四级调研员以上职级公务员集中观看学习《生命重于泰山——学习习近平总书记关于安全生产重要论述》电视专题片。成立天津海关安全生产工作领导小组，加强对安全生产工作的统一领导，深入落实《天津海关领导干部安全生产责任制实施细则》，积极分析风险、分解任务、压实责任、检查督办，切实落实安全责任制，将责任落实到岗、落实到人，以实际行动践行政治要求和责任担当。制订《天津海关2021年安全生产工作方案》，开展重点业务领域安全风险防控工作，扎实推进各项安全生产工作任务的落地落实，进一步提升天津关区重大安全风险管控水平；印发《天津海关“迎百年华诞　创平安天津”安全生产综合整治行动方案》，组织开展天津关区重点业务领域的安全生产隐患排查、综合整治和监督检查；强化“吹哨人”机制作用，以安全生产制度弥补各领域安全生产专项督查检查的薄弱环节，实现安全生产监督检查全领域、全岗位的覆盖。安全生产“吹哨人”制度实施以来，共有26名个人从不同领域提出了安全风险预警信息，其中3人因预警信息成效突出被予以嘉奖奖励，有效遏制和预防安全事故的发生；召开了安全风险隐患排查整治专项部署会，在天津关区发布《关于开展关区安全风险隐患排查整治工作的紧急通知》，聚焦危险品检验、卫生检疫、监管作业、动植物检疫、食品安全、涉案财物管理、实验室管理、办公场所安全等重点领域，深入排查整治风险隐患。按照《全国海关学习宣传贯彻〈中华人民共和国安全生产法〉实施方案》要求，制订下发了《天津海关深入学习宣传贯彻〈中华人民共和国安全生产法〉工作方案》，对天津关区学习宣传和贯彻落实《中华人民共和国安全生产法》进行部署。积极推进“安全生产月”活动，持续强化安全生产宣传，组织开展机关火灾应急疏散演练、逃生屋实景模拟、扑救初起火灾实操培训、心肺复苏实操培训等。

【危化品防控】 2021年，天津海关按照《海关总署办公厅关于进一步压紧压实进出口危险化学品和危险货物检验监管责任的通知》（署办检函〔2021〕2号）文件要求，成立天津海关监督检查工作组，对涉及进出口危险品业务的隶属海关开展检查，并采取“不打招呼”方式开展专项监督检查和专项监督检查“回头看”，做到压紧责任、举一反三，确保各项监管工作要求落到实处。持续落实天津市“打非”工作机制形成监管合力，及时消除了港区安全隐患。2021 年，累计向天津市应急管理局、公安局、港航管理局、天津海事局等有关主管部门通报 33 起非法运输危险品、违规存放或经营危化品等各类危险品违规情事。向海关总署商检司报送进出口危险货物及其包装检出不合格典型案例 16 起，其中 10 起已被海关总署采纳。

▲2021 年 12 月 13 日，天津保税区海关关员开展危化品口岸检查作业

▲2021 年 12 月 22 日，天津保税区海关关员开展危化品属地查检作业

场所场地管理及口岸运行监控指挥

【监管作业场所运行管理】2021 年，天津海关进一步强化天津关区海关监管作业场所（场地）管理，不断完善场所（场地）管理工作的制度建设，制发《天津海关关于修订印发〈天津海关监管作业场所（场地）（行邮类除外）审核、考核实施细则（试行）〉的通知》（津关监发〔2021〕170 号）。持续强化隶属海关自查、职能部门检查的管理力度，开展不定时、不打招呼地随机抽查。在重大节日和活动期间，开展重点区域、重点环节的专项检查，组织开展春节、“五一”、“七一”、国庆 4 次重要节点天津关区监管作业场所（场地）安全生产大检查，按照“真查真改、立查立改、边查边改、真改快改”的要求，督促隶属海关对天津关区全部 69 家场所（场地）开展检查，并完成 82 项问题整改，持续防范和化解安全生产隐患，巩固提升场所（场地）安全管理水平。进一步落实海关总署加快推进涉危存储监管作业场所退出工作要求，将空运口岸 4 家场所涉危存储区域划出，实现天津关区涉危存储场所“清零”。落实国家关于全面禁止进口固体废物相关事项的要求，第一时间将天津关区全部 2 家涉及固体废物查验和存储的监管作业场所予以注销。建立海关监管作业场所（场地）内滞留危险品货物信息报送机制，定期组织开展长期滞留的危险品货物排查工作，2021 年天津关区海关监管作业场所（场地）内无超期滞留危险品货物。在做好场所（场地）安全管理基础上，积极提升天津口岸功能，加强指

定监管场地建设。推进华锐全日物流股份有限公司、天津港国际物流发展有限公司获得进境肉类指定监管场地资质，天津口岸进境肉类指定监管场地达到9家。推动航空口岸大通关基地进境水果、肉类、冰鲜水产品、食用水生动物4个指定监管场地通过海关总署验收。有效丰富了天津口岸功能，助力地方经济发展，并为对台统战工作做出积极贡献。

【口岸监控指挥体系完善】2021年，天津海关持续完善口岸监控指挥体系，以规范化、标准化、信息化“三化”工作要求为指导，切实发挥二级监控指挥中心检查、监督和指挥功能，持续提升疫情防控措施落实情况视频监督检查成效。成立天津海关分管关领导任组长，卫生处、食品处、监管处、行邮处为成员单位的天津关区疫情安全防护视频监督检查工作专班，建立常态化、专业化监督检查和联合专项监督检查制度，专班成员及有关业务职能处室通过实时检查、随机抽查、事后复查相结合方式开展视频监督检查。丰富视频监督检查手段，在摄像头在线巡检等常态化监控手段的基础上，通过音视频、UC等方式对口岸监管作业现场执行情况进行实时监控。推动作业现场防护服穿脱区等重点区域和重点作业过程全覆盖、无死角、可追溯。建立运行情况月度通报制度，动态下发海关总署监控指挥中心在视频监督检查中发现的180余项全国性问题，对标对表。进一步提升视频监督检查的效能，将检查内容细化为82项检查要点240条工作标准。2021年，共计开展1,014次视频巡查，发现和督促整改问题及不规范情况53项。天津关区新冠肺炎疫情防控口岸执法现场作业人员安全防护和作业规范性水平持续提升，2021年未收到海关总署监控指挥中心在监控检查中制发的相关工作联系单或整改通知单。持续做好重大节假日的应急值守工作，严格按照要求完成海关总署监控指挥中心应急演练8次。以制度建设及强化管理为抓手，不断完善口岸监控指挥体系，逐步提升二级监控指挥中心效能。

口岸监管装备管理

【监管查验技术设备购建及能力提升专项项目绩效评价】2021年，财政部预算评审中心对海关总署“十三五”期间“监管查验技术设备购建及能力提升专项”开展预算绩效评价工作。天津海关作为10个重点调研的直属海关，接受了财政部预算评审中心的实地考察。天津海关与海关总署相关司局密切配合，确保高效能、高质量完成本项工作。天津海关口岸监管处会同财务处、后勤管理中心等部门提早动手、充分准备，认真梳理“十三五”期间相关工作资料，查找优势与短板，根据每批次“绩效评价需提供的资料清单”，按时、按要求收集、整理所需资料，并撰写相关汇总材料。对“十三五”期间，天津海关使用“监管查验技术设备购建及能力提升”专项开展购建情况进行梳理，调取前期立项、招标采购、履约验收、经费支付和使用绩效等方面档案资料。实地考察调研期间，从天津海关基本情况、天津关区整体收支情况、天津关区相关制度建设执行情况、项目管理及实施情况、专项实施取得的效益、相关问题及建议等六个方面撰写了工作报告，报告内容及相关资料数据近13万字。主动派员参与海关总署绩效评价迎审工作，分别安排1名处级领导和1名监管装备业务专家陪同财政部预算评审中心赴上海、宁波、乌鲁木齐、西安、大连等直属海关开展重点调研，对其他直属海关迎审工作予以具体指导。财政部对海关总署监管查验技术设备专项绩效考核成绩优异，在财政部提交全国人民代表大会的报告中点名天津海关工作亮点。

【专项预算执行统筹保障作用】2021年，天津海关高度重视“监管查验技术设备购建及能力提升”专项预算资金编报工作，汇总梳理有关业务条线、相关隶属海关监管装备配备需求。面对2021年度专项预算经费支出大、项目复杂等不利因素，全力推动做好预算执行工作。全年分3批次开展天津海关在用H986设备2020—2021年度运行维护服务履约验收工作，预算执行率100%。按照海关总署整体部署，发挥统筹协调作用，组织监管部门、科技部门、现场海关和设备所在场所（场地），积极推动第二批监管设备入网升级改造工作，实现H986、辐射探测门、X光机等设备应联尽联。积极探索智能、规范、高效的安全智能锁监管模式，按照“管用、好用、实用”的原则，充分应用设备智能、便利功能，使用“监管查验技术设备购建及能力提升专项”预算资金（以下简称“专项预算资金”）建设了安全智能锁联网应用功能，将提供资产实时盘点、重点风险联网提示、在线轨迹跟踪等功能，便利业务现场灵活调配、使用设备。采购硬件升级、数据流量等运维服务，以及安全智能锁的硬件升级、流量卡和数据流量等费用，不仅解决了设备使用的实际困难和问题，还为“智慧监管”提供可复制、可推广的实践经验。为进一步提升核辐射监测工作的智能化水平，研究应用智能机器人代替关员开展核辐射监测工作，以降低对一线执法人员的辐射暴露风险，推动5G和人工智能技术在海关监管领域的应用，启动“5G+远程辐射探测安全定位识别”项目，替代人工监测工作，降低安全风险。

（撰稿人：尹凯耀　吕晓阳　刘　璐
孙志鹏　李和平　肖超伟
张鼎鼎　陈津燚　范海胜
周　进　胡国栋　姚向东
高可攀　高　亮　高展辰
董宇平　韩照志）

行邮监管

概况

天津海关行邮处（以下简称“行邮处”）主要职责是负责天津海关行李物品、邮件快件和跨境电商等职能管理工作，对口海关总署口岸监管司。行邮处贯彻落实海关总署“五关”建设总体要求，统筹做好疫情防控和促进外贸稳增长，树立“行有道、爱无疆”党建品牌。2021年，天津海关监管进出境邮件90余万件，监管进出境快件900万件，跨境电商零售进口单量2,800万单，跨境电商B2B出口额190亿元。监管一科任维同志获得“海关系统抗疫先进个人”，监管二科卫丽玲同志获得全国“扫黄打非”先进个人。

行邮处连续三年组织天津海关打击象牙及其制品走私专项行动，开展风险分析，严厉打击象牙等濒危物种及其制品走私；推进行李物品智能化、规范化建设，完善旅检“无感通关”模式；结合疫情防控工作阶段性要求，深入推进100%“先期机检”作业模式，随时保持旅检现场视频监控点位畅通，实现旅检现场作业流程全覆盖；以进驻天津航空口岸大通关基地为契机，配合天津市邮政分公司将大通关基地天津国际邮件互换局建设成为“京津冀地区一流邮件监管作业场地”，帮扶邮政企业提高其在北方市场的竞争力；实现天津海关跨境电商进出口全模式贯通，为企业来津落地提供优质营商环境。

快件监管

【快件通关监管】2021年，天津海关共监管进出境B类快件同比上涨80.14%。强化风险分析，上线风险监管模块，通过调取风险信息，提升快件智能审图效能，严密后续监管。信息化平台建设方面，天津海关快件现场作为试点海关，圆满完成信息化平台测试工作，4台智能审图设备已于年内全部完成信息化平台上线工作；查获各类毒品、濒危物种情事25起。创新模式大幅压缩RCEP国家进境B类快件通关时间，根据快件企业需求和行业运作规律，结合业务量、航班等具体情况，“量体裁衣”制订工作方案，优化作业制度，降低快件现场对于RCEP国家进境B类快件的人工审核比例，设置单独窗口接审RCEP国家进境报关单，对于转人工审核的报关单优先审核，提升流转效率，整体RCEP进境快件通关时间压缩至6小时以内。

【禁限物品监管】2021年，天津海关认真贯彻落实习近平总书记重要指示批示精神，积极落实重点工作，进一步强化实际监管，不折不扣地将落实国家安全的责任职责落实到位。加强经验交流，全年向海关总署致函3次共报送7个典型案例，均被海关总署下发至全国海关。开展智能审图机检查验培训，建立寄递渠道审像专业人才队伍，提升寄递现场对禁限类物品的识图、判图能力。由天津海关行邮监管处主要负责同志带队赴邮快件业务现场跟班作业共计20余次，强化一线执法责任，理清监管难题。加强联防联控、内外共治，与风险防控分局、快件运营人、邮政企业密切配合，精准打击违法违规行为。2021年，天津海关行邮渠道共查获象牙制品、鲸鱼牙制品等各类濒危物种及其制品163起，邮件、快件、旅检等现场均有查获；查获大麻植物及其制品、病毒等各类毒品、精神类药物139起。

邮件监管

【邮件监管改革】2021年，天津海关为落实京津冀协同发展的重大国家战略，承接北京货运功能，推进天津航空口岸大通关基地国际邮件互换局建设，加强与海关总署的沟通联系，申请机检设备获得政策支持，加强对隶属邮局海关的业务指导，开展业务培训提供方案指导，协助天津邮政分公司制订邮递物品监管改革工作方案，加强与天津港保税区管委会、天津航空物流发展有限公司的沟通协调，按照海关总署推进邮递物品监管改革的要求，建立倒推时间表，新增自动分拣线、X光机机检查验设备和邮件“同屏比对”功能，2021年4月23日正式进驻大通关基地，成为率先入驻大通关基地并开展监管工作的单位。新场地科学规划物流路径和作业区域，实现选、查、处分离的集约化监管，节约了企业成本，缩短个人邮件物流时间，提升邮政企业在北方市场的竞争力。同时，协调天津邮政分公司严格落实邮件信息申报工作，天津海关进出境邮件全面上线“金关二期邮递物品监管子系统”，进出境邮件实现了电子化、信息化的新时代。2021年9月，天津海关行邮处、天津新港海关、天津邮局海关等部门为促进贸易便利化，创新“监管产装、抵港直装”模式，将出口海运邮件在国际邮件交换站停留时间从最长10天缩短至最短3天，每个集装箱节约企业成本约500元，便利邮政企业通关。

【开展警示教育】2021年，天津海关举办“扫黄打非”警示教育展览，作为庆祝中国共产党成立100周年活动的重要内容。组织成立天津海关“扫黄打非”警示教育展览建设工作专班，高质量完成展览材料搜集、起草、审核、定制、布展、讲解相关工作，展出天津海关“扫黄打非”照片近千幅、实物8大类3,000余件，涉及文字脚本一万余字。拍摄“扫黄打非”宣传视频1部，在展览期间循环播放。展览期间，圆满完成全国“扫黄打非·护城河工程”联席会议参会代表的调研接待任务。中共中央宣传部全国“扫黄打非”工作领导小组、天津市委宣传部等有关单位的领导在参观展览后，表示警示教育展是天津海关“扫黄打非”工作的一个缩影，生动形象地展示了天津海关“扫黄打非”工作的成效。天津海关行邮处获天津市委宣传部致函感谢。2021年，天津海关“扫黄打非”警示宣教基地已成为贯彻党中央关于加强意识形态工作的重要指示、落实国家总体安全观的重要体现，先后接待系统内外部参观调研共计34批、1,000人次，于12月底获评天津市法治宣传教育基地。

跨境电商监管

【进口通关监管】2021年，天津海关做好跨境电商促销通关保障工作。前期与天津市商务局、各电商企业多次沟通，了解企业需求，开展进口商品风险防控分析，全面了解系统承受能力和不同时间段的促销情况，7×24小时分时段做好保障工作；建立天津海关跨境电商保障工作组，根据企业申报预估峰值，分时段做好保障工作；开发完成业务量整点短信报播功能，实时统计通关数据，监控系统运行峰值，提升跨境数据监控能力，与天津市商务局现场人员保持信息畅通，关键时期每15分钟通报一次数据单量；优化数据传输通道性能，调配系统资源，做好数据库扩容，保障跨境电子商务统一版系统海关端、天津海关物流库、特殊区域金关二期对接等系统平稳运行。推进网购保税进口商品保税展示业务开展。支持天津首家跨境电商线下展示体验店落地，进一步压缩通关时长，减少消费者等待时间，在天津海关辖区内设立2家跨境电商保税展示店，主要销售产品为化妆品、保健品、食品等商品，取得了良好的社会效应。

【B2B出口监管】2021年，天津海关以全面复制推广B2B出口为契机，出台14项便利化措施，发挥现有B2B服务平台、专家队伍等业务优势，指导企业开展业务对接，联合各隶属海关引导和帮助更多异地企业快速开展备案，最大限度发挥一地备案全国通用的政策利好。阿里巴巴全国首票跨境电商B2B出口货物在天津海关顺利通关；天津海关关区首票中欧班列运输跨境电商B2B出口货物顺利放行；率全国之首打造跨境电商B2B出口服务平台，供企业快捷、高效办理申报手续。主动引导辖区跨境电商平台企业与辖区生产型出口企业对接，为企业讲解知识产权全链条保护政策，利用跨境电商B2B出口海外仓优势拉动企业间合作共赢，首批销售1,700余单，产品销往英国、德国、捷克、匈牙利等10多个欧洲国家，为企业带来的收益是同类贴牌产品的3倍。

旅检业务监管

【规范监管制度】2021年，天津海关进一步提升旅检现场监管规范性，根据《中华人民共和国海关法》及其他有关规定，结合天津海关实际，制定有关监管操作规范；建立全方位立体视频检查机制，巡查现场个人安全防护以及监管作业情况，发现问题、及时提醒解决。参与职能部门视频监控联合检查专班，开展常态化检查，建立处长带班制度，开展业务条线专项视频巡查，在每日派员进行监控巡查的基础上，不定期通过“不发通知、不打招呼、不听汇报、不用陪同接待、直奔基层、直插现场”的方式赴空港口岸旅检现场开展督查。

2021年受疫情影响，海关总署出台办理旅客分运行李相关特事特办政策措施，对于符合条件的旅客，天津海关放宽办理分运行李时间，不受6个月办理期限限制；实施委托办理，不受必须本人办理限制。2021年，共办理分运行李1,500余票，其中涉及疫情影响特事特办300余票。

【健康申报】2021年，天津海关根据新冠肺炎疫情发展变化情况，不断完善优化“天津海关旅客健康申明卡辅助应用”系统，满足旅检现场实际需求。对2020年开发的“天津海关旅客健康申明卡辅助应用”系统进行了6次应用升级，涉及流调表、健康申明卡内容调整及相关字段校验提醒等方面，在此基础上天津海关进一步探索实现旅客通关“远程验核”新模式。2021年8月6日，在已推行“远程流调”工作模式的基础上，在现场配备高拍仪、双屏显示器等硬件设备，整合“健康申明卡验核”和“快速流调”两个功能模块，关员在不与旅客面对面接触的情况下即可通过音视频软件与旅客建立实时视频通话，利用高拍仪对旅客健康申报码和天津海关通关二维码进行绑定，以“屏对屏”形式与入境旅客进行沟通，推动空港旅检现场卫生检疫由“远程流调”整合为“验核”和“流调”同时远程的“远程验核”。新模式实施后，红区海关工作人员数量、与旅客接触时间实现“双降”，旅客人均验核时间保持在2分钟以内，既降低了关员感染风险，又达到了通关效率和旅客体验的“双提升”。

【外交邮袋监管】2021年，天津海关办理多票外国使领馆外交邮袋进出境业务。受新冠肺炎疫情影响，北京首都机场国际航班大幅分流至国内其他城市，多国使领馆外交邮袋无法在北京海关办理进出境业务，转至天津海关办理相关业务。天津海关第一时间同北京海关联系沟通外交邮袋进出境业务办理的相关流程、注意事项、经验做法；组成职能部门、业务一线联合学习小组，学习贯彻习近平外交思想，研究讨论外交邮袋在天津空港口岸进出境工作的相关事宜；配合天津市人民政府外事办公室以座谈、电话沟通等多种方式提供业务指导，告知外国驻华使领馆外交邮袋在天津进出境的相关政策、业务办理对接联系人、业务办理流程，助力多国使领馆办理外交邮袋进出境通关手续。2021年，共计监管外国驻华使领馆进出境外交邮袋140余件，办理空运转关使馆公用物品1批。

【旅客行李监管】2021年，天津海关在疫情常态化背景下，针对航班、旅客大幅减少的情况，建立智能审图为主、人工审图为辅、先期机检结合的工作模式，利用先期机检设备对旅客行李物品进行非侵入式查验，智能审图环节顺势嵌入旅客通关流程，同时结合通道选查，提高查验精准度，做到应查尽查。一经查发，第一时间向缉私部门移交相关案件线索；在现有航班情况下，延续提前风险研判工作模式，依托大数据以及不同航班历史查获情况，

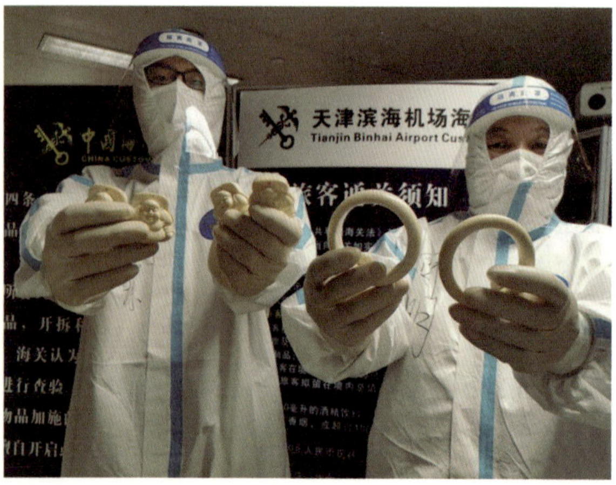

▲2021年6月18日，天津滨海机场海关旅检监管人员在入境行李物品中查获濒危物种制品——象牙

提前进行风险分析，提高查验精准度；着重加强业务技能培训，结合运用CT型行李物品检查系统对疑似重点监管物品进行自动识别并及时报警，增强查缉力度；强化视频巡查，利用监控指挥中心实现入境人员全路线有效监管，布控形式立体化，查发快速联动，切实固牢国门安全屏障。2021年，天津海关旅检现场监管进出境旅客同比下降71.94%。

【保障冬奥会物资通关】2021年，天津海关坚决贯彻落实习近平总书记关于筹办好北京冬奥会的重要指示精神和党中央决策部署，牢固树立“一盘棋”思想，天津海关第一时间组织成立北京冬奥会物资通关保障工作专班，充分发挥专班各部门的特点和优势，加强沟通协作，抓好工作衔接，各司其职，各尽其责，形成工作合力，确保涉北京冬奥会海关各项工作落到实处。在各通关现场设置北京冬奥会专用窗口、专用通道，指定专人、优先办理通关手续。截至2021年年底，天津海关共保障冬奥会物资11批次。其中，天津东疆海关1批次，10.2吨；天津新港海关10批次，包括快速验放3批次、ATA（“暂时准许”）单证放行6批次以及转关物资1批次，涉及冬奥会传媒中心建设物资分装在31个集装箱，是2021年以来运抵天津口岸的最大一批冬奥会物资，获得央视《新闻联播》等多个央视栏目报道。

（撰稿人：卫丽玲　李　岩　张　蓓　秦　琳　高展辰　郭渴渴）

统计分析

概况

统计分析处前身为综合统计处。1988年，天津海关直属统计科成立，负责指导分关、办事处等6个现场的统计工作，集中管理天津关区统计工作。1992年综合统计处成立，下设贸易统计科、综合统计科。同年11月26日经天津海关党组批准，自动化管理科由技术处划归综合统计处。天津海关的统计工作由综合统计处负责组织实施，自此以数据工作为基础，统计功能多样化道路初显。2000年6月15日，经天津海关党组研究决定，综合统计处成立统计分析科，原综合统计科更名为业务统计科。2002年7月2日，天津海关党组研究决定，综合统计处业务统计科更名为综合科，数据管理科与贸易统计科合并办公。2003年，综合统计处成立数据管理科。2018年关检融合后，综合统计处更名为统计分析处。

统计分析处主要职责是：拟定进出口货物贸易统计工作制度并组织实施；拟定海关业务统计工作制度并组织实施，编制海关业务统计数据，开展海关业务统计分析；研究分析国家重大战略、宏观经济和对外贸易政策、形势，开展相关课题研究；组织开展进出口统计分析、监测预警，撰写进出口监测预警分析报告；对进出口货物贸易进行统计调查和贸易调研，开展统计监督；承担天津海关报关单数据和单证档案工作，承办报关单数据、贸易统计数据等质量控制和使用安全管理工作；组织开展国际货物贸易进出口及国外技术性贸易措施动态变化的监测、评估；拟定天津海关事业发展规划并组织实施评估工作；承办上级交办的其他工作事项。

处内设置6个科室，分别是：综合科、统计调查科、贸易统计科、数据管理科、统计分析科、经济研究室。天津新港海关、天津滨海机场海关、塘沽海关、天津保税区海关、天津东疆海关设统计科。

2021年，统计分析处贯彻落实海关总署“五关”建设的总体要求，统筹发展和安全，强化监管优化服务，统筹抓好疫情防控和促进外贸稳增长。深入贯彻习近平新时代中国特色社会主义思想，将带头做到“两个维护”作为加强支部和处领导班子建设的重点，以高质量党建引领业务高质量发展，推进党建与业务深度融合、党史学习教育成果向高质量统计分析转化，开展“我为群众办实事”“基层组织建设年”活动，在增强党支部战斗堡垒和党员先锋模范两个作用上下功夫。利用晨会组织学习习总书记重要讲话，传达部署天津海关党委重要决定，开展系列讲座，组织党课教育、专题研讨。做好“四强”党支部建设和党建品牌换挡升级，优化党建品牌和Logo，统计分析处党支部荣获2021年度天津海关“四强”党支部和党建示范品牌荣誉称号。

班子成员积极强化履职尽责，增强队伍的凝聚力、向心力。2021年，统计分析处天津市绩效考核指标、“一流海关”考核指标均超额完成；年内党员骨干带头加班52天完成天津海关通关效率监控周报，完成24期疫情防控物资出口统计任务，全处5名同志主动支援疫情防控一线。全年处内人员共赴海关总署统计司集中工作50人次，承担统计系统多项重大改革任务，处内人员每日延时以及周末加班值守成为常态，全处累计加班2,372小时，节假日加班178人次，年度加班累计500多人次。获海关总署发文表扬51人次。

▲2021年10月21日，天津海关在全国统计专题会议上做工作经验交流发言

2021年，向海关总署报送分析研究成果625篇，承担署级课题8个、关级课题15个。12次参加形势分析研判专班海关总署署领导讲话稿撰写。牵头或参与8个署级课题，数量为历史最高。

作为创新中心组组长单位组织完成海关总署智慧统计云服务系统测试工作。牵头推动全球贸易全景展示应用，迭代开发27个模型共130余个功能点，完成展示页面30余个，更新前后端功能70余项，试点测试中解决问题108项，解决了可视化体验提升、外部数据来源拓展、业务逻辑研究确认等诸多技术和业务难题。其中，优化报关单、舱单商品信息及HS代码关联模型，填补了重点商品申报前物流信息空白。

作为海关总署全球贸易监测分析中心（大连片区）副组长单位和京津冀外贸发展研究小组牵头单位，参与制订全球贸易监测分析中心工作制度优化方案。

编写报送月度天津口岸和天津市出口数据、疫情防控物资进出口数据，为天津关区各部门单位提供数据服务共计249批次、2.2万条，为完善天津关区业务管理、提升工作绩效提供了有力的数据支持。为政府部门、航运中心、政务共享平台等平台机构提供天津市及天津口岸各类进出口统计数据，合计 101 次，涉及数据 1.1 万条。通过天津海关门户网站公布月度统计数据情况表共计 120 张，并通过电子邮箱和热线电话受理社会公众统计咨询 24 批次，满足了社会公众对天津海关统计数据的需求，提升了天津海关对外服务形象。

加强统计数据质量管控，切实维护统计数据真实、准确。发布贸易统计监督信息 122 期，实施统计分析处罚 678 起，统计监督补税 225.47 万元。工作中形成的《海关统计数据质量管控方式创新研究》被评为天津海关十佳课题研究成果。对数据安全工作再梳理，组织推动宣传贯彻《中华人民共和国数据安全法》工作，完成涉及使用数据合计 12 个业务门类 1,445 个字段的 9 个关级业务数据应用项目审核。

拓展“天津海关通关效率统计分析应用程序”，为职能部门和隶属海关随时自主查询相关业务开展状况提供支撑。

统计调查

【调研报告撰写】2021 年，天津海关共组织开展各类统计调查调研 30 次，调研企业千余家次，署级刊发调查调研报告 24 篇，撰写《海关统计专报》5 篇，完成关级课题 3 篇，参加海关总署集中工作 10 次。

其中，针对天津口岸进口冻品大幅减少下降情况，调研冻品进口企业 13 家，编报《前期滞港影响延续　今年前四个月天津口岸冻品进口量大幅减少》（《海关统计专报》第 19 期）。7 月 15 日，天津市政府召开进口冻品专题会议，应用天津海关调研结果解决相关问题，出台具体举措。《中国国门时报》刊发题为《天津海关统计分析协助地方政府决策》的报道。

为深入了解新冠肺炎疫情对天津市农产品出口的影响，统计处主动联系走访天津市农业农村委员会，与静海海关、西青海关、蓟州海关、武清海关、东丽海关及天津河西海关密切配合，共同开展出口农产品专题调研，共调研天津市农产品出口重点企业 30 多家，撰写《新冠肺炎疫情对天津市农产品出口影响情况调研报告》。天津市召开专题会议进行研究部署，市商务局、农业农村委员会、金融局等部门共出台支持企业开拓国内外市场、解决融资难融资贵问题、提高农产品出口质量效益、推进审批便利化 4 个方面 16 条支持举措，海关统计分析研究成果和意见建议转化成了实实在在的助力精准扶贫的支持措施。该报告在全市申报的 800 余份调研报告中脱颖而出，获评天津市第十五届优秀调研成果二等奖，为近年来天津海关获得的最高奖。

【进口货物使用去向调查】2021 年 6 月 7 日，天津海关召开进口货物使用去向调查说明会，宣布 2020 年进口货物使用去向调查正式启动。6 月 10 日至 24 日，组织开展 2020 年进口货物使用去向统计调查样本企业网络问卷填报。7月14日，总结2020年进口货物使用去向统计调查工作，并向统计司统计调查处反馈。其间，开展对内、对外培训各1次，天津关区147家样本企业、17个隶属海关参加，开展一对一企业答疑69次，天津海关12360热线编发《海关邀你来参加2020年进口货物使用去向统计调查》微信1则。进口货物使用去向调查不是常规的海关统计工作，是由国家统计局、商务部、海关总署、国家外汇管理局、中国科学院等单位联合研究的全国投入产出调查的重要组成部分，主要是为测算我国贸易增加值提供基础数据资料，对于构建以国内大循环为主体、国内国际双循环相互促进的新发展格局，准确衡量贸易利益、完善国际货物贸易统计制度、创新海关统计职能实现方式均具有重要意义。

【跨境电商全业态统计试点调查】自2018年开始，海关总署开始按照全业态统计标准，面向跨境电商平台、卖家及跨境电商服务企业了解跨境电商规模，综合运用亚马逊等境外主要电商的公共财报数据等其他信息，实施覆盖跨境电商整个业态的统计规模测算。9月23日至29日，统计分析司在天津组织开展2021年上半年跨境电商统计集中工作。工作组集中复核调查原始资料，测算相关数据，编写数据质量报告、测算方法报告及形势分析报告，研讨测算数据的调整方案、地区统计资料的编制方法、月度测算方案，对下一步工作提出建议。海关总署统计司统计调查处及北京、天津、大连、上海、南京、杭州、郑州、广州、深圳10个海关单位派员参加，参加人数达到20人。此项工作主要目的是测算2021年上半年我国跨境电商全业态进出口数据，完成各类报告。

贸易统计

【贸易统计数据质量管控】2021年，天津海关设计贸易数据异动监控参数模型，组织开展贸易数据异动和不实贸易风险联合研判，与企管稽查、缉私、监管、风控等部门建立风险共享和研判工作机制，对相关风险信息进行预定式布控、转稽核查、转缉私等方式处置。

下发《进一步加强统计监督月报表报送工作的通知》，进一步强化统计监督工作机制，明确《统计监督月报表》的报送要求，压紧压实隶属海关责任。每季度整理汇总发布海关统计数据典型差错案例，督促隶属海关加强学习；加强海关统计数据质量管控人才培养，定期组织天津海关专业化数据集中审核工作，采取“以干带训”等方式，统计数据审核能力进一步提高。

加强贸易统计审核方式创新研究，利用云擎设计短期内出口值快速增长、特殊监管区域贸易兜转等筛查模型，丰富数据审核手段，拓展数据审核范围。完成天津海关课题《海关统计数据质量管控方式创新研究》《海关统计数据质量综合管控方式研究》。

【统计数据质量监督核查】2021 年，天津海关贯彻落实习近平总书记在中央全面深化改革委员会第 21 次会议上的讲话精神，开展谋划进一步加强海关统计监督工作思路及措施，持续夯实海关统计基础，认真履行海关统计法定职责，加强统计数据质量监督，切实维护统计数据真实、准确。

加强贸易统计数据质量专项监督核查，对出口钢材、白银手镯、皮草服装、特殊监管区域等商品数据，以及新增备案企业出口短期内激增、利用特殊监管区域政策开展物流兜转的业务风险进行专项核查。2021 年，天津海关共下发统计数据质量监督核查单 122 期，实施行政处罚 678 起。参与白银手镯、苹果手机等专项统计监督核查工作，依据数据异常波动分析结果，发现个别企业逃避许可证件管理、骗取出口退税，造成海关统计数据失真等情况，已根据相关规定实施后续处理措施。

业务统计

【业务统计数据质量管控】2021 年，天津海关作为成员单位参与全国海关业务统计数据轮值审核，查发相关数据差错十余起，撰写评估报告报海关总署统计分析司。2021 年，共编发业务统计监督信息 10 期，监督修正业务统计数据 695 条，提出指标口径优化建议 9 项，被海关总署统计分析司采用 4 项。

在传统业务统计数据审核基础上，丰富业务统计数据审核方式，尝试开展业务统计、贸易统计、宏观经济数据关联审核和交叉印证，查发并修正相关报关单记录 106 条，提出数据质量检控参数优化建议 7 条。

制定了《天津海关业务统计指标建设和分析研究制度（试行）》。按照“三化”要求，制定了业务统计数据采集、质量管控、指标设计、指标监控、数据分析、数据发布、安全管理、更新反馈 8 项工作制度，与商检、食品、监管等部门合作编制业务统计指标报告 4 期。

【业务统计指标体系建设】2021 年，天津海关牵头开展海关业务统计指标系统设计工作。协助统计分析司业务统计处编写加快建设海关业务统计指标系统情况的报告，参与统计分析司业务统计指标系统项目建议书编写工作，累计参与相关集中工作 17 人次。牵头承担海关业务统计系统数据安全监控工作。

牵头开展关检融合新指标建设。牵头设计基于 H2018 系统 3.0 版、新风控、新查管等系统的检验检疫新指标。协助统计分析司调研完善中欧班列、出入境人员、行邮渠道扣退物品、特殊监管区域等统计指标。

加强业务统计专业人才培养。2021 年 6 月份，在全国海关业务统计技术骨干选拔测试中，天津海关共计 4 人入选，位列全国第二，负责业务统计工作的科长被统计分析司确定为货运监管工作组导师。创建《天津海关业务统计工作交流》载体，2021年组织隶属海关统计人员投稿10次。

统计数据管理

【海关统计服务】2021年，统计分析处提供各类统计服务及数据共计454批次，涉及数据15.5万条，同比分别增长11.3%和12.3%。主要包括：

向社会公众提供统计服务。每月通过天津海关门户网站主动公开天津口岸及天津市月度进出口综合统计数据并进行图表展示，包括天津口岸及天津市分贸易方式进出口情况表、天津口岸及天津市分企业性质进出口情况表、天津口岸及天津市分国别进出口情况表等；设立专门互联网邮箱和热线电话，依照社会公众申请提供统计服务，全年依申请提供统计服务36次，涉及数据条700余条。通过向社会公众提供统计服务，为社会公众了解天津市及天津口岸外贸状况提供数据支持。

向天津市政府部门提供统计服务。为天津市领导提供天津市月度进出口初步统计数据，2021年共提供6批次，涉及数据条36条；通过签订共享协议等方式，为天津市商务局、统计局、发展和改革委员会等部门提供各类天津口岸及天津市月度进出口统计数据，包括《天津口岸按境内目的地或货源地所在省市分进出口情况表》《天津市保税维修进出口分商品情况表》《天津口岸水运方式按重点国别（地区）分出口重点商品情况表》等，并通过天津市政务信息共享平台按月度发布相关统计数据。2021年，提供月度数据60批次、数据表504张，涉及数据4.5万条；通过来函办理，为天津市各政府部门提出的特定需求提供统计服务。2021年，根据来函提供统计服务43批次，涉及数据3.4万条。

向天津海关关领导及天津海关各部门、单位提供相关数据。为天津海关关领导撰写《天津海关疫情防控物资进、出口数据情况》专报和《天津口岸及天津市进出口贸易统计数据》专报，2021年撰写专报23篇，涉及数据8,800余条；为天津关区海关各职能部门和隶属海关提供各类统计数据或报关单数据，2021年提供数据274批次，涉及数据5.5万条。通过向天津海关关领导及天津海关各部门、单位提供相关数据，为天津海关关领导决策及各部门、单位开展工作提供数据支持。

【海关业务数据职能管理】2021年，天津海关组织各部门单位深入学习宣传贯彻《中华人民共和国数据安全法》，制订工作方案，组织海关外部专家为天津海关党委中心组授课，分管统计工作的刘心同副关长以“《数据安全法》与海关业务数据安全”为题，面向天津关区15个职能部门和19个隶属海关进行视频授课，数据管理业务人员向统计部门人员授课，组织撰写政研文章被统计分析司期刊采用。积极开展内外部宣传，编发3篇微信公众号文章。

推动天津海关各部门单位落实《海关业务数据应用系统（项目）数据安全规范指引》，发挥海关业务数据职能管理作用。与其他业务部门及科技部门密切配合，2021 年共完成 9 个关级业务数据应用系统安全前置审核工作。开展月度数据安全监控，利用互联网搜索，防止重要数据泄露或未按规定日期提前发布数据。建立统计分析处对海关内、外部提供数据台账，进一步规范海关统计部门内部信息系统账号管理。积极参与海关海关总署业务数据安全管理制度体系构建。

统计分析

【贸易统计分析】2021 年，天津海关不断拓展贸易统计分析研究的深度和广度，不断拓展统计大数据分析应用领域，聚焦转变经济发展方式，为天津市外贸稳增长提供决策参考；密切关注疫情对外贸进出口影响，加强对天津口岸和天津市外贸综合性和趋势性分析；实时跟踪能源、汽车和消费品等口岸重点商品进出口动态，为各级领导提供决策依据。贯彻习近平总书记重要指示批示精神坚决有力，服务各级领导决策能力不断提升，推动海关改革发展更加有为。2021 年，共撰写上报各类分析研究报告和专题研究报告 483 篇，向天津市市政府报送《海关统计专报》50 篇。深入研究我国产业“卡脖子”领域“补链”难题，从能源进口角度对我国能源安全保障问题开展研究，在共建“一带一路”背景下深化中国与中东欧国家经贸合作研究等课题。

作为海关总署全球贸易监测分析中心（大连片区）副组长单位，京津冀外贸发展研究小组牵头单位，主动担当全球贸易监测分析中心工作，参与了日报数据、“一带一路”沿线国家和地区经贸往来研究、中美贸易监测、主要商品流向监测分析等工作。2021 年，牵头上报日报 9 期，复核日报 9 期；参与海关总署月初进度分析 6 次；派员参与海关总署集中工作，参与制订全贸中心工作制度优化方案。参与完成《共建“一带一路”背景下深化中国与中东欧国家经贸合作研究》《中国制造业产业链稳定性和竞争力研究》《十三五报告》《2020 年中国城市外贸竞争力》《中国城市外贸竞争力评价指标优化研究》5 个署级课题，牵头完成《聚焦 RCEP 规则下竞争趋势积极发挥政府职能作用》《航空再制造产业对延伸天津航空产业链的作用研究》《我国海工产业发展研究》《我国医疗器械进出口态势分析》《再生金属原料进口对我国资源补充的研究》《京津冀地区贸易分析研究》6 个关级课题。完成为期 5 个月的重点产品专项调研工作，专项调研工作任务重、难度大、要求高，天津关区内抽调精干人员组成工作专班，举全关之力推动落实，最终上报报告字数累计超过 30 万字。两次参加海关总署专项课题研究成果视频审核会，海关总署署领导对天津海关的回答予以肯定。

【业务统计分析】2021 年，天津海关牵头开展全国海关货运监管业务指标监测，定期对进出口货运量、集装箱、中欧班列运行情况进行监测和分析；协助海关总署统计分析司完成国际海运运力运价对外贸影响专题研究。

牵头协助统计分析司汇总整理海关总署形势分析例会货运监管业务素材，编制货运量、集装箱、检验检疫统计报表模板 15 份，相关素材多次被海关总署形势分析及工作督查例会采用。

加强业务指标运行监控，组织编写《货运监管指标监测运行报告》《海关多式联运情况分析报告》《平行进口汽车环保问题分析报告》等情况分析并报送统计分析司业务统计处，被业务统计处采用。2021 年，牵头或参与撰写的业务统计研究报告 17 篇次，9 篇被海关总署采用。

宏观经济分析

【宏观数据分析】2021 年，天津海关宏观经济数据分析成果总量显著增长。参加海关总署 31 项专项课题，形成一系列上报党中央、国务院、海关总署党委的重要研究成果。重点课题研究成果被《监测预警速报》采用。参与撰写海关总署参加中央经济工作会议、中央农村会议等中央级会议参会材料 11 次，参与撰写海关总署重要会议材料 18 次，2021 年完成各类宏观经济研究任务并形成报署研究成果 103 项，增长 53%。天津海关宏观经济分析国际资讯编译组利用业余时间编译国际资讯 134 篇。2021 年，宏观经济数据分析水平显著提升。完成海关总署宏观经济分析领域重要且紧急的分析任务 16 项。其中，“关于部分区域外贸竞争力研究”被海关总署署级课题研究成果采用；“种用玉米进口情况分析”被海关总署领导参加国务院会议参会材料采用，相关数据分析过程被写入报国务院的综合报告；“国际大宗商品价格传导分析”“十三五以来初级产品进口情况分析”最终形成报国务院的专题报告。“出口复杂度分析”“我国主要种用动物进口分析”“我国二手车出口情况分析”“中间产品附加值研究”“创新产业优惠政策研究”均成为海关总署领导参加国务院专题会议的重要备参材料。开展太平洋航线国际航运价格变动趋势分析，数据分析成果被海关总署研究报告采用并上报国务院。

【宏观政策分析】2021 年，天津海关围绕农业、能源、矿产、创新、美国、欧盟六大核心主题开展一系列宏观经济政策分析工作，取得明显的进步。

农业专题方面。牵头完成《粮食安全与种源问题》系列研究，共计上报研究报告 14 篇，累计 9 万余字。以对外依存度从供需两方面结合国内外一系列粮食安全方面的供给波动变化和政策调整，对我国主要粮食品种的安全性得出评估结论。在此基础上完成了 2021 年我国主要农产品对外依存度情况分析。对我国与非洲欠发达国家的种子贸易做了分析，发现并提示了其中的优质燕麦种源流失风险，是这一领域的第一篇研究成果。

能源专题方面。在坚持对原油、天然气作长期追踪研究的基础上，形成了关于两高产品的出口研究报告，完成了海关总署下达的“双碳”专题政策研究任务，结合国际大宗商品价格传导分析年末原油天然气的供需形势相关预测建议被海关总署的年终贸易形势预测报告采纳。圆满完成《建立天津石油天然气交易中心的贸易影响和贸易支持》关级课题研究任务。

矿产专题方面。坚持对铁矿石、稀土作长期系统的追踪研究，承接完成海关总署国际大宗商品价格传导分析任务，并最终整合过去两年研究成果，形成了研究报告报海关总署。相关成果被海关总署采纳。

创新专题方面。根据海关总署要求紧密跟踪世界各国贸易政策创新，系统梳理并分析了主要西方国家与创新相关的贸易行为所享受的税收优惠政策，并进一步完成了与我国国内相关领域税收政策的比较研究。完成了十三五进口、出口专题分析中的贸易政策部分内容，被海关总署研究报告采用。牵头撰写完成《数字贸易发展与海关监管方向研究》专题报告并报海关总署。

美国专题方面。全程参加统计分析司全年 12 次美国问题分析报告撰写，牵头开展美国劳动力就业形势研究，持续追踪美联储货币政策变动分析并及时报海关总署。动员全关专业力量，在 3 天时间内完成倪岳峰署长交办的美国问题专著翻译任务。

欧盟专题方面。针对欧盟对我国“新疆棉”问题的滥诉，主动承接海关总署专题研究任务，作为主要执笔人参与完成《欧盟对中国强迫劳动指控的贸易分析》并报国务院。针对疫情对中欧贸易关系的影响，结合天津口岸特点开展《中国与欧盟汽车贸易的特点、趋势、问题及对策》研究，并形成报海关总署专题报告。

通关效率监控

【基础工作】2021 年，天津海关每周日计算，每周一发布天津关区通关效率周报，并总结当周通关效率变化特点形成《统计工作要情专报》；在每月天津海关形势分析会上，对天津海关每月通关效率情况进行分析总结；定期向相关职能部门和隶属海关提供本业务条线和本辖区通关效率明细数据，助力优化口岸通关作业效率；每季度以海关统计专报形式向天津市报送天津口岸通关效率分析；参与配合统计司研究建立涉及国民经济发展的重要商品进出口和有关业务运行异动情况监测预警机制工作，同时参与撰写了《统计分析司　综合司关于建立重要商品进出口和有关业务运行异动情况监测预警机制的报告》；参与统计司署级课题《我国进出口货物通关时间总和评价体系构建》，利用聚类方法对直属海关进行分类；参与统计司核查口岸进口标准品边境合规时间延长原因等工作。

【数据服务】2021 年，天津海关根据天津海关重点工作安排，实时升级优化“天津海关通关效率统计分析应用程序”（以下简称“程序”）。

根据《京津联合 8 号公告》任务安排，提供进口报关业务量前 100 名代理报关企业整体通关时间。

根据天津海关推进“天津海关口岸货物通关作业环节工作效率专项考核”工作的要求，在“程序”中增加考核数据项，有力保障天津海关考核工作顺利开展。

为实现口岸进口外贸集装箱货物物流时长测算的目标，完成天津港向天津海关数据推送通道搭建，实现天津港数据在“程序”中落地使用。形成《2021 年上半年天津口岸进口海运集装箱货物通关时间初步分析》，首次实现海关通关效率数据与天津港数据结合进行分析，有效扩展口岸通关效率监控分析的外延。

在“程序”中实现“直提直装数据统计展示”，满足了隶属海关自主随时调阅辖区企业开展“直提直装”数据的需求。

（撰稿人：马　超　王小范　王　瑀
任　恺　孙　钊　李永隆
周燕军　常　彧）

企业管理和稽查

概况

天津海关企业管理和稽查处主要职责是：组织实施海关对进出口企业、自然人统一信用管理制度；承担进口食品、化妆品境外出口商、代理商和进口商备案管理工作，承担出口食品原料种植、养殖场和生产企业的备案管理工作，承担对进出口食品的进口商、出口商和出口食品生产企业实施信用管理，建立信用记录，并依法向社会公布；拟定加工贸易等海关保税业务的工作制度并组织实施；拟定出境加工监管工作制度、加工贸易耗料管理工作制度并组织实施；承担保税仓库、出口监管仓库监管职能管理工作；拟定专项稽查、常规稽查工作制度并组织实施；拟定贸易调查、市场调查等工作制度并组织实施，拟定引入中介机构协助稽查工作制度并组织实施；承办上级交办的其他工作事项。

2021 年，海关总署企业管理和稽查司在全国海关部署开展稽查改革，取消常规稽查。

2021 年，企业管理和稽查处获个人三等功 3 人次，集体三等功 6 人次，个人嘉奖 7 人次，集体嘉奖 20 余人次。

2021 年，天津关区注册企业 41,441 家，其中进出口收发货人 39,742 家、报关企业 1,093 家。

强化政治统领

【推进党史学习教育】2021 年，天津海关企业管理和稽查处坚持将学习领会习近平新时代中国特色社会主义思想作为首要政治任务，将贯彻落实习近平总书记重要指示批示精神和党中央重大决策部署作为“三会一课”学习第一内容，作为班子例会第一议题，不断增强“四个意识”，坚定“四个自信”，坚决做到“两个维护”；持续强化理想信念，推进党史学习教育常态化，将企管领域发展面临的新的形势、新的改革、新的任务、新的挑战作为夯实理想信念、践行初心使命的“必答题”，持续提高政治判断力、政治领悟力、政治执行力。

天津海关企业管理和稽查处坚决执行“党统领一切”，推动党建工作与业务工作同谋划、同部署、同推进、同考核。在工作中处处发挥党员干部先锋模范作用，避免“党建搞得好，业务不中用”的问题。稳步推进稽查改革、信用制度改革、属地查检改革、集团保税、企业自查结果认可模式试点等各项改革工作。2021年，企业管理和稽查处党支部党建品牌“我在你身边”顺利通过中共海关总署委员会“海关基层党建培育品牌”复核。做好“机关引领基层、支部联系企业、党员服务群众”活动，围绕“基层组织建设年”等天津关区党建重点工作，积极发挥企管关企桥梁的纽带作用，立足海关职责、聚焦企业所需，为企业群众办实事、解难题，不断丰富“我为群众办实事”实践活动成果。

【推进“四强”党支部建设】2021年，天津海关企业管理和稽查处带头推进“强基提质工程”和“四强”党支部建设，突出抓好准军事化海关纪律部队建设，把“马上就办、真抓实干”作为内在文化。围绕党员“双素质”提升工作，杜绝学习上的形式主义问题，坚持“领读员”制度，做到理论学习领读全覆盖。组织党员干部深入“中共北方局纪念馆”“平津战役纪念馆”“周恩来邓颖超纪念馆”等红色教育基地开展党史情景式、沉浸式教学。推进支部基础建设，做到支部工作有计划安排、有任务清单、有具体措施，夯实党建基础。推进对党员干部“严管厚爱”，充分发挥支部书记和纪检委员监督作用，及时发现苗头、及时咬耳扯袖，在工作生活上，体现组织关怀，传递组织温暖，让大家时刻感受到“支部在你身边”“党员（家人）在你身边”。发挥党员的先锋模范作用，2021年，该处共4人次参加支援机场一线、冷链查验等疫情防控工作，其中1人获个人三等功。

2021年，天津海关企业管理和稽查处坚持把纪律规矩挺在前面，从严从实抓好纪律建设，抓早抓小、防微杜渐。利用好组织生活会和谈心谈话手段，积极践行监督执纪问责“四种形态”，严肃开展批评和自我批评。持续贯彻落实中央八项规定精神，利用工作微信群、集中学习加强工作纪律的提示和教育，学习疫情防控、制止餐饮浪费各项工作要求，在“五一”、中秋、“十一”、春节等节假日前重点加强对党员干部的提醒提示。加强党员干部监督，坚决杜绝酒驾醉驾行为，压实责任，时刻提醒。

▲2021年8月31日，企业管理和稽查处党支部赴平津战役纪念馆开展“缅怀革命先烈，激发奋进力量”主题党日活动

【贯彻落实习近平总书记重要指示批示精神】2021 年，天津海关企业管理和稽查处深入贯彻习近平总书记关于禁止“洋垃圾”入境的重要指示精神，年内组织开展固体废物等稽查行动，累计查发问题企业 42 家。落实信用管理要求，将 7 家因走私废物罪被刑事处罚的企业调整为失信企业，1 家因进口禁止进境的固体废物违反海关监管规定企业调整为一般信用企业，对 34 家固体废物涉案企业限制信用等级申请。参与 AEO 国际互认合作，2021 年成功举办中国—智利海关 AEO 互认联合说明会，并与智利方面落实社会公告、数据交换、系统测试等问题，保证了中国—智利海关 AEO 互认安排于 2021 年 10 月 8 日如期正式实施。强化保税仓库和出口监管仓库安全管理。制定《天津海关保税仓库监管实施细则》，细化业务操作，实现标准化作业。对出口监管仓库操作细则以及保税仓库和出口监管仓库布局规划进行完善。2021 年，组织开展 5 次保税监管场所安全监管排查整治，完成中石化燃料油液体保税仓库、天津瀚诺威国际物流公用保税仓库等 16 个仓库的设立（验收）、延期、变更、注销等 35 起审批。

▲2021 年 7 月 28 日，天津海关成功举办中国—智利海关 AEO 互认联合说明会

【政治巡察和专项整治】2021 年，天津海关企业管理和稽查处接受了海关总署巡视和天津海关巡察，开展了“外勤执法与现场监管权力寻租”专项整治、“推诿扯皮”、“有令不行、有禁不止”“工作方法简单粗暴”三类突出问题自查自纠等一系列整治工作。该处聚焦处内部和企管监管领域，着眼工作机制和制度建设，运用“制度+科技”等手段，举一反三，固化巡察整治成效。在“现场监管和外勤执法权力寻租”专项整治活动中，该处牵头 19 个隶属海关合并梳理《廉政风险清单》82 项，被天津海关采纳 18 项。以专项整治工作为契机，梳理企管领域各条线工作情况，立行立改、及时整改，18 项整改项目已全部整改完毕。开展三类突出问题自查自纠。将自查自纠作为一次清理“顽瘴痼疾”的机会，对照三类突出问题的突出表现以及具体形式，梳理存在“对企业群众关注的热、难点问题聚焦不够，解决力度不够，对企业宣传的主体定位不准，影响政策宣讲的效果和质量”“组织领导作用发挥不足，抓工作落实缺乏韧劲、狠劲”“落实工作不走心，服务基层企业不够深入”等 7 个问题和 7 个具体表现。制定“紧盯工作指标，全力推进‘一流海关’建设”“强化宗旨意识，提升政策宣讲质量”“强化作风建设，狠抓各项工作的标

准和质量”等7条具体措施做好整改落实。针对天津海关党委第十巡察组专项巡察反馈意见，该处提高思想认识，全部认领、凝聚共识、细化节点、严肃整改。将巡察反馈意见梳理细化，逐项明确责任人、主办部门、完成时限，制订“下发《企业管理和稽查处疫情防控应急预案》”“建立‘孵化室’机制，集中开展重点培育企业信用培育工作”“加强对‘四中心、大现场’外的各隶属海关调研的力度和广度”等41项整改措施，形成工作台账。截至2021年年底，41项整改措施已立行立改23项。

持续提升后续监管效能

【稽查行动】2021年，天津海关发挥稽查集约化优势，充分发挥组织、指导、协调职能作用，凝聚风控、缉私等部门合力提升查发水平，企业管理和稽查处按月向各稽查业务现场下达稽查工作任务指标，统筹做好稽查绩效考核工作。在巩固特许权使用费、行业性归类稽查成果的基础上，组织开展多个行业性稽查行动。同时，涉检领域稽查实现突破，开展涉检问题研究和风险分析、研判，查发多起进口商品未经海关检验检疫合格擅自销售、进口食品未经海关检验检疫合格擅自动用等情事。2021年，天津海关开展打击跨境电商进口走私“断链刨根”专项行动。细化、分解海关总署要求，制订下发《天津海关企业管理和稽查处打击跨境电商进口走私断链刨根专项整治行动方案》，实现天津关区跨境电商企业验核百分百全覆盖。分类型、划重点，对跨境电商业务企业开展重点验核。对高风险企业开展“集体画像”，并组织开展两轮跨境电商稽查行动。在海关总署企业管理和稽查部门按月通报的稽查绩效指标完成情况中，始终位居全国各直属海关上游。

【发挥核查效能】2021年，天津海关注重发挥海关核查效能，开展进口危险化学品及其包装专项核查验证行动，实施核查作业62起，查发问题25起；对天津关区16家进口大豆指定加工企业开展专项行动，已开展的16个核查作业全部办结，其中9起作业查发问题19项。探索建立核查领域部门间联合抽查新模式。联合天津市市场和质量监督管理委员会、天津市税务局、天津市住房公积金管理中心对天津关区44家企业开展联合抽查，查发问题10起。统筹属地查检业务领域安全生产和疫情防控工作，协调组织开展现场和视频检查，将属地查检环节安全生产和疫情防控工作压紧压实。2021年，天津海关共计办结核查作业2,117起，同比增长26.2%；核查查发问题1,148起，同比上升39.6%。

【优化保税监管】2021年，天津海关开展加工贸易保税业务操作规范修订工作，结合操作系统切换至金关工程（二期）加工贸易及保税监管子系统、保税维修等新兴业态开展的业务实际运转情况，进一步明确审核步骤要点，明确工作职责，优化作业流程，强化实货监管。该关围绕内控节点加强运行监控，通过海关总署企业管理和稽查司业务运行可视化监控平台、“全国海关大数据通用分析平台（云擎系统）”建模等方式，对“审核作业时限”“含禁止类商品手（账）册”等18项内控节点进行监控分析，防范执法风险，提高执法质量。按照多查合一事项要求，认真履行职能作用，加强对定管类、风险类等核查作业的对象分析选取工作，进一步提高对加工贸易企业的监管工作水平。

【强化报关企业管理】2021年，天津海关搭建进出口收发货人“网格化”宣讲服务体系。共搭建网格226个，设立隶属海关“总网格员”26人，“网格员”258人，对接入群收发货人7,208家，其中异地企业1,217家。实行“责任包干”，做到相关政策通知随时发布，政策通知落实情况随时掌握，问题建议随时收集解答。2021年，共推送政策41万余家次，搜集企业反馈问题400余个，并全部解决。进一步强化报关企业管理，开展对报关企业“实地核对、信息比对、信用承诺、交流通报、日常管理”五位一体重点工作，依据商务部门等外界反映情况、天津海关各职能部门和各隶属海关反映问题及海关总署有关规定，对432家业务量较少的报关企业进行注册信息核对，督促问题企业整改或注销报关资质。同时协调天津报关协会加强行业管理，建立综合治理的配合机制，及时纠正报关企业违规经营、错误传导海关信息行为。

促进外贸发展

【构建“亲”“清”关企关系】2021年，天津海关实现“海关—企业家沙龙”常态化，将“海关—企业家沙龙”打造成海关、企业、学界、政界各方交流思想、研究政策、达成共识，提高海关管理质量和效能，推进各项改革措施落实，构建“亲清关企关系”，助力企业发展，促进天津外贸外资稳定发展的平台。2021年，天津海关结合海关重大改革项目和创新政策的出台，围绕“船边直提、抵港直装，通关货物零等待”“聚焦海关保税业务改革，促进新业态新模式发展”“提高报关质量，优化通关环境”等主题举办3期“海关—企业家沙龙”活动，受邀企业35家，其他政府部门、行业协会、学界代表12人，共梳理并解决各界对海关工作的意见建议40余条。同时，发挥海关企业协调员作用，利用中国海关信用管理平台和微信平台协调员团队群，主动向企业宣传、解读海关政策制度，及时帮助企业解决通关过程中遇到的问题。

【深化“放管服”改革】2021年，天津海关推进企业资质类业务“线上办理”“不见面办理”“容缺后补”，提升办理效率，实现报关企业申请即审批，进出口货物收发货人3日内审批。夯实资质备案基础，逐项梳理业务事权层级与职责分工，修订下发《天津海关报关单位注册登记操作流程（试行）》《天津海关企管部门部分特定资质企业备案操作规程（试行）》，及时更新办事指南，为企业提供指引。持续推进注销便利化，简化受理材料、完善办理程序、督导注销时限，实现企业海关注销一次性办理。协调海关总署及天津市市场和质量监督管理委员会及时处置“多证合一”异常数据及突发状况。常态化做好“僵尸”企业清理工作，及时依法依规注销不再经营企业的注册登记。做好特殊资质企业备案工作，提升特定资质管理系统应用水平的标准化、智能化、便利化。

【推进新业态新模式发展】 2021年，天津海关在总结海洋石油工程股份有限公司试点经验基础上，以企业需求为导向，优化创新监管模式，扩大试点，于年内完成对凯莱英医药集团（天津）股份有限公司、信义汽车部件（天津）有限公司、艾尔姆（中国）投资有限公司3家企业集团申请开展集团加工贸易监管模式的批准工作。专题研究天津中燃船舶燃料有限公司保税油供船和燃料油混兑调和业务需求，分析确定操作流程和解决方案，开展可行性磋商和业务系统试操作，企业保税仓库扩容申请于2021年6月获批，实现保税燃料油混兑业务在津落地。保税船用燃料油供应便利化创新列入天津海关2021年第三批自贸创新举措，并向海关总署备案——“保税物料跨关区直供新模式”创新举措。天津海关落实《国务院办公厅关于加快发展外贸新业态新模式的意见》，深入推进保税维修业务向纵深发展。推出“主辅料分别监管”“建立航空产业全链条集群监管模式”等支持措施，保税维修业务范围不断扩大。2021年，共有9家企业开展保税维修业务，从航空维修单一领域扩展至船舶、网络服务器、X射线检查系统、冷藏集装箱维修等多个领域。保税维修再制造进出口货值达158.91亿元，同比增加73.79%。

【推进高质量“一流海关”建设】 2021年，天津海关加大信用培育力度、严把企业认证质量关，有力提高企业规范化管理水平，减少违规情况发生。2021年1月至10月，认证企业违规率为0.1%，同比下降33.35%，远低于《天津海关关于印发创建“一流海关”2021年评价指标体系及目标值的通知》中设定的目标值。扎实推进企业满意度调查工作，根据天津关区年度重点工作，并结合“现场监管与外勤执法权力寻租”专项整治、跨境贸易便利化专项行动、巩固完善“支部联系企业、党员服务群众”机制、“我为群众办实事”主题实践活动部署，设计《2021年天津海关企业满意度调查问卷》（19套），选取被调查企业1,000家，委托国家统计局天津调查总队实施调查。根据调查结果，2021年度天津海关企业满意度总体得分为97.75分，高于97分的目标值。

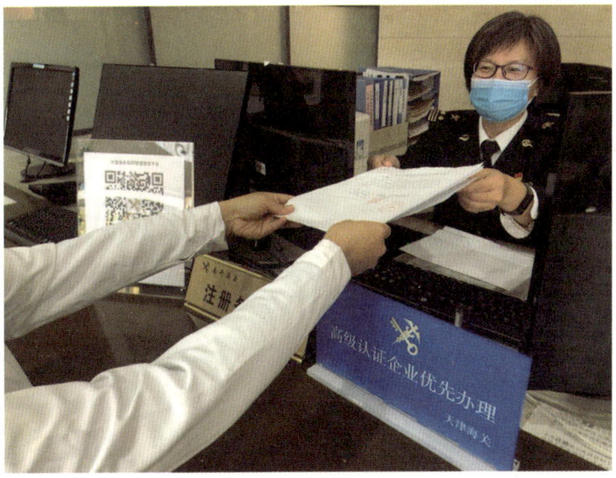

▲2021 年 1 月，天津海关各业务现场配备“高级认证企业优先办理”标识牌，图为南开海关关员正在为高级认证企业办理海关手续

推进业务改革

【企业信用管理改革】2021 年，天津海关规范信用培育工作，制定下发《天津海关企业信用培育工作实施细则（试行）》，提升信用培育工作效能。探索“特殊监管区域企业”“新兴产业”“集团性企业”的链式批量培育模式，拓展信用培育广度和深度，推动形成集聚效应。成立认证企业孵化室，定期公布天津关区信用培育工作台账，实现任务进表、责任到人，形成信用培育的有效闭环。2021 年，共开展信用培育 746 家次。在此基础上，天津海关促进培育成果转化，严把高级认证企业标准，探索“企业管理和稽查处+企业认证中心（东丽海关）+属地海关”联合认证模式，组建 28 个联合认证小组，实现“立体化”统一执法，全力推动关区企业认证工作提质增效。2021 年，共 189 家企业递交高级认证申请，117 家企业通过认证，天津海关高级认证企业数量达到 270 家，较 2020 年年底提高 68.75%，首次实现关区高级认证企业单年增量破百。

2021 年，天津海关着力推进海关信用管理制度改革，开展多渠道对企政策宣传，详细解读新的《海关注册登记和备案企业信用管理办法》带来的变化。针对“一般认证企业”取消后的待遇问题开展专题调研，了解原一般认证企业经营现状、业务开展情况以及适用的管理措施，确保新信用管理制度顺利实施；开展信用修复 79 家。

【稽核查与属地查检改革】2021 年，天津海关贯彻落实海关总署稽查改革部署，坚持以查发问题为导向，推动稽查领域改革。制发《天津海关稽查改革方案》，统筹加强、优化天津海关企业管理和稽查处、稽查中心（东丽海关）、其他隶属海关的稽查、贸易调查人力资源配置，进一步发挥“稽查集约”优势和“中心—属地”协同效能，形成“权责明晰、协调高效、反应迅速、执行有力”的稽查工作机制，构造完整的稽查管理体系。大力开展贸易调查，综合运用“大数据”等科技手段，聚焦税收安全和检验检疫准入安全，锁定高风险商品、企业和行业。2021 年，天津海关牵头 15 个直属海关开展核查领域“企业自查结果认可模式”改革试点，对天津关区 6 家高级认证企业开展核查作业 6 起，单个核查作业流程平均耗时 2 个工作日，较传统模式最大缩短86%。参与海关总署属地查检工作改革。牵头开展全国属地查检资源分析，梳理流程、评估资源、总结问题、提出建议；按照天津关区现状，梳理属地查检业务中各职能管理部门职责，研究提出工作建议，承接属地查检管理职责，推动属地查检改革事项落地。2021年，天津海关组织撰写互联网+稽查项目简介、试点企业ERP系统（企业资源计划系统）对接标准、对接信息安全管理建议、试点工作指引、“互联网+稽查”改革试点准备方案等文件，走访企业宣讲相关政策，确定企业联网意向，做好海关总署“互联网+稽核查”系统上线运行的前期准备工作。

【强化风险防控】 2021年，天津海关提升风险意识，多措并举全面强化风险防控。认真落实《天津海关稽核查部门审核工作规范（试行）实施细则》，按月督导汇总，规范审核要求。针对新下发的《海关稽查部门办理自主查发的简易程序案件、快速办理案件操作办法》，督促、指导各隶属海关完成作业衔接。全年累计办结审核作业602个。同时，加强日常监控，做好海关总署业务运行可视化监控平台3.0版的升级测试工作，顺利完成平台天津关区241人的重新授权、指标预判和上线推广等工作。年内累计处置“平台”预警、监控数据信息411条，平均处置时长1.29天，制发人工监控单18条，无被海关总署扣分的系统监控单。组建专业队伍，开展重点作业执法检查。组成天津关区52名骨干的企管领域执法监督联络员队伍。对81个主动披露作业开展年度执法专项检查。

（撰稿人：王　斌　刘智伟　李　娜
张书杰　张　茉　金强星
胡　静　殷　彪）

查缉走私

概况

天津海关缉私局为副厅局级建制，主要职责包括：在中华人民共和国海关关境内，依法查缉涉税走私犯罪案件和发生在海关监管区内的非涉税走私犯罪案件，对走私犯罪案件和走私犯罪嫌疑人依法进行侦查、拘留、执行逮捕和预审工作，对侦查终结的走私犯罪案件移送检察机关审查起诉。对不构成走私犯罪的走私行为，构成走私犯罪但依法不追究刑事责任的走私行为，违反海关监管规定的行为以及法律、行政法规规定依法由海关查处的案件依法进行调查、审理和行政处罚。接受和办理地方公安、工商行政管理和烟草专卖等行政执法机关查获移交的走私犯罪案件和走私、违规等行政违法案件。依法办理、参与和海关缉私部门有关的申诉、复议（其中行政复议由海关法规部门办理）、诉讼、赔偿；受理检举、控告，对查办情况进行反馈，并依据有关规定实施奖惩。依法对抗拒、阻碍海关缉私部门执行职务的行为进行治安处罚，对情节严重、涉嫌刑事犯罪的，移交地方公安机关处理。承办国务院及海关总署、公安部交办的重大走私案件和其他事项。负责反走私社会综合治理工作以及反走私形势分析。

截至2021年年底，天津海关缉私局设有隶属缉私分局5个，分别为新港海关缉私分局、机场海关缉私分局、保税区海关缉私分局、开发区海关缉私分局、东疆海关缉私分局；直属缉私科2个，分别为邮局海关缉私科、静海海关缉私科。

2021年，天津海关贯彻习近平总书记关于打击走私、疫情防控系列重要指示批示精神，落实海关总署关于开展打击走私“国门利剑2021”行动方案的统一部署，承担起打击走私工作职责，锲而不舍、一以贯之保持高压严打态势，完成好常态化疫情防控形势下打击走私各项工作。全年，侦办走私犯罪刑事案件151起，案值43.76亿元。其中，海关总署一级挂牌督办案件8起、二级挂牌督办案件3起。行政立案3,078起，案值17.19亿元，案值千万以上或涉税百万以上案件19起，罚没收入15,306万元。

刑事执法

【打击涉税走私】2021 年，天津海关立案侦办涉税刑事案件 68 起，案值 20 亿元。获批海关总署一级挂牌督办案件 2 起，二级挂牌督办案件 3 起。

2021 年，立案侦办“水客”走私刑事案件 1 起，抓获委托拱北口岸水客团伙走私入境淘宝经营个体人员 1 名，案值 90 万元。加强对快件渠道走私活动的专项打击，实施代号为“使命 2106”的打击快件渠道走私专项行动，出动警员 40 余名，分 10 个工作组，在天津、长沙两地同步开展抓捕查缉行动，抓获犯罪嫌疑人 5 名，成功打掉走私团伙 1 个。该案案值 2.5 亿元，获批海关总署一级挂牌督办管理案件。加强对船员等特殊监管渠道走私的专项打击。将常规巡查与突击巡查相结合，打击与防控并举，加大对船员走私的震慑与打击力度。立案侦办香烟走私刑事案件 1 起，查获万宝路白金香烟 300 条。

2021 年，围绕“国门利剑 2021”行动打击重点，持续严厉打击汽车、高档消费品等重点涉税商品与农产品走私，加强与天津市公安局、天津海警局等部门的合作，着力打大、打深、打透，斩断走私“购运储销”链条。其中，具有典型性的涉税案件主要有：一是“使命 2107”打击废金属专项行动，该案件获批海关总署二级挂牌督办案件。出动民辅警 20 余名，于天津市内多个地点同步开展抓捕、侦查行动，共抓获、控制涉案人员 7 人，扣押违法所得 3,000 万元。经查，涉案公司在进口过程中，采用伪报原产地等方式走私进口废金属等 150 余票，案值约 1.3 亿元。二是“使命 2108”打击农产品（坚果）专项行动，该案件获批海关总署一级挂牌督办案件。出动警力 20 余人，成功在天津、深圳两地打掉了以陈某、李某为首的走私犯罪团伙，查证走私进口坚果 9,000 余吨，案值超 3 亿元。三是“使命 2109”打击汽车专项行动，该案件获批海关总署二级挂牌督办案件。出动警力 30 余人，于天津市内多个地点同步开展抓捕、侦查行动，抓获数名犯罪嫌疑人。经查，涉案公司于 2013 年至 2020 年间，以低报价格方式在天津、青岛、大连等口岸申报进口美国、加拿大、墨西哥等版本的平行进口汽车（路虎、丰田塞纳、宝马、奔驰 GLC300、GLS450、GL450 等品牌），该案案值 4 亿元。四是北京某贸易公司走私酒水案。经查，2018 年至 2021 年间，北京某贸易公司自天津口岸进口啤酒，货物原产地为德国、比利时等，在操作进口上述货物过程中该公司采取低报货物价格的方式向海关申报，该案案值 7,800 余万元。五是天津市某销售公司走私普通货物案。经查，2020 年至 2021 年间，天津市某食品销售公司从天津口岸申报进口日本零食，在操作进口上述货物过程中该公司采取低报货物价格的方式向海关申报，该案案值 550 万元。六是天津某科技公司走私普通货物物品案。经查，2020年至2021年间，涉案公司将应以一般贸易方式进口的某商品伪报为跨境电商贸易方式进口至国内进行销售，该案案值350万元。

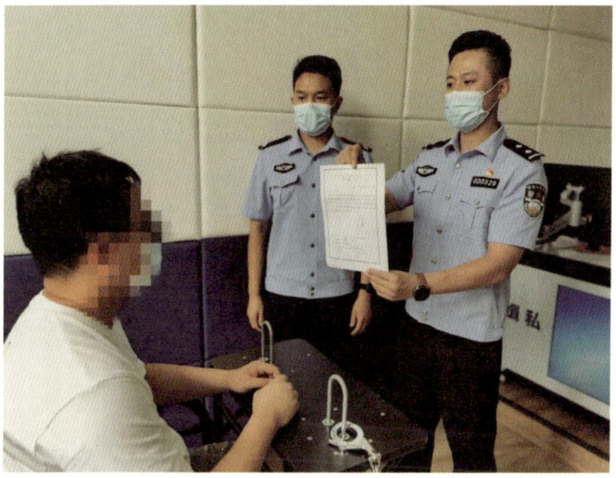

▲2021年7月20日，保税区海关缉私分局民警依法对崔某走私普通货物案犯罪嫌疑人执行逮捕

【打击非涉税走私】2021年，天津海关贯彻习近平总书记生态文明思想，落实习近平总书记关于禁止“洋垃圾”入境重要指示批示精神，开展“蓝天2021”专项行动。成立专项行动工作专班，专门指导、研判走私固体废物类案件的侦办、退运工作，年内，刑事立案9起，查扣涉案固体废物603吨，退运37.2万吨。完成天津海关历年来查扣固体废物数量最大的“使命2003”专案全部涉案49.8万吨固体废物退运工作。落实习近平总书记关于禁止象牙贸易的重要指示批示精神，组织开展“护卫2021”专项行动，刑事立案4起，查获象牙制品491.9克、石珊瑚2,392株、玳瑁标本2件、西洋参2,393.8克、黄檀木16.3吨等。打击涉枪涉毒走私刑事立案37起，查获气动力枪支2支、铅弹242粒、枪支零部件16件、冰毒1,717.44克、冰毒片剂217.49克、大麻植物3,769.5克、大麻油219.95克、含大麻食品1,478.93克等。

在内部，该关缉私局密切与海关各业务环节的联系配合，多次召开座谈会，对就固体废物属性鉴定、辖区反走私形势、风险研判、联合巡控等工作进行交流，积极探索联合研判、联合防控、联合打击的方式方法，并注重经验做法的梳理总结，在线索查发、现场查缉、专业支撑等各环节各方面，固化形成长效性工作机制，进一步完善海关“防控、监管、打击”一体化打私体系。在外部，该关与天津市公安局、天津市规划和自然资源局、国家海洋博物馆、天津市渔政渔港监督管理处等部门开展工作合作，就线索移交，案件深挖扩线，移送管辖等相关问题进行研讨，提升打私效能。与天津市公安局相关部门优势互补，就相关案件线索资源共享、联合作战、共同打击，充分发挥各自资源优势，建立全链条跨区域作战模式。该关缉私局多次与天津市公安局环食药总队进行座谈，就加强线索经营、处置，防控“洋垃圾”入境风险进行交流合作。与天津市公安局刑侦局、天津市公安局治安管理总队、天津市公安局禁毒总队建立了大要案联动作战模式，将涉毒、涉枪、涉恐案件一查到底。

▲2021 年 3 月 29 日，开发区海关缉私分局民警监督涉案固体废物退运出境

行政执法

【重点领域行政执法】 2021 年，天津海关提升对重点领域行政案件关注度。结合“国门利剑 2021”专项行动，筛查涉及固体废物、象牙及濒危动物制品行政案件情况，对存在的走私违法风险向办案单位进行风险提示，及时关注快件、邮寄渠道海关现场查发案件情况，对具有走私违法嫌疑的共性线索整合分析，加强数据研判。制作《天津关区危化品案件统计表》，加强对重点案件的分析。2021 年，天津关区办理涉及固体废物行政案件 81 起，象牙等濒危物种行政案件 26 起。关注防疫物资、疫苗出口情况，排查涉案风险。落实《天津海关出口货物严重短装分类惩戒工作方案》，做好出口货物严重短装分类惩戒工作。及时掌握、督促此类案件移交、查办情况。对不同类型的出口短装线索，明确认定标准，做好甄别分类处罚及处置工作，保证执法统一性。落实全国打虚打骗联系配合机制，年内 3 次召集天津市税务局稽查局、天津市公安局经侦总队召开专题会议，将影响出口退税案件的信息及时通报，排查天津口岸影响出口退税案件涉及的重点风险，提供给对口的天津市经侦总队四支队。

【行政执法规范】 2021 年，天津海关制定《天津海关缉私局重点行政案件线索案前排查办法》，修订《天津海关缉私局行政违法案件督办规定》，废止《天津海关涉及检验检疫类案件线索甄别联系配合办法》。依照《天津海关缉私局行政违法案件督办规定》，对办理的行政大要案 17 起进行督办。加强天津海关各职能部门的协作配合。天津海关缉私局走访天津海关风险防控分局、行邮监管处、口岸监管处、临港海关，了解查发线索移交情况，共同分析研判天津关区存在的走私风险，充分发挥海关业务现场一线优势和缉私部门专业优势，进一步加强联系配合，制定联络员制度，完备日常联系机制，加强业务对接，做好信息共享，共同扩展案源。

【“两简”案件】 2021 年，天津海关落实海关总署关于实施新修订的《行政处罚法》的指导意见，特别是针对新《行政处罚法》中对于办案时限的新要求，注重从受理、立案及调查环节提升办案效率，做好新法实施的预备性工作。同时，做好海关总署颁布的《海关办理行政处罚案件程序规定》的推广实施，总结对于简易程序及快速办理程序案件办理过程中影响较大的一般性及特殊性规定12项，发送该关19个办案部门，推进依照新规执法。该关缉私部门加强简易程序及快速办理案件（“两简”案件）实地走访调研。在走访天津新港海关、天津东疆海关、天津邮局海关等主要“两简”案件现场的基础上，还与天津南疆海关、天津大港海关、塘沽海关等开展座谈，结合各海关监管实际，对于船舶船员监管、两步申报后续监管等问题开展针对性研究，对于涉证、涉税、涉退税等重点案件遇到的执法问题加强研究，共同努力查发案件线索。坚持落实疑难问题“首问负责制”，第一时间予以明确回复，同时及时收集现场办案过程中的疑难问题和现实困难。强化监督监控，保证办案效率。实时依据系统数据监控“两简”案件7日办结率，保证办案效率。年内组织对隶属海关“两简”案件办理部门进行了办结时限提醒并协助业务现场解决“两简”案件录入问题1次。督促各办案现场案件早立快结。

法制建设

【“执法效率大提升”专项活动】2021年，天津海关缉私部门制订《天津海关缉私局2021年“执法效率大提升”专项工作实施方案》并推动实施，着力解决案件办理效率低、办案周期长、执法标准不统一等突出问题。坚持主动发现问题、研究问题、解决问题，针对各单位、部门不同层级、不同地域各项业务执法实践存在的执法突出问题，加强分析研判，对症下药、有的放矢。通过规范案件办理程序，办案进度动态管控，执法过程实时监督，执法检查贯穿始终，切实强化依法依规办案，提升办案效率。通过开展“执法效率大提升”专项活动，共清理刑事案件积案4起、行政一般案件97起，及时清退各类保证金百余笔。压缩办案时长，行政一般案件办理效率压缩到74.73天，最短仅为29天办结，实现无行政超期案件目标。行政一般案件一年内办结率100%，240天执行完毕率100%。

【执法规范化建设】2021年，天津海关持续推进执法规范化建设，加强制度建设、执法主体建设、办案场所建设，不断提升执法规范化水平。制定《天津海关缉私局刑事案件统一审核　统一出口工作机制实施细则（试行）》《天津海关缉私局“案结八问”工作制度》《天津海关缉私局现场执法视音频记录工作规定》等规章制度，明确民警职责和监督管理责任，使相关工作细化标准、有章可循。年内，开展办案场所使用管理专项检查2次，就发现的问题剖析原因、研究对策，并进行针对性整改，促使办案部门提高规范执法意识和能力，充分保障犯罪嫌疑人的合法权利。结合新《公安机关办理刑事案件程序规定》《出口管制法》《走私普通货物、物品罪证据收集和审查工作指引》及缉私管辖新增罪名、认罪认罚司法政策适用等新变化、新要求，按照《天津海关缉私局缉私业务人才库管理办法》，充分发挥专家作用，开展研究及业务培训，及时出台相关办法措施，为执法办案提供指引。年内，开展法制大讲堂2期，走访办案部门5个，累计12次，协调沟通检察院、法院机关40余次，解答各类疑难问题70余项，在天津海关缉私局主页“我为基层解难题”专栏刊登具有指导意义的典型问题研究及法律疑难解答共8项。

【执法监督】2021年，天津海关严格落实《天津海关缉私局刑事案件统一审核统一出口工作机制实施细则（试行）》要求，开展日常案件审核，对执法环节统一审核，统一与检法机关对接，进一步优化办案模式、提高办案效能，着力提高依法规范取证的能力；对执法办案关键环节和重要措施、决定，进行严格把关，加强了立案环节、涉案货物先行变卖、处置、变更强制措施等执法环节的法制审核工作。强化执法专项审查，对2018年至2021年办理的727起刑事案件和870起走私行为案件开展检查，并推动问题逐一整改。通过案管系统等信息化手段以日常巡查、重点核查、随机抽查等方式对缉私执法在办案件进行实时动态监督管控，对各执法办案系统的数据录入情况、在办案件强制措施适用情况等各类执法行为进行指导、监督和检查，年内共发布案管动态12期，对监控发现的执法不规范，文书制作、侦查措施使用不当，证据材料录入不完整不及时等各类问题事项进行提示、通报、催办，并督促问题逐一整改落实到位。

情报技术

【“智慧缉私”实战化应用】2021年，天津海关加强第一缉私战区“情报中心”建设。针对走私活动重点领域，结合专项任务，联合相关部门，开展深度分析研判工作，向办案部门提供行动性情报产品和动态分析产品，有效遏制走私活动态势。从海关业务衔接和地方公安职能拓展上进一步强化联系配合，在数据资源应用和情报信息共享中，拓宽情报线索来源。对内，同海关总署税收征管局（京津）、天津海关风险防控分局、企业管理和稽查处、行邮监管处开展联系配合；对外，强化同天津市公安局技侦总队、天津市公安局网安总队联系配合，完善细化同天津市公安局经侦总队的联席会议制度，同天津市烟草局公路分局、天津市食品药品监督管理局建立情报信息研判共享机制。向海关总署缉私局情报中心报送情报分析研判专报12篇。跟踪海关总署毒品线索，成立工作专班、细化方案、排查某国际涉毒线索。针对不同类型案件的情报技战法开展专项调研，组织专人总结情报经营战法，编写案例战法汇编，指导缉私情报工作。

2021年，天津海关共接收处置各类情报线索191条，向外移交情报线索115条。其中，刑事立案46起，包含海关总署一级挂牌督办案件5起、二级挂牌督办案件1

起；行政立案3起。向兄弟海关缉私局移交情报线索40起，其中刑事立案14起、行政立案1起。向地方公安部门移交情报线索4起，其中刑事立案2起，行政立案1起。

【情报资源共享】2021年，天津海关加强国际协查和反洗钱资金查证，做好为基层办案部门的服务工作。协调海关总署情报部门，妥善处置国际合作和数据查询过程中出现的问题，向办案部门提供解决建议，及时反馈数据查询结果。重视固体废物走私情报线索分析，推进“风情小组”联合研判常态化。同步开展大数据分析并推送办案部门，重点对固体废物走私高风险商品开展数据研判。组织专门警力开展非涉税线索分析研判，重点挖掘涉濒危、毒品、枪支、水客走私线索。对涉及抗疫物资商品走私违法线索进行重点研判。对天津关区内进行抗疫物资生产及出口销售的企业进行梳理并开展风险分析，深入挖掘线索背后的隐藏风险，与天津市食品药品监督管理局进行沟通，就线索所涉相关物资及单位的后续处置问题进行研判，完善处置体系。在“清邮”专项行动中，天津海关缉私部门与该关所属邮局海关保持密切联络，关注相关线索的搜集和研判。在跨境电商专项稽查行动中，该关缉私部门强化协同配合，注重发挥自身特点解决实际问题。在涉税案件线索经营中，该关缉私部门与风控部门协同工作，完善信息交换、线索经营、接收处置等各项工作。

综合治理

【打击走私综合整治】2021年，天津海关组织召开天津市打击走私综合治理工作会议，天津市领导出席并讲话。天津市打私领导小组成员单位由原来的18家增加至30家。组织天津市各区政府签订《天津市2021年打击走私综合治理责任书》，面向各成员单位、各区政府下发《天津市2021年打击走私综合治理工作要点》。在天津市范围组织开展反走私综合治理集中宣传月活动。组建天津市滨海新区打私巡查队，参加天津市滨海新区打私办非设关地反走私联合巡查。对天津口岸非设关地反走私综合治理工作开展调研。实地勘察天津关区非设关地，拍摄图片、视频资料，绘制图集，编制《天津关区非设关地分布指引》。结合缉私工作实际，开展理论研究并撰写政研文章《天津非设关地反走私综合治理研究》。撰写政研文章《“违法所得没收程序”适用于走私犯罪案件的实证研究》，从理论和实证的角度对“犯罪嫌疑人、被告人逃匿、死亡案件违法所得没收”特别程序进行深入研究；撰写政研文章《涉走私洗钱罪的司法认定问题探究》，结合《刑法修正案（十一）》有关洗钱罪认定内容的修改，分析办理走私犯罪案件中发现的洗钱犯罪问题。

【打击走私新闻宣传】2021年，天津海关善用电视、广播等传统媒体做好打私新闻宣传。准确把握重要节点，在该关成功退运49.8万吨固体废物的时间节点和“6·26”国际禁毒日前夕，召开天津海关打击走私专题新闻发布会，固体废物退运新闻获得几十家中央和地方主流媒体的宣传报道，毒品查缉新闻在中央电视台《新闻联播》播出。利用微博、微信、抖音等新媒体平台做好对外宣传。涉及毒品、硅铁、固体废物等的一批重大案件陆续得到各类新媒体刊发和报道。在国家安全日、国际儿童节和国际禁毒日等重要时点，开展打私宣传进学校、进社区活动。举办“追梦青年强国有我”网上主题宣传活动，依托“天津反走私”新浪微博平台，在国庆前夕和国庆当天发布打私一线青年民警爱国敬业心声。天津海关缉私局5名同志讲述真实的打私故事，传播反走私声音，展示天津海关青年民警形象。该系列宣传活动得到天津政法、平安天津、新浪天津、中国反走私等政务微博账号的转发转载，截至2021年年底，累计阅读量逾40万次。

（撰稿人：马绍峰　王　天　付　强
刘　晔　张　鹏　郭玉娜
曹　元）

科技发展

概况

2021年，面对新冠肺炎疫情带来的新形势、新任务、新考验，天津海关向科技要力量、以创新增效能，在确保严密监管、保障国门安全的同时，提升服务水平、优化口岸营商环境，科技工作水平得到提升。完成的主要工作有：天津海关疫情防控信息化支撑平台启用；实验室质量体系运行监控系统上线运行；完善“旅客健康申明卡辅助应用”功能；天津海关自贸试验区区块链应用项目上线运行并完成初验；完成跨境电商“双十一”通关保障工作；完成国家网络安全攻防实战演习；保障庆祝建党100周年网络安全工作；开展国家网络安全宣传周；完成业务网邮件系统升级切换工作；完成首台国产化麒麟国产操作系统服务器的部署；推进国产化设备替换；完成智能审图信息化平台试点工作；完成第二批重点监管设备联网工作；组织编写完成《天津海关科技装备工作要求》；引进首个移动P2+实验室；天津海关“科技大楼”正式启用；研发H-物质鉴别多模谱仪等新装备；由天津海关主持完成的项目在海关总署海关科技成果评定中获得一级成果、二级成果和三级成果各一项，获得天津市科学技术进步奖三等奖一项；组织事业单位2020年度先进科技集体及先进科技工作者评选工作，共有3集体和7个人获此殊荣。

信息化建设

【信息化项目建设】2021年2月9日，天津海关疫情防控信息化支撑平台获得关级信息化项目立项并于上半年上线运行。该系统精准掌握天津关区全体干部职工涉疫信息，开展动态管理和精准研判，细化95项疫情防控填报要素，实现天津关区内部疫情防控“嵌入式、清单式、全流程”管理，同时也减轻了基层填报、逐层级汇总信息的负担和压力，落实了天津关区“三化”要求，为疫情防控、为指挥部决策提供了及时准确的依据。2021年8月，海关总署办公厅组织的口岸新冠肺炎疫情防控专项督查组在天津调研时，该平台获得督查组的充分表扬与肯定。7月16日，实验室质量体系运行监控系统获得关级立项，并于2021年年底上线运行。该系统是规范天津海关实验室体系管理的重要举措，上线后为实验室提供非法检业务信息化系统支撑，完善实验室检测质量控制，便利后续工作质量追溯、工作量统计，提高了实验室综合检测能力和管理水平。

【“旅客健康申明卡辅助应用”系统功能优化】新冠肺炎疫情暴发以来，天津滨海国际机场承担了北京首都国际机场入境国际航班分流任务。入境航班数量多、频次高，入境旅客众多，机场海关旅检通关压力巨大，初期出现了流调岗位手写流调耗时长、内勤岗位手工统计数据耗时长两个突出问题，严重制约了旅客通关速度，增加了红区关员感染风险。针对这一情况，天津海关立即组建了研发团队，通过深入现场、与一线人员视频连线等方式充分调研，梳理业务需求和作业流程，分析症结，反复细化、优化解决方案。而后快速开发出了具备流调结果电子化、旅客台账自动生成、检疫进度监控等功能的疫情防控信息化管理辅助系统。系统开发过程中，同步在旅检现场流调红区完成海关网络、微机客户端、打印机等硬件配备工作。2021年，对系统进行进一步升级改造，优化了作业流程和配套技术方案，实现了远程验核模式。将海关关员与旅客面对面进行流调的模式转变为“远程无接触”模式，真正实现“不见面”流调，红区关员数量较疫情初期减少了90%。同时升级机场旅检红绿区软硬件系统，配置高拍仪、双屏显示器等设备，提高海关关员验核效率，提升旅客智能化无感通关体验，保障入境旅客全流程一码通关。截至2021年12月31日，共协助完成721架次入境航班，总计82,841名旅客的旅检通关任务。2021年7月9日，《天津新闻》播出的“人民英雄”新闻专题片对该系统的建设和应用进行了报道。

▲2021年4月6日，科技处正在开展天津滨海机场海关旅检现场跟班作业

【天津海关自贸试验区区块链应用项目上线】2021年，天津海关在开展区块链技术创新应用过程中结合重点产业发展和天津关区业务改革，深入业务现场调研，经过严谨分析，以特殊区域管理业务场景为研究切入点，坚持智慧管理理念，研究建设AOG（即时配送）航材管控、海关特殊监管区域货物管理应用场景。建设过程中倒排工期，紧抓实施进度，及时沟通解决系统建设过程中的问题与困难，就场景建设、页面展示、数据安全、身份认证等方面反复讨论、组织攻关，坚持创新与安全并重，确保项目真正发挥作用，推动系统不断优化。该项目于2021年8月27日正式上线运行，9月28日完成项目初验和合同初验，专家组一致同意验收通过。该项目通过直接、实时抓取企业ERP或WMS原始数据，在实现海关、企业、政府、第三方数据等区块链节点相互印证的基础上，辅助物联网对物流轨迹全程监控，从而实现了“多手段、少手续”的隐形监管和“低干预、高效能”的精准监管。

【网络安全保障】2021年4月8日至22日，天津海关开展网络攻防实战演习。在持续攻防的348小时中，拦截攻击队6,104次攻击、封禁攻击地址5,010个；成功追踪溯源3次、锁定两名攻击者真实身份，输出3份防守成果。在历次攻防演习中实现攻击反制“零”的突破，圆满完成天津海关防守任务。

6月20日0时至7月4日24时，天津海关完成建党100周年网络安全保障工作。5月28日天津海关召开网络安全和信息化领导小组会议，天津海关关长、网信领导小组组长赵革部署建党100周年网络安全保障工作，组织开展网络安全检查，覆盖65个部门、单位，累计检查业务网终端3,868台、互联网终端720台、LED屏幕70块；累计发送整改通知单64份，涉及终端390台；签署《海关信息系统用户网络安全承诺书》3,272份。在此期间内，天津海关信息系统运行稳定，未发生网络安全事件。

▲2021年4月8日至22日，天津海关开展网络攻防实战演习

【跨境电商“双十一”通关保障】2021年11月，天津海关完成跨境电商2021年“双十一”通关保障工作。前期与天津市商务局、各电商企业多次沟通，开展进口商品风险防控分析，全面了解系统承受能力和不同时间段的促销情况，7×24小时分时段做好保障工作；建立“天津海关跨境电商‘双十一’保障工作组”，根

据企业申报预估峰值，分时段做好保障工作；开发完成业务量整点短信报播功能，实时统计通关数据，监控系统运行峰值，提升跨境数据监控能力，与天津市商务局保持信息畅通，关键时期每15分钟通报一次数据单量；优化数据传输通道性能，调配系统资源，做好数据库扩容，保障跨境电子商务统一版系统海关端、天津海关物流库、金关二期海关特殊监管区域管理等系统平稳运行。截至11月12日0时，共接受促销期间进口申报清单295.2万单，同比增长5.05%，系统运行平稳，圆满完成“双十一”通关保障任务。10月11日至17日，天津海关组织开展“中国国家网络安全宣传周”，以“共建网络安全，共享网络文明”为主题，以互联网思维、多地同步、线上直播的形式开展安全论坛，全国海关参训人数达到1,126人次，在海关系统起到了引领与表率作用；以网络形式组织全员学习《习近平关于网络强国论述摘编》，开展《中华人民共和国网络安全法》《中华人民共和国数据安全法》《中华人民共和国密码法》等普法教育；使用“悦动津关”等新媒体推介发布数据安全法解读；制作宣传片《办公安全》及安全小贴士，培养用户良好使用习惯。

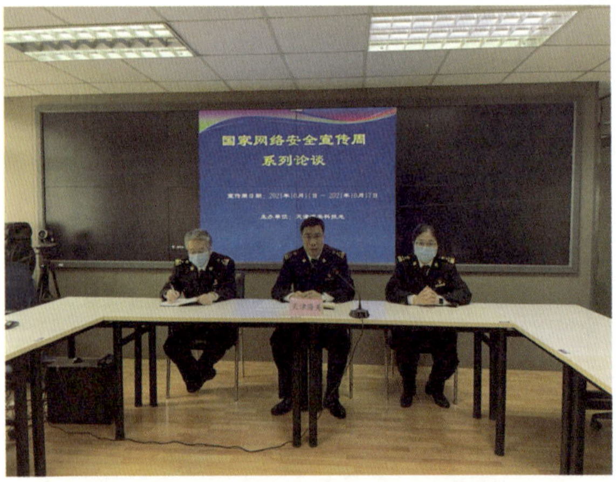

▲2021年10月11日，科技处组织中国国家网络安全宣传周活动

【核心系统网络运行】2021年8月26日，天津海关完成业务网邮件系统升级切换工作，迁移业务网邮箱账户5,000余个，全部邮件数据539GB，历时两周时间，用户将使用海关新版国产化邮件系统，在邮件系统安全性方面更加自主可控，在邮件系统可维护性方面更加方便快捷，用户体验较好。零故障连续运行18年的海关OutLook邮件系统正式下线，完成了天津海关科技发展的历史重任。

2021年12月14日，天津海关完成首台国产化服务器部署上线工作。该服务器装载银河麒麟v10国产操作系统，运行于天津海关核心系统机房，主要用于新版海关信息系统运行管理平台的监管代理采集工作，替代原有采集代理服务器，是天津海关首台上架运行的全国产化服务器硬件设备，该服务器上线标志着天津海关服务器国产化替代工作全面启动。

▲2021 年 12 月 14 日，科技处正在开展天津海关首台国产化服务器部署上线工作

【科技装备】2021 年 7 月，天津海关组织编写完成《天津海关科技装备工作要求》，向全关各部门发布《科技处关于加强天津海关科技装备管理工作的函》（科技函〔2021〕36 号）。该函件的主要内容为面向全关各部门公布《天津海关科技装备工作要求》，明确了各级部门在科技装备管理和使用方面的责任，明确科技装备日常的配备标准、下发、流转退回和报废等工作要求和操作流程，为天津海关科技装备管理提供了规范和指引。当年 12 月，天津海关按照海关总署关于业务网国产化设备替换工作要求，对天津关区各职能处室的办公微机进行国产化替代。截至 12 月 24 日，已完成本次替换工作全部 639 台微机的配发、安装、系统调试等工作。全部国产化微机 100% 上线运行，提前完成海关总署指标，完成速度和替换率在全国海关中名列前茅。

实验室管理

【引进首个移动 P2+实验室】2021 年 3 月 11 日，天津海关首个移动 P2+实验室顺利完成验收。该移动实验室紧凑搭载一体化自动核酸检测分析系统、新冠病毒快速检测系统、荧光定量 PCR 仪、高温灭菌锅等仪器设备，设置有试剂准备间、样本处理间、PCR 扩增间、洗消间等，各区域相互独立、检测人员可在舱内完成样本处理、核酸提取、扩增分析等检测工作，可满足我国加强型医学生物安全二级实验室相关标准技术要求。相对于传统实验室，移动实验室具有配备仪器更灵活，机动性更强等优点，对采集到的样本在现场进行快速检验检测，具有很强的应急支援能力。该移动实验室将用于天津口岸常态化疫情防控及突发公共卫生事件处置，它的投入使用可进一步提升天津海关突发疫情快速响应及就地实战检测能力。

▲2021 年 3 月 11 日，天津海关首次引入移动 P2+实验室方舱

【天津海关“科技大楼”正式启用】 2021 年，天津海关实施创新驱动发展战略，以实际行动践行十九届六中全会“十个坚持”的精神。2021 年 12 月 14 日，以最后迁入科技大楼的天津海关化矿金中心正式发布法检业务受理地点变更通知为标志，天津海关动植食中心、化矿金中心、工业品中心全部完成科技大楼迁驻工作。至此，建筑面积 6 万余平方米的天津海关科技大楼正式投入使用，标志着天津海关在实验室资源优化、通用仪器集约管理、快捷检测、降本增效等方面迈出了坚实的一步。通过将该关 3 个技术中心迁驻科技大楼进行集中安置、集约化管理，打破原有实验室布局，实现了以学科分类为指导，实验室资源合理统筹的新局面，能够更好地服务于“京津冀一体化”战略，为执法领域的检验检测业务提供强力技术支撑。

科研管理

【天津海关科研项目成果获省部级科技奖励】 天津海关主持完成的《食品安全风险因子快速高效检测技术研究》项目获得天津市 2021 年度科学技术进步奖三等奖，主要完成人为赵孔祥、陈其勇等。该项目制定并发布了《食品安全国家标准 食品营养强化剂柠檬酸苹果酸钙（GB 1903.18—2016）》等标准 5 项；授权《婴幼儿乳粉中脂溶性维生素样品测定前处理装置及方法》等国家专利 6 项，其中发明专利 5 项；在中文核心期刊发表《双柱在线净化快速测定鱼肉中孔雀石绿、结晶紫及其代谢物》等科研论文 8 篇，研究成果主要应用于动物源食品、奶粉、葡萄酒及保健食品等领域的快速高效检测。研究成果在天津海关等 7 家海关单位实施了应用，应用结果表明该方法具有可靠、准确、方便、快捷的优点，为满足国内食药领域安全、快速、高效检测的要求提供了技术保障，避免了以往样品前处理中滞后的处理技术以及离线手工操作的影响，克服了检测通道单一、净化能力不足、回收效率低的问题。项目成果的广泛应用，为破解国外技术壁垒提供技术支持，为保障食品安全、服务地方经济发展提供了有力的支撑。

【天津海关先进科技工作者（集体）评选】2021 年，天津海关为了提升事业单位科技创新能力，激发科技工作者热情，促进事业单位改革具体措施落到实处，根据《天津海关关于促进事业单位科技发展的奖励措施（试行）》，天津海关组织开展了 2020 年度先进科技集体和先进科技工作者评选工作，经部门推荐、科技委评审等程序，确定最终获奖单位和个人名单如下。

天津海关 2020 年度先进科技集体为：天津海关动植物与食品检测中心的食品安全实验二室、天津海关工业产品安全技术中心的持久性有机污染物与毒理学实验室、天津国际旅行卫生保健中心的卫生检疫实验室。

天津海关 2020 年度先进科技工作者为：董志珍、赵良娟、谷松海、严莎、韩伟、李学洋、祁军。

天津海关向获奖集体和个人分别颁发了先进科技集体奖牌和先进科技工作者证书。

【天津海关新增科研计划项目】2021 年，天津海关《海关动植检智能装备信息化应用研究》等获得海关总署批复科研立项项目 9 项，并得到 97 万元专项资金支持；《海关实验室高效能涉税化验技术研究》等获得天津海关关级科研立项 17 项；紧跟国家、海关总署以及天津海关关于持续强化管控严厉打击“洋垃圾”走私等文件精神，立足实验室精准检测，通过紧急绿色通道，在固体废物检测领域应急科研项目《金属硅系列产品固体废物属性鉴别研究》等立项 3 项。

表 4-1　2021 年度天津海关获得海关总署科研项目立项计划

序号	项目编号	项目名称
1	2021HK151	海关动植检智能装备信息化应用研究
2	2021HK152	反刍动物重要疫病快速检测新型生物传感器及高通量自动化平台的研究与应用
3	2021HK183	高盐食品重金属分析标准样品研制
4	2021HK184	食品中化学性有害物质的质谱检测关键技术研究及应用示范
5	2021HK218	口岸进口再生原料固体废物属性初筛关键技术研究
6	2021HK219	进出口危险化学品检验一体化防护关键技术研究
7	2021HK262	海关动植物基因组数据库的分类管理和数据分析方式研究
8	2021HK263	区块链技术在进口乳制品安全溯源的应用研究
9	2021HK282	海关科技成果转化基地布局、建设与管理研究

（撰稿人：白　静　刘　扬　连春雨
张　昕　张　哲　周琳琳
桂　林　谢　焘）

第五篇

综合保障

办公综合与外事管理

概况

天津海关办公室（党委办公室）主要职责包括：组织落实党中央、国务院决策部署和中央领导同志重要批示指示精神，落实总署党委、关党委各项决策决议、领导批示等，并组织督办检查；保障天津海关日常工作秩序和内外协调联络；承担综合性和重要会议会务；承担政研工作，起草审核关领导讲话等重要文稿；承担文电收发、印信档案管理；承办保密委办公室日常工作，并负责密码设备管理；承担各类信息载体编发、新闻宣传、舆情应对；承担值班应急管理、政务公开、信访、12360海关热线、关区外事工作，组织答复人大代表建议和政协提案。

2021年，天津海关办公室围绕“坚定信心　乘势而上　开启高质量‘一流海关’建设新征程”的工作要求，以“规范化、标准化、信息化”为指引，以高质量“一流海关”建设为目标，坚持内部疫情防控“严细实”，迭代优化防控策略，抓细疫情防控管理措施，对疫情防控重点任务实施清单管理。政策研究“研对策”，想大事、谋大事、研大事，突出对策性研究，当好党组好参谋、好助手。督查工作“督效果”，盯紧盯住，落地落细，既抓进度又抓效果。信息宣传“扩影响”，围绕推改革、强监管、优服务，持续唱好好声音、讲好好故事。综合事务“优服务”，将服务党委、服务职能、服务基层的工作做扎实、做具体。

参谋咨政

【“一流海关”评价体系】 从2019年开始，天津海关连续开展“对标达标”工作，通过指标评价体系引领“一流海关”建设。2021年，天津海关围绕关区工作目标，研究制定本年度“一流海关”工作质量评价指标体系，明确8个大类指标、22个核心指标、36个细化指标及目标值要求；通过分位点测算、曲线拟合、数据测试等环节，建立数学模型；组织各指标责任部门和隶属海关分别制订落实推进计划和具体实施方案。围绕指标波动情况开展专题调研，年内共撰写专题分析报告7期，查找关区工作堵点难点，共提出建议30余条。从指标体系完成情况看，2021年细化指标达标率为91.67%，显著高于2019年的81.25%和2020年80.56%。从达标情况来看，全年36项细化指标中有33项达标，达标率为91.67%，达到三年新高；其中16项达到满分，满分率为44.44%。

【“十四五”时期重点工作研究】2021年，天津海关成立“天津海关贯彻落实‘十四五’海关发展规划领导小组”，由赵革关长任组长，各党委委员任副组长，天津海关各职能部门主要负责同志为成员。领导小组下设办公室，由办公室、统计分析处联合承担。领导小组办公室主任由办公室、统计分析处主要负责同志共同担任。组织“十四五”海关发展规划专题征文。对内，组织“我眼中的‘十四五’”意见建议征集活动，邀请广大干部职工为“十四五”规划编制提供思路，征集意见建议19条；通过天津海关各级座谈会，征集意见建议95条。对外，向天津市商务局、天津市发展和改革委员会等23个单位以书面形式征求意见建议，收到16个单位反馈的意见建议共38条；同时，通过问卷调查的形式，广泛征集了广大进出口企业的意见建议。成立“落实‘十四五’海关发展规划工作专班”，发动天津海关各部门单位以研究小组形式，开展跨部门界限、跨职责领域的共同研究。《天津海关贯彻“十四五”海关发展规划细化落实措施》和《“十四五”天津海关十项重点工程》经关务会议审议通过，并于11月2日印发。

【政策研究】2021年，天津海关牵头海关总署署级课题2项，参与海关总署署级课题21项，数量较2020年提升1倍，且连续三年实现同比提升。围绕落实习近平总书记关于海关工作的重要指示批示精神，海关总署各项重点任务以及天津海关改革发展面临的重点难点问题等内容，组织开展3批次共55项天津海关关级课题研究；4篇论文获海关总署《海关政研》刊发，其中1篇获得署领导批示。围绕天津海关重点工作任务开展专题调研，形成《领导参阅》9期，5期获关领导批示。编发《津关政研》54期，4期获关领导批示。《新冠肺炎疫情对天津市农产品出口影响情况调研分析报告》《关于支持天津口岸进口冷链产业发展　做大做强天津外贸增长优势业态的可行性调研报告》分获天津市优秀调研成果二、三等奖。

政务服务保障

【内部疫情防控】2021年，天津海关贯彻落实海关总署、天津市的各项防控要求，先后印发50件内部防控通知、文件，修订新一版内部疫情防控工作方案，围绕办公区域管理、离津审批、核酸检测等14个方面，制定89项细化措施。坚持实施全体干部职工“零报告、日报告”制度。严格办公场所日常防疫管理，建立干部职工验码、测温上岗制，外来人员严格落实验核双码、风险排查、审批登记制度，压实办公区域管理措施。上线运行“疫情统计分析系统”，实施“嵌入式、清单式、全流程”闭环管理。对疫情防控指挥部会议议定事项实施清单管理、限期督办、办结销号。通过实地检查、视频检查、交叉互查等方式，对各单位内部防控制度落实情况进行核查，细化内部防控监督考核要素，年内，累计开展 22 次监督检查。

【督查督办】 2021 年，天津海关坚持实施“第一议题”制度，重点抓习近平总书记重要指示批示精神的落实，关区月度形势分析及工作督查例会均安排相关部门单位汇报落实习近平总书记重要指示批示情况。建立天津海关督查专家工作队伍。完善“重点+常规”督查工作机制，年内制发常规督查任务 580 项，均按照既定时点要求推进。围绕重点工作，制发重点任务事项督办周报 40 期，涉及重点工作任务事项 280 件。围绕难点工作开展专项督查协调，打通工作堵点。组织开展“三类突出问题”（“推诿扯皮”“有令不行、有禁不止”“工作方法简单粗暴”）自查自纠，两轮自查自纠共查找整改突出问题 442 项。组织制订并实施关区事业单位所属企业脱钩工作方案，保障相关任务顺利推进。建立政务办公标准化工作指引，形成标准化作业手册 1.0 版。

【文电档案】 2021 年，天津海关共计办理各类收发文 14,282 份。坚持文稿双人复核、重要文稿三人唱校，上报海关总署、天津市委市政府公文实现“零差错”。推进政务审批事项的标准化办理、信息化审批。通过信息化系统固化办理流程、完善审批程序、留存办理过程信息。完成 2020 年度 4,398 件、167 盒文书档案归档工作，完成 2020 年抗疫专题电子档案及 2018 年机构改革专题档案整理汇编。档案库房监控纳入关区视频监控网络，实现影像实时调取。开展“奋斗百年路，起航新征程——讲好海关红色档案故事”征文，7 篇稿件入选《海关档案故事 100 篇》。组织党员群众代表等近 200 人分 4 批参观“百年恰是风华正茂”主题档案文献展。

▲2021 年 4 月 12 日，天津海关关员在校园进行国门安全知识科普

【国家安全】 2021 年，天津海关组织开展庆祝中国共产党成立 100 周年保密宣传教育活动。开展各项保密宣传活动 30 余次，组织上报视频书画等保密教育宣传作品 34 件，其中书法作品《增强责任意识 筑牢保密防线》荣获国家保密局三等奖。组织参加保密知识竞赛活动，3,413 名干部职工参与，参赛率达 99.7%，其中满分 3,310 人，满分率 97%，通过率达 100%。组织参与国家密码管理局组织的密码专项答题，约 5,000 人完成答题。组织各类国家安全宣传活动，开展“我和新时代国家安全”为主题的征文活动，共征集上报稿件 37 篇；组织制作“4·15”国家安全宣传视频、微信稿件等 15 件，其中 6 件被中共天津市委国家安全委员会办公室选中，纳入天津党建网宣传资料库；各级党委组织了专题学习，组织党员干部 3,675 人进行了学习。建立由 25 名各领域业务专家组成的国家安全讲师队伍，组织国家安全科普知识讲座进校园、进社区 16 场次，在天津理工大学联合举办国安宣传教育主题活动并做典型发言，向全市 58 所高校介绍天津海关落实总体国家安全观的经验做法；各大媒体刊发我关国家安全相关文章 12 篇次。

▲2021 年 4 月 12 日，天津海关关员在学校进行国家生物安全知识科普宣传

【应急值守】2021 年，天津海关严格落实三级带班值班制度，更新完善关区应急联络体系，编制《节假日值班工作须知》《隶属海关单位值班联络表》等值班规范，制作便携式值班工作“明白纸”，建立值班工作档案，保障值班值守工作高质量运行。每逢节前开展关区值班视频点名，开展全覆盖值班检查。经统计，2021 年向海关总署编报口岸检出等重要情况或突发事件《值班信息》57 期；编报《海关内部职工新冠肺炎病毒应检尽检情况》6 期、《天津海关本周疫情排查情况》6 期。累计开展政务值（带）班 3,355 人次，其中在岗值（带）班 554 人次，各职能部门、隶属海关单位、派驻纪检组、事业单位主要负责同志共带班 232 天。总值班室通过值班电话等方式对各隶属海关进行“全覆盖”式值班工作检查，对各职能部门进行随机抽查，共计 269 次，确保了关区各级值班值守联络畅通、运转高效。制定《天津海关突发事件应急预案管理办法》，构建了三级应急预案体系，进一步完善总体预案 1 项、专项预案 22 项、部门预案 353 余项，采取实战演练、桌面推演等方式开展动植物检疫、缉私办案、信息科技、消防安全等方面应急演练 5 次，从实战角度评估预案的执行情况、合理性与可操作性。根据国务院《信访条例》和国家信访局《依法分类处理信访诉求工作规则》，编制印发《天津海关通过法定途径分类处理信访诉求清单》，年内，天津海关共接收 47 件信访事项，妥善办结 43 件。

宣传工作

【政务及互联网信息】2021 年，天津

海关坚持“开门搞信息”，作为6个牵头直属海关之一参与全国海关“两会”互联网信息保障工作专班任务。选派1名年轻骨干到海关总署办公厅集中工作、跟班学习。先后选取10个口岸型、属地型海关开展研究类信息调研，组织全关范围开展送教上门及集中培训14次，实现教学相长。建立“选题会商+实地调研”制度，定期组织选题会商，集思广益，形成机制。年内，天津海关信息工作全国排名第一梯队，报送信息被海关总署、天津市委市政府《综合信息呈报》《署内信息快报》《值班信息》《津政信息》等各类信息载体采用1,856篇，获省部级及以上领导批示46次。其中，为企业解决订箱难问题、RCEP优惠政策、肉类供应、危化品监管等要情信息获得上级部门广泛关注，并推动相关政策落地。

【新闻宣传】2021年，天津海关新闻稿件被各类媒体刊发1,300余条次，同比增长4%。自主举办新闻发布会16次，参加天津市新闻发布会4次。围绕打击“洋垃圾”走私、知识产权保护、支持“智慧港口、绿色港口”建设、助力冬奥会物资快速通关、服务京津冀协同发展等重要选题，结合天津海关“船边直提、抵港直装”推广，“关港集输港智慧平台”应用等“津关特色”工作做好宣传。中央主要媒体对天津海关专门报道或采用新闻素材202篇次，同比增长51%，中央电视台采用该关视频素材80余次，创历史新高。承办海关总署“打造‘集疏港智慧平台’推动口岸‘三智’建设”在线访谈，取得良好效果。围绕庆祝中国共产党成立100周年开展主题宣传，在天津海关门户网站、“天津海关12360热线”微信公众号开辟专栏，发布信息30余条，采写的“我为群众办实事”稿件《主动作为、问需于民》《天津海关：扎扎实实解决群众最急最优最盼问题》，作为系统“首篇”在《中国国门时报》和中国海关强国号专栏首发。自编自导自演微视频《唱支山歌给党听》在多个媒体平台首发。

▲2021年4月22日，天津海关参加“天津市自贸试验区　改革创新引领高质量发展”新闻发布会

【政务公开】2021年，天津海关制定《2021年政务公开工作要点》并进行任务分解，各项任务指标均已全部完成；改版完成《主动公开基本目录》，不断扩大主动公开范围；开展隶属海关政务公开能力提升专项行动，对19个隶属海关进行依申请公开测试并取得较好成绩；累计受理依申请公开110件，与2020年基本持平；累计办结103件（上年结转3件），结转下年度办理10件。其中，予以公开57件，占办理总量的55.3%，申请人主动撤销申请19件，占本年申请总数的17.3%；因依申请公开答复复议1件，结果予以维持。优化考核方式，设置3∶6∶1的考核排名机制，激励隶属海关积极规范做好政务公开工作；在开展专项业务培训的基础上，把《中华人民共和国信息公开条例》等法律法规纳入新任处、科级领导干部培训内容。

【门户网站管理】2021年，天津海关按时制作并公开天津海关2020年政府网站工作年度报表；对政府信息公开年报、行政执法公示、财政信息、网上调查、业务咨询、本关统计、政府信息公开指南等栏目进行优化升级改版；牵头编制并发布“两段准入”和“两步申报”两个场景式服务专题；新增“天津海关规范性文件”“数据在线查询”和“政府采购意向”栏目；做好“疫情防控和六稳六保”专题和“政策解读”栏目维护，更新发布内容82篇；每月及时发布网站留言受理反馈情况统计。年内，通过天津海关门户网站发布政策解读稿78篇，较2020年增长110.8%，被总署网站采用22篇，同比增长83.3%；通过门户网站发布信息1,532篇，收到公众留言1,519条。利用门户网站及天津海关12360热线微信公众号平台发布《天津海关政务公开工作调查问卷》，及时了解企业诉求。

【12360海关热线】2021年，天津海关根据《国务院办公厅关于进一步优化地方政务服务便民热线的指导意见》要求，6月28日起天津海关12360热线以分中心形式正式与天津市12345政务服务便民热线实现归并，建立电话转接、工单派发、知识库整合机制。年内，天津海关受理天津市12345政务服务便民热线转办电话咨询579起，转办工单115份。打造电话、网络、公众号“三位一体”咨询受理通道，确保外界咨询零等待。年内，“天津海关12360热线”微信公众号刊发原创文章506篇，同比增长22%；报送稿件被海关总署微博、“12360海关热线”微信公众号采用62篇，同比增长138%。配合重点工作推进，开设知识产权保护、国门生物安全、跨境贸易便利化等业务专栏，进行政策措施解读，帮助企业享受政策红利。微信自助菜单使用量6.1万人次，回复咨询1.2万条。

【建议提案办理】2021年，天津海关建立常态化机制，切实做好人大代表建议和政协委员提案办理工作。构建办前沟通了解、办中跟踪问效、办后回访测评工作机制，全流程明确工作要求，全体系落实督查督办，确保办得快、办得准、办得好，办结率、满意率始终保持在100%。2021年，天津海关共承接1件全国“两会”建议提案、12件天津市“两会”建议提案，均按期办复。广泛征集代表对海关工作意见建议，主动向代表求教问计，邀请实地走进海关考察调研，开展“面对面”座谈研讨，为代表履职提供便利、创造条件，共谋天津外贸经济发展。联合天津市人民代表大会、中国人民政治协商会议天津市委员会组织“走进百年津关齐心协力共谋天津发展”活动2次，邀请天津市人民代表大会、中国人民政治协商会议天津市委员会常委会机关及涵盖政、商、农、民主党派、高等院校、医学、艺术、律政等18个界别的代表、委员40余人参观“天津海关关史展”“国门安全展”、观摩缉私犬查缉毒品现场演示，并到邮快件监管现场、工业品中心实验室等地实地调研，展现天津海关服务外贸外资企业、优化营商环境、守卫国门安全等方面工作成效，为人大代表、政协委员履职提供交流反馈平台。

▲2021年10月14日，天津市人大代表在天津滨海机场海关观看国门安全成果展

国际合作

【“智慧海关、智能边境、智享联通”建设】2021年，天津海关强化“智慧海关、智能边境、智享联通”（以下简称“三智”）顶层设计，推动“三智”理念与服务国家重大战略对接，将“三智”理念融入天津海关业务改革发展。在天津海关贯彻“十四五”海关发展规划细化落实措施中设立“三智”合作专题。印发《天津海关关于加快“三智”建设，推进贸易安全和通关便利化合作工作方案》，把“三智”建设与服务“一带一路”高质量发展，推进关际合作上水平有机结合，初步形成以“三智”合作白皮书为理论基础，以工作专班为机制保障，以试点项目为推进抓手的“三智”工作体系。“关港集疏港智慧平台”被海关总署确定为“三智”早期收获项目，“企业单元全息管理系统”“基于区块链技术的海关特殊监管区域监管新模式”“智慧水尺计重”3个项目被海关总署确定为“三智”先行先试项目。围绕“三智”建设与合作，开展宣传研究推广，年内，撰写与“三智”相关政研文章2篇，在海关总署各平台发布宣传文章5篇，在各类媒体发布宣传稿件38篇，举办相关活动6次。

【关际合作】2021年，天津海关认真落实《中华人民共和国海关总署与新加坡关税局关于中新（天津）关际合作谅解备忘录》，与新加坡关税局分享最佳实践，借鉴彼此海关制度、政策、标准，于6月完成与新加坡关税局的首次信息交换。年内，共与新加坡关税局开展政策类信息交互3次，共享了涉及跨境电商、食品安全、动植物检疫等领域的相关信息；查获类信息交互1次，共享了知识产权案件查获和未准入境食品化妆品信息。研究与新加坡关税局开展“三智”合作，目前共确定4个与关际合作相关的“三智”项目，分别是立足“智慧海关”的酷航航班口岸智慧监管项目；围绕“智能边境”的中新双方进出口贸易“一单两报”工作模式；聚焦“智享联通”的中新知识产权边境保护执法合作和中新AEO互认落地。

【技术性贸易措施交涉应对】2021年，天津海关建立由64名业务骨干组成的技术性贸易壁垒（TBT）和卫生与植物卫生措施（SPS）专家队伍，面向企业开展技术性贸易措施服务。结合“我为群众办实事”互动，梳理51家重点出口企业帮扶名单，做好法规解读，破解企业出口限制。综合运用通报评议、提出贸易关注等机制，准确反映企业诉求。年内，共征集WTO/TBT、SPS特别贸易关注议题26个，对SPS通报征集评议意见7个，其中3个贸易关注分别被确定为WTO第80次SPS委员会及第86次TBT委员会双磋议题。年内，天津海关开展国际动态信息采集研判工作，8篇稿件被海关总署《外事（港澳台）参阅件》采用，2篇获得上级领导批示。参加海关总署全球新冠肺炎疫情数据监测专班，开展全球疫情数据分析，参与撰写的5篇全球疫情数据分析报告被海关总署采用。办结意大利、希腊、荷兰等国家的行政互助协查请求14批次。

（撰稿人：尔　悦　刘晓婷　孙亦峰　杨晓娟　李海彬　陈　莹　胡东明　洪　昉　顾建柱　陶禹光　潘佃安）

财务管理

概况

天津海关财务处主要工作职责是：拟定各类资金、基金、税费、财务会计、基本建设、政府采购、涉案财物等管理制度并组织实施，承担天津海关预算绩效管理、财务内控和监督检查工作；审核、编制、管理天津海关中长期财政规划，承担天津海关的预算、决算管理和会计核算管理工作，承担天津海关国库集中收付管理工作，办理各类经费的领拨手续，承担各类经费、资金、基金和专项拨款等监督管理工作；组织管理天津海关基本建设，监督基本建设项目实施；承担天津海关各项税收资金以及罚没收入等非税收入管理工作，办理税收入库核销统计、非税收入的缴交和会计核算工作；承担海关行政事业性收费工作，归口管理天津海关事业单位及所属经济实体经营服务性收费；指导监督天津海关事业单位、经济实体的财务管理工作；承担天津海关日常财务管理和会计核算工作；承担天津关区干部职工社会保险相关工作；管理天津海关银行账户和各类票据；承担已移交涉案财务的保管、变卖、处置等管理工作；承担天津海关政府采购监督管理工作；拟定天津海关车船装备及油料、制装等装备设备的管理制度、配置标准、需求计划、采购预算和分配方案并组织实施，承担天津海关公务用车制度改革工作；拟定海关国有资产管理工作制度并组织实施，办理天津海关固定资产对外出租、出借、处置的审核、审批事项；拟定天津海关节能工作管理制度并组织实施；拟定天津海关后勤管理制度并组织实施，指导和协调天津海关后勤管理工作；代管海关总署驻天津特派员办事处财务相关工作；承办上级交办的其他工作事项。

2021 年，天津海关财务处认真学习贯彻落实习近平总书记重要指示批示精神，坚持用习近平新时代中国特色社会主义思想为指导，严格按照海关总署、天津海关党委要求以及关于统筹推进口岸疫情防控和促进外贸稳增长工作部署，针对天津关区财务工作面临的新形势新情况，细化举措、改革创新、勇于攻坚，扎实做好常态化疫情防控形势下的财务保障工作。2021年，除基建工程外，其他上年结转资金均100%完成，“一流海关”当年预算资金执行率指标达到98.91%，高出2020年同期指标（98.01%）0.9个百分点。共核销各类税单1,095,809票，产生报表247张。共办理退税3,280票，退税金额22.31亿元。年内财政拨款预算执行率为100%。组织召开天津海关事业单位及经济实体监督管理委员会5次，审议天津海关后勤管理中心提交的所属企业改革事项共计18个议题。

2021年，天津海关作为罚没收入收缴电子化试点海关，第一时间成立专项工作组，确定目标任务、职责分工和协调机制，先后召开试点工作筹备会与动员会，形成“高位推动、高效推进”的强劲工作态势。与中国人民银行天津分行、天津海关缉私局等单位进行多次调研、座谈，深入了解、摸清实施罚没收入收缴电子化在企业和个人应用的条件、应用环境、应用流程、注意事项等方面的具体情况。根据天津海关实际业务的特点，研究制订具体推进方案，并向海关总署财务司提出相应优化建议，获得了海关总署的采纳。

预决算管理与经费保障

【预决算编报】2021年，天津海关提前启动“二上”预算的前期准备工作，汇总整理2021年经常性和专项支出预算需求，在海关总署下达“一下”预算控制数后，及时制订年度预算分配方案，开展“二上”预算编报工作。按照海关总署《财务司关于提前启动2022—2024年项目支出规划编制工作的通知》（财务函〔2021〕30号）有关要求，完成2022年预算调研和“一上”预算上报工作，同时做好“一上”预算审核工作。根据海关总署财务司关于做好2020年度部门决算的通知和关于编制2020年中央行政事业单位住房改革支出决算的通知有关要求，部署开展2020年度天津关区部门决算和住房改革支出决算工作，确保“收支真实、数额准确、内容完整、报送及时”。2021年，天津关区中央财政拨款总执行率为97.83%，其中当年预算执行率为98.91%。

【重点领域经费保障】2021年，天津海关优先保障涉及关警员切身利益的工资、医疗、社保、住房改革支出等民生项目。积极参与“防止境外疫情输入”（2021年）项目申报和项目调研阶段数据统计、材料整理报送等工作。2021年，疫情防控专项预算执行率为92.21%。做好对疫情防控一线干部的关心关爱。重点保障维持机关正常运转的刚性支出。精准保障科技信息化支撑、监管查验能力提升、国门安全等重点支出。年内，保障重点支出5,848.43万元。

2021年，天津海关推进缉私部门管理体制调整，在经费保障、修订审批制度、优化财务服务等方面不断完善新管理体制下缉私部门综合保障体系，有效提升缉私财务保障能力。按照从优待警的指示精神，修订《天津海关缉私局经费开支审批办法》。天津海关财务部门按季度通报缉私财务信息，按月通报预算执行情况，同时根据该关缉私部门的需求及时提供相关数据、报表。每周坚持上门服务，探索运用“集中审核、集中支付”的报销模式，减小异址办公给缉私部门报销带来的不便。

财物装备及企事业管理

【疫情防控后勤保障】2021 年，天津海关常态化做好疫情物资储备和管理。天津海关财务部门与该关科技部门共同编写疫情物资信息化管理项目需求书，完成科技项目评审、开发、测试；及时联系海关总署一、二级物资储备库，组织做好 9,000 件夏季款防护服接收及配发工作；建立防控物资动态管理机制，定期梳理物资出入库情况，坚持防疫物资出入库领用制度，制定物资红线预警与周盘点机制，根据岗位防护需求及时配发到位；对防疫物资管理与使用开展督查与不定期抽查。年内，开展 6 次督查工作；向海关总署报送《天津海关疫情防控后勤保障工作周报》，统计汇总天津海关临时性工作补助发放情况与口罩等有关防护用品存量情况，并向海关总署报送《天津海关单位临时性工作补助及口罩等防护物资统计报表》，统计天津关区防护用品业务消耗与日常损耗情况。

【财物安全】2021 年，天津海关加强私货仓库安全规范化管理。加强对仓储企业的监督管理，签署严密的仓储保管协议，建立仓储企业考评机制，制订年度巡查计划，根据货物重点敏感类型，定期开展仓库巡查工作；加强危险化学品安全风险防控，确保易燃易爆等危险品，特别是危化品存放在符合国家有关规定的涉案财物保管场所。规范涉案食品、动植物及其制品的仓储工作，严格按照卫生检疫等要求进行保管；加强消防安全风险防控，全面排查消火栓系统和自动喷水灭火系统是否工作正常，排查电气线路是否老化、库存货物是否易燃、货物摆放是否合理、疏散通道是否不畅等问题。提升防盗安全系统科技化建设水平，通过发挥 RFID 物联网电子标签及配套设备作用、加装防盗电子围栏、监控移动目标自动摄录预警等方式，实现常态化 24 小时无死角摄录和即时安全预警“双保险”；利用“制度+科技”手段，全面提升涉案财物处置工作水平，用好海关总署新版海关涉案财物管理系统，再造处置审批流程，实行仓储二维码动态管理，系统异常情况自动预警，及时归档电子版、纸质版档案。建立仓储防灾救灾应急预案，加强对各类灾害灾难有关知识的宣传和学习。定期组织有针对性的防灾救灾应急演练，检验并提高应急准备、指挥和响应能力。年内，共处置各类涉案货物 11 批次，8.7 万件。

【政府采购和公务用车】2021 年，天

津海关根据现行的政府采购制度、集中采购目录及采购限额标准发布了采购制度与目录及采购限额标准，明确了办公家具、公务机票、车辆维修等采购工作要求。结合政府采购预算，筛选整理天津海关需公开采购项目，集中在中国政府采购网与天津海关门户网站同步发布了采购意向，缩短了项目采购时间。组织编制政采信息统计年报，完成海关总署2020年度报表远程会审工作。组织完成2021年度天津海关采购进口产品论证上报工作。2021年，天津海关根据审计署审计组2020年度预算执行审计项目第49批审计所需公务用车资料要求，统计整理天津关区公务用车数据，向海关总署进行报送，做好审计署对34辆公务用车闲置问题的整改工作。开展公务用车专项自查整改工作，实地检查相关单位，采用抽查GPS系统轨迹方式监控公务用车使用情况。完成报废车辆注销登记、回收拆解、处置收入按规定上缴财政、固定资产账务核减手续等工作。对2021年度拟报废的10辆公务用车进行评估并按程序上报海关总署进行处置审批，并办理了10辆公务用车的选型与购置。同时报送了2022年度报废更新公务用车预算材料。

【企事业脱钩】2021年，天津海关按照海关总署脱钩工作会议精神，依据与海关行政权力相关业务的3个限定条件，组织所属企事业单位和有关职能部门开展梳理排查，最终形成65项拟脱钩业务项目清单。根据业务脱钩清单清理情况，组织企事业单位签订《业务脱钩承诺书》，制订业务剥离、股权转让脱钩方案，按照海关总署规定的时间节点，所属企事业单位65项脱钩业务已全部停止经营。查询关联企业历史档案，整理企业历史股东信息一览表及树形结构图，查询财务档案，梳理企业注册资金原始情况。依据财政部和海关总署相关文件，形成天津海关《财务处关于事业单位所属部分企业股权转让审批依据专题报告》和《财务处关于天津教育培训基地与天津海盈培训公司吸收合并审批依据专题报告》。

落实“过紧日子”要求

【资产整合利用】2021年，天津海关贯彻落实党中央、国务院关于“过紧日子”的要求，推动房地产有效整合利用，有效盘活并利用闲置资产。对该关各类房地产进行排查摸底，全面了解权属信息、现有使用情况，分门别类建立海关自有房产、地方政府提供房产以及海关闲置房地产专项台账，夯实房地产管理数据。对天津关区闲置资产进行清点整理，登记造册，对闲置办公场所遗存物资进行清理；切实做好资产权属管理工作，厘清产权关系，夯实资产管理信息数据，同时，对长期积压的待处置资产予以处置，解决“销账难”问题。建立房产过户工作任务清单。探访房产原使用部门及管理人员，了解掌握各处房地产自身状况及使用情况，摸清历史沿革；认真研究财政部、国家税务总局及国家机关事务管理局相关文件；加强同天津市内各区不动产权管理、规划和自然资源管理、国资、税务、勘察、档案等外部部门的联系沟通，办理土地维持划拨和税费减免手续；科学合理安排工作进度，分条进行、同步推进不同区域内房屋的所有权证、土地使用证的双证合一办理工作。2021 年，天津海关对关内独立核算、非独立核算单位以及事业单位共 50 个部门现有的各类资产使用情况等进行全面清理，积极推进资产内部调剂共享共用，提升资产使用效益，真正落实“过紧日子要求”。

【资金优化使用】2021 年，天津海关在中央财政大力压减预算资金的情况下，本着保障基本运转、盘活存量资金的原则，深入分析 2020 年预算执行情况，结合结转资金情况，适度调整财政拨款预算控制数，将压减经费、落实“过紧日子”要求体现在分解预算过程中，通过减少非财政资金的补充，保证将有限的非财政资金更多用于“保民生、保运转、保发展”方面。多次组织座谈、集中工作，对天津海关物业服务标准进行核定，涉及天津关区内由海关经费开支物业费的办公场所，在调整服务的基础上，按照能省则省、应省尽省的原则压减物业费规模。该关各隶属海关自主对年度总体支出进行压减，逐项落实最终压减额度，用有限的资金办更多的事。对于一些部门（单位）提出的经合理预计确实无法执行完毕的资金，进行统筹安排使用。

2021 年，天津海关各项能源资源数据均达到海关总署下达的年度用水、电、油能耗指标，年度考核量化评价指标评定获得 100 分。核定并下达该关各单位 2021 年人均用水量、单位建筑面积用电量、公务用车（汽油车）单车用油量指标，开设“增收节支”意见建议征集专栏，征集广大干部职工过紧日子勤俭节约的意见建议，及时反馈办理，组织开展节能宣传周和全国低碳日活动，布置节能展板、张贴宣传画。

（撰稿人：田建宾　冯　璐　赵　宏
贾　佳　徐晶晶　殷　燕
郭　蕊　曹　晋　景玉伶
静　沛）

督察内审

概况

天津海关督察内审工作的主要职责为督审监督职能的发挥落实，其中包括：对贯彻落实中央重大决策部署情况、海关总署党委工作部署情况、天津海关党委工作部署情况开展督察；拟定内部审计、内控机制、执法评估工作制度并组织实施领导干部经济责任审计、专项审计、审计调研、内控机制建设、执法评估项目等督审监督项目；指导、监督天津海关相关部门（单位）开展自主督察、交叉督察、执法监督、内部控制、执法评估工作；组织推动督审项目查发问题及风险的整改和整改成果转化，联系协调外部审计部门对天津海关审计，组织推动迎接配合国家审计工作，组织推动国家审计查出问题的整改和整改成果转化，接受审计部门对天津海关内部审计工作指导监督；承办上级交办的其他工作事项。

2021 年，天津海关督察内审工作坚持政治引领，督察、审计、内控、执法评估工作协同发力。扎实开展党史学习教育，坚持党建与业务、队伍建设深度融合，树牢政治意识，坚定理想信仰。聚焦重大政策措施落实，根据海关总署要求开展严格进境高风险货物风险监测和预防性消毒措施落实情况督察、进出口危险化学品监管措施落实情况督察，自行开展直属关级督察和隶属海关自主督察，探索开展隶属海关交叉督察。加大审计监督力度，组织开展党政主要领导干部经济责任审计和重大决策部署贯彻落实情况、强化监管优化服务情况、贯彻执行中央八项规定情况以及海关实验室建设等专项审计和审计调研工作。推进内控机制建设，跟进重大改革项目、制度规范和信息化应用项目，推动开展内控前置审核；推动直属和隶属海关两级内控节点建设，开展内控评价，推动内控节点与四级岗位清单相匹配，完善内控节点岗位清单，推动海关内部控制与监督子系统（简称“HLS2017 内控平台”）应用水平提升。开展执法重点领域专题评估。组织隶属海关对审计发现问题开展原因分析，督审和监察部门开展责任分析和责任追究。

▲2021 年 5 月，天津海关督察内审处开展“忆往思前”党史学习教育主题党日活动

推动监督力量贯通融合，牵头组织办公、人事、巡察、纪检监察部门，对天津关区监督检查项目统筹整合，探索开展“巡审合一”试点。将经济责任告知纳入任前廉政谈话、法律法规考试等领导干部任前履职“规定动作”。完成审计署京津冀特派办对天津海关开展关税及进口环节税等情况审计的迎审工作。

督察监督

【督察工作】2021 年，天津海关根据《督审司关于开展 2021 年重大政策措施落实情况跟踪督察的通知》和《督审司关于开展进出口危险化学品监管措施落实情况督察的通知》要求，开展严格进境高风险货物风险监测和预防性消毒措施落实情况督察、进出口危险化学品监管措施落实情况督察，通过 HLS2017、H2018、新一代查验管理、e-CIQ 等系统进行数据分析，赴天津新港海关、天津滨海机场海关等隶属海关实地督察 7 次，通过天津关区监控指挥中心视频检查 1 次，共发现问题 13 个，提出建议 13 条。围绕海关总署《重大政策措施落实情况跟踪督察重点项目清单》，开展支持中欧班列发展措施落实情况督察、打击“洋垃圾”和象牙等濒危物种进境情况督察、进境动植物源食品检疫审批和进出口食品化妆品安全监督抽检和风险监测计划落实情况督察，结合新冠肺炎疫情防控常态化要求，开展布控指令执行及反馈情况远程督察，共发现问题及风险 22 个，提出督察建议 22 条。

天津海关 19 个隶属海关、6 个事业单位共完成自主督察 51 项，发现问题 82 个、风险 22 个，涉及税收管理、监管通关、企业管理、进出口食品安全、商品检验、动植物检疫等多个业务领域。探索开展隶属

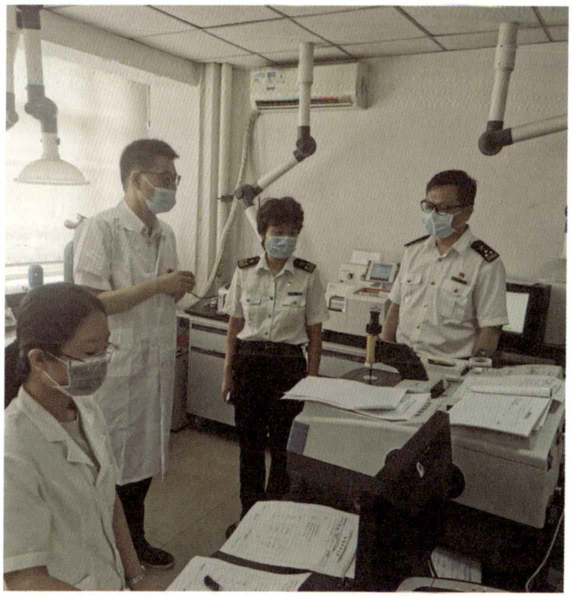

▲2021 年 7 月，天津海关督察内审处开展重大政策措施落实情况督察

海关交叉督察，制订《2021年隶属海关交叉督察工作方案》，组织隶属静海海关、南开海关、天津河西海关开展交叉督察，共发现问题11个，提出建议11条。

内部审计

【领导干部经济责任审计】2021年，天津海关对所属天津临港海关、宁河海关、东丽海关、天津河西海关、后勤管理中心、动植物与食品检测中心、天津国际旅行卫生保健中心、海关总署天津教育培训基地9名领导干部开展离任经济责任审计。首次对事业单位党委书记开展审计，实现党政“一把手”经济责任同审。按照“年度任中审计比率不低于全年经济责任审计项目30%”的原则，组织对塘沽海关、天津东疆海关、检测公司3名任职超过3年的领导干部开展任中审计。通过审计，推动上述各单位制修订规章制度14项，完善工作机制2项。将经济责任告知纳入任前廉政谈话、法律法规考试等领导干部任前履职“规定动作”，对天津临港海关、宁河海关、东丽海关、天津河西海关、后勤管理中心、动植物与食品检测中心、天津国际旅行卫生保健中心的7名新任主要负责同志及天津国际旅行卫生保健中心新任党委书记开展经济责任告知，逐一签订告知书。探索开展“巡审合一”试点，对塘沽海关、天津河西海关、天津东疆海关同步开展经济责任审计和巡察。

【专项审计及审计调研】2021年，天津海关根据《督审司关于开展2021年度专项审计工作的通知》要求，组织开展专项审计，发现问题32个，向督察内审司反馈需海关总署层面关注事项6项。通过专项审计，推动制定天津海关层面制度1项，建立或优化机制3项，改进流程1项。根据《督审司关于开展海关事业单位所属企业脱钩和转让产权专项审计的通知》要求，开展海关事业单位所属企业脱钩和转让产权专项审计，发现问题1个。根据《督审司关于开展海关实验室建设专项审计调研的通知》要求，开展实验室样品管理情况专题调研，发现问题9个，需关注事项3项，提出意见建议4条。围绕天津关区重点工作及天津海关领导要求，开展天津国际旅行卫生保健中心核酸检测扩能及升级改造工作涉及相关招标情况专项审计，发现问题4个，提出审计建议4条；开展科技大楼基建项目专项审计，发现问题5个，需关注事项2个，提出审计建议6条；对天津海关所属工会2018年至2020年度工会经费预算执行情况开展审计，发现问题10类，需关注情况1项；开展天津海关实验室建设专项审计调研，发现问题5个，需关注事项5项。

【审计整改成果运用】2021年，天津海关制发《2021年度经济责任审计发现问题情况通报》，推送各隶属海关和企事业单位。对经济责任审计发现的问题线索，制发4份审计联系单，提请职能部门研判；联合纪检监察部门，组织4个隶属海关，对审计发现问题开展原因分析，并同步开展责任分析和责任追究。结合经济责任审计项目对4个隶属海关和4个事业单位以前年度审计问题整改成效开展实地检查。天津关区经济责任审计项目整改完成率100%。建立审计与纪检监察、巡察工作、组织人事信息共享、成果共用工作机制，全年向人事、巡察、纪检监察部门发函了解被审计领导干部有关情况4次，审计成果同时与其他监督部门共享。牵头办公、人事、巡察、纪检监察部门，对天津关区监督检查项目进行统筹整合，通过合并开展、成果共享等方式，将天津关区全年30项监督检查项目整合为12项。

内控工作

【推动内控机制建设】2021年，天津海关承接海关总署《海关内控机制建设宣传片》制作工作，由督察内审处、天津东疆海关成立工作组完成宣传片制作任务。参加署级内控节点梳理，更新卫生检疫、风险防控业务领域内控节点46个。参加HLS2017内控平台升级改造，提出功能完善建议3个。组织加贸领域业务专家参加HLS2017内控平台对接金关二期加贸数据业务测试工作。改版《天津海关内控工作月报》，年内发布12期，抽核风险点26个，推广内控经验信息59条。开发“天津海关内控管理平台”，实现“内控信息报送”“内控节点梳理”“内控成效关联”的线上办理，年内通过平台收集内控信息926条，新增直属关级内控节点115个，提交内控工作成效823项。开展内控前置审核87项，提出复核意见128条。组织各部门单位更新学习8个领域内控节点岗位清单。开展署级内控评价1项、直属关级内控评价1项，覆盖38个业务领域、48个执行岗位的100个内控节点，向海关总署推送经验3项，依托成果解决问题3项；结合国家审计发现问题开展节点转化，关联署级内控节点27个，建立直属关级内控节点12个。

【推广HLS2017内控平台应用】2021年，天津海关创新设计反映不同单位业务量的“业务规模系数”，解决HLS2017内控平台应用考核指标不平衡的难题。年内推动各部门单位应用HLS2017内控平台补证7,830次，同比增长9.2倍；补税26,027次，同比增长2.2倍；移交缉私稽查线索596次，同比增长3.6倍；取得专项成果343次，同比增长4.5倍，成效得分4,377分，全国排名第二，在天津关区个人行为规范绩效考核为平台应用成效突出个人加分148人次。组织各类培训28期，开展送教上门9次，制作微课堂4期，发布平台应用指引3项，在天津新港海关设立HLS2017内控平台应用实训点，按照“教”“学”“练”“战”4个模块开展实训8期。结合督察、经济责任审计、执法评估项目开展前置数据分析，分析风险点30余个，提供风险数据2,200余条。

执法评估

【执法评估工作】2021 年，天津海关参加海关总署天津特派办牵头组建的专题工作组，在全国范围内开展进出口食品安全监管情况专题评估，分工负责对全国食品安全风险防控及预警能力情况进行汇总分析，以云擎为智慧评估数据支撑，通过建模筛查发现进口食品申报监管过程中存在“检疫许可审批签发与报关单申报时间‘倒挂’导致‘未准入即进口’”共性风险。通过搭建全国海关“实验室检测平均时长”指标，对样品检测效能进行量化评估，发现部分检测技术部门存在检测时间违规超长问题。

开展“天津口岸‘船边直提’‘抵港直装’专题评估”，落实天津海关关长赵革“重点从如何促进改革上规模的角度进行评估”的指示精神，总结运用“0-1；1-N”大数据分析方法，对“船边直提”“抵港直装”指标进行精算，创新“进出境集装箱在港时间”指标，对天津口岸的改革成效进行量化展示，测算天津口岸开展“两直”改革的潜力空间，分析改革措施推进中的瓶颈和薄弱环节，提出“重点拓展商品”和“重点拓展企业”两份清单，开展问卷调查，重点收集企业对改革措施获得感以及需进一步优化解决问题。开展“进境粮食、种子检验检疫监管专题评估”，采取数据分析、指标构建、现场调研和业务核查等方式，对检验检疫监管制度执行情况及工作成效进行评估，发现问题 6 项，需关注风险 3 项，提出意见建议 4 条。

配合国家审计

【配合国家审计工作】2021 年，天津海关接受审计署京津冀特派办对天津海关关税及进出口环节税征管等情况的审计。根据《关税司、财务司、督审司关于做好配合国家审计工作的通知》《审计署京津冀特派办关于审计天津海关关税及进出口环节税征管等情况的通知》，制订《天津海关迎接审计署关税及进出口环节税征管等情况审计工作方案》。6 月 4 日，由审计署京津冀特派办组成的审计组进驻天津海关。6 月 9 日，召开关税及进出口环节税征管等情况审计进点会，审计组组长、审计署京津冀特派办特派员胥连碧，副组长、审计署京津冀特派办副特派员吕建伟，以及审计组其他同志参会；天津海关党委委员，各职能部门主要负责人，各隶属海关、风险防控分局、事业单位、企业单位的主要负责人参会。现场审计期间，共接到审计需求 350 多份、取证单 60 份，接待审计现场调研 19 次，接受审计谈话 160 多次，与审计组召开沟通座谈会 9 次。8 月 2 日，天津海关关长赵革主持召开天津海关办公会，研究审计反馈事宜。8 月 12 日，审计组现场审计阶段结束。8 月 13 日，督察内审处前往审计署京津冀特派办接收审计组书面送达的《天津海关关税及进出口环节税征管等情况审计报告（征求意见稿）》。8月20日，《天津海关关于报送〈天津海关关税及进出口环节税征管等情况审计报告（征求意见稿）〉回复意见的函》书面送达审计署京津冀特派办。12月8日，督察内审处前往审计署京津冀特派办接收审计组书面送达的《天津海关关税及进出口环节税征管等情况审计报告》。12月13日，天津海关党委会议审议《天津海关2021年国家审计发现问题整改工作方案》。12月13日，天津海关关长赵革主持召开落实国家审计整改工作部署会。

（撰稿人：王　羽　朱　娜　杨　琳
李友乐　周　亚　胡　静）

离退休干部工作

概况

天津海关离退休干部办公室（以下简称“离退办”）为天津海关政治部组成部门之一，下设综合科、保障科、服务科3个科室。基本工作任务是在天津海关党委和政治部领导下，贯彻执行党中央、国务院及海关总署有关离退休干部的政策规定，负责天津海关离退休干部的服务和管理工作。

2021年，天津海关离退办坚持以习近平新时代中国特色社会主义思想为指导，牢牢把握政治机关定位，认真贯彻落实习近平总书记重要指示批示精神和党中央决策部署，按照海关总署党委、天津海关党委有关要求，一方面持续绷紧疫情防控这根弦，另一方面积极克服疫情影响，主动适应新形势，探索新路子，以开展好党史学习教育和庆祝建党100周年系列活动为重点，切实加强离退休干部思想政治工作，不断提升服务管理水平，积极发挥好老同志优势开展相关工作，努力推动天津关区老干部工作不断迈上新台阶。

离退休干部党建工作

【思想政治建设】2021年，天津海关坚持以政治建设为统领，把深入学习贯彻习近平新时代中国特色社会主义思想和习近平总书记系列重要讲话精神作为首要政治任务，引导老同志坚决捍卫“两个确立”，坚决做到“两个维护”。根据疫情形势和老同志实际，丰富载体形式，运用“学习强国”学习平台、微信公众号，“智慧银海”平台等载体，线上线下相结合，组织广大老同志全面系统地学习党的十九大和十九届历次全会精神，着力在学懂弄通做实上下功夫；运用“离退休干部工作”“鑫海桑榆”等新媒体加强思想教育及宣传引导，及时通报时事政策，发布学习资讯材料，凝聚强大精神力量；紧密结合参观学习、走访慰问等工作的开展，把加强党的政治建设和坚决做到“两个维护”作为根本性任务，落实到每一次学习、活动中来，引导离退休干部“离岗不离党，退休不褪色”，自觉增强“四个意识”，坚定“四个自信”，坚决捍卫“两个确立”，坚决做到“两个维护”。

【党组织建设】2021 年，天津海关将离退休干部党组织建设纳入年度党建总体规划，创新工作机制，强化工作合力，坚持分类指导，在职、离退休干部党建工作统筹兼顾，确保离退休干部党建工作全面加强。认真研究离退休干部党员队伍构成、管理方式、居住分布等情况，以便于管理、方便支部开展活动和地理距离相对就近等为原则科学划定支部区域，设立离退休干部党委和 14 个离退休干部党支部，实现党组织全覆盖；始终把支部班子建设放在重要位置，坚持把政治水平高、组织能力强、身体状况好、热心奉献的同志选出来，发挥他们人头熟、号召力强、敢抓善管的优势，并选配一名在职干部担任联络员，确保班子强、有力量；认真落实支部书记补贴、党费返还等制度；认真落实“三会一课”、主题党日等组织生活制度，把加强政治理论学习摆在突出位置，做到年度有计划、每月有安排、年终有总结。在开展集中学习的基础上，根据离退休党员实际情况，发挥党支部就近优势，及时调整学习教育、组织生活的时间、内容、形式等，针对年老体弱、行动不便，不能正常参加集中学习的老同志，开展“网络送学”“线上推学”“线上答题”等活动，送组织生活到家；以《中国共产党支部工作条例》、《天津海关 2021 年度离退休党建工作要点》、《天津海关离退休干部党委党史学习教育实施方案》、《天津海关离退休干部庆祝建党 100 周年系列主题活动实施方案》、总体国家安全观、习近平《论中国共产党历史》等指定党史学习材料、《中国共产党第十九届中央委员会第六次全体会议公报》、《中共中央关于党的百年奋斗重大成就和历史经验的决议》等为培训内容开展 3 次支部书记委员培训，进一步增强书记、委员做好离退休党建工作的本领；加强异地党员管理，建立异地离退休党员管理工作台账，及时了解有关情况，保持经常联系，跟进做好教育培训、管理服务等工作；创建支部党建品牌 1 个（“桑榆心向党　丹心洒金辉”——天津海关离退休干部第十一党支部）。

【党史学习教育】2021 年，天津海关坚持党史学习教育全覆盖，对离退休党员学习教育与在职干部职工“同部署、同推动、同落实”。召开离退休干部党委扩大会，传达贯彻习近平总书记重要讲话精神，研究谋划天津关区离退休党员党史学习教育工作，成立党史学习教育领导小组，制订《天津海关离退休干部党委党史学习教育实施方案》；探索形成线下集中深学、线上平台助学、党员个人自学、红色资源促学的“四学联动”学习模式，依托“三会一课”、主题党日等，通过组织收听收看、专题学习研讨、推送解读文章、撰写心得体会及特色主题党日等方式线上线下融合发力，学习活动同开展。组织集中收看中组部老干部局网上党史学习教育专题报告会；开展“红色电影”“红色歌曲”“红色故事”系列知识竞答；召开老党员老干部座谈会，积极开展支部学习研讨；开展“党史百年天天学”活动，推送党史学习文章90余篇并积极展示老同志学习心得；强化运用沉浸式、体验式教育，组织赴平津战役天津前线指挥部旧址陈列馆等地参观学习5次，提升党史学习成效；撰写的《退休不褪色　红心永向党——天津海关扎实推动离退休党员党史学习教育走深走实》等文章在“学习强国”学习平台等多个载体获得刊发。

▲2021年4月9日，组织离退休干部赴平津战役指挥部旧址陈列馆开展体验式党史学习教育

▲2021年5月28日，组织离退休干部开展党史学习教育

【党风廉政建设】2021年，天津海关以“三会一课”、主题党日活动等组织生活为载体，通过集中学习警示教育案例、观看警示教育片、参观廉政教育展览、签订告知书等形式抓实抓细离退休干部队伍党风廉政建设，强化党纪意识和法治意识。先后组织离退休干部深入学习习近平总书记关于全面从严治党重要论述；组织学习《天津海关现场监管与外勤执法领域权力寻租典型违纪违法案例》《天津海关关于近期对三项问题工作开展责任分析和责任追究情况的通报》等案例；组织学习《中国共产党纪律处分条例》中关于公开发表言论等的纪律规定；组织学习离（退）休署管干部因私出国（境）审批有关规定；组织学习离退休干部到社会团体兼职有关规定；组织参观《新中国反腐败第一大案展览》；扎实做好涉及退休人员的“现场监管与外勤执法权力寻租”违规事项个人申报工作。

【老同志发挥优势作用】2021年，天津海关高度重视老同志发挥优势作用工作，通过“三建三强”系列举措，加大内部挖潜力度，常态化开展老同志特长、事迹的挖掘和梳理，引导老同志在力所能及范围内老有所为、发光发热。根据日常摸排情况建立老同志人才库，分别制作兴趣爱好培训清单和先进事迹宣讲清单；在各级各类活动中，充分发挥老同志主体作用，通过加强引导、全程参与、做好保障等措施，激发老同志创作热情，促进整体工作水平提升；主动对接天津关区教育、政工等部门，积极为老同志发挥优势搭建平台，积极培树典型；组织老同志把创作成果、先进事迹等通过进天津关区、进社区、进机关、进校园的“四进”模式加强宣传推介，充分运用多媒体多渠道，加大宣传报道力度，形成示范引领合力，引导老同志增强“四个意识”、坚定“四个自信”、做到“两个维护”，在党史学习教育、庆祝建党百年、志愿服务、关心下一代等工作中积极发挥优势，助力讲好红色故事、传承红色基因、传承优秀品质，推动形成老有所为、发光发热浓厚氛围。2021年，先后挖掘培树多例先进典型，如退休干部张鹤奎深入学习研究党史制作相关历史剪影、王学哲开展党的百年历史重要事件和杰出人物瓷刻作品创作献礼建党百年、杨春生关心下一代、刘慧如见义勇为、王学平开展志愿理发服务、宋绍蓉在慈善事业中担当奉献获评优秀志愿者等。

▲2021年3月，退休干部王学哲同志开展党的百年历史重要事件和杰出人物瓷刻作品创作，助力讲好党的故事

▲2021年4月，退休干部杨春生同志在关心下一代工作中积极发挥作用

老同志政治待遇落实

【情况通报及集中走访慰问】2021年，天津海关紧密结合疫情防控形势，采用线上线下相结合、与走访慰问统筹开展的方式，向天津关区离退休干部通报天津海关工作会议精神及疫情防控有关要求，将天津海关2021年工作情况向老同志进行通报，使老同志及时了解天津海关改革发展取得的新进展，为建设高质量“一流海关”凝聚智慧和力量。落实中共中央组织部和海关总署离退局关于在元旦春节期间开展走访慰问生活困难党员、老党员、老干部活动的要求，把开展好走访慰问活动作为一项重大任务，提早考虑、提早研究，仔细摸排情况、细化分解任务，确保慰问工作快速启动、扎实有序开展，让老同志深切感受到以习近平同志为核心的党中央的关怀和温暖。天津海关关领导通过视频、电话、短信等方式向老同志进行慰问并汇报天津海关工作，听取老同志意见建议；以天津海关党委名义向全体离退休人员发出《天津海关党委致广大离退休干部职工的一封信》，表达天津海关党委对天津关区老同志的诚挚慰问和亲切关怀；在符合疫情防控要求的前提下，由离退办工作人员对生活困难党员、老党员、老干部、老劳模等进行重点慰问，为老同志送去慰问品和慰问金，向老同志们转达海关总署党委、天津海关党委的关心关怀，了解老同志的日常生活情况和存在的困难，征询意见建议，感谢他们为海关建设所做出的贡献。通过各种方式累计慰问包括生活困难党员、老党员、老干部在内的离退休老同志共计1,053人。老同志们纷纷表示，感谢海关总署党委、天津海关党委一直以来的关心和照顾，要牢记初心使命、永葆政治本色，更加紧密地团结在以习近平同志为核心的党中央周围，老有所为、发光发热，积极为实现第二个百年奋斗目标和中华民族伟大复兴的中国梦贡献智慧和力量。

【“光荣在党50年”纪念章颁发】 2021年“七一”前夕，天津海关关领导赵革、钟海澄、谭绪良分别带队看望慰问了包括离休干部在内的部分党龄超过50年的老党员，为他们颁发了“光荣在党50年”纪念章，代表天津海关党委向他们致以崇高的敬意，并通过他们向天津关区广大老党员老干部致以诚挚的问候。每到一处，关领导都与老党员们亲切交谈，传达以习近平同志为核心的党中央对老党员们的关心关怀，悉心询问他们的生活起居情况和身体健康状况，感谢他们为海关发展做出的积极贡献，叮嘱他们保重身体、安享晚年，希望他们继续发挥余热，讲好党的故事、讲好海关故事，传承红色基因、赓续红色血脉，坚定理想信念、发扬光荣传统，努力为建设高质量“一流海关”贡献更多智慧和力量。老党员们纷纷表示，感谢党中央和各级党组织的关心关怀，要不忘初心、牢记使命，继续积极发挥作用，努力为党和人民事业贡献光和热。该项工作于“七一”前夕通过天津海关关领导带队慰问发放、天津关区“七一”表彰大会集中发放和支部集中发放等方式圆满完成，共计为96位党龄达到50周年、一贯表现良好的老党员颁发了“光荣在党50年”纪念章，让老同志感受到了党中央的关心关怀和崇高的政治荣光。96位老同志中，党龄最长者77年，平均年龄79岁。收到熠熠生辉的纪念章，老党员们非常激动，纷纷以撰写短文、诗歌、制作短视频

▲2021年6月25日，天津海关关领导为获得“光荣在党50年”纪念章的老同志颁发纪念章

等方式回首峥嵘岁月，展望美好未来，表达对党、对国家、对海关的热爱之情，并表示感谢党中央的关心关怀，要牢记初心使命、永葆政治本色，坚定不移听党话、跟党走，努力为党和人民事业不断增添正能量。

老同志服务管理

【信息化建设】2021 年，天津海关扎实推进离退休干部工作信息化建设，积极利用“信息化”手段，为做好服务“提速”。组建专门的信息库维护小组，负责中国海关离退休干部信息管理系统的信息采集、更新完善等工作；立足于打基础谋长远，用一个多月的时间对天津关区 1,000 余名老同志的个人信息进行了全面采集；利用集中学习活动机会，积极开展微信、支付宝等智能手机软件应用指导，帮助老同志更好使用智能技术；通过常态推广+走访调研推广+活动开展推广+热点引导式推广、制作老同志登录使用明白纸、确定各模块维护责任分工、开展实操实训等方式主动高效完成“智慧银海”（二期）平台署级培训、宣传、推广任务及在离退休人员中的推广使用。先后制作 4 期平台操作介绍，帮助老同志熟悉平台功能，老同志登录使用人数已达 700 人以上。

【精准化水平提升】2021 年，天津海关积极实施精准化管理，为优化服务“提质”。摸清底数，力争对象精准。对老干部来信、来访、来电做到耐心、细心、不拖、不误，累计解答老同志关于电话资费、医疗、社保等各类实际问题 200 余人次；对天津关区 1,000 余名老同志个人信息进行重新采集，多维度为老同志构建相对全面、精准的个人“画像”。深入调研，力争需求精准。常态化开展走访调研和电话调研，深入掌握天津关区生活困难、高龄、失能、孤寡等老同志情况和需求，对老干部及家庭情况做到心中有数。分类施策，力争效能精准。通过为离休干部建立精准服务档案、精准落实离休干部有关政策、开展精准医疗服务和精准联系慰问等举措落实好离休干部“一人一策”。2021 年，为 2 名离休干部落实了提高待遇、增发生活补贴政策；慰问患病、生活困难老同志 200 余人次；对有特殊困难的老同志和孤寡老同志建档立卡，开展支部互助、志愿服务和定期走访慰问 36 人次；对身患重病、行动不便的老同志，协助解决看病住院、医药费报销等实际问题 75 个。创新服务方式，主动对接养老、医疗、文教等社会资源，提供更多服务保障。2021 年，先后主动对接天津市委老干部局、滨海新区区委老干部局、天津市卫健委、天津市老年大学等有关部门，在医疗保健服务、学习活动阵地建设、医药费报销等方面为老同志提供了更多选择、更多保障。

▲2021 年 3 月 11 日，离退办走访慰问老同志

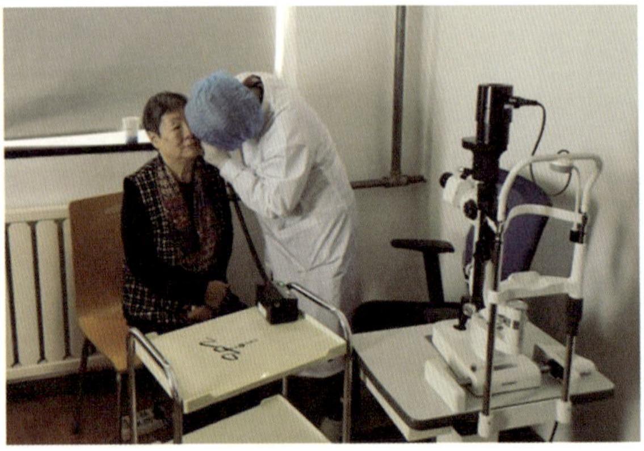

▲2021 年 11 月 2 日，为老同志体检

【规范化水平提升】2021 年，天津海关落实离退休干部工作制度机制，扎实推进规范化建设，为改进服务“增效”。召开离退休干部工作领导小组会议 1 次，研究解决老干部活动中心购买设施及房屋修缮等问题；天津海关关领导赵革、钟海澄、谭绪良等多次带队看望慰问离退休干部；进一步加强离退办制度建设，制定《天津海关离退办首问负责制度》《天津海关离退办离退休干部信息管理制度》《天津海关离退休干部生日、节日慰问制度》《天津海关离退办工作人员日常行为规范》《天津海关离退办突发事件应急管理制度》《天津海关离退办突发事件应急预案》；修订《天津海关离退休干部工作制度》，加强对首问负责制、首办负责制等落实情况的监督检查，对处内职责分工进行再梳理再细化再明确，进一步提升工作效率和工作质量。离退办 1 名工作人员获省部级奖励、4 名工作人员获天津关区嘉奖；天津海关离退办获得天津市委老干部局颁发的天津市离退休干部庆祝建党 100 周年文艺汇演优秀组织奖。

【庆祝建党 100 周年系列活动】2021 年，天津海关扎实开展庆祝建党 100 周年系列活动。认真落实《离退局关于开展“我看建党百年新成就”专题调研的通知》有关要求，加强组织领导，明确责任分工，以召开离退休党员座谈会、进行个人专访、开展“我看建党百年新成就”专题征文等方式开展调研，广泛听取以离休干部、党龄 50 年以上党员、共和国同龄人、重大事件参与者等老同志为代表的老专家、老领导、老党员的心声意见，引导老同志谈变化、谈感受，唱响共产党好、社会主义好、改革开放好、各族人民好的时代主旋律；紧扣持续推动习近平新时代中国特色社会主义思想入脑入心这一主题，突出庆祝中国共产党成立 100 周年主线，结合十九届历次全会精神学习和党史学习教育，引导老同志更加紧密地团结在以习近平同志为核心的党中央周围，齐心协力开启新征程，团结一致奋进新时代；积极发挥老同志在书法、绘画、摄影、写作、曲艺等方面的特长，加强沟通，广泛约稿，组织开展文艺节目创作，邀请专家指导讲解，提升作品质量，为庆祝建党100周年营造良好氛围；组织十余名老同志合唱《唱支山歌给党听》，唱响爱党爱国之情。共报送书画摄影及文艺演出作品40余件，其中7幅（组）书画摄影作品被海关总署离退局选用，1幅书法作品和1个文艺演出节目被天津市委老干部局选用；报送主题征文3篇、“面对面”视频访谈1个，1篇征文入选海关总署编印的《庆祝中国共产党建党100周年征文集》，3篇征文入选《全国海关离退休干部庆祝建党百年主题征文集》。天津海关获得天津市委老干部局颁发的优秀组织奖。

▲2021年5月，组织老同志开展“五个一”系列活动庆祝建党100周年

【文体活动】2021年，天津海关坚持老有所教、老有所学、老有所乐、老有所为相统一，把政治性、科学性、趣味性有机结合起来，组织开展丰富多彩、积极健康的文体活动。根据离退休干部年龄、身体状况、志趣爱好等，在安全节俭前提下合理确定活动、学习的内容与形式，注重加强新媒体应用，搭建网络学习活动阵地，不断为老同志提供丰富的精神文化生活。2021年，组织离退休干部开展了参观《新中国反腐败第一大案展览》、赴平津战役天津前线指挥部旧址陈列馆开展体验式学习、参观“国家荣誉——中国女排精神展”、参观“弘扬红色文化　践行初心使命”庆祝建党百年专题展览、举办庆祝建党百年天津海关离退休干部书画作品展、参观《巍峨的丰碑——弘扬伟大的长征精神　走好今天的长征路》主题展览、观看红色电影《长津湖》、举办天津海关离退休干部网络春晚等20余项文体活动，丰富了老同志精神文化生活。

▲2021年4月9日，组织离退休干部参观女排精神展

（撰稿人：司红鑫　李　国）

第六篇

隶属海关

天津新港海关

【概况】天津新港海关前身为清同治二年（1863 年）设立的“塘沽分卡”，是天津海关直接领导的唯一副厅级隶属海关。天津新港海关负责天津港北疆港区，国际物流二场、三场，中铁集装箱中心站和滨海新区经济技术开发区中心商务片区以及滨海新区 13 个街、5 个镇范围内的通关、征税、统计、查验、检疫、物流监控、企业稽查等海关业务。

2021 年，天津新港海关在天津海关党委领导下，扎实开展“基础年”“机制年”“管理年”“法治年”和“落实年”活动，以“十大机制”建设为引领，不断强化监管、优化服务，提升海关制度创新和治理能力建设水平，“一流强关”建设行稳致远。深学笃用习近平新时代中国特色社会主义思想，坚决贯彻落实习近平总书记重要指示批示精神和党中央决策部署。牢固树立政治机关意识，全面加强党的建设，压紧压实管党治党政治责任，加强清廉海关和作风纪律建设，纵深推进全面从严治党。扎实推进党建和业务深度融合，开展党史学习教育和“基层组织建设年”活动。落实“规范化、标准化、信息化”要求，加强进口冷链商品监管，把好外防输入关口，从严从细从实做好内部疫情防控工作。落实“国门利剑 2021”“龙腾”“国门绿盾”等各项行动部署要求，强化正面监管，筑牢国门安全屏障。加强安全生产监督管理。服务国家发展大局，支持“一带一路”建设、助力京津冀协同发展。加强关港合作，支持天津港打造“世界一流”绿色智慧港口。持续压缩进出口通关时长，提升跨境贸易便利化水平。统筹推进“十大机制”建设。“船边直提”“抵港直装”工作实现上规模、上水平。“保税物料跨关区直供”被纳入京津冀协同创新项目清单。1 个科室获评第 20 届全国青年文明号，1 名同志获评天津市“最美食安人”，3 名同志获评“天津敬业奉献好人”。

【政治机关建设】2021 年，天津新港海关党委坚持把学习习近平新时代中国特色社会主义思想作为首要政治任务，坚持用党的创新理论武装头脑，深入学习贯彻十九届六中全会精神，不断提高政治判断力、政治领悟力、政治执行力，切实增强“四个意识”、坚定“四个自信”、做到“两个维护”。做好“规定动作”，选准“自选动作”，组织党委理论学习中心组学习4次、党史学习教育读书班3次、党委会学习37次。不断完善“第一议题”制度。通过月度形势分析及工作督查例会，学习贯彻落实习近平总书记最新重要讲话和重要指示批示精神18次。一以贯之打击“洋垃圾”和濒危物种及其制品走私。查发非法进口固体废物67票，3,362.99吨，刑事立案9起；退运非法进口固体废物68票，4,700.26吨；查发黄檀木等濒危物种及其制品违规情事23起。开展“我为群众办实事”实践活动，各一线党支部以“支部联系企业”为抓手联系企业609家，收集并解决企业问题581个；收到感谢信69封、锦旗70面。

【党的建设】2021年，天津新港海关党委扎实推动党建与业务深度融合，突出发挥党组织引领作用。该关综合业务三处党总支担任“津港先锋”党建联盟轮值主席，获批为天津市级机关基层党建示范点、党建和业务深度融合试点单位。该关查验三处党总支党建品牌被评为全国海关党建示范品牌；2个支部品牌被复核认定为天津海关示范品牌，7个支部品牌被复核认定或新认定为天津海关培育品牌，实现海关总署和地方党建品牌“双丰收”。落实党史学习教育各项要求，通过专题培训班、新关大讲堂、书记“第一课”等形式提升学习教育效果；组队参加由中共天津经济技术开发区委员会举办的“和富杯”党史知识竞赛，获一等奖。将党史学习教育与庆祝建党100周年相结合，开展“庆百年诞辰，展新港风采”“党旗在新港海关高高飘扬”主题活动，培树先进典型，1名同志被评为天津市级机关优秀共产党员，1个党支部被评为天津经济技术开发区先进基层党组织，15名党员和2个党支部获评天津海关“两优一先”，18个党支部被复核认定或新认定为天津海关“四强”党支部。党委落实全面从严治党主体责任，党委书记落实第一责任人责任，班子成员严格落实“一岗双责”，制定《天津新港海关2021年全面从严治党重点任务分解表》。积极支持派驻纪检组履行监督责任，发挥纪检委员近距离监督作用。加强作风纪律建设，认真落实中央八项规定精神，认真开展“现场监管与外勤执法权力寻租”专项整治。

▲2021年5月27日，天津新港海关综合业务三处担任轮值主席的天津市级机关“津港先锋”党建联盟启动仪式

【疫情防控】2021年，天津新港海关按照“规范化、标准化、信息化”工作思路，建立天津新港海关冷链商品监管规范化、标准化、信息化工作机制，并根据防控要求持续进行完善。建立天津新港海关关员大轮班工作机制，动态调整冷链监管专班人员组成，共有27轮次790人次参加专班工作，率先运行“14+7+7”冷链专班隔离居住模式，率先实现处长红区带班作业制度。建立立体化、全方位检查模式，实现全年海关总署“零通报、零扣分”。2021年，天津新港海关动态调整疫情防控策略，将疫情防控要求细化成风险排查、人员管理、办公场所管理、应急处置4个方面的具体措施，覆盖到每片区域、每个环节、每名人员。协调推进疫苗接种，相关做法被天津海关推广借鉴。与内部3个办公区域的物业部门建立疫情防控协同配合机制，开展内部疫情防控督导检查14次。完善疫情应急处置工作预案，开展疫情防控应急演练，天津关区6个隶属海关进行现场观摩。

【强化监管】2021年，天津新港海关办结核查作业226起、常规稽查6起、专项稽查2起。建立进境大中动物隔离检疫任务清单、流程清单、档案清单“三个清单”闭环管理，提升监管规范化水平。监管进境种牛5.05万头。加强进境粮食检疫监管，监管船载散装粮食95船次，433.5万吨。退运销毁不合格进口食品230批次，6,105.22吨，货值1.24亿元。初筛鉴定检出黄顶菊、假高粱等检疫性有害生物和赤拟谷盗、野燕麦等一般性有害生物。首次在分运行李现场截获非法引进的外来植物大丝葵种子。查验进口矿产品2,827票，完成船载散装矿产品取样382船次，2,498.52万吨。实施进境空箱检疫7,222批次。落实“国门利剑2021”行动部署，制订《天津新港海关全面提升打私效能行动方案》，完善与缉私部门的联系配合机制。开展“龙腾”专项行动。立案查办知识产权侵权案件85起，货物148.6万件，货值1,483万元，同比分别增长112.5%、91.5%、452.8%。查获侵权商品涉及91个国际知名品牌和13个自主知识产权品牌。其中，1,958件体育用品侵犯奥林匹克标识专有权案、712箱保温钉侵犯商标专用权案、5,593箱电焊条侵犯商标专用权案被海关总署作为典型案例发布。落实安全生产专项整治三年行动计划要求，开展辖区监管作业场所等全覆盖安全生产大检查4轮次，发现问题128个，制发整改通知书15份，约谈企业14家次，并首次对场所违规行为移交行政处罚。组织开展“应急演练月”活动，对16项预案集中实施演练。实施“清单式”普法，1名同志被评为“2016—2020年天津市普法工作先进个人”。年内保持“零复议、零诉讼”。

【服务大局】2021年，天津新港海关服务外交外贸大局，采用“无纸申报+自动核放”“疏港分流”等模式解决物捷三堆场待发运集装箱滞港严重的困难，为过境集装箱货物开辟“绿色新通道”，解决输华柑橘货船滞港事件。监管涉及“一带一路”倡议中欧班列497列、5.31万标箱，同比分别增长25.5%和24.4%。在确保风险可控的前提下，帮助企业纾困，减少疫情对进口民生物资影响。2021年，新港口岸冷冻水产品进口量在全国冷冻水产品进口大幅下滑的情况下实现逆势增长，同比增长5.9%。落实《北京海关、天津海关、石家庄海关支持河北雄安新区全面深化改革和扩大开放合作备忘录》，服务京津冀协同发展。服务北京冬奥会及冬残奥会，设立专班专窗，安排专人负责，保障北京冬奥会及冬残奥会筹备物资通关39票，服务举措于2021年6月27日被中央电视台《新闻联播》播发。

▲2021年8月6日，天津新港海关关员支持保障过境集装箱中欧班列运行

【支持口岸建设发展】 2021年，天津新港海关支持天津港发挥天津核心战略资源、最大比较优势和重要经济命脉作用，在支持天津港加快推进码头建设、提升港口服务质量、优化港区物流布局等9个方面取得成效。助力天津港全球首个“智慧零碳”码头建设。在企业递交审批材料当天完成审核，2个工作日即向企业制发“海关监管作业场所企业注册登记证书”。强化关港协作机制建设，有效解决共同关注的26项问题。坚持“早介入、早指导、早获批、早见效”，推动天津国际物流冷链基地通过审核。解决联盟欧亚码头互联互通问题。推动天津港添置进口粮食自动取样设备，提升码头自动化水平。制订《中远海运部分换装业务推动框架方案》，建立联络保障机制，保障中远海运换装业务顺利进行。强化“关港集疏港智慧平台”应用，丰富和完善港口功能。助力天津港第四港埠有限公司改造升级“集装箱+散杂货”一体化作业码头，实现单一码头内即可承接多用途运输船舶装卸。

【优化营商环境】 2021年，天津新港海关优化通关服务保障，提升跨境贸易便利化水平。应用进口时长管控机制，形成时长分类管控层次。进口整体通关时间同比压缩8%；非冻品货物通关时间稳步下降，其中12月份低至25.69小时。迭代升级出口通关时长管控机制，采取“三依三控”（依船监控、依箱管控、依单防控）举措。出口提前申报比率达95.55%，出口整体通关时间降至0.61小时，同比压缩48.31%；出口边境合规时间51.23小时，同比压缩32.41%，2021年连续10个月保持在60小时以内。精准服务辖区企业。出台26项行政审批和政务服务事项，“一企一策”精准培育，“驻企专员”全程辅导，稳步推进企业高级认证。高效帮助天津飞腾信息技术有限公司获得海关高级认证资质，指导10家企业获得相应资质，同比增长400%。创新“海关+地方”联合监管模式，帮扶企业缓解“用箱难、订舱难”问题。帮助解决中远海运集装箱运输有限公司业务拓展政策难题和技术堵点，增强天津口岸内支线中转联运能力。年内实征税收752.44亿元，同比增长19.21%，天津关区占比55.22%。年底规范申报正确率提高至99.74%。

【机制建设】2021年，天津新港海关坚持“管根本、利长远”，统筹推进“十大机制”建设。案事例分析会机制围绕正、反面案事例，钻取监管和管理上存在的问题、原因，拓展外延、丰富内涵，发挥了“分析一个案件、规范一类行为、防范一类风险”的借鉴、警示、教育作用。进出口通关时长管控机制在防冲击、抗干扰方面发挥作用，保障时长管控达成“一流海关”目标。重点领域、重大事项、重要环节风险研判、法治评估、专项督察机制立足“治已病、防未病”，实施“样品执法与管理”等专项督察6项，提出督察建议52条。冷链商品监管“规范化、标准化、信息化”工作机制从贯穿冷链监管链条的组织架构、安全防护、作业规范、应急处置、人力资源、后勤保障、物流管控、信息获取、信息交互、监督自查“十个维度”上，明确了各环节的岗位职责、流程步骤和时限要求，实现冷链监管作业量质可控、执法规范、全程可溯。“全流程统筹监管、全货类统一查验”机制通过科学配对查验组队模式，壮大“专兼”型人才队伍，破解因资质造成的人力资源管理矛盾。全员业务培训考核机制与“全流程统筹监管、全货类统一查验”机制互相支撑，打造动态人才储备库，建设高素质专业化干部队伍。定期风险评估机制围绕重点商品、重点人员、重点岗位、重点环节，查摆执法、廉政、管理等风险，提升风险防控能力。

【业务改革】2021年，天津新港海关推动“进口货物船边直提”“出口货物抵港直装”工作（以下简称“两直”工作）上规模、上水平。完成“船边直提”13.55万箱，同比增长68.53%，直提率19.08%。完成“抵港直装”28.59万箱，直装率21.17%。组织开展“两直”工作“保存量、扩增量”调研，走访天津关区14个隶属海关，对口精准研判，带动关区直提、直装率大幅提升。创新“先申报通关、后更改信息”通关模式，妥善处置转港冻品申报难题，助力新港口岸水产品进口35.5万吨，同比逆势增长5.9%。将汽车查验场地扩展到码头、堆场车辆存储区域，实现汽车卸船即检。设置大宗粮食通关“绿色通道”，推行“边检、边卸、边运、边用”无缝嵌入监管服务模式。采取进口船载散装矿产品船边“边卸边取”品质取样模式，助力天津港第四港埠有限公司扭亏为盈。自贸创新5个项目被天津海关复制推广。“保税物料跨关区直供”被纳入京津冀协同创新项目清单，获评天津自贸试验区“党建引领激发创新”活动“最佳创新”项目。推动“保税船用燃料油混兑”业务落地天津，缓解环渤海地区低硫燃料油紧缺局面。开展混兑业务4批，生产混兑低硫燃料油2.8万吨，节省企业成本200余万元。

▲2021年9月28日，天津新港海关推动的天津港保税燃料油混兑调和业务启动仪式

【队伍综合保障】2021年，天津新港海关实施“优秀年轻干部人才培育机制”，引导支持年轻干部参与重点攻坚项目，承担重要职责任务。推动复合型人才队伍建设，537人通过业务能力（1+1）评估。组织参加海关总署进出口危险品及其包装检验监管岗位练兵和技能比武“万人争先”线上练兵。包揽天津海关“外防输入”岗位比武9名海港检疫查验岗决赛名额。发挥及时奖励等激励作用，年内个人荣获三等功52人次、嘉奖199人次。2021年，天津新港海关坚持清单式督办、销账式落实，承办天津海关任务管理系统各项任务95项，完成天津新港海关督办任务275项。综合发挥政务信息、新闻宣传、政策研究、统计分析等渠道作用，总结、宣传天津新港海关工作成效，贡献天津新港海关智慧。55篇政务信息被海关总署、天津市及以上机关采用；521篇次新闻宣传稿件被《人民日报》等新闻媒体采用；参与12项海关总署级课题研究，1篇调研报告获天津市第十五届优秀调研成果；参加中国海关学会年度主题征文，获天津海关学会最佳组织奖。坚持“过紧日子”，年度预算执行率达到100%。建立季度后勤保障评议工作机制，定期征集意见建议并改进落实，后勤保障满意度得到提升。

（撰稿人：王紫梁　刘鹏宇　赵　文　潘　超）

天津滨海机场海关

【概况】天津滨海机场海关前身为天津海关直属旅检科，于1986年4月成立，后于1991年9月设立天津海关驻机场办事处。2001年12月正式挂牌为天津机场海关，对外办理海关业务。2019年1月，整合原天津机场海关、原机场出入境检验检疫局人员及业务，成立天津滨海机场海关，负责天津空港口岸进出口货物、快件、进出境航空器、旅客及行李物品的监管和口岸卫生监督工作。

2021年，天津滨海机场海关贯彻落实海关总署"政治建关、改革强关、依法把关、科技兴关、从严治关"的总体要求，在天津海关党委的坚强领导下，强监管、优服务、战疫情、谋创新，推进高质量"一流海关"建设。扎实开展党史学习教育，推进"基层组织建设年"活动，聚焦专项整治强化党风廉政建设。周密部署疫情防控相关工作，检出国内奥密克戎变异株。建立海关专业采样队伍，提升采样水平。持续开展安全生产专项整治三年行动，完善领导干部安全生产责任制，实地开展消防灭火、应急疏散、标本溢撒等突发事件应急演练。强化风险分析，实施精准布控，严厉打击走私，严防外来物种入侵。进一步强化税收征管，压缩通关时间，深化跨境贸易便利化举措。加强智慧海关建设，完成T1航站楼卫生检疫区域改造升级。

2021年，天津滨海机场海关实征税款53.85亿元，同比增长11.99%。监管进出口货物14.37万吨，监管进出境航班3,222架次，监管进出境快件917.26万票。查获子弹15颗，查获象牙22件，截获特殊物品13批次。

2021年，天津滨海机场海关蝉联"2021年度全国文明单位"荣誉称号，荣获"2016至2021年度天津市普法工作先进单位"荣誉称号。天津滨海机场海关综合业务二科荣获"天津市青年文明号"称号。天津滨海机场海关王娜宁荣获"全国五一劳动奖章"，张炜荣获"中国青年志愿者优秀个人奖"，崔佳韵荣获"天津市优秀共青团员"称号，谢圣礼荣获"天津市优秀党务工作者"称号，舒明荣获"天津好人"称号。

【政治机关建设】2021年，天津滨海机场海关学习贯彻落实习近平新时代中国特色社会主义思想，构建“班子及时学、中心组深入学、党支部普遍学”的三级联动机制，全年召开44次党委会、4次党委理论学习中心组学习会暨读书班专题学习。各党支部通过“三会一课”、专题培训、全员培训等方式学习。

开展党史学习教育，党委班子发挥“领头雁”作用，带头学习、调研、落实。各党支部结合自身实际，开展“重温誓词再出发”“95后讲党史”等系列活动，规定动作到位、自选动作有亮点，组织开展“征途、讲诵、践行”3个系列活动，构建“一屏一墙一展”宣传格局。

开展“我为群众办实事”活动，保障春耕种子快速通关、“全链条对接帮扶康希诺公司疫苗所需关键物资通关”、助力“鹿港小镇”餐饮企业落户空港等10余个案例先后被人民日报、新华社客户端等中央及地方媒体报道。18个支部实现党建品牌升级，“通关特种兵”被评为天津海关示范品牌，“国门之盾”“净港卫士”等被评为天津海关优秀党建品牌。

推进“基层组织建设年”活动，张楠、舒明2名支部书记获评“双优书记”，建立“学习强国”督学制度，打造“纪检委员沙龙”监督工作品牌，强化干部8小时以外监督。

【党风廉政建设】制定《天津滨海机场海关2021年全面从严治党重点任务分解》，细化46项工作任务，在“起步一公里”压实责任，坚持将党风廉政建设工作列为党委会、形势分析例会以及党建述职会的重要内容，建立党委、机关纪委、基层支部“三位一体”的履职网络，层层压担子，将责任落实到“最后一公里”。

2021年，天津滨海机场海关开展专项整治，畅通政策宣传、内外举报、监督检查3个渠道，形成内外合力，关党委、派驻纪检部门实现靠前指挥、全程监督。抓好“个人报、科室查、领导点、班子议”四个环节联动，找准风险隐患，汇总形成8类13个廉政高风险岗位、56个廉政风险点。将专项整治与党史学习教育、纪法和案例警示教育相结合，形成防范和化解执法廉政风险的长效机制。

针对2019年巡察反馈问题，2021年天津滨海机场海关在前期立行立改、定期评估基础上，制定包括强化理论学习、加强“双能力”建设、改进工作作风等10项年度整改措施，对巡察“回头看”反馈的2项问题，第一时间制定7项整改措施立行立改，通过巡察整改推动分关各项工作。

2021年，天津滨海机场海关开展“三类突出问题”（部分部门/单位在落实工作中存在“推诿扯皮”“有令不行、有禁不止”“工作方法简单粗暴”三类突出问题）自查自纠，年内梳理16方面94条问题，建立整改台账，明确责任人和时限；党委班子以上率下，深入26个科室主持“四为”（想为、敢为、勤为、善为）大讨论。

【空港口岸疫情防控】2021 年，天津滨海机场海关筑牢空港口岸防线，利用大数据信息，针对不同航班提前进行风险研判及风险等级划分，加大排查力度。落实“三查三排一转运”，按照海关总署印发的技术方案、操作指南及相关文件要求，对入境人员严格实施健康申明卡核验、两道测温、医学巡查、流行病学调查、医学排查、采样检测，强化与地方相关部门联防联控，做好人员移交转运及信息通报工作，确保各环节无缝衔接，形成“铁桶般无缝管道式”闭环管理。建立海关采样队伍，提升采样水平。推出“远程验核”新模式，保证旅客通关速度的基础上减少红区人员数量，降低感染风险。

压实航空公司、查验场地经营单位、消毒单位等的主体责任，指导企业做好预防性消毒。坚持“多病共防”，检出恶性疟传染病 4 例、甲流 1 例。

做好高非冷货物口岸环节风险监测和核酸检测，细化核酸采样、预防性消毒、个人防护及安全防护监督等各项作业动作，制定《天津滨海机场海关高非冷作业细则》，划定高非冷核酸检测和消毒专用区域，并设定缓冲区和清洁区，用隔离带与其他普通货物进行物理隔离，并在不同区域设立明显标识；提前了解货物包装数量及材质，保证采样均匀度及擦拭次数，确保采样质量；安排科长在现场全程带班作业，随时处置突发情况。

严格做好快件现场疫情防控，按照文件要求，规范现场作业流程，落实场地作业规范，协同库区做好穿脱区域的划分工作，张贴穿脱标准提示；设置现场防疫检查人员，对相关库区内操作人员个人防护情况进行监督检查，并将发现的问题及时反馈给库区责任人，立行立改；督促快件企业人员按照防疫要求做好个人防护，配合库区做好疫情防控等各项工作；督促库区做好快件预防性消杀以及库区内环境消毒工作；协调库区做好废弃口罩、手套类垃圾的消毒以及后续处理工作，坚决防范“疫从递入”。

【人员安全防护】2021 年，天津滨海机场海关严格按照海关总署文件规定，对不同区域、岗位的人员实行分级分类防护标准，从严就高、严格规范做好个人防护。口岸一线工作人员按照“应接尽接”原则，全员全程接种新冠病毒疫苗加强针，接种后个人防护标准不降、措施不减。建立健全“培训考核、监督管理、自查督查”三位一体安全防护体系，逐级传导责任压力，强化内部督导检查，对海关总署、天津海关视频检查、督查发现的问题立即整改，举一反三，“不贰过”。加强红区管理，对各成员单位人员进出红区实施备案管理，严禁无关人员进出。结合现场工作特点，梳理归纳推出通关工作手册、采样明白纸、应急处置明白纸等简明工作指南，坚持红区人员“一日一检测”，通道人员“一客一手消”，采样区域“一室进一人”，样本“一管一包装”，不断完善工作细节。强化人员间隔，在验核、采样等旅客密集的通道区域设置1米线，保持合理距离，严禁聚集，减少交叉感染概率。在海关系统率先实施一线卫生检疫人员“14+7+7”封闭管理模式，集中住宿、闭环管理。强化对隔离人员的关心关爱，每季度开展心理状况评估，对思想状况波动较大人员及时调整岗位。定期开展心理专场辅导，以电影沙龙、心理游戏等方式进行预防疏导，早发现、早干预、早调整。积极配备健身娱乐器材，增强体质，保持队伍战斗力。

在旅检现场开展标本溢撒应急演练、入境旅客情绪安抚应急处置示范演练、红区工作人员职业暴露应急处置示范演练。普货查验现场在进境货物外包装检出阳性，实战进行应急处置。在机关大楼开展“应检尽检”初筛中检出关员阳性的内部疫情防控应急处置演练。

【口岸监管】2021年，天津滨海机场海关打击毒品走私成果丰硕，其中冰毒走私单起重量超1千克，为近年来天津关区最大的一起。严厉打击象牙等濒危物种及其制品走私，查获象牙22件，同比增加近5倍。开展进口食品“国门守护”行动，加大进出口食品安全监管力度。集中开展为期百天的严厉打击出口骗退税、侵权及虚假贸易行为的“龙腾行动”，自主布控查获涉嫌出口骗退税货物案件、侵权知识产权案件，实现天津空港口岸多年来知识产权案件“零”的突破。查获“貂皮大衣”虚假贸易案件，经过专项打击，申报高价值皮毛制衣出口大幅减少。持续推动跨境电商出口，2021年接受“9610”零售出口申报4.7万单，占天津关区总单量的95.9%。

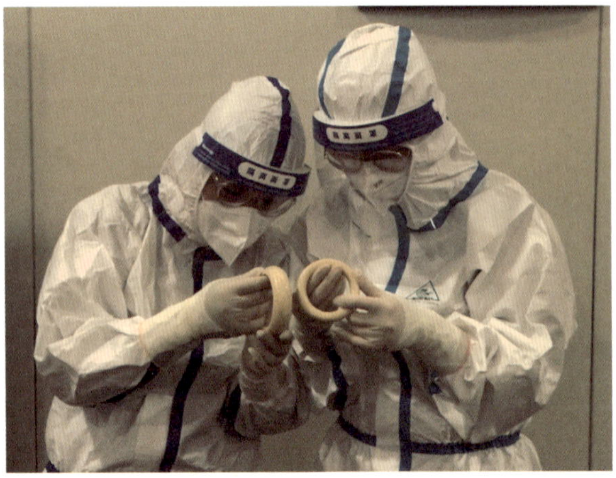

▲2021年6月18日，天津滨海机场海关关员在T1航站楼进境大厅查获象牙

【口岸检验检疫】2021年，天津滨海机场海关加强进出境动植物检疫，强化风险分析研判，落实查发成果转化，定期分析历史报关单数据，挖掘高风险收发件人信息，优化查验指令，细化查验要素，实现精准布控；提升判定查发能力，组建专项防控小组，明确常见濒危动植物制品实物特征，运用CT型X光机、监管物项识别仪，对现场查发的疑似濒危动植物制品进行综合判定，以多元化手段实现精准判定。“国门绿盾2021”行动成果突出。全年截获外来物种281批次，其中截获拟南芥种子22万余粒，为天津口岸截获数量最大的一起。普货现场首次截获空港口岸检疫性有害生物松材线虫。

2021年，天津滨海机场海关加强口岸公共场所卫生监督，加大日常巡查力度，督促经营单位提高防范意识，做实做细各项疫情防控措施，指导住宿业做好职工健康管理、人员排查、环境消杀等工作。年内对150余家单位开展卫生监督巡查493次。做好口岸病媒生物监测，开展鼠、蜚蠊等监测93次，有效控制和切断口岸传播途径。

【口岸营商环境】2021年，天津滨海机场海关坚持主动作为，积极服务发展大局。优化物流路线，调整舱单申报环节，直航报关单申报前准备时间从平均16小时缩减到4小时左右。持续灭减通关时间超长报关单，压缩转关时效，稳步推进两步申报、提前申报，整体通关时间不断压缩。2021年，进、出口整体通关时间分别为26.67小时、1.10小时，分别低于全国平均水平9.97小时、0.64小时，较2017年分别压缩64.82%、62.30%，圆满完成国务院下达的“比2017年压缩一半”的工作任务。

深化跨境贸易便利化举措，坚持7×24小时预约通关、常态化延时和周末通关。RCEP项下的快件企业承揽货物物品基本做到1小时放行。适时设立春耕、防疫物资等专办窗口，保障快速通关。创新提出保税维修后飞机不出境核销及发动机送修方案，解决海特公司痛点难题。完成38家单位卫生许可，企业顺利落户航站楼开张营业。

2021年，天津滨海机场海关加大关税保证保险、汇总征税力度，引导企业合规自律申报。规范非贸税收征管，提升快件征税比，税收征管效能提升，实征税款53.85亿元，同比增长11.99%，超额完成税收预算目标。全年汇总征税比率突破50%，高于天津关区平均水平15个百分点。

2021年，天津滨海机场海关强化关地协同，营造良好外部环境，加强智慧海关建设，完成T1航站楼卫生检疫区域改造升级；持续跟进大通关基地建设，进境食用水生动物、冰鲜水产品、水果、肉类4个指定监管场地通过海关总署验收，丰富口岸功能，促进物流集聚。

【法治建设】2021年，天津滨海机场海关办结快速办理案件166起，涵盖毒品、精神药品、涉税商品等。

天津滨海机场海关发挥国门安全展（天津市法治宣传教育基地）独有优势，4月7日通过网络直播连线河南省鲁山县第三十初级中学，开展国家安全知识讲解，播放海关防疫、缉毒宣传片，课堂上还进行了知识问答，带领学生云参观“天津滨海机场海关国门安全成果展”，共有6个班级共近500名师生参与。4月29日接待天津市政协委员参观，10月14日接待天津市人大代表参观。

该关大力开展民法典宣传工作，按照“美好生活民法典相伴”法治宣传要求，开展“民法典进企业”活动2次，向企业发放宣传品及手册；开展主题普法产品展播活动，利用航运中心业务大厅电子显示屏等宣传阵地展播《中华人民共和国民法典》52 课微讲座、民法典 365 普法动漫，航运中心关员及代理、企业等 150 余人观看展播；组织关员参观天津市法治宣传教育基地并邀请地方媒体记者参加，借助媒体力量将普法与法治实践体验紧密结合，深入推进民法典广泛宣传、有效实施，30 余人次参加实践体验活动。同步推进案件办理、行政协查、普法宣传，2021 年天津滨海机场海关荣获“2016—2020 年天津市普法工作先进单位”称号。

（撰稿人：王一明　刘国武　李　军
李　强　李　毅　吴　勋
邱　欣　张志安　张　楠
武爱民　赵　毅　崔三强
韩佳骏　韩金丽　魏　凯）

天津大港海关

【概况】天津大港海关始建于2019年1月2日，前身为天津大港港区海关，于2017年10月27日揭牌开关。2018年机构改革，原大港检验检疫局相关业务职能划入海关，更名为天津大港海关。天津大港海关是受天津海关直接领导，负责大港港区和南港工业区范围内海关各类管理工作的执行机构。主要负责党的基层组织建设和干部队伍建设；办理具体海关业务，反馈执法作业结果；完成天津海关交办的其他工作。该关管辖范围为南港工业区进出口货物通关、检验检疫、企业管理、物流监控、稽核查等各项海关管理工作。

2021年，天津大港海关贯彻落实海关总署“五关”建设的总体要求，统筹发展和安全，强化监管优化服务，统筹抓好疫情防控和促进外贸稳增长，深入推进“五关”建设，在天津海关党委的坚强领导下，坚持属地和口岸复合型海关定位，积极探索海关业务改革与企业实际需求、地方经济发展结合点，各业务条线稳步推进，取得明显成效。2021年，监管进出口船舶326艘次，进口货物53.48亿美元，出口货物2.11亿美元，实征税收18.83亿元。

▲2021年7月1日，天津大港海关在南岗航运服务中心升旗

【政治引领】2021年，天津大港海关把学习贯彻习近平总书记重要讲话和重要指示批示精神作为党委会、形势分析及工作督查例会的“第一议题”，组织关党委研究贯彻落实“第一议题”事项60项，组织开展重大决策部署落实任务督办35次。构建“党委班子示范学、科级干部跟进学、基层支部全员学、青年关员专题学”的“1+3”理论学习模式。扎实推进党史学习教育，建设100平方米“奋斗百年路、起航新征程”党史展，创新开展

“看红色藏品、听红色故事、观红色影片、做红色传人”等12个系列主题活动，深化“我为群众办实事”实践活动，推动14项重点民生项目全部落实见效，4个典型案例在天津海关以上媒体刊发。深化“支部联系企业、党员服务群众”活动，解决实际问题11个，收到企业感谢信4封，锦旗13面。推进“基层组织建设年”活动，开展“双能力”“双素质”（党建能力和业务能力，政治素质和业务素质）强化月，强化学习培训、理论考试、实操考核，进出口危险货物及其包装检验监管岗位资质培训考核通过率100%，“双能力”各项评估指标全部达标，1人进入海关总署商检领域“万人争先”线上练兵百强名单。该关机关党委和所属7个支部，整体升级“一箭七星”的党建品牌阵地，创新“三联三实”（坚持党建引领，融合推进多个“1+”，横向联合、纵向联动、党群联建，以出实招促进见实效、享实惠，推动支部党建和海关监管效能双提升）、“穿针引线”（穿好党建工作“一根针”，引好业务领域制度规范、学习调研、服务创新“三根线”，把党建和业务工作拧成一股绳，充分发挥支部战斗堡垒作用）等特色工作法，形成“一支部一品牌、一品牌一工作法”的格局。天津大港海关综合业务科党支部党建品牌复评为天津海关党建示范品牌，办公室党支部复评为天津海关党建培育品牌，查验科党支部被评为天津海关“四强”党支部。深化“支部联系企业、党员服务群众”活动，该关6个党支部、32名党员结对联系企业22家，实施“四个一”（一个联系群、一本问题台账、一次政策宣传、一次实地调研）帮扶机制，解决实际问题11个，收到企业感谢信4封、锦旗13面。天津大港海关获评天津海关先进基层党组织1个，优秀共产党员、优秀党务工作者各1人，荣获三等功1人、嘉奖5人。

▲2021年5月27日，天津大港海关邀请大港油田离退办红色收藏家讲述红色收藏故事

【作风纪律建设】2021年，天津大港海关聚焦强化对干部职工监督管理，组织制定《天津大港海关关于加强和改进支部纪检工作的措施》，擦亮全面从严治党“最后一公里”的监督“探头”。扎实开展“现场监管与外勤执法权力寻租”专项整治，制定深化整治成效“十项措施”，查找廉政风险11个，整改问题8个。开展“警示教育月”活动，赴天津市廉政警示教育中心，参观“全面从严治党永远在路上”主题展；邀请纪检部门组长讲授廉政专题党课，筑牢廉政意识；扎实开展“警

示教育月”活动，深入学习“10+3+3+4”系列典型案例，组织开展案例剖析，推动以案为戒、议案促改；制作廉政电脑桌面，建设廉政文化墙，举办“知敬畏、存戒惧、守底线”主题警示教育展；发放“致家属的一封信”，营造浓厚的廉政文化氛围。开展“三类突出问题自查自纠”，组织开展“四为”大讨论，对照查找解决落实具体问题13个，营造敢于担当、善于作为的浓厚氛围。大力改进政风作风行风，全面推广“好差评”评价系统，2021年所有评价事项全部“五星好评”。

【干部队伍建设】2021年，天津大港海关充分发挥考核的“指挥棒”作用，聚焦领导班子考核指标和“一流海关”指标，强化任务分工和责任落实，实行科级以上领导“包产到户”（每个指标明确一名科级干部负责），每月分析汇报，紧盯薄弱环节集中攻关，努力推动各项指标达标创优。抓好“内务规范强化月”活动，开展常态化队列训练和内务检查，组织内务规范线上理论测试5次、视频抽查24次、实地检查4次，及时纠治内务方面问题12个。深入贯彻新时代党的组织路线，严把选人用人关口。认真落实干部年度教育培训计划，年度学时、学分全员达标。树立“过紧日子”思想，积极优化财政支出，提升财政资金使用率，科学务实高效推动预算执行，年度预算执行率达到100%。

【法治建设】2021年，天津大港海关加强法治海关建设，深入贯彻习近平法治思想，大力弘扬宪法精神，认真落实法治建设第一责任人职责，制订年度学法计划，保证学法的制度化、常态化、规范化。开展《中华人民共和国行政处罚法》《中华人民共和国生物安全法》专题学习，法治微课堂大家讲等系列活动；赴廉政警示教育基地（石家大院）进行廉政警示教育、赴国家海洋博物馆学习《中华人民共和国民法典》相关法律知识；以节日活动为契机，开展以科室为单位的法律知识竞赛，提高关员学法热情，扩大普法宣传影响力；以实地调研的方式，主动组织辖区企业开展政策宣讲会，将政策宣讲、普法宣讲和诚信宣讲相结合，以日常监管中遇到的问题为例，对部门规章进行解读，为企业复工复产提供服务；“一对一”帮扶普法，以与地方公安部门党建共建为契机，制订《大港海关机关党委、南港综合办党支部与秀水派出所党支部“一对一”帮扶工作方案》；以大港海关主页为阵地，

▲2021年3月31日，天津大港海关参观国家海洋博物馆

加大网站建设力度，充分发挥网站政策法规公布、新规章的建议征求等功能，并悬挂宣传海报，扎实推进法治建设。

【监管与征税】2021年，天津大港海关聚焦监管作业场所运行管理，对海关监管作业场所及对外开放码头累计开展分类实地巡查63次，同时按照《海关监管作业场所（场地）监控摄像头设置规范》（海关总署2019年第69号公告）、《口岸监管司关于进一步加强海关监管作业场所监控摄像头联网工作的通知》的要求，完成摄像头规范设置、摄像头点位合理调整、摄像头联网等工作。扎实做好视频监控业务值班工作。2021年度天津大港海关监管作业场所（场地）摄像头平均在线率在天津海关范围内排名前三。2021年1月至12月，船舶在港期间值班272晚共计544人次。通过现有视频信号144路进行视频监控日常检查750次，视频回放29,210小时，主动发现并解除设备故障问题55起。

2021年，天津大港海关开展促进跨境贸易便利化专项行动，落实各项外贸保稳提质行动举措，持续优化南港口岸营商环境。进口平均通关时长3.97小时，同比缩短33.28%；出口大幅增长，出口货量76.10万吨，同比增长171.30%；货值2.11亿美元，同比增长414.63%，创历史新高。积极开展政策宣介和业务培训，通过“一对一”上门服务及时化解企业疑难问题，为企业详细解读税收征管政策，大力推广两步申报、汇总征税、税收担保模式。综合治税和保税监管工作提升明显，进出口提前申报率100%。汇总征税报关单比率达50.43%；实征税收18.83亿元。办理加贸手册备案2本，核销1本，成功设立天津关区首本跨直属关区集团保税联网账册。

▲2021年11月16日，天津大港海关物流监控科在建材码头巡查

【危化品查验】2021年，天津大港海关助力液化天然气高效通关，服务绿色冬奥和华北地区清洁供暖。运用“互联网+”等线上模式，为企业提供“提前申报”“预约查验”等便利化措施，实现企业办理通关业务“全程零跑腿”；严格落实安全管理制度，加强卸货过程、流量数据的风险分析，强化安全、品质项目监控，提升液化天然气检验效能；践行“人等船靠泊、靠泊即登临”服务举措，开辟“‘船上’检毕即卸、‘岸上’快速通关”两条绿色通道，实现天津口岸液化天然气通关“零等待”。缩短进口船舶非生产性靠泊时间近1小时，2021年查验监管天然气704万吨。

该关为便利烯烃类大宗基础化工原料进口，提升国内基础化工原料供应能力，针对烯烃类产品大多为低温、高压运输易燃气体的特点，按照危化品管理要求，严格开展安全数据单现场验核等工作，保障进口货物符合安全要求；结合进口产品主要来自日本、韩国的情况，向企业讲解RCEP、中韩等自贸协定原产地政策5次，帮助企业解决进口享惠等问题，确保充分享受关税优惠政策。

▲2021年12月29日，天津大港海关关员在LNG2号泊位巡查

【企管稽查】2021年，天津大港海关落实“一企一案”制度，通过实地走访、建立微信群、电话问询等方式，听取企业诉求，根据不同企业的实际情况，为企业“量体裁衣”制订解决方案，持续优化南港口岸营商环境。大力推广“不见面审批”，以远程指导、线上审批方式完成52家企业信息注册和变更。全年稽查作业8起；核查作业46起；接受主动披露3起，货值460万美元。开展企业巡查、安全检查8次；建立专门台账，开展专项调研，创新打造AEO高级认证孵化培育库，筛选2家重点培育对象“量企定制”孵化方案；完成1家企业AEO认证工作。

【口岸检疫】2021年，天津大港海关共检疫出入境船舶318艘次、船员7,948人次，签发免予卫生控制证书27份，开展新冠病毒核酸检测310人次，检出新冠病毒核酸阳性病例，为该关首例检出。检出病媒生物德国小蠊4批次，开展口岸供船食品检查26批次，开展国境口岸日常卫生监督34次，病媒生物常态化监测32次。参加疫情防控一线封闭管理18人，共计81轮次。

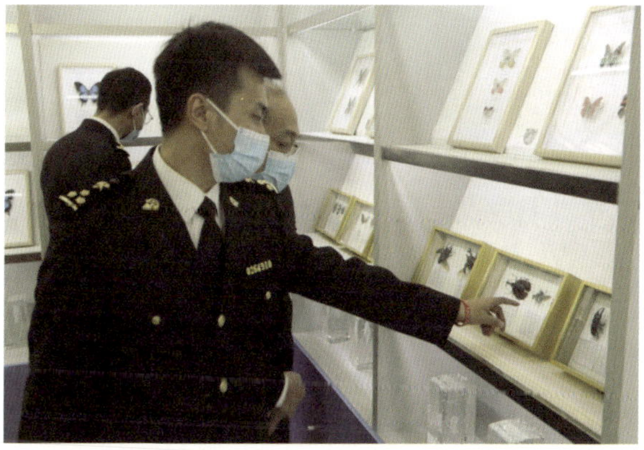

▲2021年4月8日，天津大港海关在国门安全工作站开展国家安全教育日活动

▲2021年9月29日，天津大港海关关员在渤化码头开展首船登临检查

2021 年，天津大港海关检出检疫性有害生物鹰嘴豆象 1 批次，制订非洲猪瘟检疫查验方案，对船员物品 100%现场查验，对猪肉制品 100%封存处理，加强船舶餐厨垃圾、泔水无害化处理监督工作，并就非洲猪瘟病毒采取有针对性的除害处理方案，开展对船员、港口作业人员的宣传引导，普及非洲猪瘟防范知识。建设国门安全工作站。目前已建成有隔离留验室、医学排查室、国门安全展示室、卫生监督快速筛查室、生物鉴定室、前处理室、样品室、物质存放室等 9 个房间，共计 348 平方米。

【服务重点项目】2021 年，天津大港海关配合天津市完成“两化”（天津渤天化工集团有限责任公司下属天津渤天化工有限责任公司、天津大沽化工股份有限公司）搬迁改造项目，新增天津渤化南港码头仓储有限公司 3 个泊位口岸开放，实现天津渤海化工集团有限责任公司化工装置区、仓储、码头“港化一体”的经营新模式，进而推动天津石化产业向天津市开发区南港工业区集聚发展。天津大港海关服务北京燃气集团拟在天津大港港区新建 15 万吨级 LNG 码头泊位项目（年接卸能力 500 万吨），组建帮扶专班，先后赴北京燃气集团与北燃 LNG 码头项目建设团队，就场所监管、疫情防控、危化品查验监管、卫生检疫、动植物检疫等方面开展政策宣讲和政策帮扶 7 次，解答企业疑难问题 6 个。

2021 年，天津大港海关完成南港工业区建材码头监管作业场所面积变更行政审批，使建材码头在原本 2 个泊位的基础上扩充至 4 个泊位，形成了 4 个泊位 22 万吨级吞吐量的局面，月均装卸能力较改造之前提升 4 倍，进出口商品种类和数量大幅增加。新增中石化天津 LNG 二期码头泊位，成为国内首座双泊位运行的 LNG 接收站。

▲2021 年 9 月 29 日，天津大港海关关员在渤化码头进行首船登临检查

（撰稿人：马　贺　王　旭　张　卉　周国良　房　强　韩瑞鑫）

天津临港海关

【概况】天津临港海关主要负责高沙岭港区和临港经济区范围内海关各类管理工作，同时承担关区海运口岸现场验估工作和关区化验工作。天津临港海关辖区总面积约115平方千米，注册企业共计239家，业务门类齐全，是天津重要的大豆、棕榈油等粮油商品、船舶和海上平台等装备制造以及乙烯、丙烯等散装危化品口岸。

2021年，天津临港海关学习贯彻习近平总书记重要指示批示精神，落实2021年天津海关工作会议、天津海关全面从严治党工作会议精神，全力推进“一流海关”建设迈上新台阶，各项业务数据实现跨越性提升。2021年，天津临港海关共监管进出口货物1,923.51万吨，同比增长16.07%，货值1,088.69亿元，同比增长47.59%；开征关税13.02亿元，同比增加33.35%，开征增值税42.30亿元，同比增加4.16%；进口平均通关时效25.72小时，出口平均通关时效0.85小时；监管运输工具1,433艘次，入出境船员53,448人次；新注册企业46家。

【政治机关建设】2021年，天津临港海关筑牢学习阵地，强化工作落实，召开党委会42次，开展党史学习教育28次，专题研讨8次，研究部署各项工作216条；推进党史学习教育，赓续红色血脉，开展党史知识竞赛1次，组织参观2次，策划图片展、书画摄影艺术展2次。推动“我为群众办实事”活动走向深入，与辖区重点企业开展党委共建，以“支部联系企业，党员服务群众”活动为抓手，提升服务效能，共联系企业26家，开展定点联系、调研54次，解决问题32个，制定项目清单措施16条。成立“一流海关”建设专家组，形成支部、专家组、分关党委

▲2021年8月14日，天津临港海关“巍峨的丰碑”主题党日活动

3个层次的服务企业机制，将首问负责制与专家团队攻关相结合，解决企业困难。加强基层党组织政治建设，创办《天津临港海关党建月刊》，该关监管一科党支部荣获天津市级先进基层党组织，1人获评天津市“青年创优能手”。

【队伍建设】2021年，天津临港海关切实落实“三智”理念，推进视频智能分析平台场景的试用，实现系统对夜间异常上下船船员自动报警提示，保证24小时监控到位；深入开展警示教育，认真落实“警示教育月”工作要求，积极开展专题警示教育，梳理出相关工作启示11条，报送纪检信息70篇；开展“双能力”提升互派岗位锻炼，检验业务能力1+1工作成效，在该关范围内开展岗位互派锻炼，促进队伍、业务融合，切实把“基层组织建设年”要求落到实处；加强工作课题研究，做好科研，报送研究课题5篇，投稿国际形势采集和研判类稿件2篇，在天津海关及总署12360公众号刊发科普类文章20篇；开展岗位资质学习培训，关领导和科级领导干部全部取得相应的岗位资质，植物检疫现场查验、动物检疫现场查验、植物检疫签证官、食品签证官、卫生监督等岗位资质人员储备增加，35名干部参加危险化学品应急技能大比武，除动物检疫现场查验专家岗外，全部达到1：1.5储备比例要求。

▲2021年6月20日，天津临港海关关员参与岗位能力培训

【党风廉政建设】2021年，天津临港海关开展现场监管与外勤执法权力寻租专项整治工作，压紧压实党委主体责任，高质量制订工作方案，畅通信访举报，做好违规事项申报工作，规范做好自查阶段谈话工作，认真组织撰写心得体会，梳理报送廉政风险、重点关注岗位清单，廉政风险清单包括56条廉政风险，重点关注岗位清单涉及6个执法科室、22个工作岗位。开展“远离职务违法犯罪、营造风清气正氛围”专题警示教育，对化矿金属材料检测中心案例警示教育深入学习分析，结合天津临港海关工作实际梳理出相关工作启示11条，同时针对元旦、春节、“五一”、端午、中秋、国庆等节假日开展专题警示教育，提醒干部职工遵守疫情防控要求、严禁酒驾醉驾、打架等问题的发生。提升基层党支部纪检委员作用，发挥支部委员身在一线，贴近干部职工日常的作用，认真落实中央八项规定精神，持之以恒反对和纠治“四风”，建立“亲清”政商关系，营造亲商爱商护商的良好氛围，扎实推动“清廉海关”建设，报送纪检信息70篇。关心关注干部职工，增强干部职工身份感、归属感、幸福感，提高抵御不法“围猎”、利益诱惑和不良嗜好的能力。抓好思想政治和意识形态工作，完善《职工基本情况档案》，用好谈心谈话制度，及时了解掌握每位职工的家庭、生活及 8 小时之外业务爱好等情况。

▲2021 年 12 月 28 日，天津临港海关关企廉洁共建活动现场

【口岸安全管理】2021 年，天津临港海关共检疫监管入出境船舶 1,433 艘次，对 13,350 名船员进行体温筛查，6,568 名船员实施流行病学调查，办理船员换班 1,476 人，妥善处置 5 名有症状船员、11 名曾在境外检出新冠病毒阳性人员，办理 37 名船员紧急就医。新冠病毒核酸检测采样 2,164 人次，保障临港口岸疫情“零输入”。开展安全生产隐患排查，加强日常巡查，重大节假日前开展全覆盖式检查，并与天津港保税区临港口岸经济发展局、天津港保税区应急管理局形成安全生产联控机制，共发现问题 13 个，发现 3 家企业存在安全隐患，下发整改告知书 3 份，向天津港保税区管理委员会通报安全隐患 3 次。保障国门生物安全，首次在进境散装玉米中截获检疫性有害生物四纹豆象，充分发挥专业优势，持续跟进做好该轮玉米检疫处理监督工作。强化新科技应用，针对主要存储货品为纸浆的保税仓库，增设 4 组热成像双光谱网络智能球形摄像机，实现远距离全天候的视频监控和温度检测，并在超温度阈值时自动报警，确保纸浆存储安全。

▲2021 年 5 月 2 日，天津临港海关关员对进境船舶进行登临检疫

【重点业务改革】2021 年，天津临港海关助力全国首个船舶区外保税维修中心高质量发展，根据风险定制船舶监管流程，实现“一船一方案”。2021 年，天津临港海关以保税维修方式进口待维修船 10 艘，价值 1.93 亿美元，为企业减少资金占压 2.5 亿元；纾解船舶维修废钢处置难题，助企业节约处置成本约 200 万元/年；助力“Global Mercy”号医院船顺利交付。深化涉税化验关检融合成效，审核涉税化验申请 1,046 宗，同期增长 15.0%；出具业务联系单 905 宗，出具参考税号 804 宗，税

号出具率88%；全力配合推进天津临港综合保税区建设，落实海关总署要求，主动融入临港综合保税区围网、卡口、查验场地、物流路线规划工作；积极服务指导地方招商工作，为综合保税区建立后企业发展奠定基础；根据天津海关关领导要求，初步编制完成临港综合保税区海关监管方案。以稽核查为抓手，强化企业管理，借助集中验估现场优势，发挥关税专家型队伍优势，创新监管模式，将税管中心H1验估指令、关税技术与港口作业数据分析、财务账目相结合开展专项核查，发现滞期费产生后超过1年以上未申报行为，罚金共计450万美元，商品涉及大豆、丙烷、工业盐等；严格开展属地稽核查工作，截至12月，共计完成核查66起，常规稽查作业4起。

【营商环境优化】2021年，天津临港海关进口报关单3,324票，同比下降38.9%；货值526.09亿元，同比下降6.3%；开征进口环节税56.01亿，同比增长4.5%。出口报关单18,760票，为上一年同期的3.8倍；货值562.60亿，同比增长218.8%。释放政策红利，服务通关便利，大力推行“提前申报”“两步申报”，全面推进无纸化，进口提前申报率83.9%，出口提前申报率95.7%，让企业充分享受海关改革特别是税收政策红利。以“零延时”压缩通关时间，进口平均通关时长25.9小时，同比压缩12.2%；出口平均通关时长0.98小时，同比压缩32.4%。保障国之重器“天鲸号”顺利通关，吸引纸浆和钼精矿企业进口，助力天津渤化石化有限公司出口丙烯零的突破。创新查验流程，助企业节约成本，加强实货监管，业务平稳运行。接卸种牛25批次，37,077头；完成进出口货物检验检疫及查验2,297批次，同期增长27.3%，其中检验检疫粮食556.9万吨、危险化学品379.8万吨；进行货物鉴定194批次，检出短重20批次；受理船舶供退物料报关6,581批次。开展对企“一对一”服务，引导2家企业申请知识产权海关备案，为民族品牌撑起“保护伞”；推进辖区信用培育，2家企业通过AEO高级认证企业认证；帮扶天津首家“出口烟叶中转、暂存场所”的建成；为辖区企业天津博迈科海洋工程有限公司生产“浮式生产储卸油轮”及配套的“海洋平台模块”申请税政调整，可享受政策优惠的商品货值25亿美元。深化“放管服”改革，便利企业备案，企业注册备案、变更、注销等业务实

▲2021年7月2日，天津临港海关关员对进境大豆进行现场检疫

现全程无纸化网上办理，进一步做好“多证合一”改革工作。2021年共接收企业注册备案、变更、注销332家次，其中通过“多证合一”方式接收260家次，企业全程网上办理。

【集中验估中心建设】 2021年，天津临港海关事中验估审核报关单17,578票；接收事后验估指令2,997条，接收报关单6,764票，处置验估指令3,003条，事后验估及时率100%，有效率87%。用好关税杠杆降低进口固体废物风险，加大对再生类商品的数据分析，对进口价格较低的报关单逐票进行价格磋商，共实现审价补税800余万元，天津关区再生塑料价格水平同比提高20%，再生金属同比提高15%。用关税杠杆降低走私“洋垃圾”的利益驱动，从侧面战场助力天津海关蓝天行动。提升通关效率，确保重点物资验估“零等待”，开通节假日24小时预约机制，面对冻品市场波动较大的情况，创造建立“抽验+先放后补”验估方式，将符合条件的单据验估时长压缩至1日内，缓解企业资金占用压力。服务综合治税，开展价格核查。打造重点商品天津验估模式，制订滞港平行进口汽车验估预案，妥善应对5月底平行进口汽车恢复申报，保障验估工作运转顺畅，行业秩序规范，协助海关总署税收征管局有效防控税收风险，2021年，完成平行进口汽车事中、事后验估共5,395辆。转移定价审价实践取得巨大成效。派员参加世界海关组织（WCO）估价技术委员会第52次会议，参与研究的“关于买方代缴特许权使用费的预提所得税”估价案例获得与会各国代表一致通过，成为WCO正式指导性文件。参与2022年版《进出口税则商品及目录注释》修订集中审定工作，7条修订建议获国务院税则委员会采纳。

（撰稿人：彭潇逸）

天津邮局海关

【概况】天津邮局海关成立于2019年，由原天津海关驻邮局办事处和原天津出入境检验检疫局邮检办事处部分业务整合而成，主要负责天津口岸邮递渠道监管工作：对中国邮政集团有限公司天津市分公司（以下简称“天津邮政”）承揽的进出境邮件进行口岸监管。以进出境个人物品监管为主，自2019年起增开了出口跨境电商（9610）业务。进出口邮件类别主要有：EMS邮政快件、普通邮件、印刷品及音像制品类邮件等。

邮政具有普遍社会服务属性，天津邮局海关同步实行每周“5+2”、全年365无休通关，确保邮件处置时效。天津东站邮局国际厅通关窗口是天津海关为数不多的直接面对个人办理通关业务的海关窗口。2021年7月，为落实深化邮递渠道监管作业改革要求，经天津海关党委批准，天津邮局海关内设业务科室调整重设，撤销原查验科、进境邮件监管科、出境邮件监管科，调整后内设6个科室分别为：办公室（党委办公室）、人事政工科（党委组织宣传部）、综合业务科、邮件监管一科、邮件监管二科和邮件监管三科，行政编制85人。天津海关党委派驻纪检部门常驻邮局海关，对日常工作进行全方位监督。

2021年，天津邮局海关围绕贯彻落实习近平总书记重要指示批示精神要求，着力发挥首都“护城河”作用，统筹发展和安全，强化监管优化服务，统筹抓好疫情防控和促进外贸稳增长工作，深入推进“五关”建设。全年监管进出境邮递物品90.92万件。查发了天津口岸邮递渠道首起走私淫秽物品刑事案件线索。查发涉嫌侵犯知识产权邮件236批次，涉及40余个品牌。截获外来物种103批次。获得天津市级领导批示1次。全年天津邮局海关外宣稿件共被中央、海关总署、天津市等各级媒体采用40余次，新闻宣传工作名列天津海关隶属海关第三。

【支部建设】2021年，天津邮局海关党建品牌升级换挡，特色更加鲜明。邮件监管二科党支部“邮路红星”品牌被复核认定为天津海关党建示范品牌，综合业务科党支部“邮路虹桥”品牌被新认定为天津海关党建培育品牌。邮局海关“强基提质”工程深度推动，基层组织建设年有效开展，科级“一把手”工程持续加力。综合业务科党支部、邮件监管二科党支部和派驻纪检部门党支部3个党支部被评定为“四强”党支部，邮件监管二科被评为“天津市工人先锋号”，综合业务科党支部获评天津海关先进党支部，李贵勇同志被评为“双优书记”，张力同志获评天津市“向上向善青年”荣誉称号，韩玉隆、尹舸两名同志获评天津海关优秀党务工作者，张起东同志获评天津海关优秀共产党员。

▲2021年4月30日，天津邮局海关邮件监管二科获评“天津市工人先锋号”

【队伍建设】2021年，天津邮局海关干部取得各类岗位资质累计达到188人次，各项资质人员需求量和保有量之比均达到1∶1.5的要求。全年16人次支援天津滨海国际机场旅检等口岸一线疫情防控工作。制作12期“邮票说党史”新媒体宣传稿件，拍摄微视频1部，悦动津关及天津海关专题网站发布稿件21篇，12篇稿件在省部级机关微信公众号刊载、5篇稿件在海关总署专题网站发布。大力开展“我为群众办实事”活动，制定8类、23项实事清单并全部落实到位，不断提升“支部联系企业、党员服务群众”成效，“打造‘大通关基地’安全屏障”项目，入选全国海关“我为群众办实事”百佳项目。深入开展海关“现场监管与外勤执法权力寻租”专项整治，制定55条廉政风险防控措施，在海关总署检查组实地检查中交出了“零问题”的优秀答卷。天津邮局海关连续两年在绩效考核中位居天津海关隶属海关第二梯队首位。

【场地变更】2021年4月23日，天津邮局海关为进一步提升服务经济社会发展能力，依托空港物流优势助推京津冀一体化国家战略实施，与大津国际邮件互换局（交换站）整体搬迁至天津空港保税区大通关基地。场地位于大通关基地1号库2层，生产作业场地建筑面积1.2万平方米，设置23个装卸口。新址严格遵照海关总署2019年第68号和第69号公告要求建设，场地内按照物流单向流动、左进右出，集中装卸模式设计。海关集中作业处置位于第一跨区间；出口邮件放行区、国际邮件交换站位于第二跨区间；进口邮件放行区设置于第三跨区间；第四跨区间为非邮快件监管场所预留。各区域间物理隔离，邮件在场地内通过自动分拣线传输，结合OBR扫描仪线上识别，实现邮件全自动识别处置，彻底转变以人工为主的落后监管模式。

▲2021 年 1 月 3 日，天津邮局海关大通关基地建设现场

【扫黄打非】2021 年，天津海关与天津市“扫黄打非”办共建的“扫黄打非”党性教育基地在天津邮局海关大通关基地办公区落成。该基地面积约 150 平方米，展示近年来天津海关落实“扫黄打非”工作成效和贯彻总体国家安全观工作成果。同时，深度结合党史学习教育活动开展，该基地依托邮路口岸工作特点，主题鲜明，全方位展示了天津海关邮递渠道工作实效和联防联控成果。通过正面宣讲和违法违纪典型案例警示剖析结合，达到引导教育目的。基地内设有初心室，回顾中国共产党成立以来重要历史事件，重温中国共产党百年辉煌历程，学习中国共产党人精神谱系，锤炼鲜明政治品格。2021 年 5 月开始，中央宣传部副部长、天津市委宣传部部长、海关总署主管部门及 13 个省市的“扫黄打非”部门相关领导共计 34 批、1,000 人次到邮局海关现场进行了专题调研并实地参观，对海关口岸开展“扫黄打非”工作给予高度评价。2021 年 12 月，该基地获评天津市法治宣传教育阵地基地优秀品牌。天津邮局海关顺利通过天津市文明单位年度复核，获评 2021 年度全国“扫黄打非”先进集体称号，杨晓梅同志获评全国“扫黄打非”先进个人。

▲2021 年 5 月 18 日，中宣部副部长张建春到天津邮局海关党性教育基地参观警示教育展

【信息化建设】2021 年 6 月，天津邮局海关成立信息化工作小组。年内，该小组围绕提升风险防控、物流管控、通关便利化等邮路口岸综合治理能力，对照规范化、标准化、信息化“三化”标准，建设邮递渠道信息化智能辅助统计分析平台，实现全口径、全链条、更优化的邮递渠道信息化海关监管模式，智慧邮路初见成效。9 月，在监管职能部门大力支持指导下，启动海运出口邮件“监管产装、抵港直装作业改革”，以保证实货监管为前提，积极探索优化集约流程，利用远程视频与现场巡查相结合方式进行邮件监装；通过集疏港智慧平台进行途中监管，跟踪车辆运行路线，将出口海运邮件在天津国际邮

件交换站停留时间由最长10天缩短至最短1天，即当天完成装箱、运输、集港、海关放行作业，在新模式的支持下天津邮政将每周一班出口增长为一周两班，大幅提升海运出口邮件作业效能，为邮政企业业务拓展、增量创造竞争优势。

2021年，天津邮局海关牵头完成天津海关关级政研课题《利用新一代信息技术构建进出境邮件智慧监管模式研究》编写工作，主要研究探索运用新一代信息技术，构建邮路口岸海关对邮递物品以大通关基地天津国际邮件互换局（兼交换站）为结点，延展至海港、空港两物流条线“一点两线”的智能化、精准化、可视化智慧监管模式，为邮递物品通关监管长期可持续发展夯实基础。积极推进研究成果转化，持续推进邮路口岸营商环境优化。

▲2021年5月8日，天津邮局海关入驻大通关基地后关员在察看实时监控情况

【税收征管】2021年，天津邮局海关持续推进监管作业改革，不断优化税收征管质量。完善税收征管体系，加强对口岸主要税源商品的数据分析和进出境动态监测，有效查发百余起渠道性低报价格情事，严厉打击涉税走私违法违规行为。年内，着手推动邮递渠道分类通关改革，优化提升各环节协调共管能力，不断加速邮件通关。完善“不见面通关”线上办理模式，优化形成电话咨询热线、电子邮箱、“关邮津城通”微信公众号在线多渠道结合的咨询应答办理模式。严格落实应答办理“首问负责制”，第一接办人提供问题解决和通关办理的明确指导，着力提升服务水平和群众满意度。积极支持天津邮政疏解北京非首都职能，宁夏、青海、甘肃、河北四省区日韩进口海运邮件由此前运抵天津国际邮件交换站后转至北京国际邮件互换局验关处理的流程，调整优化为运抵后就地转至天津国际邮件互换局验关。通过优化邮路设置，进一步减少流转环节，降低企业境内运输物流和时间成本。

【国门生物安全】2021年，天津邮局海关深入贯彻落实习近平总书记关于国门生物安全的重要指示批示精神，贯彻落实海关总署关于动植物检疫、卫生检疫的工作要求，积极开展邮递渠道“国门绿盾2021”等海关总署部署的专项行动，与天津海关动植物检疫处、风险防控分局联系配合，共同开展风险研判。建立查发、送检、处置、报送的全链条监管模式，严防邮递渠道外来物种入侵、非洲猪瘟等动植物疫情疫病传入风险，切实维护国门生物安全。2021年，天津邮局海关查获进境外来物种 103 批次，包括：红豆、芦荟、茄子、番茄等植物种子，空气凤梨等种苗以及活体南美角蛙、苏门答腊扁锹、毛象大兜虫、巴拉望巨扁锹形虫、秀丽隐杆线虫等。其中，活体南美角蛙及秀丽隐杆线虫均为天津口岸邮递渠道首次查获。全年查获进境动物源性制品 182 批次，其中查获来自非洲猪瘟疫区猪肉制品 12 批次；查获人体胎盘素、人体血清、新冠病毒核酸检测试剂盒等进出境特殊物品 10 批次。

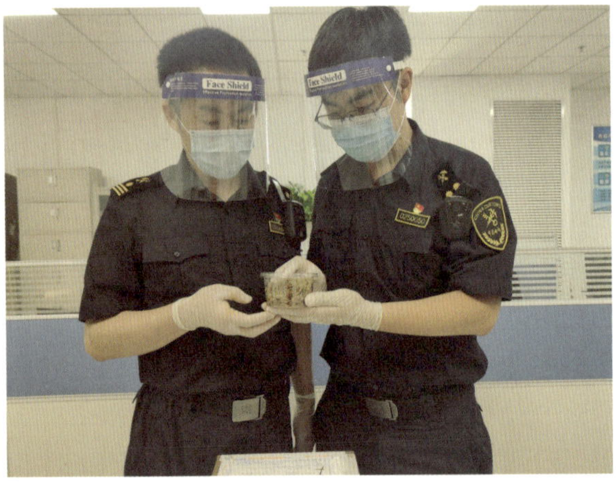

▲2021 年 6 月 15 日，天津邮局海关查获非法邮寄进境活体角蛙

【普法宣传】2021 年，天津邮局海关落实普法工作责任，年内先后开展了“以习近平法治思想为指引，坚定不移走中国特色社会主义法治道路宪法宣传周”等专题普法活动，制作报送普法微信稿件《当〈民法典〉遇到〈海关法〉之个人邮递物品监管》和《知识产权海关保护之邮递物品篇》，向天津海关 12360 热线及“津门普法”等基层普法平台广泛宣传。2021 年 6 月 3 日，天津邮局海关与天津海关法规处、天津河西海关联合到天津师范大学第二附属小学以“美好生活　民法典相伴”为主题开展“民法典进校园”普法宣传活动，讲解民法典中关于少年儿童权益和人身财产安全相关知识。派员参与由天津市团市委与天津交通广播（FM106.8）联合举办的禁毒访谈节目，针对青少年群体积极进行普法宣传教育。结合邮递渠道查获品类多、查获频次高等特点，建设口岸查验实操实训点，组织“国门安全进校园”活动，派员代表走进中小学校园开展专题普法活动。向天津市和平区岳阳道小学、和平区中心小学的师生宣讲国门生物安全知识，促进口岸工作成果延展和转化。

（撰稿人：丁一璇　尹　舸　刘　旭　杨泽刚　李志峰　张　力　张成喆　陈　森　孟宪婷　魏　超）

天津南疆海关

【概况】天津南疆海关成立于2019年1月，是受天津海关直接领导，负责南疆港区范围内海关各类管理工作的执行机构，同时承担南疆港区、北疆港区的出入境货物的数量、重量检验鉴定和出入境船舶的申报、吨税、检疫、卫生监督等船舶监管及海上巡查相关工作。

2021年，在天津海关党委的坚强领导下，天津南疆海关党委坚持以习近平新时代中国特色社会主义思想为指导，深入学习党的十九大和十九届历次全会精神，坚决贯彻习近平总书记重要讲话和重要指示批示精神，认真落实天津海关工作会议、天津海关全面从严治党工作会议部署，围绕“五关”建设要求，积极推进高质量“一流海关”建设。坚持把学习研究落实习近平总书记重要指示批示精神作为“第一议题”，全年召开党委会32次、形势分析及工作督查例会12次，第一时间部署研究、第一时间推动落实，做到态度坚决、行动迅速、一贯到底。筑牢海港口岸检疫防线，检出多例新冠病毒核酸阳性船员；全力打击“洋垃圾”走私，共退运固体废物5批次、36.49万吨；强化综合治税，实征税收243.61亿元，同比增长69.51%。

【国门安全】2021年，天津南疆海关将严打“洋垃圾”走私入境及防范有害动植物、疫病疫情入侵作为生态文明建设的标志性举措狠抓不懈。严格对进口铁矿100%实施固体废物排查，主动拦截禁止进境“无定型石墨”1票1.25万吨，运用矿产品固体废物现场排查仪进行快速排查611批次。海关总署胡伟副署长以视频连线形式查看了利用该仪器在天津南疆海关查验现场排查的全过程。按照天津海关赵革关长“坚决打、全力退”的工作要求，积极开展滞港固体废物退运工作，共退运固体废物5批次、36.49万吨。截至2021年3月29日，已将涉案固体废物全部退运出境，实现天津港第二次“固废清零”。强化检疫措施，查验现场共检出美洲大蠊、赤拟谷盗、印度谷螟、米象等有害生物31艘次，全部监督进行了除虫处理；监督涉非洲猪瘟船舶检疫处理2,542艘次，查发走私濒危物种案件 5 起。加强对船舶污油水、生活垃圾的全程监管，船舶废弃物起卸现场布控查验 155 票，组织排查分析 7 艘接收污油水船舶的行驶轨迹，防止疫病疫情通过船舶废弃物传播。

▲2021 年 9 月 8 日，天津南疆海关参加涉海部门联合巡航启动仪式

【疫情防控】2021 年，天津南疆海关严格落实各项疫情防控措施，重点跟踪疫情形势、防控政策变化情况和突发状况，持续优化防控方案，严格执行操作规程，开展风险联合研判和风险布控等工作，做好国际航行船舶登临检疫。全年登临检疫船舶 3,000 余艘次，检疫船员近 7 万人次，采样 5,000 余人次。按照“规范化、标准化”工作要求，严格落实干部职工健康情况“日报告、零报告”、离津审批、公车消毒、外来人员管控等内部防控举措，确保防控无死角，全力做到“打胜仗、零感染”。全年组织开展疫情专项排查 70 余次，完成职工身体异常系统报备 22 人次；组织完成应检尽检、愿检尽检 6,300 余人次，抗体检测 182 人次。

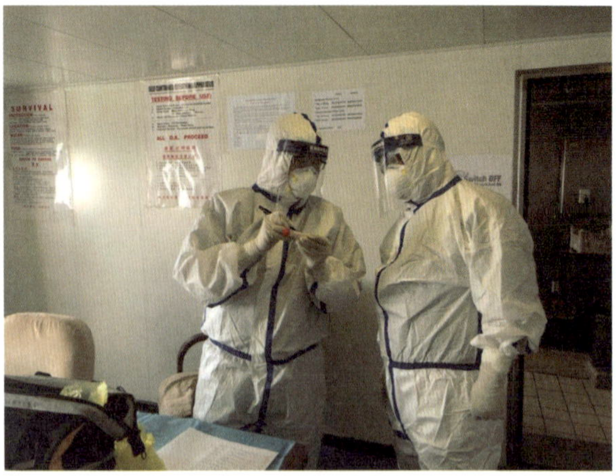

▲2021 年 10 月 14 日，天津南疆海关关员开展船舶登临检疫工作

【登临人员安全管控】2021 年，天津南疆海关严格落实岗前检查、双人作业互相监督、工作巡查、全程监督机制，坚决防范职业感染。严格执行海港集中封闭工作各项制度，落实“非必要不登轮”要求，将危化品查验关员纳入集中管理，实现全部登轮人员均纳入“14+7+7”集中封闭工作模式，做到安全防护标准不降、战斗力不减。落实天津海关指示要求，积极对接码头公司，配置 22 个移动方舱，可覆盖南北疆 63 个泊位，为登临关员穿脱防护装备提供保障。督促辖区码头落实疫情防控主体责任，完善内部制度，制定《天津南疆海关对国际航行船舶和登轮人员疫情防控检查操作指引》和《天津南疆海关对登轮人员未做好安全防护情事处置操作指引》。成立疫情防控检查专班，通过人防、机防、巡防联合检查机制，持续优化防护措施。全年累计完成登轮人员登临前个人防护视频检查 7,148 批次、29,446 人次，拦截处置其他单位登临个人防护不合格者 58 人次，及时督促立即整改。

【服务地方发展】2021 年，天津南疆海关服务经济发展大局，全力促进外贸稳增长。高效服务国家管网集团，服务做好京津冀 LNG 冬季保供工作，提供 7×24 小时预约申报、即到即检即放，全年接卸进口 LNG 480 万吨。助力国家管网油气基础设施公平开放，包括中燃宏大、新奥能源等 8 家企业借助管网平台在天津口岸开展进口业务。试行重点商品直通放行抽批验证制度，支持炼化企业打通低硫船用燃料油天津口岸出口通道，助力天津市打造北方最大的低硫燃料油“北方保税油品分拨中心”和“保税油品中转基地”。保障北京冬奥会物资高效通关，为装载奥运物资船舶提供全天候优先登临服务。完成南非柑橘输华通关任务保障。完善综合治税访求问需常态化工作机制，通过不断优化监管流程、改善口岸营商环境，吸引更多异地企业在天津口岸申报。采用卸货 20% 即可预约验货，提供“随约随验”“急约急验”“预约查验”等多样化约单模式，进一步压缩通关时间；深入重点税源企业开展税政宣讲，帮助企业综合运用汇总征税、关税保证保险等便捷通关措施。2021 年，天津南疆海关税收入库 243.61 亿元，同比增长 69.51%。

【大宗商品监管】2021 年，天津南疆海关为中石化“以出顶进”供应首都机场航煤、出口柴油提供新的综合评定方式，优化检验流程，共验放 39 批次、102.3 万吨、36.4 亿元。为海上原油出口业务采用“一事一议”的方式开展检验监管，共验放 10 批次、55.7 万吨、15.9 亿元。积极落实海关总署关于调整进口大宗商品重量鉴定监管方式和进口原油检验监管模式的要求，实现 128 批次、1,155.8 万吨原油免于出具海关重量证书，完成 227 批次、2,126.9 万吨原油“先放后检”。严格落实“批批验核+抽批检测”“持证上岗、双人上岗”等制度要求，实现危化品监管岗位全员具备监管资质。全年累计监管进出口危化品 396 批次、2,841.76 万吨、949.1 亿元。其中，检出 1 批次、13.5 万吨原油水含量超标；检出 91 批次、28.4 万吨货物短重；检出 1 批次、3.8 万吨航空煤油品质不合格。运用“船边直提”理念，助力推动天津港大宗散货“散改集”绿色物流模式，实施“先放后检”“边卸边检”“设备自检”方式，经铁路运至天津、河北等地的钢铁厂，减少了装卸流程和环境污染，全年以该模式通关 2,050 列、723 万吨。

【矿产品监管】2021 年，天津南疆海关矿产品制样点正式投入使用，规范送样、制样等环节，严格盲号制度管理。全年共完成矿产品监管 638 船次、2,201 批次、7,859.1 万吨，检出不合格 207 批次、470.3 万吨。探索创新衡重监管“视频监控、数据联网、现场监督”三位一体监管新模式，全年完成进口水尺重量鉴定 1,008 船次、3,836 批次、1 亿吨，进口衡器鉴重67船次、218批次、334万吨，其中检出短重1,298批次、4,660万美元。优化作业流程，船舶申报、卫生检疫、商品检验等业务条线通力配合，全力保障超大型散货船舶24小时水尺计重业务随进随办。积极落实“智慧海关、智能边境、智享联通”理念，开展智慧水尺项目研究，该项目获批2021年度海关总署科研项目。组织课题组撰写《AI技术在水尺计重领域应用研究》，在《中国口岸科学技术》发表。

▲2021年4月5日，天津南疆海关关员开展进口矿产品取样工作

【监管作业场所安全生产】2021年，天津南疆海关加大安全监管力度，及时排除监管场所存在的安全风险隐患。规范海关监管作业场所行政审批，从严开展监管场所巡查，及时组织联系辖区内企业负责人参加安全生产政策宣贯会，进一步明确监管场所职责，签订落实安全生产主体责任告知书。建立监管作业场所安全生产检查问题台账，与天津市港航管理局南疆管理处完成“安全管理合作机制”共建，与天津市滨海新区应急管理局建立沟通协调机制，畅通交流渠道。充分利用视频监控等方式，加强重点区域、重点环节监管，确保监管场所安全稳定。2021年，天津南疆海关累计开展监管作业场所和危化品码头日常巡查246次、储存场地卫生监督97次、安全生产隐患大排查2轮次，完成1,486单、4,218.93万吨散货矿石转栈核准。

【党建业务融合】2021年，天津南疆海关认真开展党史学习教育，夯实理论之基，促进党建业务深度融合。制订南疆海关党史学习教育工作计划，明确37项具体任务，细化“我为群众办实事”10个方面主要内容。开展党委理论学习中心组专题学习4次，党委班子带头参加专题学习研讨，带头讲授党课，带头抓好分管领域的学习教育，推动支部集中学、党员自觉学、团员青年跟进学、线上线下共同学。开展“双能力”评估工作，聚焦业务能力，开展实训实操，坚持真学真练，确保实现独立上岗、独立作业的目标。专题研究部署推动做好危险品岗位练兵，加强训练和模拟测试，全力做好比武工作。截至2021年年底，天津南疆海关动检、植检、卫生监督员资质储备比率分别为4.6、4.4、4.0倍，具备2个及以上资质人员比率达到40%以上。

【基层支部强基提质】2021年，天津南疆海关深入开展基层组织建设年活动，围绕抓基层抓基础，完善支部工作指引、开展支部书记业务能力培训、建立“三会一课”定期检查通报机制，建、学、督一体，推动组织生活规范化、标准化。加强“四强”党支部建设，推动党建品牌“体现工作特点、反映支部特色、展现党员特长”，增强基层党组织政治功能和组织力。2021年，天津南疆海关人事政工科党支部被评选为天津市“市级机关党员教育活动示范阵地”，查验三科党支部被评为天津海关优秀党支部，5人分获天津海关优秀党员等称号。扎实开展“我为群众办实事”活动，梳理汇总25条服务清单、46项落实措施。探索建立以“一本台账”“两个转变”“三级考评”为主要内容的“一二三”工作机制（一本台账即建立一本重点民生项目清单台账，两个转变即从“需要我做什么”向“我能做什么”转变、从“管理型”向“服务型”转变，三级考评即建立群众广泛评、支部自评、组织评定考评机制），推动实践活动常态化。海关总署政工办先后6次就该关办实事情况进行报道。

【精神文明建设】2021年，天津南疆海关持续加强文明创建工作，与天津市滨海新区胡家园街道大埝村、北仑里社区居委会建立结对共建机制，积极开展各项群众性精神文明创建活动。发挥团支部、“大爱无疆”志愿服务队作用，组织开展各项志愿服务活动，其中学雷锋志愿服务活动累计参与500余人次。参加滨海新区北仑里新时代文明实践站绿地认领志愿服务活动，与北仑里社区居委会签订《“美丽和谐家园，你我共同缔造”结对共建协议书》。开展“诚信服务、礼貌待人”“让党中央放心、让人民群众满意”等文明行业创建活动。天津南疆海关组织设立的海港口岸外来有害生物标本、矿产品禁止进口固体废物展示馆被授予“滨海新区新时代文明实践基地”称号。

▲2021年10月12日，天津南疆海关参加天津市滨海新区文明办新时代文明实践基地授牌仪式

【党风廉政建设】2021年，天津南疆海关党委履行全面从严治党主体责任，组织制定全面从严治党责任清单、重点任务清单，细化责任分解。全年34次研究党建工作，制定《天津南疆海关党委关于进一步加强和改进思想政治工作的落实措施》，构建闭环管理机制，推进从严治党制度化、精细化。规范运用监督执纪“四种形态”，特别是“第一种形态”，努力把廉政隐患消除在萌芽状态，培育廉洁高效的执法环境，涵养风清气正的政治生态。开展“现场监管与外勤执法权力寻租”专项整治，瞄准岗位职责风险、制度机制风险，以风险排查为切入点，建立“一查二督三结合”工作机制（一查即全面自查，二督即企业外部监督、分关内部检查监督，三结合即结合三类突出问题专项整治、结合巡察发现问题、结合日常突发事件），研判确定形成58个风险点、制定并采取95条防控措施，建立定期核查等8类工作机制，制定操作指引3项，完善作业流程6个，持续规范政务、业务运行。担当作为，积极主动防范各领域非执法领域廉政风险，制定出台《天津南疆海关重大财务事项集体审批管理办法》等一系列规定，从制度上进一步严格财经纪律，规范预算管理和经费开支审批，提高资金使用效益，避免奢侈浪费现象，不断提高决策的民主化、科学化、规范化水平。

（撰稿人：张凌康　孟　慧）

塘沽海关

【概况】塘沽海关前身是开发区海关和开发区检验检疫局，建关最早可以追溯到1987年，是全国沿海开放城市经济技术开发区中的第一个海关机构。2018年，按照机构改革要求，开发区海关与开发区检验检疫局合并为塘沽海关，2019年1月正式揭牌。塘沽海关负责天津经济技术开发区（不含滨海新区中心商务片区）范围内海关各类管理工作的执行机构。塘沽海关现有3个业务现场，包括办公大楼业务大厅、泰达综合保税区和保税物流中心。业务涵盖通关、查验、企管、加贸、稽核、特殊区域监管等方面。

塘沽海关下设办公室、人事政工科、财务装备科、综合业务一科、综合业务二科、统计科、法规科、企业管理科、加工贸易保税监管科、查检一科、查检二科、查检三科、稽核科、保税物流中心监管科、保税物流中心审核科、综合保税区备案科、综合保税区监管科17个科级单位。

2021年，塘沽海关贯彻落实海关总署“五关”建设的总体要求，统筹发展和安全，强化监管优化服务，统筹抓好疫情防控和促进外贸稳增长，深入推进“五关”建设。2021年，辖区有进出口业务的企业共717家，实现外贸进出口值2,530.97亿元，同比增长8.01%，占同期滨海新区进出口总值（6,067亿元）的41.7%，天津市进出口总值（8,567.4亿元）的29.54%。接受企业申报进出口值595.56亿元，同比增长21.03%；实征税收61.96亿元。

【党建工作】2021年，塘沽海关党委深入学习贯彻党的十九届六中全会精神，扎实开展“基层组织建设年”活动，持续深化党建品牌建设，推进品牌换挡升级工作，组织6个支部开展换挡升级。综合业务一科党支部等5个支部复核认定为“四强”党支部，人事政工科党支部获评“四强”党支部；加工贸易保税监管科党支部等2个党支部复核认定为天津关区示范品牌，综合保税区监管科党支部复核认定为天津关区培育品牌。

扎实推动党史学习教育。开展红色讨论，党委班子领学、支部党员跟学、青年理论学习小组研学；唱响红色旋律，开展“百年党史、红歌记忆”活动，共制作10期红歌视频并编发悦动津关；组织红色寻访，18个党支部近百名党员利用节假日先后寻访包括嘉兴南湖、武汉辛亥革命纪念馆在内的20余处红色教育基地；举办红色展览，邀请年过八旬的海关老党员张鹤奎同志到场讲述展品背后的党史故事。上好红色党课，邀请曾荣获一等战功的同志讲述亲身经历，召开“弘扬抗疫精神 激励使命担当”先进事迹分享会，践行红色使命。组织17个支部报送6个方面、35项“我为群众办实事”台账措施，完成32项。

▲2021年5月28日，塘沽海关开展“弘扬红色文化，践行初心使命”主百年党史邮票专题展览

▲2021年7月1日，塘沽海关组织开展庆祝建党100周年红歌快闪活动

【专项整治】2021年，塘沽海关认真开展“外勤执法与现场监管权力寻租”专项整治活动，通过专题会议、党委会、形势分析与工作督查例会等多种形式传达学习、布置工作16次，全年组织152人次全程参与谈心谈话、心得体会撰写和纪法考试。通过“六个一”方式组织开展宣传教育，即用好服务企业一张网（网格化服务平台），写好应知应会一张纸（三版明白纸），上好警示教育一堂课（“‘棒棒塘’开讲啦！”），答好纪法教育一套题（制度选编题库），做好整治工作一本账（1+13工作台账），学好专项整治一本书（口袋书），将专项整治活动贯穿全程。对照《专项整治重点问题分工清单》，梳理形成共计18条103项的廉政风险清单，逐项制定整改措施，实地检查阶段即完成其中34项问题的整改，9月全部整改完成。

▲2021年7月，塘沽海关对“现场监管与外勤执法权力寻租”专项整治工作进行督导检查

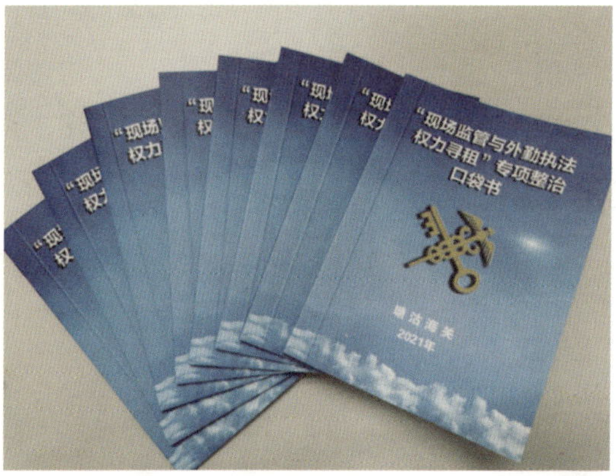

▲2021 年，塘沽海关制作《"现场监管与外勤执法权力寻租"专项整治口袋书》

▲2021 年 7 月 20 日，塘沽海关党委对"现场监管与外勤执法权力寻租"专项整治应知应会考试进行检查

【群团工作】2021 年，塘沽海关持续深化文明创建。塘沽海关团总支 5 月获评全国"五四"红旗团支部，党群同志获评 2021 年度天津市学雷锋志愿服务"六个一批"先进典型天津市优秀志愿者。连续两年获评市级机关"基层党建工作示范点"，连续两届获评全国文明单位，党群家庭被评为第二届"全国文明家庭"。开创"棒棒塘心灵驿站"品牌活动；连续 13 年到泰达心血管医院"爱佑童心"送温暖；连续 3 年组织捐衣捐书、爱心义卖，组织"单车回家　共享文明"活动 46 次；积极开展义务植树、"3·15"普法进社区、"食品安全进校园"等系列志愿服务活动。创设"棒棒塘，开讲啦!"教育培训品牌，累计开展"纪念抗美援朝伟大胜利""船边直提抵港直装服务智慧绿色港口专题培训"等 25 期活动，有力带动年轻同志成长成才。一批同志参与全国海关"十四五"规划编制，参与全国海关属地查检改革方案设计，参与全国海关危化品监管岗位练兵并获全国百强成绩等。

▲塘沽海关连续 13 年开展"爱佑童心"活动，赴泰达心血管医院慰问先心病儿童

▲2021 年，郭巍代表天津海关参加海关总署危化品岗位练兵比武，荣获全国百强

【疫情防控】2021年，塘沽海关压实各级主体责任，统筹做好疫情排查、健康报告、人员管理、疫苗注射、应检尽检等各项防疫工作，全年共有30人次支援机场、东疆、南疆、新港等疫情防控一线，年内完成2次应急处置演练。持续加强对塘沽海关办公大楼的消杀和食堂、班车的管理，全力为大楼内12部门460名常驻关警员做好疫情防控保障；对7辆班车实行动态管理和防疫管理，滚动更新班车、驾驶员及乘客信息，确保第一时间能够保障班车需求并能进行追溯。积极指导疫苗出口企业签发产地证书，进行“一对一”产品预审辅导，解答企业原产地证适用过程中的问题；安排专人负责新冠病毒疫苗出口前监管工作，对相关企业实行7×24小时全天候服务，并采取即报即核、即控即验、即问即答“三即”举措，累计出口验放新冠病毒疫苗93批次。

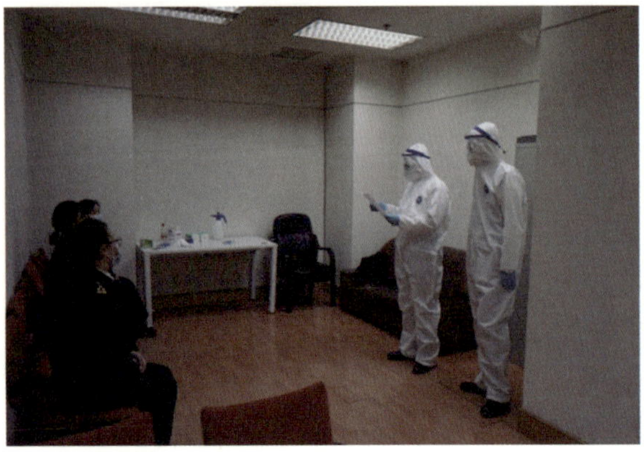

▲2021年1月8日，塘沽海关大楼开展内部防疫应急处置演练

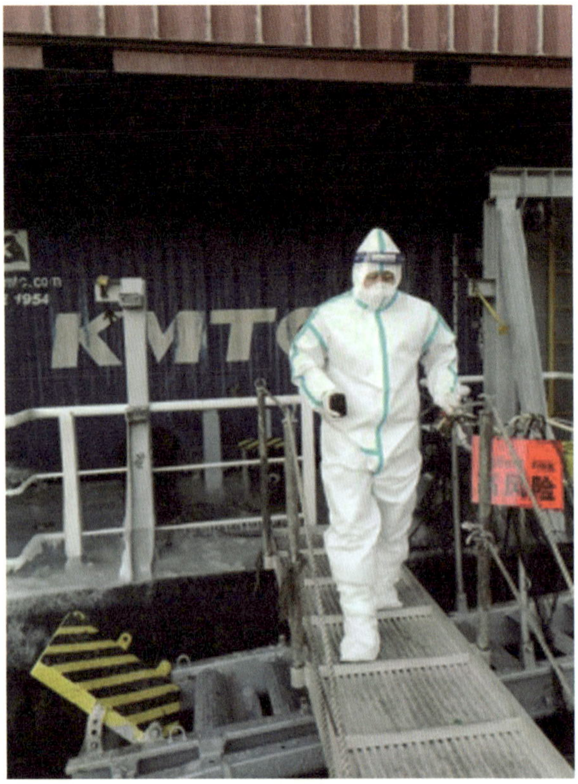

▲2021年，塘沽海关支援机场、海港、社区、企业等疫情防控一线

▲2021年9月1日，塘沽海关组织“弘扬抗疫精神　激励使命担当”先进事迹分享会

【优化营商环境】2021年，塘沽海关推动优化营商环境，提升跨境贸易便利化水平。持续压缩进出口通关时间，进口通关时间12.77小时，同比压缩22.79%，出

口通关时间0.59小时，同比压缩62.42%。积极推广“船边直提”“抵港直装”等便利措施，“船边直提”比率达到16.91%，辖区企业参与率达到68.06%；“抵港直装”比率达到11.74%。全年累计签发各类原产地证书3.26万份，签证金额34.52亿美元，同比分别增长5.88%、29.9%。其中，优惠类原产地证书2.34万份，所载货物可享受进口方关税减免达1.48亿美元，约占天津关区同期签证总额的40%。

2021年，塘沽海关密切关注辖区企业受国外技术性贸易措施影响情况，主动开展服务，用足用好通报评议、特别贸易关注、贸易争端解决等世界贸易组织议事协调机制。积极反馈出口印度的轮毂产品面临的重复认证问题，申报的“印度强制车轮BIS认证”特别贸易关注被商务部纳入中印双磋议题，在WTO/TBT例会上与外方开展双边磋商。针对出口欧盟的“天然维生素E”因总生育酚含量超标时常遭遇降级甚至退运处理的情况，指导企业改进工艺流程、调整计算方法，确保逐批检测达标，企业全年出口22批、价值约150万美元。加强税政调研，将关系国家宏观经济发展方向及与人民群众生活和福祉密切相关的商品作为阶段性降税的调研重点，报送的关于风力发电机用高速轴联轴器适当降低进口暂定税率的税则调研建议被国务院税则委员会采用，该项货物的进口关税税率2022年1月1日起将从8%降为4%。鼓励国内新能源行业的发展，为天津风力发电相关行业发展注入“新动能”。

▲2021年，塘沽海关关员米丰申报的“印度强制车轮BIS认证”特别贸易关注被商务部纳入中印双磋议题

【服务企业】2021年，塘沽海关“网格化”服务电话/微信联系企业10,518家次，走访/调研企业122家次，接到并解决企业问题225个，累计撰写网格化服务企业案例73篇，提炼优秀案例35篇。整合14个执法一线科室的服务力量，将近千家辖区企业划分到69个“网格”中，69名党员包干对接、贴近服务。以“送政策、送答案、优服务、助企家”为中心，依据现有网格企业认证等级和近两年进出口业务情况，对网格化企业服务网络进行二次细分和新增；更新塘沽海关“网格化”对接服务市场主体“明白纸”，编制“网格化服务企业”工作月报，收集汇总“网格化”服务优秀案例。以辖区进出口货物百强企业为基础，综合“十大人才创新创业联盟企业”和“项目+团队”企业名单，

精准建立高认企业培育库；建立“企业认证培育专员+科室网格员”的“双员制”培育队伍，由培育专员按照企业经营类别制订方案开展有针对性培育。对45家企业开展认证培育，实地走访企业100余家次，辖区高级认证企业数量达59家，约占天津关区的22%。

微信

学习强国

2021年01月25日

塘沽海关“网格化”服务 助力企业新生产线落地滨海新区

作者：赵贤钰 王钰晗

滨海新区学习平台　已订阅

日前，在诺和诺德（中国）制药有限公司的生产车间，天津海关所属塘沽海关关员通过“多查合一”监管模式，对进口的新生产线测试用胰岛素给药注射器组件进行后续核查作业。

摄影：王钰晗

塘沽海关创新属地海关“网格化”企业服务模

▲2021年1月25日，“学习强国”平台刊发文章《塘沽海关“网格化”服务，助力企业新生产线落地滨海新区》

▲2021年5月10日，塘沽海关关员积极应对大量钢材集中入区情况

【查检效能】2021年，塘沽海关累计完成属地进口货物现场查验2,503批次，出口货物现场查验96批次；植物检疫初筛检验室累计完成初筛鉴定213批次，其中发现活体线虫47批次；累计退运销毁进口工业产品19批次。查发无食品安全国家标准进口食品，实现进口食品首例不合格检出销毁。6月获批成为天津海关第二批商品质量安全风险二级监测点。安排专人负责新冠病毒疫苗出口前监管工作，对相关企业实行7×24小时全天候服务，并采取即报即核、即控即验、即问即答“三即”举措。开辟疫苗和试剂盒出口前监管绿色通道，一般放行最快只需5分钟，查验放行最快一小时内办结，全年保障康希诺生物股份有限公司93批次新冠病毒疫苗出口。

▲2021年3月23日，塘沽海关关员快速查验进口大马力农用拖拉机

【强化监管】2021年，塘沽海关探索四方联合执法工作模式，与市场监督管理局、税务局、公积金管理中心联合开展跨部门“双随机”执法检查，全年共对3家企业开展联合执法，积极开展主动披露，通过“送政策上门”等方式帮助企业全面了解相关政策，提高运用有效性。核注清单删改 2,071 票，所辖 2 家保税仓库办理入仓核准 284 票，出仓核准 336 票，办理货物延期 2 票，货值 9,667.64 万美元，货重 14,179.85 吨，征税 3,515.51 万元人民币。积极推动企业集团加工贸易监管模式开展，确定凯莱英［凯莱英医药集团（天津）股份有限公司和凯莱英生命科学技术（天津）有限公司］作为塘沽海关首个适用该监管模式的企业集团。泰达综合保税区全年进出口值 106.79 亿元，同比大幅增长 737.3%。天津经济技术开发区保税物流中心（B 型）全年进出口值 118.73 亿元，连续 18 个月在全国 87 个同类区域中排名第一。持续做好 7×24 小时通关服务，针对企业诉求推行“分送集报”“整报分出”“四自一简”“区域内非保转保税货物”等便利措施；推进泰达综合保税区获批增值税一般纳税人资格试点，完成天津市综合保税区首本一般纳税人账册设立；积极谋划拓展保税展示业务，顺利完成首票异地保税展示工业产品出区。

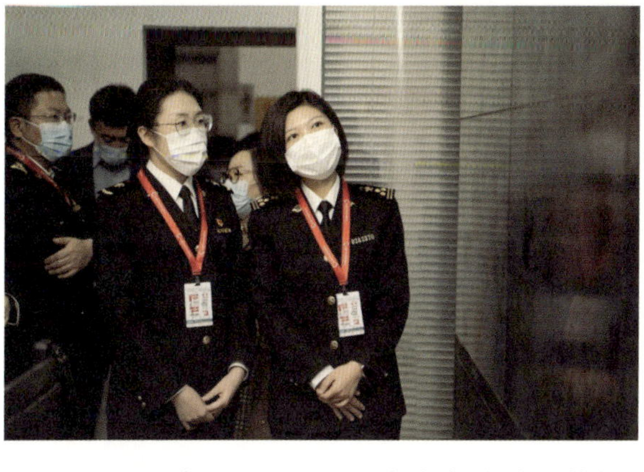

▲2021 年 3 月 17 日，塘沽海关关员赴凯莱英医药集团（天津）股份有限公司调研

【综合保障】2021 年，塘沽海关精准推动节能降耗，对大楼能源资源利用情况进行全面自查，落实增收节支工作要求，开展办公科技设备优化回收工作。加装水表、电表，精准计量，塘沽海关大楼全年用电量同比下降 20.5%，用水量同比下降 9%，纸张用量同比压缩超过 30%。推动关心关爱干部职工“十大暖心工程”落地见

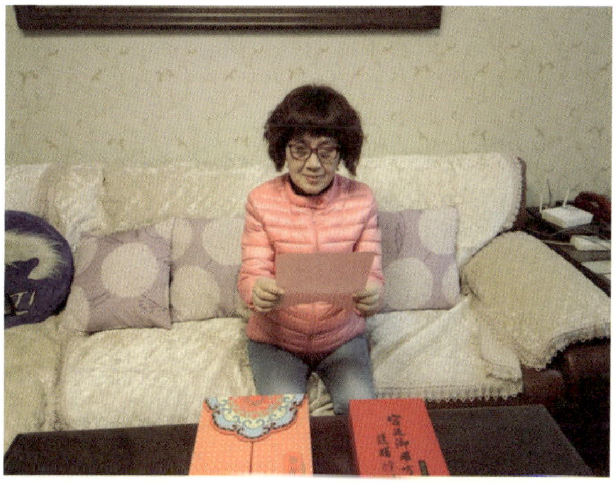

▲2021 年 2 月，塘沽海关为留津过年单身关员家属寄送慰问品

▲2021 年 6 月 23 日，塘沽海关大楼组织消防应急演练

效。做好考录公务员面试，以及接待、会议、培训等保障工作，全年累计承办会议75场，参会1,800余人次。与地方管委会建立安全检查协调机制，泰达综合保税区、保税物流中心定期参与由地方管委会组织，应急管理、消防、市场监管、安监共同参与的联合安全检查。邀请天津市经开区消防支队和燃气公司专职讲解员，讲解办公楼和家庭发生火灾和燃气泄漏后的应急处理以及实际操作，模拟突发火情应急疏散演习并进行灭火实操演练。

（撰稿人：杨　凯）

蓟州海关

【概况】蓟州海关前身为蓟县海关，于1989年经国务院批准设立，1993年11月11日正式开关对外办理业务，管辖范围为蓟州、宝坻两区。因撤县设区，2017年5月，经海关总署同意，蓟县海关正式更名为蓟州海关。

2021年，蓟州海关坚持以习近平新时代中国特色社会主义思想为指导，围绕年度重点工作，紧扣“党建领航、小关争强”工作主题，强化监管、优化服务，突出抓好党建、队伍、业务、民生4个方面的工作。进出口通关一体化出口报关单4,235票，报关货值44,378.4万美元，辖区企业进口报关单5,897份，进出口收发货人备案99家，企业变更85家，出境检验检疫申请单5,202批，检验检疫证书拟制2,731份，原产地证书拟制3,182份，企业稽查10家，企业核查118家，海关信用培育企业52家。

【党建活动】2021年，蓟州海关扎实推进党史学习教育工作。通过党委会、支部会等多形式加强对习近平总书记重要指示批示精神的学习，并按照时间进度完成好《论中国共产党历史》《中国共产党简史》等4本书籍的学习，组织开展党史知识测试。利用本地红色资源，听宝坻区郝各庄镇94岁老人讲革命故事，赴蓟州区盘山烈士陵园、宝坻区旭辉红色展览馆等场所开展红色主题党日6次。与南开海关等部门开展交流研讨，促进工作提升。走进蓟州区智残学校、宝坻高台小学与学生互动，赴蓟州区廉政警示教育基地接受洗礼，拍摄“强国一代有我在”建党100周年歌咏视频，并被蓟州区新闻中心选用播报。践行“我为群众办实事”，开展“进

▲2021年4月8日，蓟州海关党委联合天津东疆保税港区海关缉私分局党支部共同开展“学党史、强信念、跟党走”参观红色印记展览主题党日活动

政府、进企业、进红色教育基地，到车间、到社区、到乡间地头”三进三到活动。2021年以来，与蓟州区商务局、蓟州区精神文明办公室、蓟州区市场监管局等政府相关部门座谈12次，实地走访企业89家次，协调解决企业困难或问题38项，收到企业赠送锦旗6面。

▲2021年5月14日，蓟州海关与天津海关党委第五派驻纪检组共同开展“追寻红色足迹”聆听革命老战士讲述革命故事主题党日活动

【内部疫情防控】2021年，蓟州海关动态调整内部疫情防控措施。制订《蓟州海关内部工作人员感染新冠肺炎或发生其他关联情况应急处置工作预案》，并于8月份开展实地演练，与天津市天开物业管理有限责任公司、食堂供货商、日杂用品供货商等签订疫情防控协议，并对相关外来人员开展风险排查，排查风险后方可进入办公区内。严格落实体温监测、验核健康码、行程码和离津返津人员审批、新冠病毒核酸检测等制度，在蓟州、宝坻、上仓3个办公点均设置临时隔离室，储备足量防疫物资，制定防疫物资管理和使用制度并严格落实，确保内部防控工作无死角。2021年，蓟州海关派出13批19名干部支援天津滨海机场海关、北塘海关口岸战“疫”一线，在属地型隶属关中支援人数、支援时间均位列第一，其中1人获及时个人嘉奖1次。

【内务规范】2021年，蓟州海关按照规定频次开展思想动态分析。该关6个党支部开展思想动态分析18次，党委委员与干部职工开展谈心谈话26次，召开党委会对谈心谈话情况进行分析研判1次，到一线执法科室跟班作业98次。针对一关两区三地办公实际，结合内务规范月和警示教育月，2021年以来，制发日常工作提醒8份，采取“实地+微信视频连线”方式6次对3个办公点进行办公秩序、考勤着装情况突击检查。结合科室职责梳理工作，开展基础工作“大起底”，明确执法依据、梳理业务中存在的问题及不足，梳理科室岗位职责71条，修改调整职责4项，对长时间在同一执法岗位工作的7名同志开展

▲2021年5月11日，蓟州海关开展队列训练

内部交流，对进口粮后续监管、原产地签证质量等业务开展内部督查 2 次，开展非执法领域内部督查 1 次，先后修订、制定财务管理、经费审批等 6 项制度。通过内部监督，厘清权责边界，消除不确定性风险。

【新闻宣传】2021 年，蓟州海关及时准确发布海关信息，讲好蓟关故事。参与撰写调研报告《加强口岸—属地海关协作配合中需要关注的几个具体问题》，刊发在天津海关《领导参阅》2021 年第 15 期；撰写《2021 年 1—4 月宝坻区外贸进出口情况调研分析报告》，呈送天津市宝坻区领导；《2021 年 6 月天津口岸棉花进口》《2021 年 1—9 月我国棉花进口逐步减少》等 5 篇统计分析文章被海关总署采用，《天津海关所属蓟州海关充分用好红色资源　推动党史学习教育走深走实》等 46 篇党史学习教育信息被海关内外部信息载体采用。撰写的《小辣椒闯出新天地　蓟州海关助力小微企业开拓“一带一路“新市场》等信息陆续被《中国国门时报》等报刊刊发，绩效得分 143. 5 分。

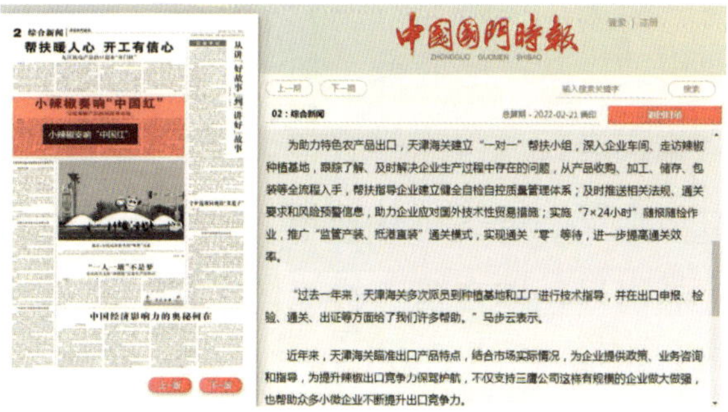
中国国门时报
02：综合新闻
为助力特色农产品出口，天津海关建立“一对一”帮扶小组，深入企业车间、走访辣椒种植基地，跟踪了解、及时解决企业生产过程中存在的问题，从产品收购、加工、储存、包装等全流程入手，帮扶指导企业建立健全自检自控质量管理体系；及时推送相关法规、通关要求和风险预警信息，助力企业应对国外技术性贸易措施；实施“7×24小时”随报随检作业，推广“监管产装、抵港直装”通关模式，实现通关“零”等待，进一步提高通关效率。

“过去一年来，天津海关多次派员到种植基地和工厂进行技术指导，并在出口申报、检验、通关、出证等方面给了我们许多帮助。”马步云表示。

近年来，天津海关瞄准出口产品特点，结合市场实际情况，为企业提供政策、业务咨询和指导，为提升辣椒出口竞争力保驾护航，不仅支持三鹰公司这样有规模的企业做大做强，也帮助众多小微企业不断提升出口竞争力。

▲2022 年 2 月 21 日，蓟州海关助力特色农产品出口新闻报道

【专项整治】2021 年，蓟州海关开展“现场监管与外勤执法权力寻租”专项整治工作。走访蓟州、宝坻两区商务局，制发《蓟州海关致广大进出口企业的一封信》《致干部职工家属的一封信》，公布专项整治工作开展情况；“现场监管与外勤执法权力寻租”专项整治工作小组召开 8 次会议对专项整治工作进行研究部署，制定工作措施，列出时间表，实行挂账销号，该关领导跟班作业 14 次、强化督导检查，确保专项整治工作不走空跑偏；组织填报《“现场监管与外勤执法”领域违规事项个人申报表》47 份，排查科级领导干部亲友从业情况 12 人，查询纸面和电子资料 173 份，分析查找廉政风险 68 条，制定防控措施 199 条，制定蓟州海关“现场监管与外勤执法权力寻租”常态化整治工作具体措施 14 条。

▲2021 年 3 月 22 日，蓟州海关召开“现场监管与外勤执法权力寻租”专项整治工作动员部署会

【综合业务】2021 年，蓟州海关开展“基层组织建设年”活动。开展业务能力

（1+1）培训，坚持“细、严、实”的实训标准，31名干部围绕中心工作报送业务能力（1+1）培训需求，报名率100%。业务人员100%实现业务能力（1+1）能力拓展。12名正、副科长走上讲台授课，执法一线关员积极参加业务培训考试。蓟州海关新取得岗位资质人员21人次，岗位资质储备比例上升。植物检疫现场普通查验岗、植物检疫现场专家查验岗、动物检疫现场普通查验岗、动物检疫现场专家查验岗的储备比率分别由原来的4.5、2.0、3.0、0.0倍提高到8.0、5.0、5.0、5.0倍。

在2021年天津关区第四次规范申报考核中正确率为95.65%，比第三次考核提高51个百分点；聚焦“智能边境”口岸运行效能，积极推动“船边直提”“抵港直装”改革措施落地，将海关总署、天津海关相关惠企政策及疑难问题进行梳理打包，编印《服务手册》向企业发放。召开政策宣讲会，蓟州、宝坻两区共45家进出口企业代表参加。2021年10月，该关直提箱比率为36.70%；企业参与度为57.14%。

▲2021年5月12日，蓟州海关与天津海关企业管理和稽查处、东丽海关联合召开“我为群众办实事”通关便利化政策宣讲会

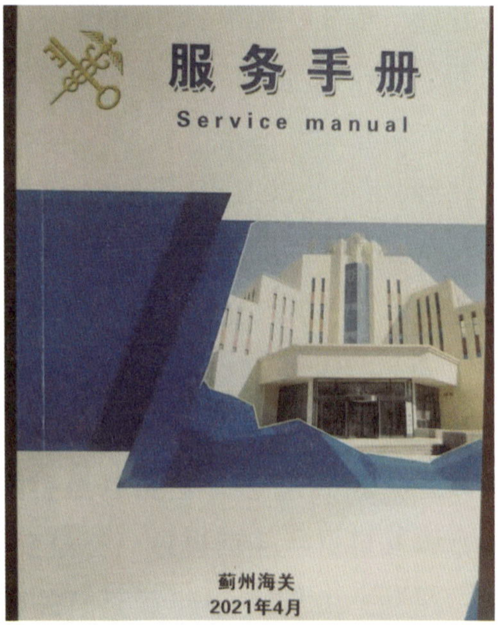

▲2021年5月20日，蓟州海关编印《服务手册》

【农产品出口】2021年，蓟州海关助力辖区特色农产品出口。成立农产品出口“一对一”小组，及时跟踪了解企业从生产到通关过程中存在的问题，整理推送国外技术性贸易措施和风险预警信息，指导企业规避相关风险；实行7×24全天候随报随检工作模式，实施“会诊式”核查作业模式，从产品收购、加工、储存包装等全流程进行风险点排查，提升企业规范化管理水平。持续帮扶辣椒、板栗等特色农产品出口；助力辖区利柏（天津）生物科技有限公司实现了线麻籽仁、线麻籽油、线麻蛋白粉3项产品的首次出口，货值约17万美元；帮扶辖区柳、苇帘企业健全自

检自控质量管理体系，完善收购、挑选、加工等各项制度。2021 年，辖区出口辣椒及其制品共计 3,734.8 吨，货值 619.29 万美元，同比分别增长 9.36%和 25.1%；苇帘产品出口金额 294.83 万美元，同比增长 64.6%。

▲2021 年 9 月 23 日，蓟州海关派员赴辣椒生产基地进行指导

【监管效能】2021 年，蓟州海关在实施进口货物目的地查验中，检出进口货物不合格 26 批，检出率超 51%，监督销毁 1 批。查获禁止进境物旧荧光灯管，在天津海关属首次；首次查获辖区进口化学品瞒报、进口涂料不合格、进境货物夹带动物排泄物、羽毛等禁止入境物等情事。首次查获禁止进境物废旧液晶电视。首次查出进口旧机电装运前检验证书货证不符等情事。

2021 年，蓟州海关采取“政策宣讲、主动披露和引入中介”三位一体工作方法，构建企业规范营商环境。该关通过设立宣传专栏，发放宣传资料、微信等多种渠道加大 AEO 企业认证、稽核查等配套制度宣传，提高法治宣传的影响力；联合宝坻区商务部门、宝坻区公安局共同开展反走私宣传活动，联合蓟州区渔阳镇司法所开展宪法宣传活动，赴蓟州区 3 家店集贸市场向百姓发放宣传海报 30 余份。2021 年对辖区 52 家重点企业开展宣传培育，实地下厂宣传培育 40 家次，4 家企业提交高级认证申请，通过 2 家，同比增长 200%；办结核查作业 84 起，核查作业有效率 68%；首次开展主动披露工作，辖区 1 家企业办理主动披露作业，经审核需要补交关税和增值税 53.58 万元；推进“国门利剑 2021”联合专项行动。对辖区 10 家企业开展稽查作业，共办理行政处罚案件 12 起；强化联系配合，牵头蓟州区市场监管局、税务局，宝坻区市场监管局、税务局、公积金等部门进行联合执法作业，在给企业减轻负担的基础上，加强协作联动，互通相关信息，有针对性对辖区食品企业、饲料企业、竹木草企业开展 7 次联合抽查检查。

▲2021 年 10 月 8 日，蓟州海关联合宝坻区公安宝坻分局、宝坻区商务局开展打私普法宣传活动

▲2021 年 12 月 14 日，蓟州海关联合蓟州区渔阳镇司法所开展“弘扬宪法精神　树立宪法权威”主题宣传活动

【帮扶企业】2021 年，蓟州海关帮扶属地企业，助力天津首家鲜切花出口企业成功注册。对进口汽车配件企业实施“人员先到、边卸边检”属地查验模式，有效解决企业卸货场地受限问题；第一时间协调兄弟海关验放高级认证企业布控货物，保障产品原材料及时运达企业，为企业节省大量产品周期成本；帮扶十大人才创新创业联盟企业天津勇猛机械股份有限公司申请知识产权海关备案。对该企业产品品牌 Logo 及相关英文标识商标注册申请、相关产品知识产权海关备案工作全程跟踪辅导，完成 17 项商标专用权知识产权海关备案申请工作；帮扶辖区农产品品牌天鹰椒龙头企业三鹰农副产品公司产品及时送检，第一时间按外方要求出具带有非转基因指标的检验检疫证书，保证天鹰椒品牌产品顺利装船及时出口。

【出口食品原料种植场备案】2021 年，蓟州海关全面排查辖区内 37 家出口食品企业整体情况，成立核查专家组精心制订核查预案，深入现场逐一梳理从原料入厂、检测、储存、加工、挑选、包装的整个生产过程，确保企业质量管理体系有效运行；对涉及“出口食品原料种植场备案”的 5 家出口食品企业召开座谈会，宣讲出口食品原料种植场备案管理相关规定，告知企业备案所需材料及备案流程，深入企业分类指导，实行新备案基地清单管理模式，对在蓟州海关辖区备案企业开展重点帮扶，指导企业通过“互联网+海关”一体化平台、“中国国际贸易单一窗口”提交备案材料并进行预审核，派员参与现场评审，确保备案工作平稳推进。截至 2021 年年底，新增完成出口食品原料种植场备案 5 家，企业备案需求完成率 100%。

（撰稿人：陆文明　梁丽琨）

武清海关

【概况】武清海关成立于1997年12月28日，是受天津海关直接领导，负责武清区范围内（含行政管辖归属天津经济技术开发区的逸仙科学工业园）海关各类管理工作的执行机构，监管辐射面积1,574平方千米。2019年1月，原武清海关与原武清出入境检验检疫局合并成立新的武清海关。武清海关日常工作涉及进出口货物通关、加工贸易合同备案及核销、稽核查、企业备案及认证、原产地证管理、工业品查检、动植食检疫等，涵盖主要海关业务门类。

2021年，武清海关共接受进出口报关单3,571份，监管进出口货运量3.6万吨，货运值5.27亿美元，实征税款4.81亿元（同比增长62.76%）。共审批进出口货物征免税证明100份，均为外资鼓励项目进口，审批总货值共计8,816万美元，减免关税4,599.69万元人民币，减免增值税597.86万元人民币。共缮制、签发检验检疫证单1,140份，电子底账放行1,650份，检验检疫单证类归档3,000份。审核签发出口原产地证书8,650份，货值4.64亿美元。

【党史学习教育】2021年，武清海关党委班子带头深入学习习近平总书记在党史学习教育动员大会上的重要讲话精神和上级部署要求，迅速研究制订《武清海关党史学习教育工作计划表》，将任务细化为“加强党委班子学习”“抓实基层党支部党史学习教育”“武关心向党”系列活动等12个方面26项措施，分别从党委和党支部层面明确工作任务和完成时限。武清海关坚持“规定动作”不走样，“自选动作”有特色，扎实推动党史学习教育“加热升温”。先后推出“聆听革命故事”“学党史·筑同心”主题读书交流分享等“武关心向党”系列活动，该关把学习课堂摆进党史教育基地“第一现场”，组织党员干部赴“松骨峰特功连”、周邓纪念馆、武清区博物馆开展党史教育学习实践，用红色资源开展体验式教学、互动式教学、场景式教学。在此基础上，该关聚焦关系辖区企业切身利益的问题，开展“大学习悟思想，大走访办实事”活动，深入“智能轨道交通联盟”“跨境电商出口”等62家企业开展调研68次，帮助解决了信义玻璃（天津）有限公司出口订舱难、特变电工京津冀智能科技有限公司进口设备关税减免、三星电池（天津）有限公司新进生产线快速通关、思科普压缩机（天津）有限公司异地原材料滞港等41个问题。整合调研过程中收集的问题，制定“我为群众办实事”项目清单，推进辖区企业稳外贸、稳外资服务工作。

▲2021年4月27日，武清海关参观“松骨峰特功连”

【疫情防控】2021年，武清海关树立“安全第一、预防为主”理念，把“打胜仗、零感染”作为政治任务。按照天津海关内部疫情防控工作方案要求，不断更新疫情防控措施，做好疫情排查、人员管控、个人防护、办公场所消杀等相关工作，落实“日报告”制度，制作防疫消杀公示栏，提升外勤人员防护水平，定期开展新冠病毒核酸检测，不定期开展检查抽查，对发现的问题隐患及时整改到位。领导班子以身作则，从讲政治的高度迅速推进疫苗接种工作。该关努力克服自身困难，全力支持天津关区机场防疫和冷链查验工作，年内有4名同志始终在一线支援，累计有27名同志参加了支援工作，占全关实际在岗人数的64%。

【业务改革创新】2021年，武清海关在辖区大力推广“提前申报”、“两步申报”、“汇总征税”、“关税保证保险”、出口原产地证智能审证及自主打印等业务改革，提升货物通关效率。年内该关“汇总征税”比率达到73.29%，“两步申报”应用比率达到86%，“提前申报”比率超过98%，出口原产地证书自助打印比率100%。持续推进船边直提业务，截至2021年年底辖区35家重点企业已开展船边直提。推广“监管产装”，辖区5家生产型企业开展“监管产装”，共监装出口25票。

2021年，武清海关推进跨境电商B2B出口新贸易业态创新发展，在“9610”“9710”模式基础上实现“9810”海外仓模式落地，形成“跨境电商销售平台+海外仓”代销的合作模式，辖区企业天津普光医用材料制造有限公司利用海外仓实现出口4,485单，产品销往英国、德国等13个欧洲国家。该模式被《经济日报》、《中国国门时报》、凤凰网等多家媒体刊发宣传。2021年，武清海关辖区共有24家企业开展“9810”模式出口业务，跨境电商累计出口货值达到7.14亿元。

【优化营商环境】2021年，武清海关采取措施，进一步优化辖区营商环境。推广原产地证书自主打印和智能审核等改革，高效便捷为企业办理业务。全年共审核签发出口原产地证书 8,650 份，货值 4.64 亿美元。推动 RCEP 政策落地见效，联合天津市、武清区商务部门组织辖区企业开展政策宣讲会，受众企业达 300 余家。全年武清海关进口整体通关时间为 5.66 小时，出口整体通关时间为 0.18 小时。扩大嵌入式查检覆盖面，为辖区重点项目、重点企业配备属地查检管家，做好保链、强链工作。天津三星视界有限公司、丹佛斯（天津）有限公司、海斯坦普汽车组件（天津）有限公司等企业，从丹麦、马来西亚等国转移成套生产线 6 条，年增产值约 1.5 亿美元。组织辖区 15 家重点企业完成海关总署技术性贸易措施影响调查工作。助力天津普光医用材料制造有限公司“LIGHTS”自主品牌的消毒片走进欧洲市场，为天津企业实现自有品牌借路出海成功探索一条全新路径。该案例被天津海关选编到技术性贸易措施咨询服务十大案例，在《中国口岸科学技术》刊发。

【促进外贸稳增长】2021 年，武清海关积极应对外贸形势变化，采取措施稳定辖区外贸增长。推行“网格化”服务，建立网格群 7 个，涵盖辖区企业 532 家，网格搭建率达到 70%。累计通过电话或微信及时宣传海关各项新政策 15 次，组织企业参与海关调查 3 次，解答企业提出的问题 30 余个。以支持天津市“智能轨道交通创新创业联盟”为抓手，“点对点”帮扶企业 27 家次，收集解决企业问题 6 个。组织专班并协调天津海关关税部门、天津河西海关重点帮扶特变电工京津冀智能科技有限公司避免滞港费 100 余万元，为 1,200 余万元设备减免关税 122 万余元。支持天津宏辉果蔬有限公司出口水果基地发展，对该公司约 23 万平方米果园和出境水果包装厂（天津关区唯一的出境水果包装厂）开展虫害检测，指导建立健全卫生质量管理体系，确保基地自产和包装出口水果符合出口国标准。2021 年，该公司共出口水果 108 批次，货值 429.49 万美元。通过帮扶该公司还带动其他合作的海关备案果园约 30 家，初步形成“公司+基地+专业合作+农户”的管理模式，实现产业带动经济发展，推动了特色农产品出口。助力企业出口转内销，促进国内国际双循环。武清海关辖区新设立的天津畅联供应链管理有限公司公用型保税仓库办理入仓核准 40 票，出仓核准 40 票，货值 1.12 亿元，征税 745.3 万元。

▲2021 年 10 月 15 日，天津武清海关关员在辖区出口水果基地开展监管

【人力资源开发】2021年，武清海关开展“武清大讲堂”等活动，把青年同志作为一专多能人才培养的重点，安排青年关员进行讲课，开展联系实际的学习交流研讨活动，挖掘内部业务骨干能力，激发干事创业激情与活力。2021年，武清海关人均总培训达493学时、243学分，积极推动全员开展专业资质考试，有效增加了专业资质人员数量。注重在实践中考察识别干部，统筹做好职务选拔和职级晋升。

2021年，武清海关积极应对业务职能扩展、工作要求提升带来的人力资源压力。调研摸底关检业务深度融合情况，深入一线5个业务科室，与近20余人进行了谈话，随同外出作业9次，掌握人力资源调配重点和难点。基于工作需要、人员业务专长、年龄、任职经历等多方面考虑，对2个科室职责进行部分调整，相应调整科室人员配备，对12人进行了岗位交流。进一步发挥科长考核的作用，加强对科级领导干部全方位考评，将考核结果作为日常评先推优的重要依据。

【纪律作风】2021年武清海关按照天津海关整体部署开展了“三类突出问题”的专项整治，进一步净化了工作作风和队伍风气。通过内务规范强化月等活动，锤炼过硬作风。继续做好企业满意度调查，提升武清海关政风行风建设水平。2021年8月，组织开展了“转理念改作风勇担当”主题警示教育月活动。2021年9月，开展了违纪违法和问责典型案例警示教育，引导党员干部不断提高政治判断力、政治领悟力、政治执行力，筑牢思想防线，做政治信念坚定、遵规守纪的明白人。严格落实工作纪律，利用队伍建设综合管理平台加强考勤管理；运用视频监控、集中检查等方式开展3次检查督导，队伍作风显著提升。

【清廉海关建设】2021年，武清海关紧密结合“现场监管与外勤执法权力寻租”专项整治工作，一体推进全面从严治党，全面深化清廉海关建设。武清海关认真组织学习驻署纪检监察组和天津海关党委纪检组下发的案例。该关党委研究制订了“现场监管与外勤执法权力寻租”专项整治工作实施方案和16项重点任务分工清单，其间向天津海关专项工作组和派驻纪检监察部门请示汇报100余次。该关党委“一把手”亲自谋划部署，全程督促落实，参与海关与企业座谈会7次，听取企业意见建议；班子成员与一线关员跟班作业，了解业务流程，分析风险因素，开展企业调研68次，动态调整《专项整治重点问题分工清单》至61项，使专项整治工作与日常业务同谋划、同部署、同落实。该关向辖区企业、特约监督员、武清区商务局、武清开发区总公司、武清区纪委宣传介绍专项整治工作开展情况，现场发放宣传单100余份，依托武清“一区四园”管委会（武清经济技术开发区、武清地毯产业园、武清自行车王国产业园、武清汽车零部件产业园、武清京滨工业园）渠道，发放宣传单200余份，累计收回确认函102份。制作不记名的“专项整治”调查问卷和回访问卷，通过现场填写、电话回访、网格群推送等方式组织企业填写，覆盖了辖区560余家企业。严格落实倒查8年的时间标准，组织44人完成了违规事项个人申报工作，不漏一人。该关选派3名同志参加谈话培训，配合派驻纪检监察部门分3个层级（处科长、副科长、一般关员），共同完成了36人谈话工作。以科室为单位，利用“三会一课”、科务会、集中学习和微信群等方式，开展警示教育220余人次，着重强调要以系统内违纪违法典型案例为鉴，知敬畏、存戒惧、守底线。该关41名同志结合自身工作实际，认真撰写心得体会。排查出易被利用寻租的业务管理薄弱环节及问题反映集中、风险点聚集的关键岗位9个，涉及加工贸易验核岗、保税仓库管理岗、抽样送检岗、外勤查检执法岗、稽查岗、核查岗、原产地签证岗、减免税岗和单证审核岗，形成《武清海关廉政高风险岗位清单》。通过谈心谈话、调取档案、跟班作业、企业调研、数据分析、梳理心得体会等方式，对高风险岗位和作业环节逐一分析，先后梳理出《廉政风险清单》3个版本，风险条目由最初的51项动态调整至71项。经排查，武清海关没有高风险人员，海关人员及其亲属不存在“靠海关吃海关”“贴着海关发财”的情况。

（撰稿人：沈　健）

静海海关

【概况】静海海关成立于2013年11月8日，2018年4月机构改革后原静海出入境检验检疫局相关业务职能划入。静海海关管辖范围为天津市静海区的各项海关管理工作。2021年，静海海关深入贯彻习近平总书记重要指示批示精神，落实海关总署“五关”建设的总体要求，统筹发展和安全，抓好疫情防控和促进外贸稳增长，切实推进政治建设、业务建设、政务管理等工作。结合属地特点，在强化监管、优化服务中全面贯彻落实新发展理念，大力推动属地钢铁产品、乐器、农产品等特色产业外贸发展，在乡村振兴战略实施中展现海关作为。

2021年，静海海关致力于加强出口监管、做好企业管理、帮扶特色企业、解决企业疑难问题等相关工作。实施查验援助吉尔吉斯斯坦面粉1,127.5吨、援助阿富汗小麦780吨。检出一般检疫性有害生物2批次，检出机电产品不合格18批次，销毁2批次。新注册企业142家、变更131家、注销81家；受理高级认证申请12家、通过认证6家。

【党史学习教育】2021年，静海海关成立党史学习教育领导小组，制定《静海海关党史学习教育工作安排》，党委班子以上率下，带头学习习近平总书记重要讲话和党的十九届六中全会精神，通读4本指定书目，组织13次党委专题学习研讨。组织关员参加党史学习教育系列活动，参观静海区庆祝改革开放40周年成就展览纪念馆，到静海区烈士陵园开展主题党日活动，举办“党啊，亲爱的妈妈”歌咏活动，参加“同唱一首歌永远跟党走”天津市庆祝中国共产党成立100周年群众歌咏电视展演活动，组织党员群众代表观看红色影片《长津湖》，激发爱国爱党热情。扎实推动支部联系点工作，2021年联系企业38家，调研65次，解决问题66个，工作成效被海关总署政工办网站采用图片新闻、工作简报等共计9条，被天津海关党史学习教育专题网站采用动态及外媒宣传报道共计41条。

【权力运行监督】2021年，静海海关党委班子进一步强化“四种形态”意识，严密组织“现场监管与外勤执法权力寻租”专项整治工作，采取个人自查、科室检查、交叉互查、群众评议的方式，排查出廉政风险清单和高风险岗位，细化到具体科室岗位，相关问题均已整改到位，其中2项做法被天津海关报告引用。强化纪检委员作用发挥，明确工作职责，突出问题导向，发挥业务骨干优势，结合实际业务工作特点提出合理化意见和建议，把纪检监督贯穿到每一项实际业务中。抓好对关员的警示教育，常态化组织专项整治和监察室网站通报典型案例学习，观看警示教育片，汲取违纪违法典型案例教训。开展普法学习、宣传活动，邀请静海区纪委监委办公室主任做“以案为鉴鸣警钟　守正笃行践初心”主题报告，安排公职律师进行“明法守心”专题法治讲座，普及法律基础知识，形成学法、讲法、用法的氛围。

【进出口监管】 2021年，静海海关加强报关单规范申报管理，专人逐项对商品申报规范情况进行审核，督促企业进行整改。

与天津东疆海关协同办理天津关区首票预包装食品“保税展示交易”业务通关手续，在天津海吉星农产品物流有限公司静海农产品物流园进行展示，商品为果汁饮料。

在1批进口肠衣和3批进口非食用动物产品现场查验中发现证书封识号码与实际不符，已要求国外官方对证书内容进行修改；2批进口货物木质包装中检出一般检疫有害生物；首次在辖区企业进口的化工品中查获申报与实货归类不符的涉税案件，对涉事企业已通过简易程序进行行政处罚；检出机电产品不合格15批次，销毁2批次。

为保障51个申报批次援外面粉顺利出口，静海海关根据企业生产计划，倒排施检计划表，规划压缩检验时间，为企业预留足够物流时间；优化检验方式，将官方机构检验和企业检测有机结合，突出质量安全重点检验项目，确保出口面粉符合各项要求。2021年，实施查验援助吉尔吉斯斯坦面粉1,127.5吨、援助阿富汗小麦780吨。

【企业管理】 2021年，静海海关对辖区企业加强监管，及时处理企业注册、变更、注销申请；落实打击跨境电商进口走私“断链刨根”专项整治行动，验核企业基本情况24家，发现存在问题企业12家，其中予以变更10家、注销1家、移入异常名录处置1家；加大企业认证培育力度，向辖区企业重点宣讲海关AEO制度、介绍认证经验，进行信用培育95家次，受理高级认证申请12家、通过6家，截至2021年年底，辖区高级认证企业总数达8家。

按月跟踪督办常规稽查指令，实地稽查工作，对查发问题及时监督并指导企业完成整改；办理常规稽查作业12个，完成核查作业146起，查发问题61家次；召开“我为群众办实事”主题便利化政策宣讲会，辖区共计50余家企业参会。向静海辖区企业重点宣讲海关 AEO 制度、规范申报、船边直提、主动披露等各类海关便利化措施和改革新政；邀请已获得 AEO 认证企业就认证经验与 AEO 制度优越性为信用培育企业进行实例分享；认证专家对重点企业进行“一对一、面对面”辅导。

【特色企业帮扶】 2021 年，静海海关成立属地特色产业发展帮扶工作组，共有成员 10 人，负责静海区钢铁产品、乐器、农产品等特色产业发展帮扶工作，相关成效被中央电视台采编或报道 4 次。

与静海区相关部门建立“联络配合机制”“政策推介机制”“基层政府培训机制”“创新联盟企业帮扶机制”，面向 80 余家重点民营外贸企业宣讲海关便利化政策，向辖区乡镇、经济园区宣传天津海关优化跨境贸易营商环境最新举措，联合制定创新联盟企业 9 项帮扶措施。

▲2021 年 8 月 4 日，静海海关关员对辖区出口钢材企业开展税政调研

针对辖区某出口钢材企业受钢铁产品关税政策调整的影响情况，引导企业用好税政调研、抵港直装等便利化举措，为辖区企业提升效益近 2,200 万元。将统计分析、税政调研、原产地规则推介、B2B 跨境贸易出口新监管模式作为着力点，引导辖区钢材外贸出口向跨境电商新业态发展，出口额已达 3.07 亿元。

“精准把脉”蔡公庄镇乐器制造企业，制定原产地证书智能审核及自助打印、提前申报、抵港直装、跨境电商 B2B 出口监管新模式等措施，保障乐器产品从原材料进口到装船出运的物流物料全程通关，畅通产业链、供应链循环。

支持 3 家竹木草生产加工企业内销转外销，全年增长 157 批、3,052 吨、142 万美元；督促进出口肠衣企业落实盐渍肠衣加工满足温度 20℃ 以上盐渍 30 天要求，应对输欧盟肠衣新规。

【纾困解难】 2021 年，静海海关对接连出现的肠衣企业因在查检环节检出原料不合格并进行销毁处理，导致手册核销出现困难的问题，主动联系口岸海关，走访职能部门，充分研究，为企业妥善解决了问题，同时召集辖区内全部同类企业进行政策解读。

针对辖区某企业信用等级被下调至一般信用的情况，派员到企业走访座谈，把海关行政处罚与信用管理的相关政策讲清讲透，同时邀请化矿金中心专家到企业详细讲解固体废物的认定标准，让企业弄懂问题关键，彻底解开企业心结。

对高频次征退保证金的企业，实行加贸专员负责制，实现保证金退还零等待。持续深入掌握企业生产经营状况，为符合条件的企业减免风险类保证金，2021 年 1 月至 10 月征收风险类保证金 29 笔，退还 23 笔，为符合条件的企业减免保证金，有效舒缓辖区小微加工贸易生产企业资金压力。

【科研课题研究】2021 年，静海海关根据《中共中央关于制定国民经济和社会发展第十四个五年规划和二〇三五年远景目标建议》《中华人民共和国国民经济和社会发展第十四个五年规划和 2035 年远景目标纲要》等相关文件要求，落实“五关”建设总体布局，适应海关在新时代、新发展阶段效能优化提升的新型治理模式，以创新商品归类管理与服务监管方式为切入点，开展了“商品归类区块链应用场景初步构建”的研究。为保障研究的顺利进行，静海海关联合天津海关关税处、深圳海关福强海关成立项目研究组，并申请专项研究经费。静海海关结合海关商品归类业务、法律法规与技术支撑现状，提出商品归类辅助工具应用与第三方采信社会化平台建设相融合，构建商品归类单点链能力与“已有链+辅助归类校验 BaaS”模式构想，初步设计“区块链+商品归类”应用场景，提出相应构建策略与应对建议，提供“天津方案”。形成研究报告 1 篇、技术报告 1 篇，在《协调制度研究与商品归类》《信息技术与网络安全》等内外期刊分别发表理论研究成果各 1 篇。

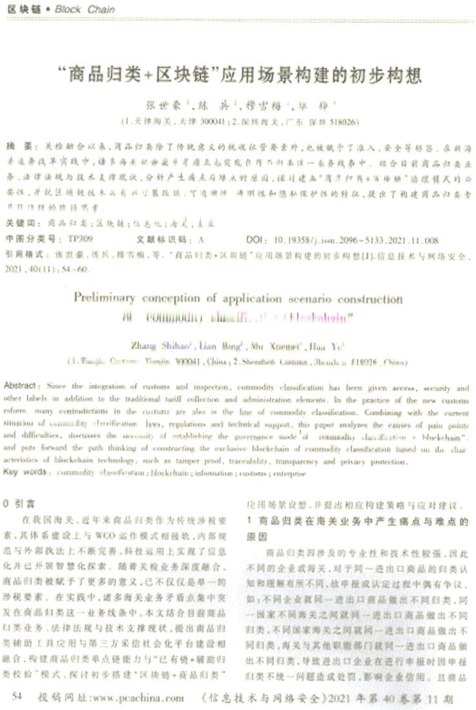
区块链 • Block Chain

“商品归类+区块链”应用场景构建的初步构想

张世豪[1]，练兵[2]，穆雪梅[1]，华烨[1]
(1.天津海关，天津 300041；2.深圳海关，广东 深圳 518026)

摘　要：[illegible]

关键词：商品归类；区块链；信息化；海关；企业

中图分类号：TP309　文献标识码：A　DOI：10.19358/j.issn.2096-5133.2021.11.008

引用格式：张世豪，练兵，穆雪梅，等．“商品归类+区块链”应用场景构建的初步构想[J].信息技术与网络安全，2021，40(11)：54-60.

Preliminary conception of application scenario construction [illegible]

Zhang Shihao[1]，Lian Bing[2]，Mu Xuemei[1]，Hua Ye[1]
(1.Tianjin Customs，Tianjin 300041，China；2.Shenzhen Customs，[illegible] 518026，China)

Abstract：Since the integration of customs and inspection，commodity classification has been given access，security and other labels in addition to the traditional tariff collection and administration elements. In the practice of the new customs reform，many contradictions in the customs are also in the line of commodity classification. Combining with the current situation of commodity classification laws，regulations and technical support，this paper analyzes the causes of pain points and difficulties，discusses the necessity of establishing the governance mode of "commodity classification + blockchain"，and puts forward the path thinking of constructing the exclusive blockchain of commodity classification based on the characteristics of blockchain technology，such as tamper proof，traceability，transparency and privacy protection.

Key words：commodity classification；blockchain；information；customs；enterprise

0 引言

在我国海关，近年来商品归类作为传统涉税要素，其体系建设上与 WCO 运作模式相接轨，内部规范与外部执法上不断完善，科技运用上实现了信息化并已开展智慧化探索。随着关检业务深度融合，商品归类被赋予了更多的意义，已不仅仅是单一的涉税要素。在实践中，诸多海关业务矛盾点集中突发在商品归类这一业务线条中，本文结合目前商品归类业务、法律法规与技术支撑现状，提出商品归类辅助工具应用与第三方采信社会化平台建设相融合，构建商品归类单点链能力与“已有链+辅助归类校验”模式，探讨初步搭建“区块链+商品归类”应用场景设想，并提出相应构建策略与应对建议。

1 商品归类在海关业务中产生痛点与难点的原因

商品归类因涉及的专业性和技术性较强，因此不同的企业或海关，对于同一进出口商品的归类认知和理解有所不同，故申报或认定过程中偶有争议。如：不同企业就同一进出口商品做出不同归类，同一国家不同海关之间就同一进出口商品做出不同归类，不同国家海关之间就同一进出口商品做出不同归类，海关与其他职能部门就同一进出口商品做出不同归类，导致进出口企业在进行申报时因申报归类不统一问题造成处罚，影响企业信用。且商品

54　投稿网址：www.pcachina.com　《信息技术与网络安全》2021 年第 40 卷第 11 期

▲2021 年 11 月，静海海关张世豪、华桦参与撰写的《“商品归类+区块链”应用场景构建的初步构想》在《信息技术与网络安全》第 535 期上刊发

【干部队伍建设】2021 年，静海海关推荐的副处级领导干部、正处级隶属海关党委委员人选，在 2021 年均受到过奖励表彰；31 人参加并通过政治素质评估，6 名党支部书记参加并通过党建能力评估。以获取“资质”为重要抓手，24 人参加业务能力评估并达标，新增岗位资质 22 个，除植物高级签证官外，均已实现岗位资质 1 比 1.5 储备要求。

在“红色动车组”党建品牌体系的基础上，各支部进一步丰富品牌内涵，制定工作法：稽核科党支部构建“四点四化”工作模型，综合业务科党支部围绕党建品牌“通关护航党旗红”总结“航海工作法”。

孙际洲同志被天津市级机关工委表彰为优秀党员，邱冠宁同志被天津海关党委授予“双优书记”称号，李沐霖同志被表彰为天津海关优秀共产党员，刘树新同志被表彰为天津海关优秀党务工作者，综合业务科党支部被表彰为天津海关优秀党支部。

【疫情防控】2021 年，静海海关常态化组织疫情突发事件演练，多次进行内部疫情防控技能培训，提高全体关员防范意识、防疫能力。积极配合一线防疫工作，累计派出 12 人次支援冷链监测、8 人次支援机场旅检工作。及时传达海关总署及关区疫情防控安全防护会议精神，落实内部疫情防控、进口货物查验、应急事件处置等要求，组织疫情突发事件演练，邀请静海区卫健委专家进行疫情防控技能培训。

多角度严格疫情期间工作机制：建立“人人都是监督员”监督管理机制，就通勤车、进入办公区、食堂就餐等关键节点每日轮班监督疫情防控情况，做好干部职工健康监测；与物业公司签订补充协议，督促其加强办公场所通风、消毒，重点做好回收箱和快递包裹暂存区域的及时清理和消毒工作；充分推广“单一窗口”与“三智”建设成果，推动原产地线上办理变更，减少与外来人员“面对面”频次，提质增效，缓解内部防控压力。

（撰稿人：马　瑞　王爱芹　朱景慧　华　桦　刘　伟　刘运来　刘树新　李沐霖　邱冠宁　宋志军　张世豪　郑艳艳　蔡景毅）

北辰海关

【概况】北辰海关于2019年2月2日正式挂牌成立，下设6个科室分别为：办公室、综合业务科、加工贸易保税监管科、查检一科、查检二科和稽核科。北辰海关负责办理的辖区海关业务主要包括：通关相关业务（不含查验）及其税费征管；原产地证及其他证书签发；承担辖区企业加工贸易业务日常监管，征退风险担保金，加工贸易手册催报核管理；辖区保税仓库审批和监管；办理外资企业减免税相关业务；承担辖区企业进出口动植物及其产品、食品化妆品、特殊物品的查验、检验检疫及监督管理；受理出境动植物及其产品、其他检疫物的生产、加工、存放单位注册登记和出口食品生产企业备案核准；供船食品企业监管等相关卫生检疫业务；承担辖区内进出口机电产品、化矿产品、轻工产品及金属材料产品等工业品的查验、检验检疫及监督管理；打击假冒伪劣及进出口商品风险预警等工作；承担对辖区企业的常规稽查、海关核查（含“多查合一”任务）、企业资质管理、企业信用管理、贸易调查、案件移交等工作。

2021年，北辰海关以党史学习教育为抓手，扎实抓好政治建设，积极落实庆祝中国共产党成立100周年系列活动安排，精心组织开展“七个一”系列活动，突出“学习”这个根本，建立“五学联动机制”，班子成员、支部书记开展专题讲座、党史知识小课堂、“带你重温来时路”系列主题党课20余期，学史明理、学史增信、学史崇德、学史力行的要求严格落实；修订制定《中共北辰海关党委工作规则（试行）》《北辰海关贯彻落实“三重一大”决策制度实施办法》等5项涉及党委、机关党委、机关纪委工作规则、议事规则、工作指引等，党的建设工作规范化、制度化、信息化水平进一步得到提升。2021年，加工贸易保税监管科党支部、综合业务科党支部继续被复核认定为天津海关“四强”党支部、“党建培育品牌”，尹景瑞、王新峰分别被评为天津海关优秀共产党员、优秀党务工作者。

2021年，北辰海关在业务方面按照天津海关总体部署，推行“双直”（“船边直提”“抵港直装”）通关模式，确保全天候监管、服务到位，通关、运输效率提升将近 3 倍。2021 年，北辰海关征收税款 0.8 亿元，同比增长 29.03%，汇总征税比率 95.96%。积极宣讲海关企业信用管理相关政策，加大对辖区企业的认证培育力度，助力辖区外向型经济蓬勃发展。

【党的建设】2021 年，北辰海关贯彻落实习近平总书记重要讲话和指示批示精神及党中央重要部署，落实海关总署、天津海关重要工作要求有力。坚持“第一议题”制度，并进一步在支部建设中落实。在通关效率、汇总征税、“两步申报”、“提前申报”、原产地证书自助打印等业务上亮点突出，在“双直”业务、跨境电商 B2B 业务、企业 AEO 认证业务等业务领域突破明显。走稳走实组织路线。有力维护班子之间的团结，严格组织制度，扎实做好科级干部培养工作，在北辰海关内树立正确、积极的选人用人导向，注重培养年轻干部。不断夯实党支部规范性建设。以“基层组织建设年”活动为抓手，不断提升全体党员干部的政治素质能力和支部书记党建能力，书记抓支部建设的能力进一步提升。

持续深化党建品牌建设，在原有加工贸易保税监管科党支部、综合业务科党支部 2 个“四强”党支部，“保‘加’卫国”“通关护卫队”2 个关级培育品牌的基础上，重点培养 1 个“四强”党支部和 1 个党“建培育品牌”，积极向天津海关推荐。

【政治理论学习】2021 年，北辰海关组织党委中心组学习 4 次，党委会集中学习 32 次，将学习贯彻习近平总书记重要讲话、指示批示精神作为党委会第一议题。党委会开展专题学习研讨 8 次，7 个支部组织政治理论学习讨论 150 余次，班子成员带头认真学习 4 本指定书目，坚持读原著、学原文、悟原理。以抓好处级领导干部为重点，以深入沉浸体验为抓手，以解难题办实事为导向，开展“学百年党史 建时代新功”“七个一”系列活动。

▲2021 年 12 月 10 日，北辰海关与辖区企业开展党建共建活动

▲2021 年 6 月 7 日，北辰海关党委组织开展学党史活动看电影学党史

充分利用“学习强国”学习平台、“钉钉”学习平台开展政治理论自学，“学习强国”学习平台全员平均积分达17,000分以上，全体关员完成“钉钉”平台推荐的习近平新时代中国特色社会主义思想和政治理论两个模块的学时学分要求。加强党史学习教育宣传工作，稿件在“学习强国”学习平台发布2篇、海关总署载体7篇、市级载体11篇。

【权力寻租专项整治】2021年，北辰海关坚持以“七个确保”推进权力寻租专项整治工作。确保领导班子主动作为、担当尽责。坚持“一把手”亲自抓和班子成员跟进抓，及时做好督促指导；确保海关总署及天津海关各项部署不折不扣落实到位，狠抓关键节点、警示教育和谈话教育动员；确保资料台账底数清、情况明，通过调阅档案、跟班作业、走访调研、企业座谈、梳理关员心得体会等排查出廉政高风险岗位10个，廉政风险34条；确保纪法教育全员覆盖。通过党委会、“三会一课”、纪检部门专题授课、集中学习、“净化政治生态”主题党日、科务会等进行纪法教育，同时认真组织全员专项整治纪法教育开卷答题和撰写心得体会；确保举报渠道保持畅通、开门纳谏，张贴工作海报12张，设置举报箱2个，向特约监督员及辖区138家企业发送告知书，共回收确认函100余份；确保自选动作贴近实际，联合北辰区商务局、管委会召开政策宣讲会，现场通报专项整治工作内容及举报渠道，加强关员“八小时”以外监督，收集关员家属通讯录，公布海关联系电话，建立单位和关员家属的双向联系机制，制发《致北辰海关关员家属的一封信》，请家属协助做好关员“八小时”之外生活监督，形成北辰海关和家属对权力寻租的共同监督；确保整改到位，对前期全面自查、实地检查中发现的廉政风险和存在问题，制定40条整改措施，截至年底完成28项，长期推进6项。

【帮扶人才创新办实事】2021年，北辰海关紧密围绕人才创新创业联盟发展需要，与天津市人才创新创业联盟企业精准对接。结合企业需求制订个性化政策宣讲和辅导方案，提升政策宣导与企业需求的适配性。通过线下定点宣讲与线上云课堂辅导相结合，使企业足不出户就可以享受便捷的政策辅导。以上特色做法被《天津市人才创新创业联盟通讯》刊发，并得到“学习强国”学习平台、《天津日报》报道。

为避免产生“两张皮”问题，北辰海关坚持问题导向，突出“实”字，着力找准企业关心关注的问题，变“我要干什么”为“群众需要我干什么”，变“更多注重业务指标”为“更加关注企业群众获得感的工作目标”。制定“我为群众办实事”项目清单，逐一为企业排忧解难，先后为辖区18家企业解决典型疑难事项22件，收到锦旗13面。其中，北辰海关积极引导扶持，精准施策、多措并举，以实际行动保障了优质种牛资源进口，服务三北地区农村经济发展，助力草原农牧民打赢脱贫攻坚战。2021 年，北辰海关对辖区天津市海禄澳津国际贸易有限公司进口的 4 批次种牛开展隔离监管工作，共计监管种牛 15,957 头。

▲2021 年 11 月 11 日，北辰海关关员在北辰区某隔离场开展进境种牛隔离监管工作

应对辖区针对春耕前农机零配件订货量激增，企业库存不足急需进口的情况，北辰海关组建业务骨干成立查验突击队，采取“提前预约+动态调整”的即时响应查检机制，通过实时掌握企业进口货物和船期动态等信息，实现随到随验、随验随放，真正做到让企业“零等待”。2021 年，北辰海关辖区企业共进口农机设备零配件 61 批，涉及零件种类 900 余项，货值 500 余万元，满足国内春耕农机装备维修保养需求，保障全国 20 多个省市地区的“春耕春播”大计。

【常态化疫情防控】 2021 年，北辰海关合理轮换调整支援天津滨海机场海关人员，落实重点人员“应检尽检”要求，严格进入办公区域人员管理、干部职工离津出行管理和会议管理，坚持干部职工健康监测“日报告、零报告”制度。

坚决贯彻党中央、国务院疫情防控决策部署，积极落实海关总署、天津海关疫情防控措施，持续强化“外防输入、内防反弹”工作策略，筑牢北辰海关疫情防线。提高政治站位，强化组织领导，成立疫情防控工作领导小组，细化制订北辰海关疫情防控工作方案和应急处置方案，因地制宜开展工作。关领导靠前指挥，保持 24 小时手机畅通，以便发生突发事件时能第一时间上报并严格按照预案规定做好处置。狠抓工作落实，加强监督自查，从组织领导、防控预案、食堂就餐、会议培训、车辆管理等关键节点入手，统筹抓好内部疫情防控各项制度的具体落实。按相关要求组织开展疫苗接种。严格执行离津审批、分级分类管理纪律，2021 年“应检尽检”“愿检尽检”累计检测 230 人次。

【推行“双直”通关模式】 2021 年，北辰海关按照天津海关总体部署，推行“双直”通关模式，确保全天候监管、服务到位。关领导第一时间牵头成立专项工作组，结合北辰区企业特点，细化制订“双直”工作方案和工作任务分解，形成系统化、台账化、清单化的实施路线图；走访调研试点兄弟海关，与口岸海关建立协调机制，在天津新港海关等口岸海关设立北辰企业专门窗口，提升业务衔接水平；依托大数据，筛选与新模式匹配度较高的企业进行精准靶向推广，有效提高宣传推动工作的针对性；坚持顺势监管理念，结合企业需求制订个性化监装方案，在不影响企业正常生产的情况下，将监装过程嵌入企业生产、货物装箱及物流环节，实现“零负担”监管。

▲2021 年 4 月 28 日，北辰海关关员对出口货物进行现场监管

通过应用“双直”模式通关大大压缩了进出口货物在港区停留时间，真正实现码头和工厂间“门对门”运输，“零等待”通关，每个集装箱可节省时间成本 3～5 天，通关、运输效率提升将近 3 倍。结合辖区工作实际，落实农业振兴策略，帮扶农业相关设备进口企业快速通关。2021 年，共进口养殖设备 300 余批次，进口货物总值约 1.2 亿元，可养殖家禽 3,600 万只，养殖生猪 360 万只。

【通关便利化】2021 年，北辰海关提高政治站位，建立大局关，扩大“船边直提”“抵港直装”“关港集疏港智慧平台”应用规模，以实际成效贯彻落实习近平总书记重要指示批示精神，促进京津冀协同发展和跨境贸易便利化水平，各科室协调配合，分工合作，全力保障“双直”工作顺利开展。深入了解企业在出口环节遇到的困难，是否存在堵点难点，利用海关现有政策结合新模式，帮助企业解决实际困难。北辰海关与天津新港海关建立定点联系协调机制，指定专人负责，疏通属地与口岸联系渠道，理顺工作流程。通过云擎系统和“双直”查询系统进行大数据分析，结合原产地证申办以及出口法检相关企业信息综合分析，筛选与新模式匹配度较高的企业建立《重点企业清单》，进行精准推广，有效提高宣传推动工作的针对性。结合“支部联系企业、党员服务群众”“网格化管理”，深入辖区企业。通过支部、党员、网格员与企业负责人、代理以及货运车队深入交流，说清讲透“双直”模式的优势。耐心细致指导企业按照“双直”模式要求，做好前期准备工作。根据提前申报信息和企业需求，制订个性化监管方案，在不影响企业正常生产的情况下，确保将监管过程嵌入企业生产、货物装箱及物流环节，实现“零负担”监管。2021 年，北辰海关总计接受申报报关单 1,025 票，征收税款 0.8 亿元。持续巩固压缩通关时间成效，进口整体通关时间为 2.24 小时，较 2020 年同期压缩 39.78%。高度重视“规范申报”工作，2021 年下半年申报数据正确率达 99% 以上。通过大数据分析，梳理辖区适用跨境电商监管措施的企业名单并逐一深入走访，引导企业开展跨境电商 B2B 模式通关，跨境电商 B2B 出口额突破 2.72 亿元，是 2020 年同期的 2.17 倍。拓展汇总征税等担保支付方式应用范围，全年汇总征税企业覆盖率为 80%，汇总征税比率 95.96%。推动原产地管理工作上水平，签发各类原产地证书 6,446 份，同比上升 42.33%，签证货值 4.01 亿美元，为出口企业减免关税约 2,000 万美元。加大对“两步申报”“提前申报”的宣讲力度，充分释放通关便利红利，进出口提前申报率分别为 93.75%和 100%，两步申报应用比率为 95.8%，居天津关区前列。

【特色产业发展创新】2021 年，北辰海关作为北辰区文明单位之一，紧密围绕人才创新创业联盟发展需要，全年共帮扶联盟企业 31 家次。关领导靠前指挥，2021 年到辖区企业走访调研 42 家次，主动向企业问需问难，共收集各类问题 31 个。建立辖区内联盟企业需求档案 38 份，通过大数据分析进行政策匹配，从行业特点、企业规模、进出口贸易开展情况等维度进行综合研判，按照“一企一策”的要求，结合企业需求量身制订个性化辅导方案和服务措施供给清单 8 份，提升政策宣导与企业需求的适配性。通过将政策送到企业宣讲和线上云课堂辅导，使企业足不出户就可以享受便捷的政策宣导服务。借鉴高级认证企业协调员服务模式，为有需求的联盟企业设置“一对一”专属联络员，主动对接企业，即时了解需求和困难，搭建“零距离”关企沟通渠道，为联盟企业涉及设备、物资快速通关 189 批次，税收减免 290 万元，全年为联盟企业解决实际问题 6 项，在天津市市委组织部编撰的《人才创新创业联盟通讯》中发表多篇文章，3 篇信息得到天津海关政治部主任的批示。北辰海关紧密围绕高端装备与智能制造人才创新创业联盟发展需要，为联盟企业建立需求档案 38 份，深入企业调研 19 次，为企业解决实际问题 6 项。通过走访调研，北辰海关了解到天津七所高科技有限公司有开展出口贸易的需求，但缺乏经验和相关专业人才。专属联络员手把手辅导企业开展原产地产品预审工作，3 天完成涂装线框架、喷涂设备和自动控制设备 3 项产品相关原产地证书的备案及签发，并全程指导企业完成出口一条涂装生产线的通关手续，为企业节省税收成本约 2 万元。北辰海关成立工作专班精准帮扶高端装备与智能制造人才创新创业联盟领军企业。针对弗兰德传动系统有限公司等 4 家联盟企业进出口单量多、品名杂、规范申报难度大等情况，北辰海关以“现场办公+线上集中辅导”方式，采取商品“网格化”管理措施，协助企业制定覆盖 4,000 余项商品的规范申报对照表，并定期向企业推送提醒，开展月度清查。截至 2021 年年底，北辰区联盟企业进出口规范申报正确率达 90%以上。北辰海关指导采埃孚（天津）风电有限公司申请国家鼓励发展的外资项目认证，并帮助办理进口设备归类预裁定申请，最终为企业成功办理进出口货物减免税手续，涉及商品价值474万欧元，减免关税及增值税共计290余万元人民币。

【服务发展大局】2021年，北辰海关坚持稳中求进的工作总基调，立足新发展阶段，深化外贸领域“放管服”改革，切实发挥海关职能作用，将“人民海关为人民”的价值理念落到实处。扶持培育优质企业快速成长。在SMC（天津）制造有限公司落户伊始，北辰海关就深入企业走访调研，建立企业需求档案，助力企业走稳建设投产第一步。针对企业缺乏通关业务经验的情况，将政策宣讲与业务指导相结合，选派经验丰富的业务骨干作为企业联络员，为企业实时提供一站式政策咨询服务。针对企业投产后首批订单急需进口触控屏和控制盒进行装配的情况，全程指导企业应用“两步申报”方式通关，从进口申报到货物进厂仅用时4个小时，确保了企业首批订单及时投产。

▲2021年8月2日，北辰海关关员为企业实时提供“一站式”服务

针对企业受疫情影响经营受阻，急需尽快开展加工贸易生产保证订单交付的情况，北辰海关联合北辰开发区管委会成立工作小组，本着特事专办、急事先办的原则在一天内为企业开通电子账册，使企业第一时间享受到料件保税优惠政策，顺利完成首批价值400万元的保税原材料进口通关业务，节约关税和增值税共计约86万元。该企业自2020年8月20日成立至2021年年底，保税进口货物总值为9,373万元，减免料件关税和增值税共计约1,800万元。

加强部门间交流合作，开拓“海关+政府”新模式。与北辰区商务局、北辰开发区管委会合作，共同开展线上、线下宣讲会4次，助推海关稳外资稳外贸的最新政策措施在北辰落地落细落实。

▲2021年9月23日，北辰海关与北辰商务局开展外贸政策宣讲会

构建“海关+政府”的共管模式，通过保函推荐等方式，先后对辖区8家企业免征风险担保金，免征金额超过4,500万元，有效降低企业运营成本，减少企业资金压力。联合北辰区市场监管、税务、公积金等部门对辖区3家企业开展部门间联合抽查，有效避免多头重复执法，切实减少对企业正常生产、经营活动的干预，助力企业减负增效。做好企业信用培育，引导企业提升认证等级。积极宣讲海关企业信用管理相关政策，加大对辖区企业的认证培育力度，助力辖区外向型经济蓬勃发展。截至2021年年底北辰海关辖区参与认证培育企业46家，其中高级认证企业11家；普遍培育企业33家；重点培育企业14家，4家企业获得AEO证书，3家企业重点培育中。

【助企纾困】2021年，北辰海关雪中送炭，纾解企业资金困难。受全球疫情影响，辖区部分企业出口严重受阻，北辰海关积极开展出口转内销等相关政策宣贯，引导企业融入国内国际双循环的新发展格局，2021年辖区企业出口转内销货值达5,676万美元，使企业焕发新活力的同时增加属地税收。特事特办，助力企业健康发展。针对辖区大型企业出口订单货物大量积压、产品无处存放的困境，北辰海关迅速指导企业办理增加加工贸易保税货物存放备案场所手续，为企业缓解仓储压力，涉及货值达2.37亿元。指导相关企业通过申请国家鼓励发展的外资项目认证，同时将用以扩大产能的进口设备纳入海关减免税政策范围内，涉及商品价值474万欧元，为企业减免关税及增值税共计290余万元人民币。精准指导进境动物隔离场硬件改造10余项，有效降低种牛隔离期损耗和病亡风险，圆满完成了4批次15,957头进境种牛隔离检疫工作任务，监管进境种牛数量创历史新高。服务升级，优化辖区营商环境。不断强化“一对一”专属联络员工作机制，精准帮扶企业解决因原材料库存告急而面临停产的问题，提前派员到厂做好查验准备，实现人等货、货到即验，为企业避免停产损失近百万元。针对龙头企业进出口数量大、种类多、频率高，规范申报难度大、影响信用评级的急难问题，选派业务骨干组建专班，采取“现场办公+线上辅导”方式，对进出口商品进行“地毯式”梳理，协助企业编制覆盖4,000余项商品的规范申报对照表，显著提升企业进出口申报工作准确度，压缩通关时间，相关工作成效在《天津日报》和“学习强国”学习平台刊发，并被天津电视台《天津新闻》栏目报道。

（撰稿人：尹景瑞　刘　倩　刘家志
杨巨明　李　凯　肖贵斌
张　旭　陈子路　周永昆）

宁河海关

【概况】宁河海关前身为天津海关驻宁河办事处（2016—2019年，系天津海关的外派机构）。2019年1月30日，宁河海关正式揭牌成立，经过机构改革，现负责天津市宁河区范围内海关各类管理工作。

2021年，宁河海关以习近平新时代中国特色社会主义思想为指导，在天津海关党委领导下，坚持党建引领，强化政治机关建设。持续推动党建品牌换挡升级和“四强”党支部建设，年内两轮次组织各支部党建品牌进行换挡升级，从品牌提炼上突出全员参与，从品牌释义上紧贴支部特色，从品牌文字上强调整齐精炼；深入挖掘和用好宁河地区红色人文地理资源，因地制宜重点突出自选动作，通过分享感悟、榜样激励、知识竞答等形式丰富党史学习教育活动。全力推进天津海关重大改革措施落实落地，扎实推进“船边直提”“抵港直装”国务院改革项目；持续优化营商环境，通过落实提前申报、两步申报、两段准入等便利化措施压缩通关时长；持续提升规范申报水平，形成“责任早明确、底数早摸排、合规早检查、整改早落实”的“四早”工作法；精准推介汇总征税、保证保险等模式，走访引导企业属地申报通关，做好综合治税。全方位助力地方经济发展，组织帮扶龙头企业、小微企业、新兴业态企业，推动辖区外贸发展；突出区域特色，扩大农产品出口，助力辖区活鱼、干辣椒、腌渍菜、苇制品、马鬃尾等特色农产品企业拓展海外市场；积极推进脱贫攻坚收官及乡村振兴起步开端工作，为天津海关驻村工作队在提升乡村集体经济发展方面提供技术、政策等支持。强化检疫监管，严防动物疫病疫情，积极谋划筹备出境伴侣动物检疫业务开展；充分利用数据平台，强化分析研判，提升稽查查发效能；牵头辖区相关部门对企业开展“核查领域部门间联合抽查”，多项监督一次开展，有效减轻企业迎检负担。扎实开展基层组织建设年活动，提出以“一岗兼多能、全员适全岗”为目标，以扩展岗位资质为抓手，以强化现场实操实训为途径，提升队伍业务能力素质。2021年，宁河海关多个组织和个人荣获表彰和奖励，其中1名同志获评全国“脱贫攻坚先进个人”，1个科室获评“天津市青年文明号”。

【党建引领】2021年，宁河海关党委坚持用习近平新时代中国特色社会主义思想武装头脑、指导实践，做好学思践悟。全年共召开党委会44次，党委理论中心组学习4次，支部书记讲党课11次。持续推动党建品牌换挡升级和“四强”党支部建设，加强示范引领，各支部共计开展“我为群众办实事”重点项目9项。以点带面、综合提升，扎实做好“党组织设置不到位、改选换届不及时、基本组织生活不落实、党费收缴管理不规范”等基本问题的“四个清零”工作，持续加强纪律监督和党风廉政建设。按照天津海关党委关于党建品牌提炼的有关要求，对关内4个支部党建品牌再次进行换挡升级，优化升级品牌内涵及支部工作法，更换党建Logo，凝练内涵、突出特色。年内，1名同志被评为天津海关优秀党务工作者，1名同志被评为天津海关优秀共产党员，1名基层党支部书记被评为天津海关“双优书记”。

2021年，宁河海关深入挖掘和用好本地红色资源，开展形式丰富的学习活动，在课堂教学方面，开展宁河海关“学史·铸魂”红色系列讲坛4期。邀请宁河区全国优秀志愿者、全国关心下一代工作先进工作者亲身讲授对党史学习实践的感悟，并聘其为宁河海关党史学习教育特聘教授；开展“我和入党志愿书的故事”优秀党员事迹宣讲；组织参加宁河区学习贯彻习近平总书记“七一”讲话精神宣讲会；邀请宁河区委党校教师宣讲十九届六中全会精神。在实践教学方面，赴烈士陵园瞻仰革命烈士纪念碑，在革命烈士纪念碑前举行宣誓仪式，重温入党誓词；组织参观天津五四运动杰出领导者之一、天津党组织创始人之一于方舟烈士的故居；组织参观宁河区板桥镇与平津战役纪念馆联合举办的“人民公仆、干部楷模——焦裕禄精神展”；与对口帮扶的宁河区板桥镇盆罐庄村村委会和村民代表共同开展党史学习教育，邀请村支书讲党史，相互交流学习体会，增强与辖区人民群众的密切联系。

【我为群众办实事】2021年，宁河海关制定及完成《宁河海关党委“我为群众办实事”重点项目清单完成情况工作台账》。涉及提升辖区企业知识产权保护意识、加大对辖区市级重点支持“项目+团队”企业帮扶力度、推动属地企业适用“船边直提”模式、帮扶辖区农产品出口、指导辖区新引进企业通关等9个方面的重点项目台账，因项施策、精准发力，细化19条具体措施并紧抓落实。开展“支部联系企业”和社区服务活动，发挥党建引领，走访企业50家，电话调研100余家次，解决企业提出的需求、困难；将关心关爱乡村留守儿童与党史学习实践相结合，向对口帮扶的盆罐庄村村民委员会和乡村留守儿童捐赠各类图书、绘本等240余册；组织青年党员干部，开展社区公益、政策宣讲、社会主义核心价值观宣传、文明交通行等一系列志愿服务活动；在天津海关学习教育专栏刊发简报 3 期，各类活动、工作信息 46 篇。

【廉洁文化建设】2021 年，宁河海关深入开展“现场监管与外勤执法权力寻租”专项整治工作，共发现 16 条风险，采取防控措施 25 条。在全关范围开展违纪案例专题警示教育活动，重点开展违纪案例内容通报和警示教育，组织全员讨论，做到结合案例内容举一反三。将警示案例教育列入分关党委会必要议题，及时学习天津海关发布的各类警示案例。组织全员学习天津海关各类违法违纪案例汇编，使广大干部职工深切体会到风险隐患就在身边；将各支部纪检委员作为党风廉政建设会议固定列席人员，听取分关党委党风廉政建设情况报告，及时收集分析各科室党风廉政建设工作动态和风险点。定期向支部纪检委员转发纪检组季度监督要点，结合各支部实际情况，督导党风廉政建设各项工作落实落细。组织全体关员重温党纪党规，与天津市宁河区纪律检查委员会、天津市宁河区监察委员会、天津海关党委派驻纪检部门联合研讨交流，增强贯彻落实党风廉政责任的思想自觉、政治自觉和行动自觉。全年，宁河海关未发生任何干部违规违纪问题。

【业务改革】2021 年，宁河海关开展辖区企业政策宣讲，主动与港口海关建立联系配合机制，设置固定联络员，及时跟进解决“抵港直装”“船边直提”操作中的各类问题，进一步优化属地、口岸和码头通关流程。持续提升规范申报水平，形成“责任早明确、底数早摸排、合规早检查、整改早落实”的“四早”工作法。摸清企业商品底数、落实每周一次自查、规定整改期限，形成常态化管理机制。引导企业自主报关，提高企业规范申报第一责任人意识。两家属地企业在海关指导下实现了自主申报。规范申报抽样考核成绩排各隶属海关前列。深入推进 AEO 认证工作，采取政策宣讲、微信培育、云上培育、实地走访等形式进行政策宣讲，发放《海关企业信用管理制度宣传手册》《海关认证企业标准指南》《海关 AEO 互认实施指南》等宣传册；通过微信等渠道推送信用管理制度、认证企业标准等相关文件；组织邀请企业相关人员利用“腾讯会议”参加“信用培育周”的云授课；组织业务骨干现场走访重点企业介绍 AEO 制度，回答企业关于认证方面的咨询，进行针对性的培养，对企业规范自身管理、扩大业务经营领域提出合理化意见建议；组成帮扶小组帮助企业理解和掌握认证标准。

【海关监管】2021 年，宁河海关发挥活动物监管优势，强化检疫监管，严防动物疫病疫情，集中设施设备、专业人员等优势检疫力量，完善隔离场建设条件，提高隔离场所信息化水平，建立动物日常动态远程监控，发挥“互联网+现场”的互补优势；加强进境陆生观赏动物运输管理，在确保防疫到位的基础上，要求运输车辆重视动物福利方面的措施，完善与口岸海关建立的交接单制度；做好进境陆生观赏动物检疫人员防护，在当前新冠肺炎疫情进入常态化防控的情况下，加大人员培训，检疫人员严格按照相关工作规范和防护要求开展监管，同时积极谋划出境伴侣动物检疫业务开展；充分利用海关系统内部数据平台分析功能，全面分析被稽查企业进出口数据情况，进而提升稽查查发能力。牵头天津市宁河区市场监督管理局、国家税务总局天津市宁河区税务局、天津市住房公积金管理中心宁河管理部等部门，对辖区企业开展“核查领域部门间联合抽查”，实现多个执法部门的多项对企监督事项一次开展，有效减轻企业迎检负担。

▲2021 年 11 月 5 日，宁河海关查检关员开展查验检疫作业

【优化营商环境】2021 年，宁河海关压缩通关时长提效增速，积极落实《天津海关口岸货物通关作业环节工作效率专项考核方案》，促进接单时长进一步压缩和通关责任制进一步压实；开展“网格化”宣讲服务，及时推送 AEO 认证、跨境电商 B2B 出口等权威政策解读，提高企业知晓度，第一时间受理企业意见建议，开展一对一服务，解决由报关企业“中梗阻”造成的海关与进出口收发货人信息不对称问题，进一步规范报关企业经营管理，提升了报关企业经营服务水平，通过政策宣讲会向重点企业精准推介“船边直提”“抵港直装”等便利化措施，发挥属地海关与企业面对面的优势，引导企业积极参与，分享改革红利。做好综合治税，根据企业进口规模特点，精准推介汇总征税、保证保险等模式，及时了解辖区企业进口货物异地口岸入境情况，引导企业属地申报口岸验放，方便企业就近便捷通关。

【助力辖区外贸发展】2021 年，宁河海关精准帮扶龙头企业，安排专人对接，根据企业和产品特点，实施“一企一案”，指导企业用足用好各项改革措施、享受改革红利。对新造集装箱企业采用新箱“下线申报”模式，缓解市场“一箱难求”问题，该事例获天津市领导批示；精准帮扶小微企业，多种渠道加强政策宣讲，及时办理通关手续，跟进协调企业通关过程中遇到的各类困难和问题；精准帮扶新兴业态企业，“一对一”帮扶辖区企业拓展跨境电商 B2B 出口，辖区具备跨境电商 B2B 出口业务条件企业数量逐步增长；帮扶辖区特色农产品企业发展，指导企业突破国外技术性贸易壁垒的关键环节，帮扶辖区活鱼、干辣椒等特色农产品拓展海外市场。落实“建立最严谨的标准、实施最严格的监管、实行最严厉的处罚、坚持最严肃的问责”要求，推动落实出口食品原料基地备案整改；针对辖区水生动物出境中转运输死亡率高的问题，指导企业建立流水槽养殖模式，新建集中中转场顺利通过海关审批。企业每中转1吨活鱼可节省成本500元，较之前降低70%，活鱼出口成活率由90%提高到97%，帮扶成效被《中国国门时报》报道。

【驻村帮扶】2021年，宁河海关派出的两名关员顺利完成天津市结对帮扶困难村工作，并持续派员参加天津海关驻经济薄弱村驻村工作组；进一步探索发挥属地海关在脱贫攻坚与乡村振兴工作中的优势，在改善民生、提高村集体经济、助力集体经济转型等方面积极提供政策服务。发挥桥梁作用，打造服务乡村振兴的前沿阵地，用好“驻村工作组+宁河海关”模式，下沉辖区镇村，收集乡镇企业、外贸收发货人等意见建议，与当地政府联合共建开展党建活动，体察辖区民生情况，并逐项协调解决。宁河海关积极配合驻村工作组做好脱贫攻坚收官与乡村振兴开篇工作，持续助力宁河区板桥镇盆罐庄村发展郁金香特色种植、黑陶制造等产业，关注户厕改造项目等完成情况，发挥属地优势，当好“服务区”“加油站”，在出行、用餐、办公及生活用品等后勤服务保障方面为天津海关驻村工作组积极提供支持。

【业务能力提升】2021年，宁河海关强化业务能力建设，领导班子通过从人力资源、岗位资质匹配、科室业务建设三个维度全面评估，提出“一岗兼多能、全员适全岗”的工作目标，在天津海关业务能力“1+1”基础上，推进“1+N”建设，打造“学研e点通”“宁关大讲堂”等内部培训品牌，鼓励广大关员扩展辖区业务所涉及的岗位资质。选派业务骨干开展课程规划，精心筹备课程，制作课程教学稿件、汇总法规文件、发送执法现场教学音视频资料，参训学员先行自学，带着问题开展实训；运用实际场景讲解开展业务规范流程，分析典型案例，通过现场提问、闭卷考试等方式检验培训效果；实行以干代训，打破科室界限，统筹全关力量开展核查，安排实训人员参与跟班作业，在实际工作中提升业务能力。在关区业务知识考试中，参训人员100%完成考试，100%到达成绩优秀水平，平均成绩98.9分，位列关区第6名；在实操实训考核中，所有参考人员均顺利通过考核，平均成绩97.375分。全员累计考取各类资质91项、总体储备比例达到1：4.18，资质比例在天津海关关区名列前茅。

（撰稿人：杨海岩　裴　磊）

西青海关

【概况】西青海关于2019年2月1日挂牌成立，是受天津海关直接领导，负责西青区、津南区范围内海关各类管理工作的执行机构；同时承担关区海关特殊监管区域外加工贸易、保税仓库、出口监管仓库业务的集中审核（行政许可审批事项除外）等工作；主要负责党的基层组织建设和干部队伍建设；办理具体海关业务，反馈执法作业结果；完成天津海关交办的其他工作。

2021年，西青海关按照海关总署“政治建关、改革强关、依法把关、科技兴关、从严治关”的总体要求，强化监管优化服务，统筹抓好疫情防控和促进外贸稳增长，深入推进“五关”建设和高质量“一流海关”建设。深学笃用习近平新时代中国特色社会主义思想，坚决贯彻落实习近平总书记重要指示批示精神和党中央决策部署。牢固树立政治机关意识，全面加强党的建设，压紧压实管党治党政治责任，加强清廉海关和作风纪律建设，纵深推进全面从严治党。扎实推进党建和业务深度融合，开展党史学习教育和“基层组织建设年”活动。落实“国门利剑2021”专项行动，保持打击夹带、伪报“洋垃圾”进境的高压态势不放松，在进口货物属地查验工作中首次查获禁止进口“废塑料”等固体废物。动态更新《西青海关安全生产专项整治三年行动突出问题隐患清单》《西青海关安全生产专项整治三年行动制度措施清单》两个清单，发动干部职工争当“吹哨人”，确保辖区安全生产形势持续稳定。

【党史学习教育】2021年，西青海关认真贯彻落实习近平总书记重要指示批示精神，坚持把党史学习教育作为重大政治任务，以党委中心组专题读书班、主题党日、“三会一课”等形式开展集体学习，通过撰写心得体会、布设宣传展板、组织红色观影、参观红色基地、开展党建知识竞赛等多种方式掀起学习热潮，高标准高质量推进党史学习教育；细化制定4版《西青海关党史学习教育工作具体措施》，与各项重点工作任务和“基层组织建设年”活动进行统筹，以党史学习促进政治素质和业务能力提升，培树干部职工正确党史观，引导关员在日常生活中主动学党史、讲党史、用党史，自觉与包括历史虚无主义在内的错误思潮和敌对言论作坚决的斗争，大力弘扬社会主义核心价值观，确保马克思主义在意识形态领域的指导地位；在集中学习、自学《论中国共产党历史》《毛泽东 邓小平 江泽民 胡锦涛关于中国共产党历史论述摘编》《习近平新时代中国特色社会主义思想学习问答》《中国共产党简史》等规定书目的基础上，全面系统地学习党的十九届六中全会精神，组织开展“重走长征路”“学习强国”知识竞赛、建党 100 周年论文征集、诵读“红色家书”、开展传统节日教育等活动；细化《西青海关落实“支部联系企业”工作安排》，制定服务企业群众项目清单措施 26 条，为企业群众解决问题 30 余个，收到企业感谢信 10 封，锦旗 18 面。

▲2021 年 6 月 24 日，西青海关举办“庆祝建党一百周年推进党史学习教育”学习强国知识竞赛决赛活动

【疫情防控】2021 年，西青海关毫不放松抓好常态化疫情防控，认真落实习近平总书记关于疫情防控的重要指示精神以及海关总署、天津市和天津海关部署要求，全力做好西青海关内部疫情防控工作，做好办公楼、通勤车防控管理，加强干部职工及外来人员健康监测，及时修订“西青海关内部疫情防控明白纸”，开展新冠疫情防控突发事件应急处置演练；加强人员离津、家属来津（回国）、身体异常等情况的管理，定期开展内部疫情防控督导检查，确保内部疫情防控不出任何疏漏。统筹选派支援口岸防疫一线人员，全年共计选派 26 人次支援空港口岸和海港口岸防疫工作，为落实“外防输入”大局贡献力量，本着“应接尽接”原则推动疫苗接种。

【加贸保税业务改革】2021 年，西青海关积极推进“参数判别、分类审核”改革，运用可视化平台开展时限控制类节点的预警，实现“手册设立时间超期”等 6 个内控节点的有效监控；积极探索开发“金关二期”系统中风险规则（参数）的功能；充分利用云擎系统建立 12 个监控模型，有效提高加贸风险排查的覆盖面和效率，为上级部门辅助决策提供信息和数据支持。继续推动企业集团加工贸易监管改革推广，跟进试点企业改革模式的推进情况，配合职能部门不断完善监管方案。全年试点企业办理保税业务 91 票，加工贸易进出口值 7.2 亿元，减免保证金（保函）约 5,200 万元，节省企业物流、报关等费用约 20 万元。继续推动保税维修业务的发展，备案审核平均用时缩短至 1 小时。2021 年，共 3 家企业开展保税维修业务，涉及航空器、船舶，进出口金额 9.2 亿美元。

【属地业务改革创新】2021 年，西青海关积极向辖区企业推广“船边直提”“抵港直装”等政策措施，加大“口岸海关—属地海关”协作力度，在帮助企业加快物流周转时效的同时提升通关效率。全年辖区内 208 家企业参与使用“船边直提”，350 家企业参与使用“抵港直装”；12 月当月，辖区企业进口集装箱“船边直提”比率达到 26.01%，出口集装箱“抵港直装”比率达到 17.2%，完成 4 家企业“监管产装”模式作业 36 批次。推进新贸易业态发展，全年实现 9 家企业以 B2B 方式出口 3.89 亿元；不断提升海关企业信用管理水平，培育企业 88 家，17 家企业通过 AEO 认证。推动减免税智能化审核，作为全国 6 个集成电路减免税审核确认快速审核试点单位之一，出具天津海关首票快审“征免税确认通知书”。创新实施“连续监管”“分段检验”监管方式，采用远程视频与现场查验相结合方式，对半导体制造等高新技术企业进口设备卸货、开箱等环节实施便利性监管，确保设备及时安装使用，每批次设备查验平均节省 2~3 个工作日。

【服务企业】2021 年，西青海关积极支持西青区“十四五”期间“1010 工程”十大先进制造项目建设，采用“整套进口、分批检验”模式完成新建企业全部进口成套设备检验工作。开展“一对一”专业辅导，助力芯片封装项目顺利落地。支持天津市半导体集成电路人才创新创业联盟发展，开展业务宣讲和政策辅导。在第五届世界智能大会召开期间派驻人员提供驻场通关咨询服务，做好大会展览品监管保障工作，并面向企业做好海关政策解读。配合地方政府完成粮食安全区长责任制考核实地抽查工作。主动服务加工贸易企业以应对疫情影响，疫情期间在政策允许范围内减轻企业负担，为 20 家企业免征保证金 12,734.53 万元，免征 18 家受疫情影响企业两次及以上延期的风险类保证金 3,378.25 万元。统筹开展“我为群众办实事”“百企一对一服务”“支部联系企业”等服务企业实践活动，设立 36 个网格群、63 名网格管理员，覆盖 1,278 家辖区企业，

▲2021 年 5 月 20 日至 23 日，西青海关和天津邮局海关在第五届世界智能大会召开期间为参展企业提供通关咨询等驻展服务

向广大企业持续宣传海关贸易便利化举措，指导企业用足用好优惠政策；及时受理企业的咨询求助、意见反馈及服务预约，积极为企业排忧解难，实现关企之间的良性互动。

【强化监管】2021 年，西青海关在现场查验、检疫监管工作中加大国门生物安全监管力度，有效保障人民生命安全和身体健康、维护国家安全。全年共对 145 批进境羊毛实施检疫，检出 7 批检疫性杂草和 1 批活体有害生物；检疫查验出口种子 46 批，检出杂草籽 1 批；进境动物隔离厂现场考核 7 次，隔离检疫 15 批进境水生观赏动物，2 批陆生观赏动物。以进口食品、预包装化妆品为重点核查商品，着重核查进口商法定职责落实情况，对查发的问题依法依规做出警告行政处罚、限期整改、通报相关部门等处置。加强对进口旧机电产品安全环保项目的查检，防止企业“以废代旧”闯关，对旧机电、医疗器械等进口商品完成不合格检出 147 批次，其中退运销毁 21 批次、技术整改 126 批次。西青海关“锲而不舍、一以贯之”保持高压严打态势，坚决防止“洋垃圾”、象牙等濒危物种及其制品走私入境；将进口伪报、瞒报、夹带固体废物、濒危物种入境的情况作为日常监管工作重点，有力地维护生态安全、贸易安全和生产安全。主动探索强化稽核查后续监管能力，做好对重点企业、重点行业、重点商品的风险研判，加强与各职能部门、相关政府部门的“业务联动”“协同作战”，通过多次专项行动，不断提升精准有效的属地后续监管效能；探索稽核查领域作业规范化，制定核查过程“三个清单”，建立稽核查作业“岗前岗后三查”，推进核查工作标准化、规范化建设，持续防范执法风险；有序推进核查领域跨部门联合检查，采取“双随机、一公开”方式，实现“一次抽查、全面体检”，既形成了政府公正监管、社会共同监督的良好氛围，又有效增强企业守法经营意识、减轻企业负担。

（撰稿人：田　彬　闫润泽）

东丽海关

【概况】东丽海关成立于2018年12月14日，隶属天津海关领导，为正处级机构，负责东丽区范围内海关各类管理工作，同时承担天津海关辖区企业认证、专项稽查等工作，主要职责是海关稽查、企业认证，以及辖区检验检疫和监督管理等。

2021年，东丽海关贯彻落实海关总署“五关”建设总体要求，统筹发展和安全，强化监管优化服务，统筹抓好疫情防控和促进外贸稳增长，在天津海关党委的正确领导下，以习近平新时代中国特色社会主义思想为指引，坚决贯彻落实习近平总书记重要指示批示精神，深入贯彻落实党的十九大以及十九届二中、三中、四中、五中、六中全会精神，全面落实海关总署党委、天津海关党委各项决策部署，紧密围绕天津海关高质量“一流海关”建设工作要求，汲取党史百年力量，统筹推进政治建设、业务建设、队伍建设。

【党的建设】2021年，东丽海关坚持高标准、严要求，聚焦党史学习教育总体要求和目标任务，以“支部党史晨读”、党史实地参观教育、“我家乡的党史故事”专题演讲读书会、“学习强国”平台个人学习比学赶超等一系列活动，不断丰富拓展组织生活形式，灵活开展参观实践式、调查研究式、志愿服务式等主题党日。紧密结合“我为群众办实事”活动，建立“我为群众办实事”项目清单，制定措施47条，服务企业103家。党史学习教育开展以来，共收到企业感谢信5封，锦旗11面，在《天津新闻》《天津日报》《天津海关党史学习教育专栏》等媒体发表视频、交流文章113篇。

▲2021年8月19日，东丽海关关员服务轨道机车出口

2021年，东丽海关把开展“基层组织

建设年”活动摆在突出位置，着眼关检深度融合，夯实理论基础，紧抓实操实训，全员2021年内人均增加1项业务技能。构建“教、学、练、战”一体化实训模式，建立稽查、认证作业实训点，聚焦稽查与企业正面“对抗”的提升环节，制订“入门级”和“提高级”认证训练方案，召开“学习身边榜样，凝聚奋进力量”主题访谈会，挖掘身边榜样力量。制订《关心关注干部职工工作方案》和工作台账，为困难职工提供一对一的帮扶措施，年内开展帮扶慰问13人次。

2021年，东丽海关推动“现场监管与外勤执法权力寻租”专项整治工作取得成效，累计开展各层级警示案例学习71次，4次逐级逐一开展专项整治心得体会自查整改审核把关工作，3次开展廉政风险清单动态管理补充、合并工作，共梳理29项廉政风险点，已全部整改到位。加强内外部监督体系建设，开展“遵规守纪、严格自律”专题教育活动，持续开展违法违纪案例警示教育，定期召开纪检委员座谈会，举办特约监督员意见建议征求会，与纪检部门紧密配合，构建“定点”聚焦、“连线”反馈、“织面”建制的一体化监督体制。

【企业稽查】2021年，东丽海关以政治建设为引领，坚决贯彻习近平总书记重要指示批示精神。打击“洋垃圾”入境，分三轮对固体废物、再生金属进口企业开展稽查行动。以项目化管理为手段，围绕重点领域提升稽查查发效能。对特许权使用费涉税问题实施台账管理，查发异构烷烃、汽车轮毂、车载导航屏等多起行业性归类问题；围绕医药行业企业转让定价问题开展专项行动；涉检稽查打开突破口，查发企业违反检验检疫法规情事，移交缉私部门处理。以稽查改革为契机，大力开展贸易调查推动精准制导。建立贸易调查联络员制度，覆盖稽核查、认证、查检、原产地、加贸等全业务领域，确定重点商品归类、加工贸易、转移定价及运费等涉税、涉检类贸易调查方向，建立与缉私、企管、关税、风控等部门协调联络机制，为提升稽查工作成效、推进稽查改革夯实基础。以审核监督为保障，提升稽查执法规范和风险防控水平。梳理建立审核法规汇总，统一审核尺度，坚持全面审核原则，通过审核研讨例会、开展审核作业互查，及时准确做出审核意见。

▲2021年7月8日，东丽海关关员查封进口不合格货物

【跨境电商进口走私“断链刨根”专项整治行动】2021年，东丽海关集中稽查业务骨干，成立专项稽查行动组，按照数据整理、风险分析和实地核查等业务节点明确分工，责任到人，针对每一业务节点目标，拟定完成时限，加强对作业质量、作业进度的督办、跟踪，同时做好外勤用车、综合保障部门人员配合。与上级监管部门、风险防控分局、缉私局共同合作开展风险分析、贸易调查及案件经营，锁定重点人员、重点环节，拓展风险分析思路，开展集中研讨，及时通报查发事实并就定性处理等疑难问题开展讨论，确保稽查环节取证严谨。实行“每日一督办、每周一总结”工作制度，按照业务—资金—单证的条线梳理排查风险点，对目标企业的相关方持续开展周边排查及人员问询工作，从企业运作模式、经营数据、组织架构、成员关系等各方面收集信息，圈定业务关系，对重点风险企业开展“集体画像”工作。年内，共查发问题企业6家，移交缉私部门刑事案件1起、行政案件2起。

【企业认证】2021年，东丽海关找准难点，深耕信用培育的“责任田”。针对年初天津关区部分进出口企业认证意愿不强、对认证标准理解不深等问题，摒弃执行部门的“木偶人”思维，提升自身站位，将天津关区认证目标任务作为重点核心，围绕“引导为先、突出重点、注重实效”的信用培育理念，建立认证中心与属地海关信用培育协作片区机制，主动对接各个属地海关，积极协助并深度参与属地海关线上、线下信用培育，召开政策宣讲会20余次，共对287家重点企业开展信用培育。打通堵点，推进认证作业模式“标准化”。进一步规范企业认证作业流程，编写内部操作指引，实现认证作业“标准化”实施。在严格执行总署有关规定的前提下，探索新的认证模式，将“培育+认证”由串联改并联，对重点企业实施信用培育前置等手段提升工作效率。同时，结合倒排工期、责任到人、周报考核等手段，压实各级责任，较好的提升了认证作业时效。连接断点，构建天津海关认证工作“一盘棋”。将认证中心业务优势与属地海关熟悉企业优势紧密衔接，创新“天津海关企管部门+认证中心+隶属海关”联合认证模式，统筹使用天津海关认证人力资源，组建14个以认证中心“专家骨干”为组长的认证小组，全力攻坚克难，最大限度发挥认证中心集约化作用。全年高级认证企业数量达到270家，同比提升68.8%。

【服务经济】2021年，东丽海关落实企业协调员机制要求，推行“网格化”管理，覆盖辖区有进出口业务的企业，专人对口解决困难。积极参与税则调研工作，提交税收政策调研建议5篇，助力企业减负增收。建立重点出口企业帮扶名单，梳理对辖区出口企业影响较大的技术性贸易问题，制定针对性帮扶措施，提高企业应对能力。设置“办不成事”反映窗口，并预留后备窗口，优化企业办理海关业务流程。梳理分析企业问题和需求并建立台账制度，设置办事区域引导标识，营造和谐有序的服务环境，实现企业零投诉。严格按照行政审批“一个窗口”操作规范要求办理相关申请，做到一次性告知，让信息多跑路、企业少跑腿。高质量服务促进辖区企业B2B出口发展，联合地方政府走访企业20余家，调研辖区内具有B2B出口资质重点企业7家，提出对跨境电商申报平台系统升级改造等10项建议措施，引导企业向跨境电商B2B出口转型，突破原有经营模式，拓宽海外市场。充分发挥稽查中心、认证中心优势，共备案自贸创新举措3项，其中“认证企业孵化器”“差别化管理、低干预介入稽查业务模式”2项自贸创新举措在天津关区复制推广。

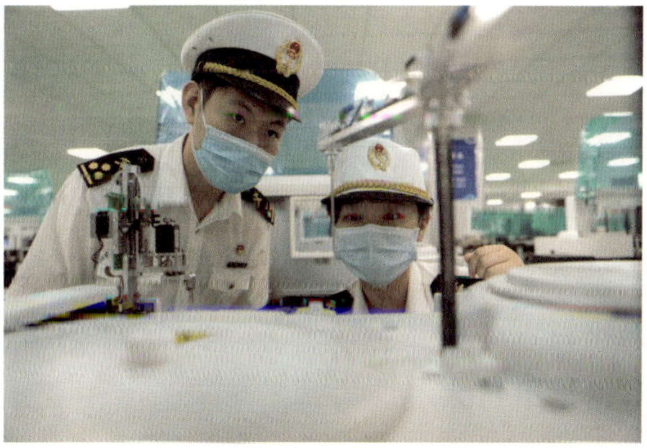

▲2021年6月28日，东丽海关关员服务试剂盒出口企业

【法治建设】2021年，东丽海关强化主要负责人履行法治建设“第一责任人”职责，注重发挥党委、党委中心组示范作用，将习近平总书记法治思想纳入党委会、党委理论中心组学习内容，纳入党支部“三会一课”、科室科务会学习内容，增强全体干部特别是领导干部法治意识，提高运用法治思维处理事务的能力。组织重新梳理和规范要求各执法科室、执法人员及行政审批“一个窗口”公开内容，标准化规范化开展行政执法公示工作；外勤执法均实施双人作业，严格落实重大执法决定法制审核要求，实施稽查部门分级审核、集体审核，重大审核事项交上级企管部门二级审核。采取集中培训和日常管理相结合方式，开展稽查、处罚等领域能力提升和业务培训，进一步提升执法队伍的综合素质和执法能力。加强对执法岗位人员资格资质动态管理，执法岗位人员上岗前全员通过资格资质考试，获得相应执法资格。

【保障服务】2021年，东丽海关规范文电办理，及时按规定办理各类收发文件和涉密文件，2021年制发各类文件72份，如期完成文书档案归档工作。积极参与中国海关学会征文，获一等奖论文两篇，二等奖三篇，三等奖五篇。按照要求开展保密培训和检查，未发生泄密事件。拓宽信息宣传手段和渠道，新闻素材被中央主要媒体报道或采用21篇次，省市级媒体采用15篇次，报送稿件被海关总署采用10篇，天津海关采用187篇。

东丽海关从严从细抓好疫情防控。统一思想、提高认识，毫不动摇坚持“外防输入、内防反弹”总策略，强化科学精准防控措施，坚决守牢国门关口。严格落实干部离津审批、来津人员申报、“应检尽检”、健康监测等工作制度。积极开展新冠病毒疫苗接种工作。从严从细抓好内部疫情防控，制订疫情防控方案和应急处置流程，开展疫情防控应急演练，全程突出“实战型”、还原“真实性”。召开疫情防控专题会议，对各科室主要负责同志、疫情防控联络员、物业、食堂负责同志等开展学习培训，逐项细化解读《天津海关内部疫情防控工作方案》，明确责任分工，压实主体责任。加强防疫物资管理，按时配发一线人员防疫物资，从严就高做好个人防护。领导干部冲在前、作表率，优先支援机场旅检和东疆冷链查验一线，累计派出49人次的支援干部。

东丽海关建立健全落实安全生产责任制，成立安全生产工作小组，压紧压实安全责任。划分A5、A6办公楼内安全生产责任区，每月召开物业、食堂联席会议，强化公务用车、水、电运营安全管理。经常性组织巡查和安全检查，加强对辖区保税仓库的安全管理，杜绝安全隐患，筑牢安全屏障。制订东丽海关突发事件应急预案，开展应急演练两次。

【督察内控】2021年，东丽海关聚焦往年自主督察未覆盖的方向，以属地查检和属地稽核查业务操作规范性为督察项目，强化信息化系统应用，通过新海廉平台、云擎系统等信息化系统进行大数据筛查，大范围进行数据筛查，精准定位风险点，强化督察问题整改，提升自主督察成效落实。2021年共开展2项自主督察，通过加强学习、定期自查、向职能部门反馈风险等形式，完成问题整改。坚决落实《天津海关关于东丽海关的审计决定》，对审计决定指出的2个方面4项主要问题完成整改，完善相关科室业务流程4项。联合天津海关督察内审处开展内控培训，就内控信息撰写、内控节点管理和应用、“新海廉”平台应用技能提升等内容进行专题培训。结合“三类突出问题”自查自纠，畅通监督反馈渠道，积极发挥基层智慧和力量，确保问题整改到位。

（撰稿人：王永峰　曲艳涛　刘　维
刘　缘　许振忠　许　维
李　楠　张　剑　张锦亮
陈希梅　贾皓熠　曹　楠
舒　悦　谢　壮）

南开海关

【概况】南开海关是受天津海关直接领导，负责和平区、河东区、河北区、南开区、红桥区、滨海高新技术产业开发区范围内海关各类管理工作的执行机构，主要负责党的基层组织建设和干部队伍建设，办理具体海关业务，反馈执法作业结果，完成天津海关交办的其他工作。

2021年，南开海关坚持以习近平新时代中国特色社会主义思想为指导，推进实现高质量“一流海关”目标。进口整体通关时间6.95小时，出口整体通关时间0.43小时，两步申报率超过95%；实征税收0.36亿元，汇总征税率90.67%。进出口接单809批，查验531批，查获各类货物不合格109批。出入境检验检疫证书缮制及签发130份；原产地证书电子审核及签发13,585份，产品备案104份；办理新注册备案企业469家，变更422家，注销273家，临时注册4家，迁出44家；政务服务事项注册35家、变更20家。

【理论学习】2021年，南开海关对党中央指定的4本材料进行学习，开展党史学习教育理论中心组学习4次、专题读书班2次；开设专题网站，刊载重要论述和学习资料、交流内容等近30篇，更新党建走廊宣传展板20余块；围绕“五个红色”（学习红色历史、感悟红色精神、重温红色记忆、传承红色基因、追寻红色足迹）主题，开展诵读红色家书主题党日活动及“追寻红色足迹”等系列活动；全员参与唱响《英雄赞歌》；建立“我为群众办实事”项目清单共计17条，服务企业62家，解决问题30件；开展服务社区、帮扶身边困难群众等志愿服务活动，参加南开区“百年华诞守初心、创文为民齐行动”活动，开展“共享单车回家”“环保捐衣献爱心”“法治宣传进社区”等志愿服务

▲2021年9月7日，南开海关关员参观天津市档案馆，开展“五个红色”主题活动

活动10余次。2021年，《中国国门时报》、北方网等多个媒体刊发南开海关服务支持地方发展的新闻稿件13篇。

【基层党建】2021年，南开海关制定并更新完善《南开海关2021年全面从严治党重点任务分解》，定期对各项工作完成进度进行督办，将主体责任落实纳入党委班子建设目标管理，强化政治思想建设；开展“党组织设置不到位、改选换届不及时、基本组织生活不落实、党费收缴管理不规范”等基本问题的“四个清零”工作和“网络抄袭”问题自查，对标提升支部建设水平；发挥现有党建示范品牌、培育品牌和“四强”党支部的示范作用，组织推动党建品牌换挡升级。2021年，该关人事政工科党支部被授予天津海关“党建培育品牌”；加贸科党支部经复核被认定为天津海关“党建示范品牌”。开展“双能力”评估工作，业务能力“1+1”共计68人报名参训，占比97%；组织全员报名参加进出口危化品及其包装岗位练兵比武活动，1名关员在“进出口危险品及其包装检验监管岗位练兵和技能比武”中荣获全国百强选手。

【廉政建设】2021年，南开海关开展“现场监管与外勤执法权力寻租”专项整治，向企业发放回收确认函202份，发放宣传单366份，收到个人申报材料74份，撰写心得体会74篇，报送工作人员名单共54人，开展谈话58人次。对照专项整治重点问题分工清单，制定《廉政风险清单》“53+1+5”项。建立整改工作台账，制定相应整改措施90条。发挥跨科室监控小组监督作用，对制度机制、管理措施进行查漏补缺和自我完善，将专项整治工作转化为长效机制；开展“三类突出问题”自查自纠。以支部为单位开展“四为”大讨论。召开专题座谈会10场，开展谈心谈话72人次，收集干部职工自查问题87个，形成科室自查报告7篇，汇总突出问题12项，制定整改措施18条；落实105项巡察整改措施。适时开展“回头看”，找准问题和薄弱环节，规范内部管理流程，做好巡察整改工作“后半篇文章”。

【安全生产】2021年，南开海关成立安全生产工作领导小组，主管领导履行安全生产第一责任人职责，定期研究解决安全生产重大问题，制定相应工作措施；建立南开海关隐患排查治理制度。结合实际定期开展隐患排查治理工作，动态更新《安全风险隐患排查整改基础台账》并及时整改安全隐患；成立应急救援队伍，定期开展消防装备应用演练和模拟逃生练习，熟练掌握消防器材使用方法，制订训练计划；开展“安全生产月”活动，举办消防安全知识讲座，邀请消防专家，就电器火灾的危害和预防、消防逃生常识及防毒面具、灭火器使用方法等内容进行讲解和培训。邀请专业人员开展消防知识等讲座和培训。组织全体干部职工观看安全事故警示宣传片。通过微信群、电子显示屏、公告栏等多种形式对安全生产开展普法宣传。

▲2021 年 1 月 26 日，南开海关关员进行新冠肺炎疫情突发事件应急演练

【“监管产装、抵港直装”出口通关模式】2021 年，南开海关作为首批试点属地海关，服务推动辖区 10 家企业申请参与新通关模式，以企业需求为导向，帮助天津柯雅美术材料有限公司、天津九安医疗电子股份有限公司、格瑞果汁工业（天津）有限公司解决出口难题。2021 年，监装出口货物共 173 批。设立“集港时间内监装”和“截关前 24 小时内运抵”2 个工作准则，所监装货物从工厂装箱至码头运抵放行最短用时 3.5 小时（含运输时间 2 小时），出口货物港口等待时间从 5 天左右压缩到 1~2 天，缓解口岸通关压力，发挥属地海关监管优势，达到了新通关模式改革预期。践行 24 小时预约服务承诺，针对货车限行政策，坚持以集港动态确定现场监装时间，实现海关监管与企业运营的无缝对接，在夜间和节假日监装出口货物 71 批，占比 41%。

▲2021 年 3 月 10 日夜间，南开海关关员实施监管产装

【对企“一对一”政策服务】2021 年，南开海关将辖区 1,000 余家活跃企业划分为 47 个网格并配备“网格员”。以微信群为载体，建立南开海关“网格化”政策宣讲服务网络，形成集监管、宣讲、互动为一体的管理模式，推送 30 余条政策宣讲信息；配合天津海关进行 4 次问卷调查，一对一解决企业问题 35 件；选取辖区 50 余家进出口量排位居前企业及生产型企业开展问卷调研，指导帮助企业梳理出 17 项课题报送天津海关，其中 9 项课题上报海

关总署。优化原产地签证服务举措，推广自助打印，推动原产地签证电子化，便利企业“足不出户”缮制证书，指导栖霞德丰食品有限公司办理异地签发原产地证书手续，助力超1.87亿元苹果自天津口岸出口东盟；将“汇总征税”纳入属地纳税人管理，向辖区更多的进出口企业特别是中小企业推广。

▲2021年6月17日，南开海关关员走访企业，宣传海关政策

【AEO认证】2021年，南开海关以扶持重点产业发展、助推滨海高新技术产业开发区营商环境优化为工作导向，将AEO认证培育企业目标群拓展到辖区94家企业，开展重点培育和帮扶，精准把控培育企业质量和培育工作成效；打造专业信用培育队伍，创新建立“网格员推政策+协调员送服务”的“双员共进”工作模式，将信用培育落到实处；通过14个网格化服务组以及“点对点”沟通方式，向辖区企业广泛宣传AEO企业便利措施；企业协调员与有认证资质关员共同组成专业培育队伍，一方面在线上为企业梳理认证标准、实时解答疑难问题，另一方面实地入厂通过预先开展“模拟认证”的方式帮助企业找差距、补不足，精准辅导企业做好认证准备。走访企业46次，开展线下培训2次，接受企业线上及电话咨询两百余次，共培育企业108家次，申请AEO认证20家，通过20家，通过率100%。

【知识产权海关保护】2021年，南开海关落实海关“龙腾行动2021”部署要求，全面加强知识产权海关保护，推动构建新发展格局，以政策宣讲、送法上门、执法成果展示、发放宣传手册等形式，重点宣传加强知识产权海关保护，营造良好营商环境和创新环境；建立辖区企业知识产权海关保护档案，通过线上线下相结合的方式，联合天津海关职能部门专家专题授课，对辖区20余家拥有自主知识产权的企业开展培训，提升企业守法经营意识和维权打假能力；瞄准人工智能、集成电路、生命健康等科技创新前沿领域，确定天津迈达医学科技股份有限公司、天地伟业技术有限公司等5家具有出口优势企业作为首批知识产权海关保护重点企业，由海关专员实施“一对一”指导与服务，鼓励、引导企业申请知识产权海关保护备案，进一步维护民族品牌的良好声誉，助力中国“智造”创新发展。

【商品安全监管】2021年，南开海关对进口医疗器械、旧机电、普通机电产品、食品接触材料、服装等重点敏感商品按照我国法律法规、强制性标准要求进行目的地查验。查获各类不合格进口货物106批，其中退运4批无有效医疗器械注册证的进口眼科医疗器械、1批包装破损的一次性无菌医疗器械、1批无3C认证（中国强制性产品认证的插线板、1批违反中国电子电器产品有毒有害物质规定的显示器。贯彻落实习近平总书记关于食品安全“四个最严”（最严谨的标准、最严格的监管、最严厉的处罚、最严肃的问责）重要指示精神，开展进出口食品监督抽测工作，制定《送检立项单》，在研究产品标准的基础上，提前确定检测项目；建立两级审核机制，确保送检项目无遗漏，对日常出口食品情况进行风险分析，综合产品质量状况、企业诚信情况等因素，研究确定目标企业及商品，形成《南开海关2021年度出口食品监督抽检计划》；管控工作流程，专人负责关注实验室接单、受理、结果出具等情况，及时沟通，确保接到检测报告2日内完成进出口食品化妆品安全抽样检验和风险监测管理系统录入。对5家出口食品企业开展核查，对32家进口食品企业开展核查，对2批进出口食品开展了监督抽测，检测项目涵盖微生物、污染物等8个项目。

【企业与场所监管】2021年，南开海关建立保税仓库安全检查长效机制，健全落实安全生产责任制，创新监管手段、完善工作机制，采取定期巡查和不定期抽查的方式对保税仓库进行监督管理，排查安全隐患，利用可视化监控平台的预警监控作用，重点关注相关预警监控指标并及时进行处置，定期开展经营许可资质情况核对检查，对保税仓库开展年度盘查，核实库存货物实际情况，2021年开展保税仓库核查4次。推动“多查合一”企业核查工作，开展企业信息核查、原产地后续核查、减免税后续核查、保税核查等核查项目，发挥属地海关后续监管职能，以企业为单元统筹防范税收风险。集中执法力量筑牢口岸安全防线，对1家重点商品出口企业开展出口商品质量安全风险监测抽查，

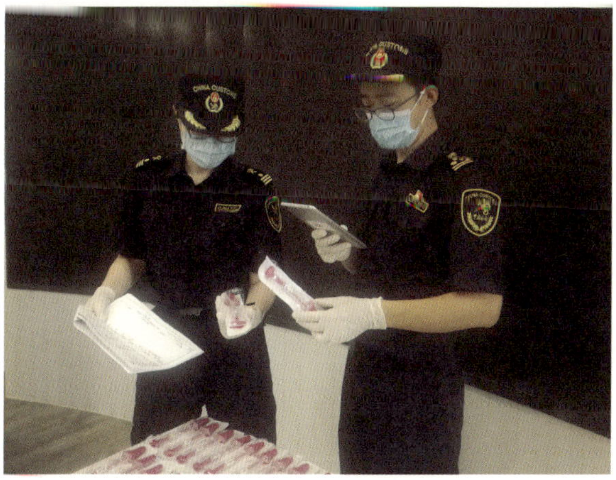

▲2021年8月5日，南开海关关员检出不合格宫颈刷

▲2021年11月24日，南开海关关员在企业了解生产流程

随机选取33家食品化妆品进口商开展定期核查。强化海关法律法规宣传力度，推动辖区企业对进出口业务开展自查自纠、主动披露。

（撰稿人：王伟良　杨　丽　李明勇
邹　薇　张　铭　张　鹤
赵乃鹏　宫晓斐　徐　征）

天津河西海关

【概况】天津河西海关成立于2019年，负责天津市河西区范围内各类海关业务工作，同时承担天津海关各类行政许可审批、审核、备案、登记等集中办理工作，并完成天津海关交办的其他工作。内设科室6个：办公室（党委组织宣传部）、综合业务科、审批备案一科、审批备案二科、审批备案三科、审批备案四科。

2021年，面对百年变局和世界疫情，天津河西海关贯彻落实海关总署“五关”建设的总体要求，坚定信心、乘势而上，全力推进高质量“一流海关”建设，各项工作取得了新进展。持续提升把关服务效能，以“网格化”服务为抓手提升政策服务水平，实现辖区外贸企业“入网”384家，整体“入网”率超过80%，常态化推动“船边直提”、规范申报、信用认证等海关便利政策50余次。加大信用培育和企业认证力度，为20余家企业设立企业协调员，“一企一策”提供个性化信用培育方案，先后助力7家重点外贸企业取得AEO高级认证资质。针对辖区小微企业多的特点，推出“点线面”立体帮扶工作法，助力辖区9家重点企业跨境电商B2B出口额超过2.3亿元。持续深化审批服务改革，发挥审批审核处于海关监管链条最前端的优势，坚决把住“准入关”，共对539批次进境动植物及其产品入境申请予以否决，整体否决率达4.1%。查发减免税设备监管期内抵押情事，获缉私部门立案处理。

【党的建设】2021年，天津河西海关坚持把政治建设作为首位要求，坚决做到“两个维护”。坚持并完善“第一议题”制度，做到第一时间传达学习、第一时间推进落实、第一时间抓出成效，切实从政治层面抓好业务工作。天津河西海关根据党史学习教育目标要求，在学懂弄通做实上下功夫、求实效。该关党委率先垂范，围绕习近平总书记重要讲话及党的十九届六中全会精神，组织党委理论学习中心组学习4次、党委会学习23次，建立“重点发言+普遍交流”研讨机制，提升学习实效，通过讲专题党课、开展理论宣讲、分享心得体会等方式带动各基层党支部同步开展理论学习。组建青年理论学习小组，以线上线下相结合方式开展7次交流学习。扎实开展党史学习教育，组织唱红歌、红色观影、诗朗诵、讲党史故事、党史知识竞赛和党建成果视频展示等多种学习教育活动。践行“人民海关为人民”理念，聚焦“国门安全”“便民利企”“暖心聚力”3项工程，推出7项重点民生项目，有力推动学习教育成果转化。认真落实新时代党的建设总要求，深入开展“基层组织建设年”活动，全面推动基层党组织强基提质。进一步深化党建品牌建设，打造天津河西海关“金章放彩”党建母品牌，围绕“三特”要求推动所属支部党建品牌全面换挡升级。以品牌建设带动政务服务提质增效，该关“四诊法”服务临床急需药物进口相关事迹被评为天津海关深化党建品牌创建工作典型案例。推动党建业务深度融合，开展深融试点工作，以“品牌+工作法+事例”形式开展交流学习，评选出2个试点党支部。以“支部联系企业、党员服务群众”活动为抓手破解“两张皮”问题，6个所属支部开展关企、关关、关地联建共建活动16次，联系企业158家，解决“急难愁盼”问题140个。坚持把从严治党作为第一责任，管党治党责任进一步压实。研究制定全面从严治党重点任务分解，对7大类48项具体任务分解到人到支部，通过共享网盘建立重点任务督办清单，接受干部职工监督。建立党委委员联系点工作制度，扎实推进巡察审计整改，对巡察“回头看”和审计反馈的18条问题制定28项整改措施，整改完成率超过96%。持续整治形式主义、官僚主义，对照“三类突出问题”及7种表现带头开展自查自纠，建立天津河西海关突出问题和天津海关层面问题“两张清单”，营造讲担当、促作为、抓落实的浓厚氛围。开展关心关注专项工作，明确12条研判标准，制定5条具体措施，进一步加强党员干部“八小时以外”教育管理。创新“12345”工作法，推动“现场监管与外勤执法权力寻租”专项整治走深走实，运用四步法排查廉政风险点73条，采用“三看两结合”标准确定8个高风险岗位，运用“制度+科技”理念加强对审批权力的制约，通过全流程网办、电子印章、证书寄递等方式实现受理、取证“两不见面”，整体廉政风险灭减率超过95%。开展“身边事教育身边人”案例鉴戒，建设天津河西海关廉政教育阵地和廉政图书角，实现重要节假日前廉政警示提醒“全覆盖”，夯实拒腐防变的思想基础。

【疫情防控】2021年，天津河西海关全力服务疫情防控工作大局。发挥特殊物品检疫审批职能，建立疫情防控物资检疫审批工作专班，为疫情防控物资生产企业出口提供7×24小时服务，特殊物品进行即报即批，审批时限压缩至12小时内。妥善应对关属企业脱钩工作，完成检疫处理单位审批受理转接，保障口岸检疫处理工作整体平稳有序开展。落实“应检尽检”和相关安全防护要求，抓好辖区进口商品查检工作。应对本土疫情反弹情况，研究制订《全员核酸筛查实施方案》，组建6个工作组，全体干部履职尽责、担当作为，共完成采样2,220人份，发放核酸检测防护物资400余件，出色完成4轮次新冠病毒核酸筛查任务，同时保障集中审批审核等业务工作平稳开展，严格落实日常健康监测、离津审批、卫生消毒等疫情防控要求，新冠病毒疫苗加强针实现“应接尽接”，开展疫情防控应急演练2次，做好常态化监督巡查，进一步抓实机关内部防控。克服人员压力，抽调干部支援空港、海港疫情防控一线7人次，推动支援人员轮换，做实一线人员关心关爱工作，人员保障有效加强。

【口岸安全监管】2021年，天津河西海关始终牢记监管是海关最基本最重要的职责，始终坚持“把好国门就是最大的服务”，坚决捍卫国门安全。加大辖区重点商品检验监管力度，全年完成出入境查验200批次，共检出不合格商品、食品9批次，监督销毁1批次；首次查发未获准入许可的进口医疗器械，并实施退运处理。报送食品化妆品安全风险信息341篇，获海关总署采纳4篇。积极参与进出口危险品岗位练兵，推选2人参加海关总署“万人争先”线上答题并取得较好成绩。完成稽查作业4起，补税1起；办结核查作业59起，查发问题20起。发挥审批审核处于海关监管链条最前端的优势，坚决把住“准入关”，以进境动植物及其产品检疫审批事项为重点，严防不合格产品和疫病疫情流入国门，共对539批次进境动植物及其产品入境申请予以否决，整体否决率达4.1%。查发减免税设备监管期内抵押情事，获缉私部门立案处理。

▲2021年6月3日，天津河西海关关员进行现场核查

【服务国家发展大局】2021年，天津河西海关坚持把服务发展作为重要任务，抓住RCEP实施前窗口期提升原产地服务水平，大力推广智能审核、自助打印等便利化措施，超过95%的辖区企业可享受“全程零跑腿”签证服务，共审核签发原产地证书3,606批次，助力企业享惠超6,870万元。组建工作专班保障南非输华柑橘货船通关，发挥海关减免税职能，服务国家科研“国家队”享受税收减免政策，“十三五”期间共为天津市科研机构、高校和企业研发中心等免征税款8.44亿元；创新“流水线”方式办理航材进口免税作业，审核时长较法定时限压缩50%以上，共完成维修用航材免税审核76单，减

免税款157.8万元。服务航空航天产业基地建设，完成29单维修用航材免税审核。为解决海洋石油企业减免税申请办理手续烦琐、审批耗时长等问题，开发“十四五”海陆石油确认表联网项目，该项目可实现中海油总公司与海关减免税管理系统数据直接传输，在全程无纸化办理的同时大幅压缩审批时限。服务乡村振兴，助力天津地区首家出口烟叶中转库、首家鲜切花出口企业先后获批，助力优质种子种源进口，保障居民“菜篮子”供应稳定。2021年，共计为4批、货值160余万元的种子种源办理了减免税担保手续，相关企业预计可享受15万元税款减免。

▲2021年11月23日，天津河西海关关员查看进口维修用航材使用情况

【服务地方经济发展】2021年，天津河西海关发挥海关位于国际国内双循环交汇枢纽位置的重要作用，促进国际国内双向开放。以“网格化”服务为抓手提升政策服务水平，实现辖区外贸企业“入网”384家，整体“入网”率超过80%，深入推进“船边直提”“抵港直装”（以下简称“两直”）改革，与天津新港海关建立数据共享机制，协同配合打通“两直”中企业面临的难点、堵点问题，常态化推动“船边直提”、规范申报、信用认证等海关便利政策50余次。加大信用培育和企业认证力度，为20余家企业设立企业协调员，“一企一策”提供个性化信用培育方案，先后助力7家重点外贸企业取得AEO高级认证资质。针对辖区小微企业多的特点，推出“点线面”立体帮扶工作法，助力辖区9家重点企业跨境电商B2B出口额超过2.3亿元，超额完成目标任务。成立审批专班，探索5项快办措施，服务生物医药产业发展，帮助12家企业生产的2.5亿人份新冠病毒检测试剂出口。积极与地方药监部门沟通，帮扶4家人才联盟企业取得“医疗器械出口备案凭证”，服务389万人份体外检测试剂通过审批顺利出境。加强自贸审批政策创新，建立“关—地—企”三方联动机制，为临床急需药物开辟“绿色通道”，先后助力6批次特殊药品进口。该关按照《天津海关全面推进出口蔬菜制品原料基地备案工作方案》的具体要求开展出口食品原料种植场备案工作，积极参与政策研讨和方案制订，做到工作启动前法律依据明确、处理流程明细、执法标准统一；建立与职能部门、隶属海关和业务专家之间的高效沟通渠道，全方位掌握原料种植过程中的风险信息；提前介入，引入专家咨询主动服务企业，提高企业申报成功率，推进出口蔬菜基地备案工作，建立职能、中心、现场的顺畅沟通渠道，牵头组建专家组开展评审工作，已完成出口食品原料种植场备案5家共约1平方千米，年供货量近万吨。

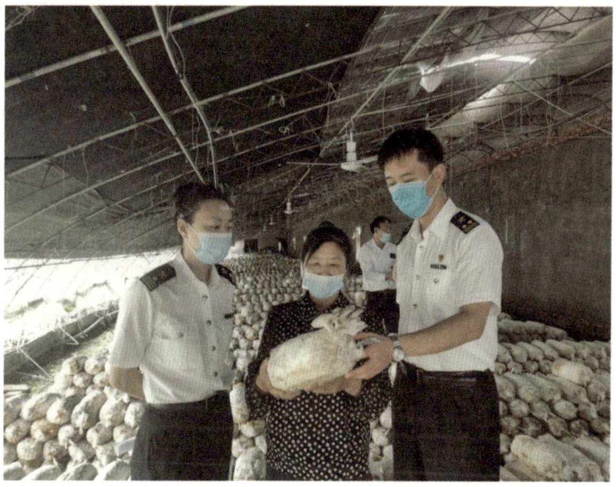

▲2021年9月14日，天津河西海关关员对蔬菜种植基地进行现场评审

【审批服务改革优化】2021年，天津河西海关落实天津海关党委优化审批审核决策部署，开展业务研讨座谈10余次，主动参与17项业务管理制度的修订，移交业务档案100余份，内部调整审批审核业务岗位47个，清理业务系统授权23人次，废止业务印章8个，确保业务切换期间工作不断、秩序不乱。2021年负责的40个审批审核事项共办理34, 193件（次），占天津海关办件总量的80%以上，为充分实现审批审核业务集约化、功能化的改革目标，按照“集中统一、切块管理、统筹适量”的原则，将政务中心进驻的一个半科室负责调整为由一个科室统一承担，统一接受市政务服务中心的考核及日常管理；对“产品类”审批审核项目进行“切块”管理，改变一个审批事项由一个科室从受理、初审到决定的全流程全环节办理模式，为全流程切块分环节到不同科室的办理模式；同时统筹考虑各审批审核事项的办件量、难易程度、人员资质等需求，对审批审核中心进行业务重新划归、科室重新构建、人员重新组合，以此进一步捋顺业务线条、厘清职责范围、强化内控管理、调动人员动能，更好地发挥审批审核中心的职能作用。

【审批服务效能提升】2021年，天津河西海关瞄准一流抓好市政务服务效能考核，加强与市政务服务办的沟通协调，指定专人专岗完成重点类型办件指标任务，连续19个月取得满分。落实网上办、马上办、创新办要求，网上办件量占比超过95%，整体审批时效较法定时限压缩超过50%，实施承诺审批，全面启用电子印章和证书寄递服务，企业群众办事实现“零跑动”。加强审批服务窗口作风建设，建立否定答复审批机制，明确“不随意说不”要求，在“好差评”系统中获评44次，均为五星好评。以迎接国务院大督查为契机，开展“一对一”业务培训和内务互查，确保“有问必答、当场能办、服务优良”，相关经验做法获总署推广。创新公开举措、拓宽公开渠道，以便利企业群众为导向，深入推进政务公开工作，为进一步提升政务服务效能。聚焦“三智”理念，探索建立海关智能化公示信息统计平台，以出入境特殊物品卫生检疫审批业务为切入点，以“三智”赋能探索行政许可事项对外公示数据统计新路径。聚焦“掌上办”“码上办”，进一步提升海关政务公开便利水平。依托微信平台制作二维码，通过线上线下对企业群众公开，企业群众只需拿出手机扫一扫即可便利获取相关政策要求和政务公开信息，实现“掌上办”“码上办”。

▲2021 年 11 月 12 日，天津河西海关关员调研进口药物使用情况

【队伍综合保障】2021 年，天津河西海关全力推进“一流海关”建设，对《2021 年天津海关工作落实指标总目录》中涉及 21 个牵头部门共计 97 项指标任务要求进行细化分解，确定牵头科室。每月形势分析例会对各科室工作指标落实情况进行通报，以达到激励先进、鞭策后进的目标；每季度进行分析比对，进一步扬优势、补短板、强弱项。关心关爱干部职工，积极打造温暖海关。建立天津河西海关困难职工清单，召开 50 岁以上干部座谈会，开展慰问 12 人次。开展丰富多彩的文体活动，积极打造快乐海关。开展“迎春送福”庆新年活动、“花香缤纷　共染芳华”国际妇女节活动、“厉行节约　杜绝浪费”线上知识竞赛等活动，关心职工心理健康，委托第三方机构开展在线心理测评，并邀请天津海关心理协会举办团体心理辅导游戏图卡沙龙。加强干部队伍建设，23 名干部进行了工作交流，干部资源进一步盘活。2 名科长获评天津“敬业奉献好人”，1 人获评天津海关 20 名优秀支部书记。扎实推进“双素质”“双能力”评估工作，打造“‘1+’课堂”教育培训品牌，开展集中培训、实操实训 14 期。天津河西海关具备动植物检疫、食品签证、稽核查等资质人员同比增加 56.52%，4 人被聘为“2021—2023 天津海关年度兼职教师”。

（撰稿人：于　鹏　马　欣　王　璐
冯基刚　刘　彬　刘彩艳
张永胜　范志斌　周琰晖）

天津保税区海关

【概况】天津保税区海关是全国第一个挂牌成立的保税区海关，于1992年9月18日经国务院批准设立，1993年12月18日正式开关，工作场所位于海港和空港两地，主要负责天津港保税区、空港经济区、天津滨海新区综合保税区以及天津港综合保税区范围内海关各类管理工作。2019年5月，该关承接天津海关进出口件装危险化学品、危险货物及其包装集中监管工作。自开关以来，该关多次获得省部级以上荣誉，2005年以来，已连续6届获得全国文明单位，3次获评天津市先进基层党组织。

2021年，天津保税区海关始终把政治建设摆在首位，不断增强“四个意识”，坚定“四个自信”，做到“两个维护”，坚持以习近平新时代中国特色社会主义思想为指导，严格落实“第一议题”制度，在推进“监管产装、抵港直装”、加强危险化学品集中监管、持续优化营商环境、从严做好疫情防控、落实稳外贸稳外资等方面取得成效。年内，天津保税区海关共接受进出口货物申报11.6万票、监管进出口货物829.7万吨、货值1,719.74亿元，共开征税款127.62亿元，新增备案企业793家，注销企业275家，截至2021年年底辖区有效备案企业5,465家。

【党建工作】2021年，天津保税区海关扎实开展“党史学习教育”，把学习渗透到日常、落实到经常，形成领导干部带头学、统筹推进结合学、建立阵地灵活学、线上平台辅导学的“四学联动”工作法，聚焦百年党史、聚焦党的十九届六中全会精神，组织开展“重温红色记忆，赓续革命精神”主题党日活动，增加历史自信，增强斗争精神。设立党史教育宣传展板，搭建红色精神长廊，录制《不忘初心》庆祝建党100周年群众性歌咏活动视频，在“学习强国”、津云、天津机关党建等多家媒体刊发，营造浓厚宣传氛围。制定《天津保税区海关2021年全面从严治党任务分解》，落实天津海关全面从严治党工作会议部署要求，制定《保税区海关党支部纪检委员职责清单》，对纪检委员任务职责进行明确和固化。从严管理干部队伍，定期开展纪检委员座谈会，加强与派驻纪检部门的沟通交流，形成“机关党委—机关纪委—支部纪检委员”三级纪律监督网格，打通全面从严治党“最后一公里”。深化党建品牌建设，完成该关27个党支部党建品牌深化工作，充分发挥党建品牌引领作用，海港查检四科党支部成为天津海关党建与业务深度融合工作第一批试点。以“支部联系企业，党员服务群众”活动为抓手，开展“我为群众办实事”实践活动，完成重点项目11个，累计为群众、企业解决问题173个，收到锦旗33面，感谢信27封，在踏实服务中提升基层党建工作水平。

▲2021年7月1日，天津保税区海关开展庆祝建党100周年主题活动

【疫情防控】2021年，天津保税区海关从严从实推进疫情防控工作，及时传达习近平总书记关于疫情防控的重要指示精神以及海关总署、天津市和天津海关部署要求，严把内部疫情防控关键节点，党委书记、支部书记“两级书记”共同发力，有通知及时传达、有情况马上报告，严而又严抓实内部疫情防控工作；做好防疫物资管理工作，建立健全防疫物资收发存台账，做到防疫物资发放不留死角；严格落实“日报告、零报告”，及时调整人员台账，做好离津审批、应检尽检、愿检尽检、亲属来津台账动态调整，做到科学防治、精准施策的常态化管理；该关指挥部联合派驻纪检部门对照《天津海关内部疫情防控工作方案（第五版）》要求，采取“四不两直”（不发通知、不打招呼、不听汇报、不用陪同和接待、直奔基层、直插现场）方式对办公场所出入口测温、快递消杀等重点环节进行检查，发现问题即时整改；广泛动员、科学统筹支持一线疫情防控工作，年内共派员支援一线防疫46人次。

【航空产业监管】2021年，天津保税区海关积极发挥综合保税区作用，紧密围绕天津滨海新区综合保税区航空产业基地发展，以空客总装厂为龙头企业单元，对航空产业链的制造维修、物流配送、培训服务等上下游企业实施集群监管。2021年，该关简化航空产业链内企业业务手续，有效解决空客A350黄皮飞机入境落地后，部分零部件无法结转及时检修问题；落实主辅料分类监管模式，缩短飞机交付时长，提升企业行业竞争力，推动国内首架A350双发远程宽体客机在综合保税区顺利完成总装并交付使用；创新“单一品名，单一税号”监管方式，助力区内企业获得机身项目订单，完成全国首架A320机身系统装配项目监管，实现企业从单一机翼装配向整机装配生产线升级；该关创新航空产业监管模式促进企业产业升级情况获“学习强国”、北方网、《天津新闻》等多平台报道，受到广泛关注。年内，空中客车（天津）总装有限公司生产交付 A320 飞机 52 架，货值 154.5 亿元，交付 A350 飞机 3 架，货值 23.5 亿元，实现国内双通道大飞机生产零的突破。

▲2021 年 9 月 30 日，天津保税区海关关员对空客 A320 机身段项目进行监管

【进口汽车监管】2021 年，天津保税区海关成立工作专班协调认证、商务、环保等多个部门，持续跟进政策动向，加强关企协调沟通，与平行车平台试点企业、平行车协会等建立信息互通机制，提前研究优化通关查检流程，疏浚滞港平行车积压情况，自 5 月 25 日实现了“国六”环保新政下全国第一批平行车通关后，2021 年下半年，该关完成平行车通关 20,043 台，货值达 97.24 亿元；助力汽车产业链延伸，扩展综合保税区中规车保税规模，为进一步促进区域汽车产业链延伸打下坚实基础，年内，天津保税区海关开展中规车保税业务覆盖车辆 5,022 台，涉及奥迪、保时捷、捷豹路虎等多个品牌；推动进口汽车保税改装出口业务，全程跟进，协助企业进行系统测试，确定监管方案，年内，新增 2 家企业开展进口汽车保税改装出口业务，涉及乘用车、旅居车等多个车型。

▲2021 年 11 月 8 日，天津保税区海关关员查验进口汽车

【跨境电商监管】2021 年，天津保税区海关开展打击跨境电商进口走私“断链刨根”专项工作，对电商企业和电商平台开展网上巡查，加大跨境电商商品日常监管和检查力度，强化跨境电商商品的全面监管，做好大促保障工作，建立应急保障组，提前排查风险隐患、约谈重点企业，圆满完成“6·18”“双十一”等大促保障工作；不断挖掘跨境电商行业新动力，提前 3 个月完成 B2B 出口年度指标，全年指标完成率 151%；推动线上展示、线下交易“体验店”模式，制定《天津保税区海关跨境电商网购保税进口商品展示体验业务操作指引》，2021 年 8 月 20 日天津海关

首家跨境电商展示体验店“酷吧小店”在海港保税区开业；年底完成首票跨境电商领域保税展示交易业务测试商品出区，为企业打造“跨境电商小时达”新模式、吸引客户规模上量，奠定了坚实的基础。

▲2021 年 11 月 1 日，天津保税区海关关员对跨境电商商品进行监管

【危险化学品监管】2021 年，天津保税区海关提升危化品查检队伍业务水平，通过专家授课、实验室实操、现场教研、专项剖析典型案例等方式提高业务综合能力，结合“基层组织建设年”“双能力”评估做好危化品岗位练兵工作。承接天津地区进口涂料备案业务，统一规范业务流程，保证涂料备案工作规范平稳运行，全年累计受理涂料备案 333 份。优化危包查检流程，实施差异化分类管理，通过风险分析和风险评估，减少稳定型生产出口企业同一产品取样送检频次，简化检验流程，提升企业出口效率。推进危化品企业后续核查验证工作，通过明确制度依据、建立企业台账、创新工作方法等手段，进一步规范企业危化品进口行为，延长进口危化品检验管理链条，自 2021 年 4 月 30 日首个核查指令下发以来，共开展企业核查作业 62 起，相继查发企业违规情事 22 起。2021 年，该关共查发各类危化品不合格情事 370 起，行政处罚案件 58 起。检出港区违规进出口 2-6 类危险货物情事 33 起，合计货重 393.8 吨，货值超 650 万元，累计向各部门发送通报函 203 份，实现港区多部门联合处置、联合惩罚的工作机制，形成全社会打击威慑力。

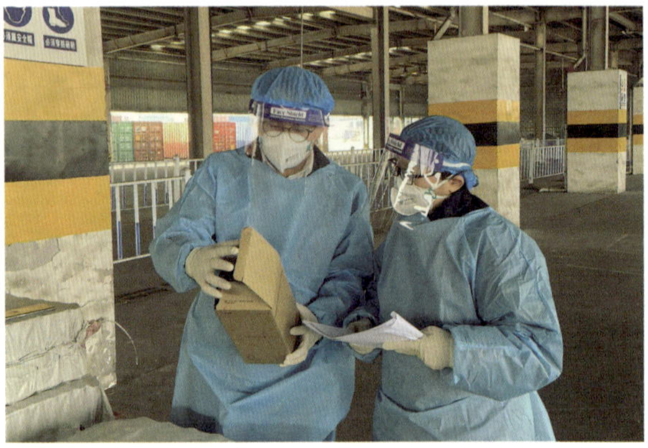

▲2021 年 5 月，天津保税区海关关员对进境危化品进行查验

【服务区域企业】2021 年，天津保税区海关辖区通用资质新增备案企业 793 家，其中落实“多证合一”“注销便利化”改革措施，通过多证合一备案企业 618 家，占比 77.9%。以企业需求为导向制订认证培育方案，推动辖区企业升级，实施“一对一”精准培育，向辖区 80 家企业送服务“结对子”，通过线上线下相结合形式拓宽海关政策宣讲渠道，实现培育方式多样化、政策推送全面化，年内共开展辖区企业认证培育 93 家，接受高级认证企业申

请28家，新增高级认证企业16家。开展知识产权专项行动“龙腾行动2021”以及“知识产权宣传周”等活动，关注重点商品侵权风险，摸排辖区企业，确定重点企业、重点方向以及风险隐患，以问题为导向加大实货查验力度，以实际行动做好知识产权保护工作。组织辖区79家企业对行风政风、营商环境、服务企业和勤政廉政4个方面进行企业满意度评价，该关总体得分99.02分。

【改革创新】2021年，天津保税区海关推动“直提直装”上量上水平，做好数据分析，及时宣传政策优化进度，拓展宣讲对象范围，调动企业参与度，应用“直提直装”业务企业及货源基础，协调推动区内企业加入首批远程视频“监管产装”名单，突破政策推广瓶颈，2021年年底，该关抵港直装比例位居隶属海关第二位，辖区企业直提箱比率27.53%，直提企业参与度达到63.74%，居各属地海关第一位，创新“保税维修+区块链”监管模式，利用区块链技术实现上链数据实时验证，每票业务为企业节省时间1~2天；发挥区域特色推广自贸创新，聚焦重点业务、重点产业，深挖潜力推动自贸创新申报工作，对科室申报创新项目进行筛选，做到优中选优，申报创新举措涉及航空、汽车、跨境电商等多个领域，最终“航空产业链企业货物状态原地转换”“保税维修坏件循环再利用”“跨境电商商品组套销售”3项举措通过评审完成备案，其中“航空产业链企业货物状态原地转换”措施在天津海关复制推广。

【综合业务管理】2021年，天津保税区海关加强数据分析，压缩通关时长，在确保报关单据“日清日结”的基础上，定期对超期报关单进行分析，做到分析数据变动快捷有据。2021年，该关进口整体通关时长21.48小时、出口整体通关时长0.66小时，进口通关时长远低于天津海关平均通关时长，出口通关时长基本与天津海关时长持平；全面推广汇总征税，打破对企业“属地化”管理藩篱，转为以涉税单量较大企业为抓手，召开政策宣讲会，设置专岗对汇总征税缴纳入库情况进行及时监控，有针对性地做好政策宣讲和帮助培育工作，该关汇总征税比率达到29.92%，同比提升10.6%；全力提升规范申报率，成立规范申报工作组，清理历史存量，做好新单“预审核”，在第五次规范申报考核中，该关规范申报正确率为99.25%，较前次考核提高12.43个百分点。

【队伍建设】2021年，天津保税区海关按照工作要求，完成科级党支部书记党建、业务“双能力”评估和党员干部政治、业务“双素质”提升工作，提高干部职工业务能力，激发干事创业的热情；进一步创新优化考核工作，加强干部培养考察，结合新时期工作实际，以加强科级机构标准化、规范化建设为目标，以岗位职责和工作任务为依据，以在政治、业务、担当、管理和廉洁方面的表现为考核重点，优化科长考核指标，全面考核科长平时表现和履职情况，考核结果作为干部年度考核、推荐提任人选、评优评先、表彰奖励、专家评聘等的重要依据；加强人才机制创新政策研究，参与两项人事条线关级课题，在调研评估海关年轻干部政治能力、加强年轻干部政治历练和探析职级公务员管理等方面提出建设性思路和建议。2021 年，该关保税物流园区综合业务科荣获“第 20 届全国青年文明号”，1 人入选 2021 年百名优秀执法一线科长。

（撰稿人：张昕明　徐　博）

天津东疆海关

【概况】天津东疆保税港区海关于2010年12月29日正式挂牌，并于2019年1月30日更名为天津东疆海关，目前主要从事口岸通关、保税监管、物流监控、稽查、跨境电商、融资租赁、旅检等多项海关业务，基本涵盖了除快件以外的海关各业务领域。2018年稳步推进机构改革工作，通过建立关检联席会议机制、设立咨询服务台一口对外统一提供业务咨询、优化整体通关作业流程等举措，围绕职能转变、简政放权、放管结合、做好服务，有力推进关检业务深度融合，切实提升新海关制度创新和治理能力建设，不断取得海关监管和服务的新成效。

2021年，天津东疆海关共监管货运量3,038.84万吨，货值616.65亿美元，实征税收281.18亿元，约占天津关区的20.64%。天津东疆综合保税区全年进出口总值1,190.9亿元，同比增长8.9%。6项创新举措通过天津自贸试验区海关监管创新举措备案。

【党的建设】2021年，天津东疆海关围绕新时代党的建设要求，聚焦机构改革职能优化转变，从“高度、精度、维度、实度”4个方面，以“选、育、用、引”为思路，着力打造“一科一品牌2.0”，即“一支部一品牌”，做好支部党建品牌深化升级，围绕特点、特长、特色丰富品牌内涵，27个支部根据支部的队伍、业务特点，引导党员干部发挥自身特长，在工作中形成科室工作特色，打造党建业务融合品牌，综合业务一科党支部被授予“天津市级机关先进基层党组织”荣誉称号。在天津海关党史学习教育专题网站刊发信息78条和简报4篇。199名党员全部参加“党在我心中”全国海关党史知识竞赛，荣获天津海关党史学习教育知识竞赛组织单位优胜奖。3名党员代表组队参加关区党史知识竞赛，荣获第1名。荣获天津海关党史征文优秀组织单位，2篇论文获优秀论文。共获天津市“五一劳动奖状”等集体荣誉7个、天津海关优秀共产党员等个人荣誉22个。各党支部解决企业问题110次，获得企业群众发来的锦旗39面、感谢信32封。

全面抓党员干部政治素质，抓好党员

干部“双能力评估”。各党支部纪检委员日常督促全体党员、干部运用“学习强国”“钉钉”平台开展学习。抓科级党支部书记党建能力，开展党支部书记和党务干部党建基础工作培训，结合巡察反馈问题，解决基层党支部存在的具体问题。要求支部书记履行“第一责任人”职责，争创“四强”党支部和党建示范培育品牌。重点抓业务能力（1+1），包括3名处级领导干部在内共计214人报名；着力抓岗位资质达标，有179人次获得动植检、进出口危险货物及其包装检验、国境口岸卫生监督员、加工食品签证官等资质。

发挥党委、机关纪委、支部纪检委员协同监督机制，机关纪委每季度研究分析提出监督事项，报党委审定后，有针对性地向各支部下达监督任务。纪检委员在落实监督任务的同时，还要监督实际效果。建立关心关爱机制，经常性开展谈心谈话、定期做好隔离人员思想动态分析。开展冷链监测和登临检疫人员慰问工作，累计慰问红区干部职工43次，涉及人员611人次。

【疫情防控】 2021年，天津东疆海关落实“岗前检查、工作巡查、全程督查”“双人作业、相互监督”的安全防护监督制度，建立了三级监督机制。自2021年7月以来，累计发现问题181个，涉及海关关员防护装备脱卸、现场作业工人防护、消毒及垃圾清理人员、作业现场管理等问题。涉及关员的问题全部立行立改，涉及企业人员及现场操作、管理的问题，以提醒建议书的形式及时指出问题，提醒整改，共下达提醒建议书23份。针对有检疫处理、检验鉴定、废弃物接卸等业务的企业及人员登临，实施审批监督制度，严防疫情传播。组织辖区码头公司、船舶代理等30余家企业开展疫情管控精神宣贯，强化部门、单位、个人防护，主体船员健康状况、登轮人员、排查处置情况等信息互通共享，与边检、海事开展东疆口岸海域净化巡查工作，开展多部门码头区域发现突发事件后的疫情防控处置演练。2021年实施船舶登临检查573艘次，采样1,587人次，发现新冠病毒核酸阳性病例和乙型病毒性肝炎病例。落实进一步从严从紧做好疫情内部防控工作要求，加强对干部的管理，非必要不离津，确有十分必要出差出行的，按干部管理权限报批。继续推行“不见面办公”，公布各科对外联系电话。9月7日，开展干部职工在“应检尽检”中初筛阳性突发紧急事件应急演练，赵革关长现场观摩演练并指导，疫情防控及安全生产应急处置能力持续强化。

▲2021年11月24日，天津东疆海关关员开展船舶登临检疫

【业务开展】2021 年，天津东疆海关打击固体废物走私，查获固体废物 1,319.77 吨，其中通过自主风险分析布控，查发固体废物 5 票。打击濒危物种及其制品走私，查发违规携带象牙制品进境情事 1 起、违规携带濒危红木制品进境情事 1 起；查发典型伪瞒报出口濒危植物及其制品 2 票，分别为北沙参 60 千克、沉香属植物 20 千克。严守国门生物安全和食品安全，截获检疫性有害生物 565 批次，查获不合格进口冻品 229 票。严厉打击出口骗退税，查发出口短装情事 7 起，货值约 221.8 万元。申报货物重量总计 119.7 吨，实际货物重量总计小于 2 吨。

按照“规范化、标准化、信息化”要求，建立“全链条进口通关效率齐抓共管综合治理机制”，推进通关效率管控常态化。坚持每周监控、时时提示，督促相关环节不松懈；坚持抓报关企业、码头、堆场各尽其责，每周约谈企业 10～15 家。2021 年进口整体通关时间较 2020 年压缩 33.52%，提前申报率由 71.77% 上升至 83.54%，出口整体通关时间较 2020 年压缩 73.58%。“船边直提”和“抵港直装”方面，因地制宜创新采用平台查验方式，减少集装箱装卸环节，进一步缩减直装货物通关时间。协调码头根据作业量，倒推单船计划配载时间，压缩集港与进船时间间隔。合理调整岸桥作业顺序，尽可能实现装卸同时作业。年度船边直提率约为 25%，总体抵港直装率 5.53%，最高单周直装率超 30%。

▲**2021 年 12 月 31 日，天津东疆海关船边直提和抵港直装作业现场**

推进智慧管控试点工作，在太平洋码头开展全过程货物装卸、场地堆存、卡口管理、物流监控的智慧管控项目建设，实现与码头管理系统对接，包括监控设备安装、软件系统测试、移动技术平台调试以及辐射探测移动机器人测试等工作都已按既定时间要求开展。自启动试点工作以来，累计监管内贸船舶作业 15 航次，监管 12,035 标箱。同时，为支持天津港内贸船舶装载空箱周转效率提升，累计监管内贸船舶装卸空箱作业 16 航次，监管 98,370 标箱。加强与码头及船方协作配合，探索完善天津港口岸集装箱货物中转换装监管模式，做好对中远海运整船换证监管，顺利完成监管换装作业 3 次。

建立“一题一策一档案”机制，找准仓库大量闲置症结所在，解决保税仓储企业仓库闲置问题。注重精准施策，大力推广分类监管、分批出区等便利政策，拓展市场；建立工作档案，实行动态化管理，全程跟踪问效。17 家保税仓储企业开展

“分类监管”业务，盘活闲置库容 27.11 万平方米，总体仓库利用率由年初不足 50%提升至 80%以上。该项目成为全国海关第一批 14 个“我为群众办实事”百佳项目之一。

【改革创新】2021 年，天津东疆海关共办理 179 个标的物的进出口租赁业务，涉及货值 648.13 亿元，同比分别增长 38.76%、80.64%。创新飞机“维修改装+租赁”业务模式，帮助企业梳理各环节业务流程，并通过天津海关自贸创新举措备案审核，6 月 9 日完成首票“维修改装+租赁”业务，后续共办理该业务 5 票，涉及货值 11.56 亿元，获天津海关复制推广。8 月 25 日，办理天津海关首票跨境电商保税展示交易业务，共展示商品 94 批次，涉及货值 4,709.75 万元。

优化综合保税区物流监管模式，完成《关于促进东疆综合保税区物流仓储业发展的调研报告》，印发《天津东疆海关关于开展保税货物分批出区业务的操作规程（试行）》，解决区内企业大宗保税货物一次性出区存在困难等问题。印发《天津东疆海关关于优化“非保货物及物资”监管的管理规程（试行）》，实现天津海关特殊监管区域“金关二期”对接系统非保货物自动审批，有效促进区内仓储物流体系升级。4 月，华锐全日物流有限公司获批进境肉类指定监管场地资质，为机构改革以来天津海关首次新增指定监管场地。

在全国范围内率先启用海关“金关二期”跨境电商系统，为全国海关推广使用系统积累了经验、排查了问题。进一步创新监管模式，推动跨境电商保税进口商品“退货回区”业务，减轻企业由于商品出区后买家退货等原因造成的损失。完成天津首单特殊区域跨境电商保税出口业务，标志着天津跨境电商出口进入全模式发展的新阶段。大力推动跨境电商 B2B 出口业务，与天津东疆保税港区管委会联合搭建电商公共服务平台 7 家，便利企业申报录入，2021 年 B2B 出口业务量位居天津关区第 2。

扩大中规车保税入区业务规模，2021 年进口大贸车 10,334 台。落实国发〔2019〕3 号文的 21 条政策，主动靠前服务，优化车辆入区流程，区内企业可自主选择在保税存储期间或出区进口报关时进行车辆安全性能检测，企业申报缴税与上线检测由“串联”变为“并联”。推进“老爷车、赛车暂时进境展览展示后结转进入综保区”业务，深入挖掘老爷车托管服务、修复保养、赛事活动以及休闲娱乐、文化旅游等需求，逐步探索国内古董车行业认定标准，打造古董车亚洲交易集散地，吸引汽车主机厂的经典车亚洲分部落地天津。开发“验了么”小程序，企业可实时接收查验进度，也可网络上传查验必要单证和情况说明。编写《东疆海关“验了么”微信小程序公测版使用说明》《“验了么”小程序使用问答（持续更新）》，截至 12 月底，已有 181 家企业使用该小程序，累计处理货物查验 1,700 余票，推送提示短信 6,800 条，减少企业跑腿 120 余人次。

（撰稿人：王　欣　柳　聪）

北塘海关

【概况】 北塘海关成立于2019年，受天津海关直接领导，负责北塘港区（中心渔港）和中新天津生态城范围内海关各类管理工作，承担关区海运集装箱货物机检审像工作。其主要职责包括负责党的基层组织建设和干部队伍建设；办理具体海关业务，反馈执法作业结果；完成天津海关交办的其他工作。

2021年，北塘海关共接受申报报关单4,432票；出具纸质“入境货物检验检疫证明”5,551份，进口冻品查验1,886票报关单、2,370自然箱，其中消杀282票报关单、268自然箱；集中审像审核报关单37,617票，图像47,371幅；开展食品出口申报前监管628票，开展特殊物品出口申报前监管103票，其中属地查检15票；特殊物品进口后续监管1票；特殊物品企业日常监管7家（次）。

【党建工作】 2021年，北塘海关深入学习海关总署、天津海关全面从严治党工作会议部署要求，贯彻落实“五关”建设的总体要求，坚决扛起主责主业，增强管党治党意识，落实管党治党责任，坚持执行民主集中制，提升班子成员按程序决策、按规矩办事的思想自觉。着眼支部标准化、规范化建设，提高党支部政治领导力、思想引领力、群众组织力，统筹发展和安全，强化监管和服务，基层党支部建设成为实现党的领导的坚强战斗堡垒，1个科室获评“天津市青年文明号”，2个科室获评“天津海关青年文明号”。

该关注重选好配齐基层党组织班子和执法一线的党支部书记，提高支部书记的党建基本功。党委委员通过开展经常性谈心谈话、定期调研、参加双重组织生活等，深入各科室进行督导和协调，解决实际困难，防止党内生活的表面化、形式化现象，提升组织生活的规范性、严肃性。针对所属支部即将届满的情况，组织学习《天津海关基层党组织设置和换届选举工作指引》等文件，第一时间研究相关工作，把政治素质高、有潜力的优秀年轻干部放到党务岗位上锻炼成长。组织各个支部学习《天津海关隶属海关单位党支部委员会工作指引》《天津海关隶属海关单位无支委会党支部工作指引》，结合实际制作《月、季、年工作清单》，对各个时间节点需要落实的工作进行梳理，确保一看就懂，一做就会。利用智慧党建系统对各个支部“三会一课”、集中学习、主题党日等进行检查，确保程序正规，内容完整。加强对青年的培养，充分发挥团委的主动性和能动性，积极支持团委改选工作，实现党团组织的共同进步。

【学习教育】 2021年，北塘海关将党史学习教育作为党员干部学习教育的重中之重，坚持把学习贯彻习近平总书记重要讲话和指示批示精神作为关党委会第一议题，在全关范围内掀起学习贯彻习近平总书记“七一”重要讲话精神和党的十九届六中全会精神热潮，坚持党委带头学、支部集体学、线上线下学，从党百年奋斗重大成就和历史经验中汲取奋进的力量。注重探索创新党史学习教育的新思路、新方法，创建《党史知识周周学》学习周刊，通过微信向党员推送20期；开展“党史知识月月考”，评选月度“最强支部”和“最佳个人”；举办“品端午·诵经典 学史力行践初心”诗歌咏诵、“忆军旅岁月 传红色精神”军转干部交流座谈等活动；开展红色故事人人讲、红色歌曲人人唱、参观中新生态城党群服务中心百年党史展等多种形式党日活动。党史学习教育信息获海关总署政工部门网站采用3篇、海关总署“《金钥匙》建党100周年专刊”等载体采用2篇、天津海关专题网站采用41篇。党史学习教育征文获《海关发布》等媒体采用8篇，获选天津海关主题征文优秀征文1篇。该关代表队在天津海关党史学习教育知识竞赛决赛中获得二等奖。

该关以增强基层党组织政治功能和组织功能为切入点，扎实开展“基层组织建设年”各项工作，积极组织科级党支部书记“双能力”、副处级及以下党员干部“双素质”评估，深入组织学习《党章》《中国共产党党和国家机关基层组织工作条例》《中国共产党支部工作条例（试行）》等文件规定和各项业务知识。科级党支部书记党建能力考核均为满分，业务能力的业务知识考核平均98.4分，实操考核平均97.85分，综合成绩全部优秀。干部政治素质考核平均99.1分，所有在岗人员均取得本岗位资质证书，7项资质储备比例达到1∶1.5及以上，2项资质储备比例达1∶1。

【疫情防控】 2021年，北塘海关围绕“岗前检查、工作巡查、全程督查、双人作业、互相监督”的工作制度，落实进口冷链疫情防控相关要求。业务科室对冷链查验人员和冷库作业人员的防护情况每次、每日开展检查，对消毒货物进行全流程视频监督，确保严格按照规范操作。由主要负责人带队，每周开展常态化视频检查，联合纪检部门开展不定期抽查，对海关总署、天津海关通报情况举一反三开展自查。针对冷链查验现场容易出现的口罩掉落、面屏脱落等突发事件，联合天津海关职能部门开展现场应急处置模拟演练，提高了冷链查验人员的职业暴露突发事件应急反应能力。在机关疫情防控上，及时传达落实上级疫情防控要求，细化工作方案，发布疫情防控期间离津出行明白纸，开展工作人员感染新冠肺炎应急处置演练2次。每周组织机关内部落实疫情防控措施情况检查提醒。定期为业务一线和机关工作人员申领分发防护物资。全力推动新冠病毒疫苗接种。

【决策服务】2021年，北塘海关综合运用统计分析和政策研究及政务信宣等多种方式，服务领导决策，提供决策参考信息。结合工作实际，制定统计分析和政研信宣工作规程及考核评比办法，推动相关工作开展。在统计分析工作方面，该关报送的稿件获得海关总署、天津市、天津海关采用60余篇。在信息报送工作方面，该关报送的政务信息获得海关总署采用10篇；获得天津市政府采用3篇；获得天津海关采用100余篇，信息得分位居隶属海关一档序列。在政策研究方面，北塘海关共牵头和参与海关总署级课题2项、天津海关级课题9项。

【食品检验检疫】2021年，北塘海关落实“全关一盘棋”思路，开展进口冷链食品跨关区监管工作，共承接新港海关、东疆海关跨关区冻肉查验316票、308柜，承接跨关区冷链乳品查验251票、806柜。查获进口食品不合格情事19起，不合格检出率6‰，高于天津海关“一流海关”指标。进口冷冻肠衣目的地事中查验8票、8柜。该关加强食品化妆品安全舆情监控，海关总署采用该关食品化妆品安全舆情信息190篇。该关与天津东疆海关协同开展冻品保税展示场所日常管理和监管等工作，办理保税展示交易手续17票。实施“一企一品一策”，助推天津市龙头干坚果食品出口企业三尚行（天津）食品股份有限公司保订单稳增长，开通预约检疫查验通道，实现随产随验、随验随走，指导企业新增食品处理工艺以及应对国外最新检疫要求，助力企业出口干坚果食品增长。

▲2021年2月5日，北塘海关关员对一批干坚果食品实施出口前监管查验

【企业通关与后续管理】2021年，北塘海关持续推进“稳定通关作业时间”工作机制，通关时长为22.5小时；“提前申报”“汇总征税”两项指标比率分别为91.33%、56.56%，高于天津海关“一流海关”指标。以“网格化”管理为依托对辖区所有企业开展规范申报宣贯，主动约谈3家出错率较高的企业，对6家报关企业进行线上培训。对辖区企业所有报关单规范申报情况逐一核查，并及时联系申报

地海关整改相关问题，在2021年天津海关第三、四、五次规范申报抽样考核中，北塘海关规范申报抽样正确率为100%、99%和99.75%。该关持续在辖区企业备案、变更、注销及信用培育、认证工作上下功夫，及时开展新文件、新规定对企宣贯，确保企业掌握海关最新政策，帮扶丹娜生物科技有限公司顺利通过高级认证，实现了辖区海关AEO高级认证企业零突破。多渠道了解企业状况、通关业务办理情况，做好核查结果的处置，督促企业及时整改存在的问题，提高合规经营水平。2021年共办结54起核查作业，比2020年提升6个百分点。开展数据分析，实时掌握属地企业进出口情况，建立“船边直提”“抵港直装”进出口商台账，将进口业务排名前5名企业纳入“船边直提”重点企业，对31家辖区企业宣贯“船边直提”“抵港直装”等惠企政策，帮助企业办理加工贸易手册延期及保证金退还手续、开展加贸商品边角料内销、获取跨境电商资质，指导企业出口成套设备。

【监管缉私】2021年，北塘海关加强安全生产工作，构建“专项检查、视频巡查、日常沟通”监督检查体系，每周开展1次指定监管场地巡查作业，巡查发现辖区2家进口肉类指定监管场地存在问题4项，通过日常视频巡查对摄像头画面进行逐个排查，责令企业整改问题5项。加强与地方政府商务、应急管理等部门联系沟通，提升监管合力，向2家指定监管场地强调重要事件、突发事件的报告制度，要求企业履行安全生产的主体责任，注重做好节假日期间的安全提醒和检查工作。该关充分发挥非侵入式查验速度优势，综合运用多维审图、业务专家小组共同研判、绩效考核分数激励等手段，提升机检直放率和查获率。持续巩固审像业务流程改革成效，机检审像平均用时由2020年的17分钟压缩至10分钟以内。对冬奥会冬残奥会物资、春耕物资、民生物资、进口汽车零部件等重点商品设置审像任务优先级，对外公布咨询电话，提供预约通关服务，确保随到随审。2021年，共在节假日期间加班345人次、审像审核报关单11,038票，应企业需求延时加班42人次、审像审核报关单78票。该关抽调业务骨干和专家参与海关总署智能审图信息化平台建设和“智能审图”专用培训教材编写，1名专家入选“智能审图”海关总署级专家队伍，1名青年骨干入选“智能审图”海关总署级后备人才队伍。

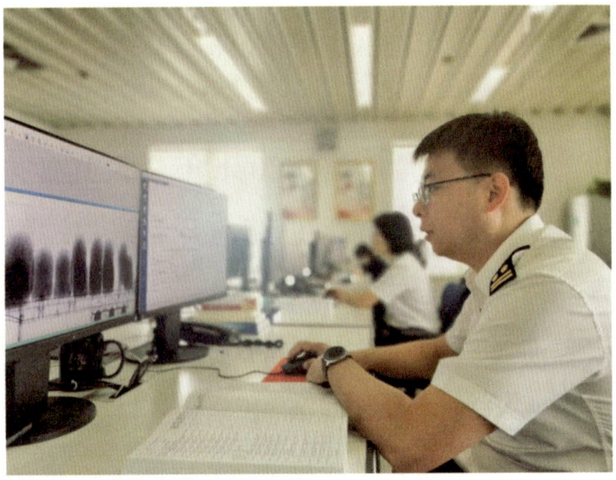

▲2021年9月10日，北塘海关关员对进出口货物实施机检审图

2021年，北塘海关以打击“洋垃圾”等敏感商品走私为重点，加强与天津海关缉私、风控、监管等部门的沟通联系，加强对审单、冻品查验、企管稽核查等环节的风险研判，持续提升打私精准性。充分发挥机检审像打私优势，整理固体废物查发新品类，新增19项“影子商品”至审像系统。“两简”案件7天内办结率为100%。建立机检审像与天津海关风控部门的业务联动反馈机制，积极收集全国口岸查发的案例，对违规手法进行分析，总结审像查发重点，定期开展业务培训，机检审像现场共查发伪报、夹藏等情事990起，涉及固体废物情事24起。

（撰稿人：马骋远　任静宇　刘常豪　运　童　李亚静　周亚东　赵春阳　姜太星　黄　杰）

第七篇

事业单位

天津海关后勤管理中心

【概况】天津海关后勤管理中心为天津海关所属事业单位，主要承担天津海关机关后勤服务保障工作，工作范围涵盖招标采购、安全保卫、车辆管理、物业管理、餐饮保障等管理工作。

2021 年，天津海关后勤管理中心强管理、抓落实，不断提高后勤服务规范化、精细化、科学化水平，严格做好天津海关防疫物资采购及机关办公区防疫工作；精心做好机关食堂供餐、物业服务、政府采购等保障工作；加强机关消防、车辆、设备设施等的安全管理；落实“过紧日子”要求，增收节支，严控机关食堂食材使用、供餐剩余量及办公用纸、水、电、燃气等能源消耗；加强基层党建及人事管理，有效推进事业单位改革。

【基层党建】2021 年，天津海关后勤管理中心在“双能力”评估工作中，全体党员干部政治素质能力均达到“优秀”等次。该中心坚持以党建为引领，激发党员队伍活力，通过举办党史知识竞赛、开展主题党日活动、参观革命历史纪念馆等组织活动，引导广大党员干部坚定正确的政治方向，严守党的政治纪律和政治规矩；持续深化党建品牌建设，推动党建工作与业务工作相融合，聚焦天津关区重点工作和后勤服务保障工作，聚焦群众急难愁盼问题；通过持续深入开展“基层组织建设年”和“我为群众办实事”实践活动，切实做到扛责任、办实事、解难题，把以人民为中心的思想在实际工作中落实好、体现好，让干部职工拥有更多的获得感、幸福感、安全感。

2021 年，天津海关后勤管理中心坚持“第一议题”制度，组织全体党员、干部职工多形式学习习近平新时代中国特色社会主义思想，党的十九大和十九届二中、三中、四中、五中、六中全会精神，习近平总书记重要指示批示精神以及党中央各项重大决策部署。坚持学深悟透、融会贯通，提升自身理论素养和党性修养，坚定理想信念，不断强化“四个意识”，坚定“四个自信”，坚决捍卫“两个确立”，做到“两个维护”；在学习中坚持抓好“关键少数”，领导班子成员做到“先学一步，学深一层”，示范带动党支部书记和全体党员开展学习，同时注重学用结合，将学习成果转化为工作实践，指导和推动天津关区后勤保障工作稳步开展。

▲2021 年 6 月 8 日，天津海关后勤管理中心开展参观“海河上的天津红色记忆展”主题党日活动

【人事管理】2021 年，天津海关后勤管理中心加强《党政领导干部选拔任用工作条例》和《海关领导干部选拔任用工作实施细则》的学习宣传和贯彻落实，强化党组织领导和把关作用，匡正选人用人风气。建立以纪委牵头、纪检委员为成员的监察组，对选拔任用工作实施全程跟踪监督，高效率严要求；完成内设机构管理及部分技术职称岗位选、聘任工作，稳定了干部队伍底盘；研究制定了《天津海关后勤管理中心工作规则》《天津海关后勤管理中心内设机构工作职责（试行）》，理清后勤管理各项职能，进一步规范和改进中心工作；组织全体在职事业编制人员签订《事业单位聘用合同》。

2021 年，天津海关后勤管理中心结合党史学习教育工作，引导党员干部真正做到“学史增信、学史明理、学史崇德、学史力行”，用实际行动诠释准军事化纪律部队建设制度化、常态化。制定《天津海关后勤管理中心着装要求》，进一步加强管理；成立天津海关后勤管理中心准军事化纪律部队建设领导小组，以“班子管部门”“部门管个人”的方式，层层传导压力，定期对关容关貌、内务整理的规范性进行检查，及时纠正不规范现象，多次开展准军事化纪律部队队列训练和内部督导检查，有效推动干部队伍作风转变和精神面貌提升；加强对重点关心关注人员的管理，有针对性地采取措施做好关心关爱、帮扶教育，特别是对在集中封闭管理场所为疫情防控一线人员提供后勤服务保障的人员，实时掌握其身心健康及家庭等实际情况，做好人员轮换调配工作。

【新冠肺炎疫情防控】2021 年，天津海关后勤管理中心抓紧抓实抓细常态化疫情防控工作。严格执行办公区域疫情防控制度；设立专职督导员每周检查督导，全年开展巡查 40 余次；按规范开展内部消杀工作，共对机关办公场所进行消杀 3,000 余次，通勤车日常防控消杀 1,000 余次，食堂各部位消杀 2,000 余次；积极组织动员干部职工接种新冠病毒疫苗。

2021 年，天津海关后勤管理中心严格做好疫情物资管理工作。完成疫情物资库整合改造，对疫情物资库设专人管理且 7×24 小时待命接收、发放物资，设置“蓝、黄、红”三色预警机制，保持各种疫情物资的存量均在 30 天红线之上。共计为各隶属海关发放442批次防疫物资，完成向天津市疫情防控指挥部申请保障支援请示签报18次，配合天津海关卫生部门、天津国际旅行卫生保健中心接收天津市疾病预防控制中心保障支援试剂耗材7批次，自行组织采购防疫物资56批次。

2021年，天津海关后勤管理中心全力支援一线后勤保障。做好集中封闭管理场所的各项服务保障工作，共计派出集中隔离工作人员29人次，为一线人员提供服务约35,345人次。

【服务保障】2021年，天津海关后勤管理中心保障天津海关机关用车派遣1,800余趟，累计安全行驶33.6万千米；累计完成天津关区车辆年检184辆次；为天津关区9个部门（单位）实施车辆调整25台，替换老旧车辆12辆；完成天津关区全部公务用车北斗系统并网全覆盖并对监控系统进行了全面升级；定期开展驾驶员安全教育。

2021年，天津海关后勤管理中心协助做好科技大楼搬迁前的保障工作。完成科技大楼搬迁项目合同招标和签订工作；成立专班，先后7次召开现场研究会议，陆续完成科技大楼闲置物资的清理、楼内办公家具的安装和摆放、大楼餐厅设备的修缮和移交物业公司、大楼消防安防系统和物业设备设施维护修缮等基础性工作，为搬迁工作打好基础。

2021年，天津海关后勤管理中心尽职尽责做好物业服务保障。制定《天津海关单身宿舍住宿操作办法》，成立单身宿舍管理小组，加强单身宿舍住宿管理；为天津海关机关三地办公区开展碎修1,600余次，提供会议服务共2,000余次。

2021年，天津海关后勤管理中心实施全方位目标管理，纸、水、电、气等能源消耗全面下降。压减通勤线路4条，优化15条；开展外聘员工压减工作，压减外聘员工165人；严格控制电梯、空调开放时间，压减支出；办公用纸实行周期公示提醒制度。办公用纸总量较2020年压减30%以上。

修订完善《天津海关后勤管理中心财务开支审批办法》《天津海关后勤管理中心公务卡结算管理办法》等，加强预算、降本增效。

【安全治理】2021年，天津海关后勤管理中心加强消防能力建设。配合天津海关办公、口岸监管部门完成天津市绩效考核迎检工作；开展天津海关机关3个办公区消防维保单位2021年度选聘工作。

▲2021年6月24日，天津海关后勤管理中心组织天津海关机关关警员开展应急消防演练

2021年，天津海关后勤管理中心积极开展消防安全检查。会同天津海关办公部门开展2021年度办公场所安全大检查工作；配合天津海关口岸监管部门完成天津市安全生产委员会现场督导检查工作；年内共开展各项专项消防安全检查20余次，共完成各类消防安全隐患整改120项；组织开展了天津海关机关应急疏散演练及义务消防队员培训。

2021年，天津海关后勤管理中心引进“外脑”强化监控、排查。聘请专业燃气服务企业对西青海关、海关总署天津教育培训基地等进行燃气安全检查，并及时将检查结果进行反馈；聘请第三方专业公司对营口道办公区文物、消防、用电安全进行隐患排查。

（撰稿人：邹雅静　宋立业　贾瑜轩　徐　佳　黄彦博　霍祥云）

天津海关动植物与食品检测中心

【概况】天津海关动植物与食品检测中心（以下简称“动植食中心”）成立于2001年，是隶属于天津海关的独立法人事业单位。动植食中心下设办公室、综合业务部、财务部共3个综合管理部门和动物检验实验室、植物检验检疫实验室、食品安全实验一室、食品安全实验二室、检疫处理与评价实验室共5个实验室。其中包括反刍动物疫病检测、烟叶与草种检疫、兽药残留及添加剂检测、辐照处理与检测四个国家级重点实验室，动物检疫、植物检疫2个区域中心实验室。截至2021年年底，动植食中心博士13名，硕士41名，硕士及以上学历人员比率60%；已获得正高级专业技术任职资格15人、副高级专业技术任职资格50人，副高及以上专业技术任职资格比率72%；人员平均年龄42岁。在账设备仪器1,200余台（套）、价值2.42亿元，其中50万元以上的大型设备仪器97台（套）。动植食中心主要承担天津海关涉税检测、进出境动植物及其产品、食品、化妆品、一次性卫生用品、食品接触性材料等法定检验检疫任务，承担动物疫病、植物检疫有害生物风险评估，为海关监管执法提供技术支持，为国门生物安全及应对国际贸易壁垒提供科技保障。

动植食中心先后通过中国合格评定国家认可委员会（CNAS）认可、中国国家认证认可监督管理委员会（CNCA）资质认定；国内首批获得食品复检机构资质；具有农产品质量安全检测机构（CATL）资质、农业农村部产品质量监督检验测试机构资质、象牙及其制品检测鉴定资质，天津市非洲猪瘟第三方检测实验室资质；入选环保部土壤详查机构目录。目前通过认可检测能力涵盖72个领域，4,201个检测项目及标准。其中，特色检测业务包括：消毒效果评价、水质检测（生活饮用水、二次供水、包装饮用水）、物种鉴定、源性成分检测、动植物检疫、放射性物质检测、标签审核、辐照食品检测、检疫处理效果评价等。同时，作为公益二类事业单位，具有第三方检测机构职能，为行政事业单位、企业及个人提供委托检测及技术培训、咨询服务。

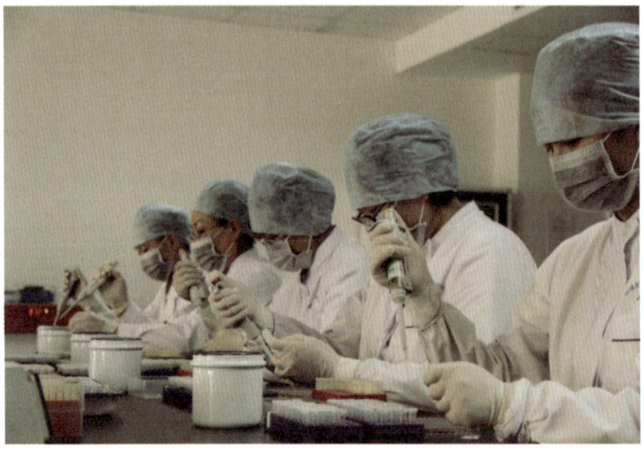

▲2021 年 3 月，天津海关动植物与食品检测中心开展进境种牛的法检酶联免疫吸附实验

2021 年，共完成法检业务 1.77 万批次，100.18 万项目次，同比分别增长 57.77%和 34.82%。共完成委托检测业务 0.77 万批次、7.88 万项目次，同比分别增长 10.4%和 46.95%。全年不合格率有所增长，其中植物检疫天津口岸首次检出检疫性有害生物 2 种，首次检出一般性有害生物 1 种。首次从美国进境散船玉米表层样品中检出检疫性有害生物四纹豆象，打破了天津口岸近二十年来无相关领域检出的历史纪录。食品检验配合天津海关监管部门加强进口食品监管，从马来西亚和泰国进口的糖浆样品中检出苯甲酸阳性，为全国海关系统首次检出。

【党史学习教育】2021 年，动植食中心扎实开展党史学习教育活动，坚持落实规定动作、创新自选动作，打造了党建文化剪影长廊，开展了清明节“祭英烈，铭党史”主题活动、“学党史，忆誓言，过政治生日”活动、“七一”前夕“奋斗百年路，启航新征程—党在我心中”诗歌朗诵等一系列主题教育活动，组织参观蓟州区联合村红色教育基地，弘扬革命传统，传承红色基因。积极组织参加天津海关“学党史、忆关史、明责任、勇作为”主题征文活动，获最佳组织奖、征文优秀奖，发布党史学习教育专题信息 30 余篇，获外媒刊发 9 篇。2021 年，完成天津市机关工委政研课题 1 项、天津海关重点调研课题 1 项，形成研究报告 3 篇。

▲2021 年 7 月 1 日，天津海关动植物与食品检测中心开展“奋斗百年路，启航新征程—党在我心中”主题诗歌朗诵比赛

以“支部联系企业，党员服务群众”为抓手，多维度开发市场，将动植食中心市场开拓能力提升作为党史学习教育成果的具体体现，实现了 10 个“首次”：首次承揽滨海新区农业农村委员会“瘦肉精”专项检测业务；首次承揽宝坻区农业农村委员会农资类产品抽检任务；首次承揽天津海事局压舱水检测业务；首次承接西青区、生态城市场监管局快检任务；首次为进口种牛企业提供牛结节性皮肤病委托检

测延伸服务；首次开拓跨省种猪非洲猪瘟、羊疫病检测服务；首次为天津二商迎宾肉类食品公司提供污染溯源、质控把关等检测技术服务；首次为海军后勤管理干部学院食堂及配餐原材料提供公共卫生检测服务；首次承担“2021 亚洲品牌论坛”“2021 世界智能大会”食品安全快检工作，积累了大型活动食品安全保障经验；首次与天津市体育研究院达成战略合作协议，为 2021 年第十四届全运会天津参赛运动员食品提供“瘦肉精”、激素含量检测服务。

进一步贯彻落实海关基层一线“支部建在科上”的有关要求，将原有 4 个党支部调整为 6 个，调整后的 6 个支部有合力、有冲劲，坚持支部会与科务会统筹召开，党建与业务深度融合、一体化推进。2021 年度新认定天津海关党建示范（培育）品牌 1 个，复核认定“四强”党支部 1 个。

【纪委监督】 2021 年，动植食中心制定《天津海关动植食中心党委全面从严治党主体责任清单》，制定 30 项具体任务，明确责任领导、责任部门、完成时限，挂图作战，对账清零。统筹推进巡察和党建工作问题整改，切实改进工作作风。坚持将巡察发现的长期整改问题、巡察“回头看”反馈的四个方面 18 项问题和上半年动植食中心党建查摆问题整改落实工作统筹推进。制订《动植食中心党委关于加强党风廉政建设的实施方案》《纪委工作制度》《纪委联系科室工作制度》，中心纪委坚持每月例会制度，各党支部纪检委员开展本支部廉政动态分析，形成了中心纪委、支部纪检委员两级监督合力。主动运用监督执纪“第一种形态”，及时进行教育提醒，坚持把纪律和规矩挺在前面，切实做到用严管体现厚爱。

创造性开展 2 轮自查，组成由中心班子、纪委委员和支部纪检委员参加的 5 个专项自查工作组，通过实地调研、跟班作业等方式，对发现廉政风险点及关键敏感岗位，已全部完成整改。适时开展整改“回头看”，逐条逐项“对账查账”，切实提高干部职工廉政意识和拒腐防变能力。

【认证认可】 2021 年，动植食中心新增经中国合格评定国家认可委员会（CNAS）认可检测能力 90 项，全年新增检测能力及新开发检测项目共计 370 项。顺利通过了 CNAS 实验室复评审及迁址现场评审。来自 CNAS 各个领域的 15 位评审专家进行了为期 3 天的“远程+现场”评审，对照《检测和校准实验室能力认可准则》及其在生物、化学、动植物检疫等领域的应用说明，以及动植食中心体系文件、标准规范，通过现场试验、盲样考核、传阅文件、调阅档案、审核报告等方式对动植食中心体系运行及检测活动进行全要素审核，真正做到了地址迁移期间工作不断、秩序不乱，对提升法检支撑、业务保障、市场开拓能力，持续夯实把关、服务基础有重要意义。同时，积极开展濒危物种检测鉴定方法研究及能力开发，组织进行文献资料搜集，并进行检测鉴定联合研判，2021 年从进境货物中发现濒危物种 6 批次。

作为国家级资质认定检验检测机构，动植食中心参加了食品安全领域全部 7 项能力验证项目考核，11 个检验检测参数，涉及婴幼儿配方乳粉中叶酸的测定、鱼粉中总汞及甲基汞检测、粮食中呕吐毒素含量检测、蜂蜜中氯霉素和硝基咪唑类的测定等能力验证项目，均一次性通过。通过能力提升，减少分包项目，有效保障通关时效，助力优化口岸营商环境。

【冷链食品农产品检测防护】 2021 年，动植食中心结合 2021 年 11 月 12 日《科技司关于加强进口冷链食品农产品检测新冠病毒防护工作的通知》要求，进行实验室检测疫情防护 3 期培训，包括：《科技司关于加强进口冷链食品农产品检测新冠病毒防护工作的通知》要求、海关总署卫生检疫司《口岸新冠肺炎疫情防控工作人员个人防护工作手册（第二版）》、《天津海关分级分类安全防护工作方案（第四版）》、《天津海关内部疫情防控工作方案（第五版）》等内容，明确实验室防护等级标准。实验室负责人落实主体责任，全面排查科室冷链检测工作各环节，每周不定期抽查；落实科室日查机制，各科室安全防护监督员对相关岗位人员防护装备穿、脱、处置、消毒等加强每日监督检查，形成记录，发现问题及时纠正并向科室负责人反馈。

按照《科技司关于加强进口冷链食品农产品检测新冠病毒防护工作的通知》，制订《动植食中心冷链食品农产品新冠病毒检测防护方案》，设置冷链专用电梯，做到“专车专梯”，仅在涉及楼层停靠，避免其他非检测人员近距离接触，设置专门的人流、物流通道，避免交叉感染风险。对科技大楼现行冷链食品农产品检测业务流程进行全面梳理，本着“分类检测、分级防护”的原则，制订防护方案，将高风险样品从收样、制样、转运、检测、存样、废弃物处置等各个环节与其他普通商品相分离，明确分级防护及废弃物处置要求，坚决做好收样、检测相关防护工作。

▲2021 年 12 月，天津海关动植物与食品检测中心进行冷链食品农产品接样工作

加强相关实验室内部管理，严格落实科技司三级防护要求，规范冷链食品样品的进出及内部流转，完善冷链样品检测安全防护日查表，周查表，建立日查周查机制。实验区控制出入，施行门禁操作。成立安全防护检查小组，每周对相关科室安全防护情况进行抽查，形成记录，对发现问题及时通报处理，确保实验室防护要求落实到位。

【人才及内部管理】2021年，动植食中心坚持以“能者上、庸者下、劣者汰”为原则，加强人才梯队建设。2021年3月至6月，完成专业技术岗位竞聘工作；8月，组织开展内设机构管理岗位人员选任工作；研究制定内部管理制度7项，强化管理与考核。持续派员支援保健中心实验室核酸检测工作，组织为遭受家庭变故的一线人员募捐，参与捐款106人次。按照有关文件精神，组织开展专业技术岗位竞聘，为一线工作满12个月的专业技术人员争取岗位晋升。

▲2021年10月8日，天津海关动植物与食品检测中心召开形势分析例会

2021年，动植食中心从行政办公管理细节着手，加强资金使用审批，修订财务管理制度12项；完善试剂耗材管理，严格采购、出入库、核销管控。全年制修订并发布施行内部管理制度20项，动植食中心管理进一步明确化、规范化。研究制定《动植食中心检测样品管理办法》《盲样样品种类清单》《盲样检测作业指导书》，规范样品接收、存储、处置、退样环节管理，细化样品存储台账及处置明细。发布样品管理相关工作提示5次，进一步强化样品管理措施。持续加强内部流程管控，与相关隶属海关建立法检沟通联络机制。

【科研工作】2021年，动植食中心保持以科研带动事业发展势头。2021年，获批国家“十四五”重点研发专项1项，获批省部级科技项目5项，主持修订食品安全国家标准1项，主持制修订海关技术规范16项，核心期刊发表论文12篇。同时，加强与军事医学科学院、天津师范大学等科研机构、高校的横向课题研究合作。

2021年，以建设“一流海关”实验室为目标，着力将“科技兴关”落到实处。主持“口岸植物检疫风险智能阻控关键技术研究与应用”获得海关总署科技成果评定二级成果，主持“食品安全风险因子快速高效检测技术研究”获得天津市科技进步二等奖，参与2个项目获得海关总署科技成果评定三级成果。这4项获奖项目，提高了检测通量，缩短了检测周期，加快了通关速度，降低了检测成本，改善了营商环境，提升了我国口岸检验的国际地位，提高了我国的国际影响力，创建的技术体系实用性强、推广性好，积极服务国家“优进优出”战略，服务“三农”经济，为提升我国口岸把关能力、防范生态灾害、保障国门生物安全、保障食品安全、破解国外技术性贸易壁垒，促进口岸贸易健康发展提供有力的技术保障。

【安全生产】2021年，动植食中心以

党委扩大会、科室扩大会的形式组织开展危险化学品安全培训，学习《中华人民共和国消防法》《天津市消防管理条例》《天津海关消防安全管理制度》等消防安全法律法规、规章制度。形成长效安全监管体系，制发《动植食中心化学分室安全事故应急预案》，包含 7 项突发事件应急处预案。

组织模拟演练、消防安全应急演练 2 次，以演代训，提高干部职工的安全生产素质。开展消防安全设施、化学及生物安全自查、现场检查 6 次，联合天津港公安局进行现场危险化学品专项检查 16 次，摸清防火栓、灭火器等消防设施现有数量和状态，排查化学及生物安全风险、责任人等情况。利用一楼大厅电子屏、电子显示屏、微信群、动植食中心公众号等媒介，营造活动的氛围，加强消防及实验室安全常识、逃生自救技能、电器设备防火常识等方面的宣传。

【政府监督抽检】 2021 年，动植食中心服务地方政府，承担“急、难、重”抽检任务。承担天津市市场监管委国家级、市级抽检任务，以及河东区、河北区、东丽区、宁河区、西青区、滨海新区等区市场监管局常规抽检任务，为天津市食品市场质量安全提供精准、高效检测服务。承担节假日紧急食品安全专项抽检任务。端午节前夕，紧急开展河东区、滨海新区、中新生态城等区市场监管部门委托的食品安全专项抽检任务；端午假期，动植食中心 72 小时不停工，提前、超额完成任务；中秋节、国庆节前夕，开展双节期间食品抽查活动，抽查销售者 139 户次，完成对水产品、禽畜肉、果蔬、月饼等重点品类食用农产品抽检任务。与天津体育研究院达成战略合作协议，为奥运会、全运会运动员食品提供检测服务；与教育局对接，为中小学提供校内饮用水质检测服务。

【委托业务拓展】 2021 年，动植食中心以“我为群众办实事”为抓手，创新服务模式，扩大委托检测业务覆盖面。主动走访社区居委会，进行食品安全宣传和二次供水水质检测，获得社区居民好评。与海港保税区管委会、天津海关食品处及保税区海关联合举办“食品安全月”活动，邀请保税区内生产型、报关型、物流型等 21 家企业进行座谈，探讨“分送集报”业务模式，并对企业进行跟踪式服务，了解企业实际需求，推广动植食中心业务能力。

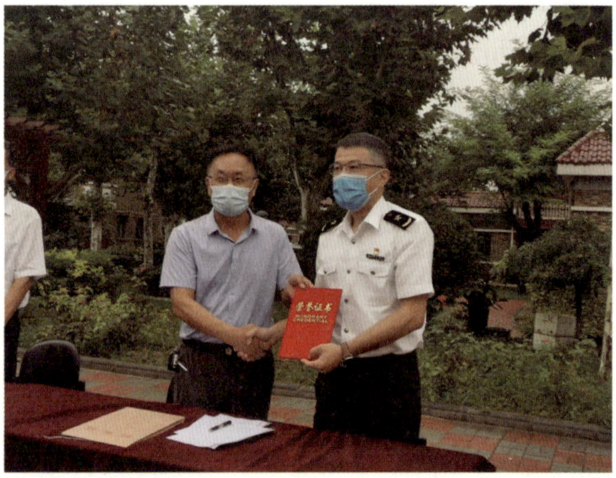

▲2021 年 9 月 26 日，天津海关动植物与食品检测中心主任曾宪伟带队参加了由国家市场监督管理总局牵头组织的合格食品抽检备份样品捐赠仪式

受邀参加由国家市场监督管理总局、天津市市场监管委、天津市民政局牵头组织的合格食品抽检备份样品捐赠仪式，将价值约为17,800元的验余样品捐赠给天津市养老院、天津市听力障碍康复中心、天津市儿童福利院、中国天津SOS儿童村、天津市社会福利院等5家社会公益单位，切实将党史学习教育成效体现在对老人、儿童生活、食品安全健康等问题的关心关爱上，也为第三方检测机构样品处置拓展了新途径。拓展食品安全质量控制、延伸技术服务、实验室知识培训“三位一体”一站式检测服务模式，创新将服务窗口前置，消除检测服务时间差、距离差，已累计为268家企事业单位提供咨询及检测服务。

与兄弟直属海关配合，打造区域检测联盟。立足“三北”地区，发挥动植食中心自身检测技术优势，打造区域检测联盟。2021年先后赴呼和浩特海关、赤峰海关、银川海关、大窑湾海关等进行走访交流，接收外包检测业务，提供技术服务，拓展了东北、西北等区域委托检测市场。

（撰稿人：张宇含　崔　颖）

天津海关化矿金属材料检测中心

【概况】天津海关化矿金属材料检测中心（以下简称“化矿金中心”）成立于2006年4月。化矿金中心承担天津海关归类化验、固体废物属性检验/鉴别、矿产品检测和工业原料的检验检测工作，同时承接向社会提供相关检测服务工作。下设8个内设机构，5个系统内国家级重点实验室，是原环境保护部、海关总署、原国家质检总局推荐的20家固体废物属性鉴别机构之一。拥有仪器设备1,062台套，同时具备检测和校准实验室能力认可资质（CNAS17025）和检验机构能力认可资质（CNAS17020），实验室检测能力涉及16大领域、3,214个项目参数。现有职工平均年龄43岁，70%为党员，其中具有正高级职称资格5名、高级职称资格39名、中级职称资格39名、初级职称资格6名。

2021年，化矿金中心搬入科技大楼后，全体干部职工精神面貌焕然一新，通过充分整合实验室检测资源，借助各个中心的技术优势，激发生产力，在检测效能上有大的提升。化矿金中心的整体办公、生活环境都有了质的提升，检测面积增加5,000平方米，改变了常用设备拥挤不堪的局面，也为化矿金中心检测能力提升提供更好的硬件支持，为后续开发矿产品委托业务奠定良好开端。同时，将以海关科技大楼建设为契机，加强3个中心的联合协作，利用信息化手段，合力打造智慧实验室管理平台。

【业务数据】2021年，化矿金中心共计受理样品11,411个，其中受理固体废物属性鉴别样品共1,354个。已完成固体废物属性鉴别1,333个，判定为固体废物样品152个，检出率约11.40%。受理归类化验样品859个，同比增加50.44%。受理品质检验样品7,886个，同比减少7.76%。化矿金中心接受委托报验38,710批，同比减少7.2%。经营性收入4,075.28万元（含增值税），同比增长16.22%。对天津口岸进口的原油、铁矿等重要大宗战略资源性商品中的有毒有害元素累计开展风险监测工作，共计完成监测1,439批。

按照“随扩项随评审”的指导思想，化矿金中心于2021年6月初顺利通过国家认证认可监督管理委员会（CNCA）和中国合格评定国家认可委员会（CNAS）组织的扩项评审。扩项涉及化工品、油品等3大领域，包括过磷酸钙中砷、镉、铅、铬等元素检测、纤维检测等共68个检测项目，进一步提升了在化工品、油品等领域的检测能力，法检自检率达到98%。

【党的建设】2021年，化矿金中心推进党史教育活动，推动“现场监管与外勤执法权力寻租”专项整治工作，以巡察整改“回头看”为抓手统筹开展“基层工作年”“我为群众办实事”、关心关爱、整治三类突出问题等专项活动。落实全面从严治党责任制，强化准军要求，开展准军训练，落实准军作风。“学习强国”学习平台化矿金中心全员平均分达到17,106。利用“钉钉”学习平台自主录课，开展“1+1”跨业务领域学习，做到一人多岗、一岗多能。推进“基层组织建设年”活动，采取“理论+实操”二维评估模式，以考促学提升党员干部“双能力”。用红色资源讲好党史故事，多次深入红色基地参观学习，组织观看爱国影片。创新党课形式，党委委员、支部书记、纪检委员、普通党员纷纷登上讲台。

▲2021年4月23日，化矿金中心人员到滨海新区图书馆开展主题党日活动

按照“政治标准选人、干部年轻化、干部专业化”3个标准，选任内设机构领导人员；通过“报、评、聘”3个环节开展专业技术岗位竞聘工作，实现人才能上能下，有效发挥职称评聘的正面导向作用。建立领导班子责任制，坚持工作条线管理为主的原则，领导班子成员联系所在内设机构，形成横纵交叉的管理网格。

【总体国家安全观】2021年，化矿金中心落实习近平总书记关于安全生产重要论述和重要指示批示精神，树立总体国家安全观，对典型事故案例及时通报，切实克服思想麻痹，避免心存侥幸，深刻吸取事故教训。明确生产安全是底线，主任是第一责任人，党委书记同责，各班子成员负责分工领域的安全。年初制订安全工作计划，层层压实责任，11月23日化矿金中心干部职工按照《化矿金中心灭火和应急疏散预案演练方案》安排，开展灭火和应急疏散演练，识别关键场所，关键节点。坚持督查检查制度，做到排查“零盲区”，隐患“零容忍”。牵头科技大楼进驻单位成立安全工作委员会，清单式排查科技大楼搬迁过程中的安全隐患，为科技大楼搬迁工作保驾护航。2021年，化矿金中心认真贯彻总署、天津市及天津海关有关疫情防控工作的最新要求，提高政治站位，加强内部管理，识别关键控制点。召开专题会议宣贯疫情防控政策，及时传达到各内设机构及物业食堂，严格贯彻执行天津关及天津市疫情防控具体要求，并动态调整；做好疫情防控应急演练工作，组织开展多次疫情防控应急演练，锻炼应急处置队伍，查找问题堵住漏洞；做好化矿金中心干部职工疫情防控日常管理工作；节假日前进行疫情防控安全教育；做好疫情防控物资储备工作；对制样间和送样大厅加大管理力度，责任到科室，责任到人，建立人员管理台账和疫情防控物资台账，疫苗做到应接尽接。加强与纪检部门联系，建立检查报告制度，积极配合天津关区监督检查，对于发现问题立查立改，确保疫情防控工作无遗漏。

【打击“洋垃圾”】2021 年，化矿金中心主任挂帅成立工作专班。面对“洋垃圾变形变异”的新问题、新情况，专注鉴别工作难点、堵点问题，完善工作程序，保障工作质量。修订发布《化矿金中心固体废物属性鉴别工作规范》，建立化矿金中心技术研判组集体研判机制，制订盲样工作方案，完善制度化、规范化、标准化操作程序。

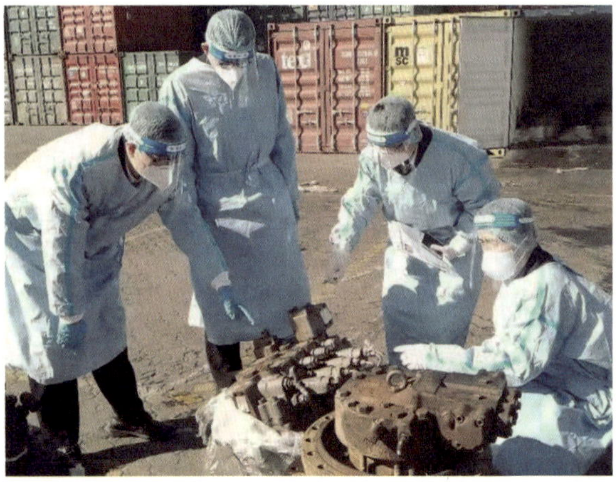

▲2021 年 11 月 12 日，化矿金中心人员对挖掘机配件进行现场检验

综合运用人员比对、设备比对、方法确认和盲样测试等质控手段，增加单一样品全流程再现的深入性检查，狠抓工作质量。实施流程再造和模式优化，采取两步立项、并联检验、多级研判“三步工作法”，着力解决鉴别周期长问题。实行7×24 小时无假日响应机制，做到样品随到随检，鉴别流程压缩至 6.3 个工作日，比 2020 年同期减少 9.8 个工作日，流程再压缩 3.5 个工作日。

坚决落实禁止“洋垃圾”入境政治要求，配合执法部门鉴别出皮毛边角料、煤焦油、石墨块、打包钢丝、铝块等固体废物样品。承担进口散装矿产品卸货前固体废物筛查任务，对矿产品固体废物排查装备报警样品以全过程无停顿方式开展快速鉴别共计 9 批次。加强再生金属原料的现场技术支持和培训，开展现场鉴别、现场技术支持 30 次，培训 4 次，覆盖执法一线关警员 90 人次，再生金属原料通关速度大幅提高，送检样品比率由年初的 65%下降到年底的 6%左右。

【风险监测】2021 年，化矿金中心编写《进出口资源性商品风险监测信息简讯》24 期；上报《进口大宗矿产品监管模式改革成效显著落实过程中需关注三方面风险》《贵金属表生铁矿的进口监管风险应引起关注》《再生金属原料的口岸查验环节存在三大风险》等风险分析报告9篇；对全国铁矿监测数据进行整理、汇总、分析，报送全国铁矿监测分析报告11篇；联合商检职能部门、关税职能部门在天津海关12360热线、海关归类一指通等公众号编发系列微信信息《再生金属的相关标准及归类监管要点你get了吗？（再生钢铁原料篇、再生铜原料篇、再生黄铜原料篇、再生铸造铝合金原料）》共4篇。

落实跨部门风险联合研判新机制，及时向“蓝天”情报小组报送鉴别业务数据。参加“蓝天2021线索排查会”，对有进口疑似固体废物案件线索的巴西铁矿、锌焙砂等货物进行快速排查和重点复盘，便于缉私办案提前介入，助力风险防控分局完善“影子商品库”。作为首批海关总署和天津海关两级“进出口商品质量安全风险监测点”，为风险预警监管体系建设提供数据支持。

【市场开拓】2021年，化矿金中心提高对委托市场开发的思想认识，完善激励机制，巩固原有市场，做好大客户的维护和服务，拓展新市场，培育新板块，对于产品相关和产业链上下游市场机会提前布局，重点攻关。委托业务继续实行规模化运营的“板块”体系和布局，对年营业额达到300万元以上的成立“板块”，继续聚集人员和技术资源，确保各原有“板块”业务稳定增收；持续、精准培养化矿金中心规模以上新板块，依托化矿金中心对新板块在人、财、物上的统筹保障，确保新板块茁壮成长。加大走访企业力度，修订业务能力宣传册，增加多渠道宣传举措，扩大品牌影响力。通过积极走访客户、调研天津口岸业务现状和检测需求，找准市场开发方向、补足检验检测技术短板，2021年在油品化工品、矿产品品质检验、化妆品等领域持续加大培养力度，收效显著，实现委托收入200余万元。

【样品管理】2021年，化矿金中心强化业务环节监督，深度推进盲样检测模式。针对涉检矿产品“一步制盲”工作机制中可能产生的“盲样不盲”的工作风险，建立了《化矿金中心进口涉检矿产品制化分离工作方案（试行）》，将“二步制盲”工作规范化、制度化、程序化。为落实天津关区《关于进一步规范送检管理的通知》要求，化矿金中心与隶属海关沟通建立全品质检测样品盲样送检机制，制定《品质检测/环保监测业务盲样送检操作指引》并发送至相关隶属海关，实现一般

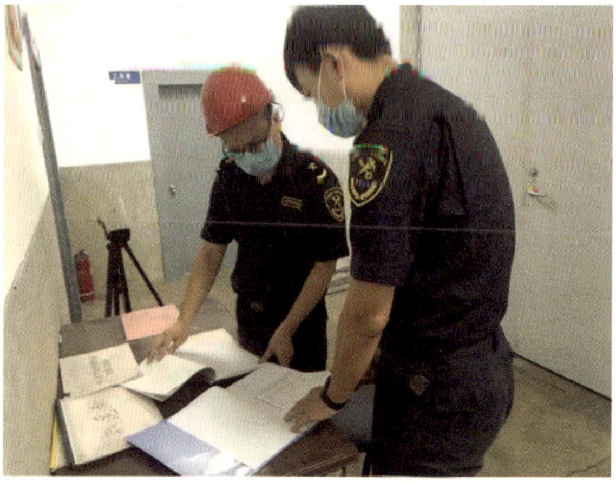

▲2021年10月21日，化矿金中心人员在矿产品制样间进行样品交接

工业原料产品的“全盲送检”。化矿金中心主动开启重点领域、敏感商品的内部盲样检测机制，将检测结果关注度较高、影响较大的固体废物鉴别、归类化验等业务领域所涉及商品纳入内部盲样检测工作机制。

2021年，根据天津海关事业单位发展的需要，化矿金中心主动作为，建设矿产品制样间并投入使用，补齐天津海关矿产品制样能力不足的短板，化矿金中心由此具备了制样、检测等矿产品检测全流程功能。制样间在管理上实现了“四化”——规范化、标准化、信息化、集约化，在功能上实现了“四优”——设备配置优、人员结构优、样品管理优、流程管控优。实现样品从现场码头到制样间再到实验室全部管道式封闭运行，保证了样品传递、实验室检测环节的“全封闭管理”。提升了检测能力，降低了廉政风险，提高了矿产品检测效率，提供了更好的执法技术支撑，打造了天津口岸良好的营商环境。

【科研创新】 2021年，化矿金中心获批《口岸进口再生原料固体废物属性初筛关键技术研究》《海关进口再生金属原料安全监管项目研究》等海关总署课题2项、天津海关课题8项。《进口金属矿产品及其主要固体废物矿相分析方法反射式光学显微镜法》《监管技术方法　口岸进口铁矿固体废物风险快速筛查规程》《锰矿化学分析方法　氟和氯含量的测定　离子色谱法》等SN标准9项，获《一种用于测定高含量结晶水矿石样品的前处理方法及装置》《3 mm以下金属薄板材拉伸实验用试样手动快速制取方法》等授权专利4项。化矿金中心承担《海关进口再生金属原料安全监管项目研究》的具体工作，完成《海关进口再生金属原料安全监管项目研究总研究报告》《进口再生金属原料安全监管内外部情况调研报告》《进口再生金属原料国门安全风险评估报告》。

（撰稿人：王素梅　王振坤　冯　爽
朱锦波　刘青山　孙　鑫
赵江勇　莫宇清　崔　昕
蒲　锋）

天津海关工业产品安全技术中心

【概况】 天津海关工业产品安全技术中心（以下简称“工业品中心”）成立于2006年，于2018年4月转隶至天津海关，是隶属于天津海关的独立事业法人单位，负责天津地区进出口工业产品的检测工作。下设8个内设机构，分别是：办公室、综合业务室、财务部、持久性有机污染物与毒理学实验室、危险化学品安全实验室、技术与装备评价实验室、区块链及信息化应用实验室和通用分析仪器实验室。截至2021年年底，共有职工113人，其中在编员工57人（博士12人、硕士23人，副高以上技术人员23人）、外聘人员56人。实验室面积1.7万平方米，仪器设备1,070余台套，价值1.8亿元，拥有海关总署检测重点实验室4个、区域中心实验室4个、天津市重点实验室1个。

2021年，工业品中心领导班子在天津海关党委组织领导下，坚持以习近平新时代中国特色社会主义思想为指导，深入学习党的十九大以及十九届历次全会精神，认真贯彻习近平总书记重要指示批示精神和党中央各项重大决策部署，积极推进党史学习教育，着力落实2021年全国海关、天津海关工作会议精神，按照“一流海关”建设要求，不断加快事业单位改革步伐，努力提升中心整体水平，推动中心各项工作落到实处。

秉持“马上就办、真抓实干”作风，该中心率先完成科技大楼搬迁，硬件条件有了大幅度提升；全员同心同德，心往一处想、劲往一处使，检测能力提升到271类商品（检测对象），2,346个检测项目，软件能力更加符合市场需要。在经济效益方面，2021年委托业务收入超出2020年的25.46%；在社会效益方面，工业品中心人员获得天津市科技进步二等奖，为海关系统争得了荣誉。

【政治建设】 2021年，工业品中心党委深入贯彻习近平总书记在党史学习教育动员大会上的重要讲话精神及习近平《论中国共产党历史》等书籍，结合中心工作实际交流学习体会和收获，提高政治站位；通过自学、集体学习、专题研讨交流、讲党课、参加专题培训等形式学党史悟思想。开展“学习百年党史、传承伟大精神”主题活动，参观红色教育基地，举办书法比赛、党史知识竞赛、红色观影活动，赓续红色血脉，激发办实事、开新局的内生动力。

为进一步实现党建与业务深度融合，着力破解“两张皮”问题，该中心按照三定情况，成立7个党支部，严格落实了“支部建在科上”的要求。持续推进“强基提质工程”，落实“基层组织建设年”活动，开展“双能力”评估工作，梳理支部工作法和品牌案例，做好“党建品牌建设”。组织党建工作培训、开展选人用人和党建自查、三类突出问题自查、网络抄袭自查和保密自查自评。通过开发快筛设备、服务监管一线、开展政策宣讲、发布工作指引及技术科普微信等多种形式，将“支部联系企业、党员服务群众”活动落到实处。

该中心努力加强对思想政治改进工作的领导，着力建立健全意识形态工作领导机制，年内制定了《加强和改进思想政治工作落实措施》《风险评估工作机制》《关心关注职工工作生活措施》等制度性文件。为加强党建与业务融合的效果，发布了《工业品中心“盲样”工作管理办法》《工业品中心“盲样”检测作业指导书》《工业品中心市场业务开发实施方案（试行）》《工业品中心委托业务服务开发专项奖励办法（试行）》等管理办法。工业品中心配合天津海关巡察组对中心各项工作进行巡察。根据巡察组提出的“选人用人和党建工作”中的缺点和不足，该中心按照整改期限认真完成整改要求，深刻反省，压实责任，立行立改。该中心结合实际工作情况，动员全体干部职工，聚焦重点关键敏感岗位，聚焦权力寻租易发环节，查找制度机制风险，深挖监督管理漏洞，深查违规违纪行为，强化检测流程监督，努力把权力寻租专项整治自查工作和整改工作做深做实。

【检测业务】2021年，工业品中心作为天津海关一支重要技术力量，一直为天津口岸进出口商品检验监管提供强有力的支持，在检得出、检得准和检得快3个方面持续发力。通过中心干部职工的协同努力，天津海关工业产品安全技术中心法检系统收样共6,033批次，同比下降2.27%；出具报告6,200批次，同比持平。其中，出具不合格报告626批次，同比增长122.76%；不合格率10.1%，同比增长122.96%。其中，危化品检测不合格批次为496，占全年不合格79.23%；涂料油漆检测不合格批次为84，占全年不合格13.42%；防疫物资检测不合格批次为24，占全年不合格3.83%，其他检测业务占全年不合格3.52%。同时，该中心克服疫情影响，采取企业走访调研、参加招投标、展会宣传、论坛授课等多种渠道开拓检测市场。2021年，该中心委托市场蓬勃发展，委托业务收入同比增长25.46%。

【实验室认证认可】2021年，工业品中心实验室认可扩项领域新增获得涂料认可资质共计 11 个检测对象，108 个检测参数。2021 年 8 月，该中心顺利获得天津市化妆品人体安全与功效评价领域检验检测机构资质认定（CMA）证书，填补了中心在省级化妆品人体安全与功效评价领域资质认定空白，成功取得了皮肤斑贴、人体试用、防晒化妆品防晒指数（SPF 值）、防晒化妆品防水性能、防晒化妆品长波紫外线防护指数（PFA 值）、祛斑美白功效 6 个检测项目的检测资质能力。技术中心在省级资质认定化妆品人体安全性检验及功效评价领域实现零的突破，可以向社会出具具有证明作用的化妆品人体安全性检验及功效评价数据和结果，成为提升天津市化妆品功效评价能力的新生力量。2021 年 8 月 27 日至 29 日，中国合格评定国家认可委员会（CNAS）委派评审组一行 16 人对天津海关工业产品安全技术中心进行了实验室认可、资质认定“二合一”复评+变更远程评审，评审推荐通过 271 个检测对象（东五道 224 个、迎水道 47 个），2, 346 项检测项目（东五道 2, 202 个、迎水道 144 个）以及 12 个判定标准（东五道）的能力认可。

【科研项目管理】2021 年，工业品中心各实验室共承担国家科技部在研科研项目子课题 3 项，参与承担公安部科研项目新立项 1 项、海关总署科研项目新立项 1 项、关级项目新立项 4 项、关级项目本年度结题 4 项。该中心科研人员主持新增海关技术规范制定项目 10 项，参与新增海关技术规范制定项目 1 项。课题范围涉及出口防疫物资防护类商品检验、进口新能源汽车风险监测技术、口岸现场移动巡视查验设备研发、口岸货物堆场固态和气态致灾因子研究、食品安全应急保障研究等与海关执法监管密切相关的技术支持方面研究。该中心注重对科研人才施行激励鼓励政策，充分发挥各实验室科研骨干作用，积极申报承办国家级、总署级、天津市级科研项目，加快科研成果转化，为推动“一流海关”的高质量建设贡献智慧与力量。对于科研工作有突出贡献的人员，该中心用足天津海关的各项奖励政策进行表彰，以发挥先进示范带动作用，2021 年度评选出中心先进科技集体 1 个、先进科技工作者 2 名。

【化妆品备案检测】2021 年，工业品中心在保障法检业务工作的基础上，积极响应天津海关“提升技术能力、增加业务创收”的号召，在委托业务上真抓实干、锐意进取。在保证原有核心业务稳步提升的基础上，密切关注化妆品行业的国家政策，紧跟市场动向，提前在化妆品功效测试领域开展工作，从零开始突出进行相关技术能力建设，短期内攻克多项技术难题，迅速开展资质能力扩项工作，并成功于 2021 年 4 月成为天津地区首家获得化妆品功效测试资质的机构。通过技术能力向实际业务转化，迅速开展该项技术服务，同时不断优化人员、调整流程、改善技术细节、沟通协调各相关部门，相应检测能力从每周1批次快速增加到每天3批次，成功实现该检测业务的稳定运行。2021年，新开拓的化妆品功效测试项目收入占本年度委托业务收入总额的26%，原有核心业务化妆品备案检测同比增长88%。新增业务化妆品功效测试的成功开展和顺利运行，使得委托业务收入额同2020年相比约翻一番，化妆品功效测试成为该中心2021年度增加委托业务创收的重要组成部分。

【口岸装备研发】2021年，工业品中心根据上级的要求，落实《海关总署关于新形势下进一步加强口岸监管持续深入打击洋垃圾走私工作的意见》文件中关于入境矿产品固体废物属性现场快速筛查业务的发展，以入境矿产品固体废物属性快速筛查为主题开展了矿产品固体废物属性快速筛查装备研制的专题研究。为保障研究的顺利进行，该中心在天津海关领导的指示下成立了由总检验师牵头，商品检验处、科技处、口岸监管处、工业品中心、一线关员和产品化企业共同组成的联合研发队伍，并由该中心提供200万元专项经费。工业品中心充分发挥技术成员在装备研发方面的优势，采取多技术集成融合创新方式，面对入境矿产品进口种类和数量巨大、固体废物属性现场鉴别难度高、送检实验室鉴别周期长等问题，多次组织技术人员赴北京理工大学、四川大学和中国科学院沈阳自动化研究所，就矿产品固体废物属性鉴别技术问题与专家进行沟通交流；带队技术专家赴矿石码头一线，就矿产品固体废物属性鉴别指标与一线关员进行交流。在走访调研大量鉴别技术后，该中心率先将世界先进的激光诱导击穿光谱（LIBS）与近红外光谱（NIR）技术引入矿产品固体废物属性鉴别工作中，采用多谱技术耦合工艺设计和多源数据融合识别算法，用2个月时间研制成功全国海关首套用于矿产品固体废物属性现场快速筛查的矿产品固体废物排查仪，解决了传统X-射线荧光光谱无法实现矿产品全元素扫描与微观结构分析的技术难题，实现入境矿产品固体废物属性的现场快速排查，将传统由实验室进行固体废物属性鉴别的周期从3天缩短至5分钟之内，在实现入境矿产品固体废物筛查100%全覆盖的同时，大幅提升入境矿产品的通关效率。

【危险化学品分类鉴定】2021年，工业品中心为满足新海关建设条件下快速通关、精准布控、精准查验的要求，应对现场危险化学品快速筛分需求，开展快速筛分技术服务。一方面在广泛收集隶属关现场快速需求基础上，研制开发快速筛分技术方法及装备；另一方面通过与现场一线查验人员建立“7+24”快速反应技术保障机制，实现“一线初筛、一线快筛、科学筛查、精准核验”，实现了对海量进出口化学品的高效、科学布控。2021年度通过现场快速筛查、在线技术服务模式，不仅保障了天津口岸的进出口通关效率，同时协助查获多批次涉及爆炸性、氧化性、毒性、腐蚀性等的涉危化学品，保障了危险化学品的安全。

现场快速筛分、技术保障满足了对于高度疑似涉危化学品的初步筛查，实验室检测分类则是危险化学品身份精准定位的“终极利器”。2021 年，实验室克服骨干人员变动、技术标准变更、流程再造调整及实验室搬迁的不利影响，通过新进人员培训、流程梳理优化、深挖内部潜力的方式，圆满地完成了全年危险化学品实验室检测分类保障任务，在完成全年度 9,000 余批次（法检+委托）检测、8 万余项目次检测量基础上，进一步完成了天津海关辖区共计 300 余家进出口企业、8,000 余种产品及原材料的涉及危险化学品相关数据筛选整理工作，提供了天津口岸较为全面的涉危险品进出口化学品产品及原材料数据，也为天津口岸危险化学品安全提供新的保障。

【风险评估】2021 年，工业品中心作为国家级进出口商品质量安全风险评估中心（天津）（简称“评估中心”）建设的依托单位，创新启用了将风险评估和风险消除措施评估分级深化处理的方式，分别出具风险评估报告和风险消除措施评估报告。经过一段时间的验证，该模式的分级处理和报告输出有利于结论更加清晰和明确，便于海关总署采纳和出具有针对性的措施。另外，分级出具的评估结论，特别是风险消除措施的评估报告结论可识别性更强，便于海关港口现场查验、风险消除监管等工作的顺利落实和监管。年内，共完成海关总署下发的风险评估任务 28 项，是 2020 年同期的 1.9 倍。其中，汽车类质量安全风险评估涉及商品货值约 39.341 亿元，品牌涵盖宝马、奔驰等。该中心在天津海关网站中开辟“评估中心”专栏，该栏目是全国海关系统内首个，也是唯一一个风险评估类专栏。2021 年，专栏共发布进口产品质量安全风险数据信息 1,267 项、科普文章 5 篇，完成七大类产品的国内外标准目录更新近千条。年内，协助海关总署完成“进出口商品质量安全风险管理系统”信息补录及系统维护工作，完成资源类、纺织原料、金属及其制品、车辆及其零件、杂项制品五大类 2,818 项商品风险子项及其 HS 编码维护工作。

▲2021 年 7 月 21 日，评估中心与国家机动车质量监督检验中心签订《关于汽车质量安全评估与风险验证合作框架协议》

【进口敏感商品检验】2021 年，工业品中心按照天津海关法定检验商品以外进出口商品抽查检验工作安排，承接关区家电、打印机、灯具、儿童玩具、头盔、滑板车等检测任务，其中涉及机电产品的电磁兼容、能效、水效等检测任务，以及头盔、节日灯串、LED照明光源等商品的安全性能检测。在2021年度跨境电商监督抽检任务中，先后承担完成天津关区儿童牙刷、水壶、玩具、一次性卫生用品、文具等跨境电商监督抽查30批。该中心在目录外监督抽查工作中，首次检出进口打印机电磁兼容不合格1批，首次目录外监督抽查检出头盔不合格1批，配合隶属海关完成不合格商品退运工作，并对检出的问题进行总结分析，上报形成2021年度进口典型不合格商品案例。

2021年，共完成进口涂料检测457批，涉及装饰装修用内墙涂料、汽车涂料、工业用涂料等。本年度检出不合格涂料72票，主要不合格项目集中在挥发性有机物（VOC）项目，不合格71批，此外涉及重金属项目不合格6批，不符合我国强制性国家标准要求。其中检出某企业进口沥青涂料产品的挥发性有机物含量为794.4 g/L，超过国家标准限量值44.4%，不符合国家强制标准GB 30981—2020工业防护涂料中有害物质限量的要求，为保护消费者权益，配合隶属海关对上述进口涂料实施退运处理。因涂料类商品检测涉及的标准多，判定依据需要根据商品用途进行分类判定，为优化隶属海关涂料Elab系统立项，实验室在商品检验处指导下，开发涂料立项检测小程序，编制《进口涂料备案热点问题》实用贴等微信宣传材料，开展涂料检测科普宣传，便利隶属海关开展法检涂料立项，有效提升了进口涂料法检立项效率。

2021年，承担检测儿童牙刷、奶瓶奶嘴、儿童玩具及学生用品法检152批，检出不合格32批，主要涉及儿童牙刷、玩具等商品，主要不合格项目集中在牙刷磨毛、饰件、玩具小零件、包装塑料袋等不符合我国强制性国家标准要求。先后检出天津新港海关送检的儿童牙刷磨毛项目不符合国家强制标准要求，该类型不合格容易对婴幼儿牙龈表面及口腔软组织造成损伤；检出婴幼儿牙刷含有可拆卸的小零件且无中文警告说明，小零件不合格牙刷在儿童使用过程中存在因误吞引发窒息的风险。该中心充分发挥进出口商品质量安全风险评估中心（天津）的作用，强化进口儿童用品质量安全风险评估，并根据评估结果及时发布风险预警或提出风险布控建议，为口岸儿童用品安全提供强有力的技术支持。

（撰稿人：于艳军　王晨光　李方方
李宁涛　李学洋　李　晶
李　斌　何红建　张丛卉
张　彬　柳　明　曹丽静
韩　伟　靳　宏　熊中强）

天津国际旅行卫生保健中心

【概况】天津国际旅行卫生保健中心（以下简称“保健中心”）是1999年经中编办批复成立的事业单位，隶属于天津海关，履行出入境人员健康咨询、健康检查、预防接种、传染病监测及口岸病媒生物防控等职责。同时，还是一个集旅行卫生保健、健康体检评估、免疫预防接种、国际旅行健康咨询、国际医疗救助于一体，并拥有领先的医疗诊察手段、先进的检测设备和雄厚技术实力基础的综合性医疗保健机构。

保健中心是世界卫生组织国际旅行卫生合作中心分中心、中国国际旅行卫生保健协会（CITHA）会员单位、国际旅行者医疗与救助协会（IAMAT）会员单位、挪威船级社定点体检机构、海事局指定的“海船船员健康证书”办理机构、美国皇家加勒比邮轮有限公司定点体检机构。保健中心通过ISO9001质量管理体系认证及ISO/IEC17025认可。中心现有11个科室，其中行政类科室3个、业务类科室8个；有3个实验室，分别为临床检验实验室、卫生检疫实验室、病媒生物实验室。保健中心现有职工123人，其中具有医学背景60人，在编人员平均年龄40岁。在编人员中高级职称10人、中级职称17人、初级职称16人。

【业务管理】2021年，保健中心法检业务管理包括：中国籍公民的出入境体检、港澳地区同胞及外籍人员体检、涉外婚检、船员体检、健康咨询、口岸传染病排查等工作，在空港、海港口岸为卫生检疫执法提供技术支持；开展传染病监测、排查、卫生监督、媒介生物防控等技术支持工作；为出境人员和普通市民提供疫苗接种服务，可接种9种疫苗（黄热病疫苗、口服霍乱疫苗、甲肝疫苗、乙肝疫苗、流脑疫苗、流感疫苗、麻腮风疫苗、伤寒疫苗、HPV疫苗），其中黄热病疫苗为法检类，其他均为委托业务。2021年，接种疫苗13,495剂次，转签2,560人。

委托市场业务包括：可开展内科、外科、妇科、五官科、口腔科、眼科、B超、心电图、影像科室等检查。新冠肺炎疫情期间受限流影响，2021年各类体检数量共计28,165人次，在对体检人员进行疫情排查中发现5例未严格执行隔离管控人员，均进行妥善处理。

自2021年5月1日开始，保健中心开展社会化新冠病毒核酸检测业务，2021年10月进入高速发展期。截至2021年12月底，共与2家航空企业、9家船舶代理公司、25家进出口生产单位签订长期服务协议。目前在天津机场、天津火车站、保健中心本部设有固定采样点，在东疆、武清、空港经济区、开发区等地承揽人员、环境和货品采样检测业务。

▲2021年12月20日，保健中心在天津滨海国际机场、火车站、浦口道、中心本部等区域设置便民核酸检测点，启用核酸检测微信小程序，积极为外地来津返津人员提供便民核酸检测服务

2021年，各类体检数量共计25,070人次。检出艾滋病病毒感染者4例、梅毒抗体阳性43例、现症梅毒8例、病毒性肝炎27例、乙肝病毒表面抗原阳性5例，发现8例行程异常或未严格执行隔离管控人员并进行妥善处理。签发“国际旅行健康检查证明书”11,537份，签发“境外人员体格检查记录验证证明”4,470份，签发海事局版“海船船员健康证书”7,852份。

2021年，接种疫苗共13,492人次，其中黄热病疫苗3,035人次、霍乱疫苗6,255人次、麻腮风疫苗805人次、戊肝疫苗84人次、乙肝疫苗27人次、水痘疫苗360人次、四价流脑疫苗943人次、四价流感疫苗80人次、四价HPV 954人次、九价HPV 949人次；疫苗接种记录翻译转录业务2,559份。

2021年，卫生检疫共检测包括入境航班人员、入境船员、入境冷链货品和委托样品共731,616份。完成病媒生物鉴定124批次，共计1,378只病媒生物样本。

2021年，《口岸卫生控制》期刊共发文72篇，收稿180余篇，期刊第一、二期为《国门生物安全专刊》，作为研究刊物参与国门生物安全宣讲会。

【新冠病毒核酸检测】2021年，保健中心负责天津口岸出入境人员传染病检测技术支撑工作，内设分子生物学实验室、微生物学实验室、结核病初筛实验室。现拥有两个生物安全Ⅱ级实验室和一个移动P2+实验室，10台实时荧光定量PCR分析仪，一条华大全自动检测线，可满足6,000管/24小时新冠病毒样本检测量的需求。目前已组织6批人员参与天津市卫健委组织的临床基因扩增检验技术考核，42人具备天津市卫健委颁发的PCR资质证书。2021年，共检测包括入境航班人员、入境船员、入境冷链货品和委托样品共731,616份。

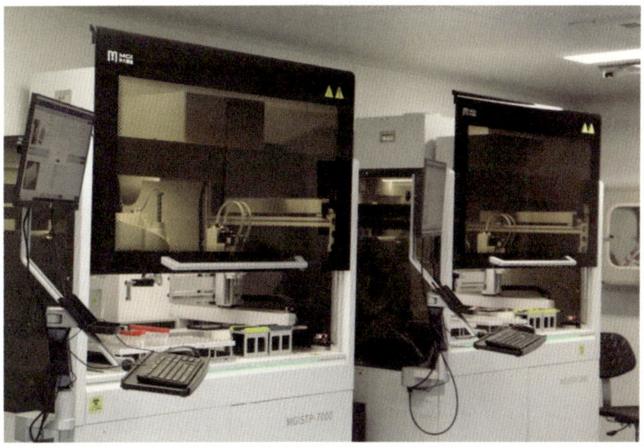

▲2021 年 6 月 10 日，保健中心启用核酸检测高通量自动化核酸检测系统

2021 年 12 月 2 日，保健中心检出天津口岸首例高非冷货品阳性；12 月 9 日检出入境航班人员新冠病毒阳性，后经中国疾控测序为奥密克戎（B1. 1. 529 进化分支），为中国内地首例。保健中心积极响应海关总署号召，安排实验员和方舱实验室支援北京冬奥会冬残奥会，负责运动员和后勤人员入境检疫工作，2021 年 10 月至 12 月期间进行了多次场地布置和全工作流程演练，且顺利完成了方舱实验室北京

▲2021 年 3 月 16 日，天津海关移动 P2+ 实验室完成验收并启用。该实验室的投入使用进一步提升了天津口岸突发公共卫生事件快速处置和常态化疫情防控响应速度

卫健委新冠病毒检测生物安全备案和基因扩增及检测资质备案。

▲2021 年 10 月 15 日，保健中心实验人员在方舱实验室进行流程演练

【健康体检】2021 年，保健中心对体检项目进行信息化管理。其中口岸传染病电子监管系统以保健中心的业务信息化为目标，实现了体检业务流程中登记、收费、体检、总检、出具证书报告等各个工作岗位的网络化，大大提高了工作效率，使体检档案的管理更加准确、即时、完整，明显提高体检业务的竞争力。

针对疫情严格、精准防控，保健中心严格执行属地卫生健康行政部门管理规定，每天更新《疫情防控政策明细》，做好预检分诊、入院登记工作，设置临时隔离点，大厅设置 1 米线标识、顾客间隔就座、“一医一患一诊室”，对行程异常顾客进行留观、报告、转运、回访等闭环管理，迄今发现 20 例行程异常顾客，并与地方防控指挥部、街道社区联合妥善处置。多次配合完成海运学院和理工大学新招学生的船员健康检查工作，在保障疫情防控情况下，两天时间完成海运学院近 800 人的体检工作，保障校方和学生及时顺利办理入学手续。

【预防接种】2021 年，保健中心对前往或途经黄热病疫区或流行区的国家/地区，以及来自黄热病疫区，而无有效的黄热病预防接种证书的人员，依法实施黄热病疫苗接种、签发“疫苗接种或预防措施国际证书”或出具禁忌证明。对前往其他国家或地区的旅行者，根据入境国家的要求、实时的疫情情况及旅行者的个人需要，为旅行者提出旅行卫生保健建议、推荐疫苗或其他预防措施，提供霍乱疫苗、流脑疫苗、麻腮风疫苗、戊肝、水痘等疫苗的接种服务。根据旅行目的地传染病流行情况，结合传染病防治特点，有针对性提供抗疟药、驱蚊霜等防护用品，以及提供保健咨询等服务。根据海关总署的疫情公告开展疫病疫情相关知识的宣教活动。为留学人员、商务人员、交通员工提供新冠病毒疫苗、计划免疫的疫苗接种记录的翻译转录服务。

【临床检验】2021 年，保健中心承担出入境健康体检人员血、尿、便等样本采集及检测的职责。依据职责分工，部室下设样本采集岗、临床生化岗和临床免疫岗。负责相关工作的临床检验部通过了中国合格评定国家认可委员会“ISO17025 检测和校准实验室”认可评审，本着精准检测、持续提高的原则规范管理，每年参加卫计委临检中心组织的室间质评活动。该部室配备先进仪器设备，共计 54 台套，1,600 余万元，拥有一支实力强劲的检验医学团队，高级职称人占 30%，为部室持续发展提供了有力支撑。随着体检业务的开展，逐年新增检测项目，目前主要开展和项目涵盖了艾滋病检测、梅毒检测、全血细胞计数、尿常规分析、尿毒品检测、肝肾功能、血糖血脂、肿瘤标志物及各种肝炎传染病等共计 100 余项检测项目。

【口岸媒介生物鉴定】2021 年，保健中心承担对天津口岸病媒生物种属鉴定、标本制作、病原体检测及样本处理等工作，能够开展鼠、蚊、蝇、蜚蠊四类共计 16 项种属鉴定项目。对天津口岸出入境交通工具、旅客、集装箱、货物等携带的病媒生物和本地调查样本进行分类鉴定并出具报告，为严防外来有害生物入境、控制口岸病媒生物传播疫病及“筑牢口岸检疫防线”提供技术支持。保健中心多次发现天津口岸首次截获的病媒生物，如西欧小家鼠、环跗脉毛蚊、五斑按蚊种团、粗野粉蝇、宽丽蝇、圆斑莠蝇、斑蠊、长须皮蠊、京都稀蠊、长尾攀鼠、小家鼠华南亚种等，截获鼠类草甸田鼠和北美负鼠均为全国首次截获。并从捕获的输入性病媒生物中检出汉坦病毒、钩端螺旋体等重要病原体，有效防止了病媒生物及其携带的传染病传入我国。

【《口岸卫生控制》杂志】由保健中心主办的《口岸卫生控制》遵循以“预防为主”的方针，针对国境口岸地区及相关延伸后续管理方面卫生工作的性质和特点，紧密围绕公共卫生、食品安全、医学检验等重点领域的中心工作，同时面向食品生产企业及监管部门、医院检验部门、卫生防疫部门和有关大专院校，积极组织相关医学理论研究和学术探讨，使预防医学等相关理论的研究在实践中得以不断发展和提高，以便更好地指导、促进口岸卫生工作的发展。

据2020年3月15日中国知网显示，《口岸卫生控制》累计共出版文献3,253篇、总下载180,529次、总被引4,599次，2021年复合影响因子为0.201。

【荣誉成绩】2021年，保健中心保持“不破楼兰终不还”的拼劲全力坚守在新冠肺炎疫情防控的战线上；以“艰险拿来足踩平”的闯劲投身社会化服务、参与激烈的市场竞争。中心领导班子靠前指挥、将卒同体；全体干部职工全力以赴、硬核担当，不负天津海关党委的重托完成了新冠肺炎疫情防控任务，同时社会化服务上也有明显成效。保健中心口岸传染病防控工作组荣获“关区级”事业单位工作人员集体记功；出入境人员医学服务工作组、保健中心口岸传染病监测组荣获“关区级”事业单位工作人员集体嘉奖；保健中心卫生检疫实验室获“关区级”先进科技集体。天津海关应对“歌诗达·赛琳娜号”邮轮突发公共卫生事件应急处置工作组荣获省部级新冠肺炎疫情防控工作中表现突出的集体——二等功；天津国际旅行卫生保健中心（天津海关口岸门诊部）荣获天津市先进基层党组织。

（撰稿人：王万骞　王　馨　左　锋　李浩辰　封官正　赵丹云）

中国电子口岸数据中心天津分中心

【概况】中国电子口岸数据中心天津分中心（以下简称“天津数据分中心”），于2003年4月经中编办批准成立，是天津海关直属具有独立法人资格事业单位，也是中国电子口岸数据中心的分支机构。天津分中心主要职责包括：承接天津地区电子口岸系统运行、维护管理工作；协助做好中国（天津）国际贸易单一窗口标准版推广运维工作、参与天津市地方电子口岸应用项目建设；做好天津海关信息系统项目开发、运行维护；按照天津海关党委要求全面管理关属企业易泰科技发展中心。

2021年，天津数据分中心强化内部管理和基础建设，提升服务保障能力，以国际贸易“单一窗口”应用功能拓展和技术保障为切入点，为天津地区40,000余家企业提供系统的咨询和技术支持服务工作；发挥科技引领作用，参与“互联网+海关”建设，累计完成148个信息化项目的开发建设和运维保障工作。

2021年，天津数据分中心完善各项规章制度和协调配合工作机制，建立以绩效考核为核心的奖励激励机制，首次完成事业单位专业技术岗选聘工作。履行全面从严治党主体责任，开展党史学习教育、“我为群众办实事”实践活动，共获得企业感谢锦旗6面、感谢信3封。天津数据分中心党支部被评为天津海关先进党支部。

▲2021年12月20日，菜鸟网络科技有限公司向天津数据分中心赠送感谢牌

【事业改革】2021年，天津数据分中心围绕“业务科技一体化”目标推进事业单位改革，形成软硬件系统一体化建设的全新发展模式。深耕 java 路线，引入 Docker（应用容器引擎）、持续集成等前沿开发技术，拓展手机移动应用端开发领域，打造高水平的软件开发技术团队。建立工程项目建设管理体系和团队，将经营范围扩大到信息系统集成、计算机软硬件及辅助设备批发与零售、互联网设备销售等领域。发挥自身行业竞争优势的同时，与华为、海康等龙头企业建立合作伙伴关系，形成优势互补。建设完成智慧实验室项目。与天津海关工业品中心合作完成“5G+”远程辐射探测安全定位识别系统。配合天津海关保健中心完成新冠检测移动应用项目开发建设工作。截至 2021 年年底，天津数据分中心及所属企业共计签署各类信息化服务协议 139 个，营业收入同比增长 59.85%，年度净利润同比增长超过 200%。

【“单一窗口”运维保障】2021 年，天津数据分中心按照国家口岸管理办公室统一部署，配合天津市商务局做好天津地区“单一窗口”功能推广、培训宣传及客户服务等相关技术保障工作，持续巩固主要功能应用率、覆盖率均保持在 100%。

与天津市商务局 95198 客服热线建立长效联系机制，协助做好天津地区“单一窗口”客服运维保障工作。全年受理企业咨询 22,302 人次，处理解决各类问题 22,495 个，配合进行“单一窗口”系统更新维护 57 次；配合推进依托“单一窗口”推广海关查验信息推送工作，在前期完成试点工作基础上，完成 6 家查验堆场及码头企业推广工作，同时覆盖集装箱类和散杂货码头，累计完成 12 家天津口岸企业推广；持续跟进“单一窗口”中新（加坡）合作试点项目建设，配合天津市商务局做好天津地区试点工作。梳理较大贸易额企业名单，举办企业推介会，宣传推广项目功能。开展本地特色应用项目研究等。依托“单一窗口”金融服务功能，推广小微企业风险保障平台政策，协助指导 650 余家符合条件企业通过“单一窗口”免费领取出口风险保障，总保额达 7 亿多美元。配合天津市商务局推广“单一窗口”全国口岸收费及服务信息发布系统、进出口环节监管证件通过“单一窗口”一口受理等相关功能应用，协助做好相关技术保障支持。

【电子口岸涉企服务】2021 年，天津数据分中心多措并举持续提升“单一窗口”身份认证服务，积极推进制卡服务改革，不断优化业务流程，简化办理手续，充分发挥“单一窗口”技术支撑作用。推进“关银一 KEY 通”项目实施，对接中国建设银行天津市分行开展合作，扩大开设合作制卡代理点，方便企业就近办理电子口岸制卡业务。在 2020 年第一批开设 2

家建行制卡代理点基础上，完成第二、三批共19家代理点开设工作，累计已达21家，完成天津区域全覆盖。同时结合不见面线上申请、无纸化自主操作、近距离快速领取等一系列便企举措，方便企业申领“单一窗口”身份认证安全产品，保障企业通过“单一窗口”开展申报业务，进一步提升办事效率，节省时间成本，实现“就近办、多点办、一站办”。年内办理新增电子口岸入网企业3,055家，免费制发新企业电子口岸卡6,080张，已入网企业新增补办电子口岸卡1,860张。

【信息化项目建设】2021年，天津数据分中心以规划为核心，促进科技信息化项目建设发展。将数字化运用于管理，服务海关部门重大决策，为科技赋能。天津数据分中心共计完成海关总署、天津海关的关署级开发和运维项目24个，承接天津海关各个隶属关、职能部门及有关企业项目16个，承接外部企业、政府机关项目7个，自研产品类4个。软件开发项目同比增长85.46%。年内承接天津海关集疏运3.0等紧急重点开发项目。协助完成天津邮局海关推进邮递渠道智慧监管信息化模式改革，提升邮件整体物流监控科技化水平；完成天津新港海关监控室改造项目，一体化解决了监管展示、会议保障、办公应用、音视频连线等问题，属全国海关先进水平；完成太平洋码头智慧监管内外贸同船运输业务改革项目，实现对码头内的所有监管对象的全过程监管；完成天津海关人事直通车项目，实现人事日常和专项考核工作全面信息化；开发了“船边直提”“抵港直装”数据统计模块，实现有关数据的随时调取、随时查阅。

信息化项目软件测试运维部门对负责日常运维的共计97个关署级项目进行了稳定高效运维保障。其中，在线运行项目共计41个（署级系统30个、关级系统11个）。完成天津跨境贸易B2B出口服务平台、12360海关热线电话现场咨询等开发类项目的测试、部署、管理等工作。处理各类系统故障共79次，系统安全漏洞排查5次，互联网应用安全排查3次。重大节日各应用系统巡检及日常系统巡检共完成130次。对公司自研产品类，天津海关立项类，天津海关各个隶属海关、职能部门及有关企业网站类共计49个项目进行了测试、部署、文档整理、验收等管理类工作，共计投入7,886小时。

在2021年信息化项目网络安全保障工作中，天津数据分中心成立网络安全专班，精心制订网络安全保障方案，实时响应海关总署的应急信息，实行保障期间的24小时值班制度。通过自主开发服务器和应用系统的监控模块，对重点项目

HB2012、数据交换平台、政务信息网等进行自动监控、报警、处置，先后完成2021年度全国海关网络攻防演习，天津市的网络攻防实战演习活动，跨境电商“6·18”“双十一”等重要电商结点保障任务和建党百年的网络安全保障工作。

（撰稿人：吕哲楠　李彤彤　张　弛　张　程）

第八篇

人物荣誉

天津海关首次荣获“光荣在党 50 年”纪念章名录

李继筠　付增慧　付海林　张格诚
赵玉卿　曲俊龄　王逸樵　张华明
王善义　季长文　张鹤奎　王德成
董景仙　赵国智　郭化龙　王尚武
孟繁傑　胡翰池　曹锦华　顾殿银
王士栋　贾昱健　李文兰　陈宝光
张炳臣　张继存　谷振兴　葛庆余
牛万顺　刘承刚　王文正　胡堂秀
史景山　路忠玉　贾　富　高金贵
邢雅芬　赵金堡　韩玉林　赵桂芬
卢月英　张春起　刘福珍　李德when

曹寿江　王宝来　张洪顺　颜廷义
王福忠　张慎举　李耀奎　夏春祥
吴士浩　游平元　李胜利　刘存珠
邢宝亮　王金荣　单卫国　陈永恒
陈连才　王敬德　李书印　靳　素
刘占军　杨德安　刘宝玉　张曰祯
王文璐　李　伟　孟繁森　杨国环
徐天海　田宝凤　张　启　李韧华
朱志秀　陈占成　边瑞林　胡玉舫
刘家有　刘德宝　杨桂兰　孙宝华
田贞智　陈东建　周宝珠　李　顺
单安民　孙传贤　乔占奎　马长生

2021年度天津海关荣获国家级荣誉称号名录

王娜宁　天津滨海机场海关　全国五一劳动奖章

周明陶　天津新港海关　全国脱贫攻坚先进个人

2021 年度天津海关荣获省部级荣誉称号名录

谢圣礼　天津海关人事处　天津市优秀基层党务工作者

张　炜　天津滨海机场海关　中国青年志愿者优秀个人

2021年度天津海关优秀共产党员、优秀党务工作者、先进党支部名录

一、优秀共产党员（50名）

陶禹光　办公室督查科科长

崔勇军　法规处法制科科长、一级主任科员

马　健　动植处动植物检疫二科二级主管

孙庆宇　食品处食品安全一科二级主任科员

庞璐珉　商品检验处商品检验二科二级主任科员

胡国栋　口岸监管处监管二科副科长、二级主任科员

高展辰　行邮监管处监管二科二级主任科员

李国栋　科技处科技装备科二级主管

卢　瀚　教育处综合科二级主任科员

韩　宁　机关党委组织科三级主任科员

杨　冰　新港海关人事政工处组织科科长

吕同周　新港海关综合业务二处运行监控科科长

刘鹏宇　新港海关办公室文秘科副科长、二级主办

王笑男　新港海关综合业务三处舱单管理科副科长、二级主办

杨　欢　新港海关查验三处出口查验四科副科长、二级主办

杨海宁　新港海关查验一处进口查验六科科长、一级主办

王明勇　新港海关财务装备处保障管理一科科长、一级主办

殷子明　机场海关人事政工科二级主办

胡　昊　机场海关查验三科副科长、二级主办

舒　明　机场海关旅检四科科长、一级主办

刘　鹏　大港海关查验科四级高级主办

刘　杨　临港海关办公室四级主办

张起东　邮局海关综合业务科一级行政执法员

王志宾　南疆海关查验三科科长、一级主办

沈小海　塘沽海关查检二科副科长、二级主办

杜　宇　塘沽海关出口加工区监管科二级主办

张俊杰　蓟州海关宝坻综合业务科二级主办

王鹤磊　武清海关查检一科二级主办

霍　鹏　武清海关查验一科三级主办

李沐霖　静海海关办公室四级主办

尹景瑞　北辰海关综合业务科科长

郁　菲　宁河海关综合业务科科长、一级主办

黄　亮　西青海关综合业务科二级主办

马　晔　东丽海关专项稽查三科二级主办

刘硕琦　南开海关查检科副科长、二级主办

刘彩艳　河西海关审批督察一科科长、一级主办

刘洪涛　保税区海关空港稽核科四级高级主办

杨天锁　保税区海关统计科四级高级主办

王　鑫　保税区海关海港查检五科二级主办

田国东　东疆海关物流监控二科副科长、二级主办

郑春夏　东疆海关查验三科四级主办

曲峰林　东疆海关旅检二科四级主办

苑静宇　北塘海关审像二科二级主办

苏永强　风险防控分局指令细化科三级主管

张子波　后勤管理中心副主任（六级职员）

高法国　天宝中心副总经理

葛宝坤　动植食中心食品二室主任医师

刘青山　化矿金中心财务部主任（七级职员）

李学洋　工业品中心综合业务室主任（七级职员）

潘　娟　保健中心卫生检疫实验室副主任（八级职员）

二、优秀党务工作者（50名）

冯　洁　综合处综合科副科长、二级主任科员

周燕军　统计处统计分析科科长、一级主任科员

金强星　企管处综合科三级主任科员

胡　静　督审处综合科科长、一级主任科员

赵春艳　新港海关人事政工处组织科二级主办

陈　麓　新港海关查验二处监管核放科副科长、二级主办

田冬梅　新港海关综合业务一处关税征管科副科长、二级主办

刘　旭　新港海关运行监控科副科长、二级主办

陈建良　新港海关查验一处进口查验

五科四级主办
赵安琪　新港海关查验二处监管核放科四级主办
迟惠卿　新港海关物流监控处物流管理一科三级主办
韩　旭　新港海关综合业务二处进口七科三级主办
王　云　机场海关办公室三级主办
靳俊云　机场海关综合业务二科二级主办
张国臣　机场海关值机科二级主办
张慧颖　机场海关卫生监督科副科长、二级主办
李冲锋　大港海关办公室主任、一级主办
杨　慧　临港海关人事政工科二级主办
尹　舸　邮局海关办公室二级主办
韩玉隆　邮局海关人事政工科二级主办
李征征　南疆海关办公室副主任、三级主办
刘　震　南疆海关查验二科科长、一级主办
吕　宁　塘沽海关法规科副科长、二级主办
冯志敏　塘沽海关财务装备科副科长、二级主办
刘　磊　塘沽海关人事政工科副科长、二级主办
张　程　蓟州海关办公室三级主办
韩延林　武清海关稽核科副科长、二级主办
刘树新　静海海关稽核科科长、一级主办
王新峰　北辰海关办公室二级主办
王志宇　宁河海关办公室副主任、二级主办
刘晓晶　西青海关人事政工科二级主办
杨昭亮　东丽海关人事政工科二级主办
李欣毅　南开海关加工贸易保税监管科科长
张永胜　河西海关办公室二级主办
金东润　保税区海关海港查检三科三级主办
刘骁原　保税区海关海港保税区综合业务科三级主办
王　冉　保税区海关综合保税区业务科三级主办
刘润达　保税区海关人事政工科一级行政执法员
鞠海东　东疆海关保税监管科科长、一级主办
付立东　东疆海关人事政工科四级主办
韩　璐　东疆海关办公室三级主办
熊飞雪　东疆海关新型贸易监管科四级主办
赵春阳　北塘海关人事政工科三级主办

张丽丽 风险防控分局人事政工科二级主管

李 战 后勤管理中心安全保卫部部长（七级职员）

徐 佳 后勤管理中心人力资源部七级职员

王万骞 动植食中心办公室干部

莫宇清 化矿金中心办公室副主任（八级职员）

李方方 工业品中心办公室干部

史潇潇 保健中心人力资源部副主任（八级职员）

三、先进党支部（20 个）

卫生处党支部

人事处党支部

监察室党支部

新港海关查验一处进口查验四科党支部

新港海关综合业务一处法规一科党支部

机场海关快件三科党支部

大港海关综合业务科党支部

邮局海关综合业务科查验科联合党支部

南疆海关查验三科党支部

塘沽海关财务装备科党支部

武清海关加工贸易保税监管科党支部

静海海关综合业务科党支部

西青海关核销一科党支部

东丽海关查检二科党支部

南开海关人事政工科党支部

保税区海关海港查检四科党支部

东疆海关查验一科党支部

北塘海关查验一科党支部

卫技公司党支部

数据分中心党支部

2021 年度荣获全国海关“百名优秀执法一线科长”名录

周宏亮　王世魁　舒　明　张　旭

任叔为　程学琴

2021年度荣获三等功以上荣誉称号名录

一、在近期工作中表现突出的集体和个人（第一批）

（一）个人三等功

王志宾　邵远航

（二）个人记功

李宁涛

（三）集体三等功

1. 天津海关“陶梓欣诉讼案”应诉工作小组（9人）

孔维刚　魏振晓　史雅军　宋　伟
李晓莉　刘海亮　李佳强　刘　丽
解　颖

2. 天津海关冷链“疏港”工作专班（33人）

王润生　张　滨　胡晓红　张洪卫
窦珊珊　郑　石　迟文鹤　郑荣华
孙庆宇　赵媛媛　高先楚　孙洪涛
牛金刚　张鹏飞　杜青岩　宋小林
蔡雪海　张建军　霍　辰　郭金波
张　智　孙　琳　杨　震　杨　明
田文军　卢　冬　庞博升　刘　坤
孙　健　毛　勇　顾维娇　周宏亮
高子岳

3. 全面强化非法进境固体废物退运工作组（30人）

陈津燚　朱晓珺　刘　璐　范海胜
冷连松　蒋赛赛　刘宏睿　李　凯
朱　娜　蔡　林　温浚湄　曹　玮
袁　斌　毛　勇　王贺田　崔三强
张　璞　肖仁洁　耿　健　杨卫星
王志宾　周满红　张慧海　张　鸣
蔡雪海　张　楠　高　鑫　朱思儒
李学军　孙　鑫

4. 新港海关优化整合监管场所（场地）工作组（14人）

邓福利　胡健彪　王佳翔　曹　鹏
张　松　刘　越　李富臻　杨泽刚
田小辉　周　强　代功园　刘　超
常津亭　王贺田

（四）集体记功

危险货物（危险化学品）检验提速与技术服务工作组（13人）

李　斌　李宁涛　于艳军　熊中强
赵　琢　张　颖　何　成　杨永超

孙　俐　杜　宇　张媛媛　柳　明
王　华

二、在近期工作中表现突出的集体和个人（第二批）

（一）个人三等功

孟祥朋　安国柱

（二）集体三等功

1. 重点商品风险监测“三化”专项工作组（30人）

迟文鹤　汪　洋　吕晓阳　肖超伟
温浚湄　杜青岩　宋小林　唐　斌
周宏亮　高　博　金　浩　刘　超
霍　辰　王紫梁　杨　明　孟祥朋
毛　勇　史静雯　孙静梅　董　栋
包海涛　张　蒙　王晓川　侯本春
曲峰林　张　智　于浩男　宁代锋
刘　誉　潘　娟

2. 重点商品专项调研课题研究组（73人）

乔山虎　杜春雷　徐晓宾　张　巍
孔志良　赵剑飞　郑东军　李海彬
陶禹光　崔延鹏　黄碧玉　赵云鹤
郑连群　郭　蕊　牟　华　黄　宇
张咏刚　魏红兵　沈　诣　胡　静
孟庆燕　金强星　肖丹娜　张　靖
周燕军　韩　凌　李学洋　郑志强
栗建永　张　颖　张江萍　熊中强
周　磊　孙　鑫　严　莎　周永昆
张　伟　刘　萌　孙理达　许　浩
王紫梁　舒晖翔　宋立业　谢　康
曹　玮　张世豪　许　恒　何蒨霖
方文英　刘华伟　尹晓健　陈　枫
王秀秀　黄文玮　马骋远　叶　青
刘　凯　田德春　李　敏　曹　锦
尤　磊　魏　超　刘彩艳　张秋生
陈　怡　刘　堃　董　杰　王　坤
李　坚　张婉婷　肖绪泉　黄庆林
田　淼

三、在近期工作中表现突出的集体和个人（第三批）

（一）个人三等功

万　千　孟繁鑫　赵　乐　张成喆

（二）集体三等功

新港海关“进境粮食自动化取样”推动工作组（6人）

段　悦　赵　强　袁　斌　姚光辉
袁爱清　祝　强

四、在进口冷链食品安全监管工作中表现突出的个人

个人三等功

于晓亮　马　贺　王业臣　王德泉
尤　玮　卢　冬　卢忠锴　史俊杰
冯玉成　兰一铭　邢文晗　朱光亚
刘长柱　刘荣升　刘　越　刘　滨
刘　毅　孙　健　孙　琳　李　哲
李　超　李　博　杨柏楠　杨　强
杨　震　吴永胜　吴　迪　张　希
张琦亮　范广恩　周中良　孟思远
侯天瑞　聂　亮　高子岳　高　亮

曹　增　董文拓　韩　舰　蔡景毅

五、2021年全国“扫黄打非”先进集体和先进个人

（一）2021年全国“扫黄打非”先进集体

天津邮局海关

（二）2021年全国“扫黄打非”先进个人

杨晓梅

六、2016—2020年全国普法工作先进单位、先进个人和依法治理创建活动先进单位

全国普法工作先进单位：天津海关法规处

七、2016—2020天津市普法工作先进单位、先进个人和依法治理创建活动先进单位

（一）普法工作先进单位

天津滨海机场海关

（二）普法工作先进个人

李　婷

八、天津市老干部工作先进集体和先进个人

天津市先进老干部工作者　李　娜

第九篇

大事记

天津海关 2021 年大事记

1 月

▲5 日　关长赵革主持召开征求对海关总署党委民主生活会意见建议座谈会。

副关长王利兵参加市政府首都地区安全风险隐患处置方案征求意见专题会。

▲6 日　关长赵革参加天津市进一步优化营商环境工作会议。

副关长王利兵参加天津市 2021 年商务工作电视电话会议。

副关长谭绪良主持召开天津市绩效考核工作推进会。

天津海关牵头申报的国家重点研发计划项目“通关现场集成便携查验装备研制及应用”获批立项。

▲11 日　关长赵革参加国务院联防联控机制专项督查组工作会议。

▲12 日　副关长兼政治部主任钟海澄参加天津市 2020 年度市级机关党组织书记抓基层党建工作述职评议会议。

▲13 日　副关长侯金坡参加天津市关于研究海关集中办公用房问题专题会议。

▲14 日　副关长谭绪良在天津市主会场参加全国疫情防控工作电视电话会议。

▲16 日　关长赵革参加天津市委书记李鸿忠主持召开的疫情防控工作专题调研座谈会。

▲17 日　关党委委员、新港海关关长师国旺参加习总书记视察天津港两周年庆祝活动暨天津港集团“全球首创传统集装箱码头全流程自动化升级改造项目全面运营”启动仪式。

▲19 日　天津市副市长李树起，副秘书长徐军，关领导赵革、王利兵在天津海关分会场参加海关总署跨境贸易便利化视频部署会。

▲21 日　副关长兼政治部主任钟海澄参加天津市宣传思想文化工作会议。

▲22 日　天津海关关党委召开 2020 年度民主生活会。

国内大型外贸综合服务平台“一达通”全国首票跨境电商 B2B 出口业务在天津海关顺利通关。

缉私局立案调查关区首例涉嫌瞒报疫情违反《中华人民共和国国境卫生检疫法》案。

▲23 日 副关长王利兵在天津分会场参加全国安全生产电视电话会议。

▲24—27 日 关长赵革参加天津市十七届人大五次会议。

▲26 日 顺利签发首份亚太贸易协定下“中国—蒙古”优惠原产地证书。

▲28 日 关领导赵革、钟海澄、王利兵、侯金坡、潘楚雄、孙旭东、白莉、刘心同、谭绪良、师国旺在天津海关分会场参加全国海关工作会议、全国海关全面从严治党工作会议。

关长赵革在天津海关分会场参加海关总署领导班子和领导干部年度考核暨海关总署党委干部选拔任用工作“一报告两评议”。

党委纪检组组长白莉在天津海关分会场参加 2021 年全国海关纪检监察工作会议。

2月

▲1 日 关领导赵革、钟海澄、王利兵、白莉听取党委纪检组关于对关区 2020 年党风廉政建设和反腐败工作形势分析研判情况的汇报。

▲2 日 副关长王利兵参加天津市安全生产电视电话会议。

一级巡视员张春中参加国家反恐怖工作领导小组会议暨全国反恐怖工作电视电话会议及天津市贯彻落实会议精神专题会议。

▲3 日 以视频会议形式召开 2021 年天津海关工作会议。

以视频会议形式召开 2021 年天津海关全面从严治党工作会议。

关长赵革代表关党委作 2020 年度领导班子述职总结及选人用人工作报告。

关领导赵革、钟海澄、王利兵、侯金坡、潘楚雄、孙旭东、白莉、刘心同、谭绪良、师国旺参加“一流海关”工作质量评价专题会议。

▲5 日 党委纪检组组长白莉主持召开天津海关 2021 年纪检监察工作会议。

天津海关团属新媒体工作获团市委表彰。

▲7 日 关领导赵革、孙旭东在天津海关分会场参加 2021 年全国海关缉私工作会议暨全国打私办主任会议。

副关长谭绪良参加天津市卫生健康工作会议。

▲8 日 关党委委员赵革、钟海澄、王利兵、侯金坡、潘楚雄、孙旭东、白莉、刘心同、谭绪良、师国旺参加天津海关 2020 年度党组织书记抓党建工作现场述职评议考核会。

副关长王利兵参加海关总署安全生产专项整治三年行动工作领导小组会议暨全国海关安全生产电视电话会议。

海关总署批复同意天津泰达综合保税区和天津东疆综合保税区验收结果，认定验收合格。

▲9 日 关领导赵革、王利兵参加天津市跨境贸易便利化行动部署会。

▲**10 日**　天津海关党委召开传达学习海关总署安全生产专项整治三年行动工作领导小组会议暨全国海关安全生产电视电话会议精神专题会议。

天津海关“两类通关”改革模式下“C 类快件纳入货物一体化通关”测试成功。

▲**12 日**　署长倪岳峰在海关总署指挥中心与新港海关冷链消毒监督现场进行音视频连线慰问。

▲**18 日**　完成首次天津航空口岸进境空集装器新冠病毒检测及预防性消毒工作。

▲**23 日**　天津海关首次完成专业技术类公务员职级套转工作。185 名干部纳入专业技术类公务员实施范围，160 名职级公务员完成职级套转。

▲**24 日**　关领导赵革、王利兵、侯金坡、潘楚雄、孙旭东、白莉、刘心同、师国旺参加 2021 年天津海关打私工作电视电话会议。

副关长兼政治部主任钟海澄参加 2021 年全国海关政治部主任会议并做交流发言。

▲**25 日**　关长赵革参加天津市委对台工作会议。

副关长王利兵参加市发展和改革工作会议暨项目投资推动专题会。

副关长刘心同、谭绪良参加 2021 年全国海关政策研究及统计工作会议。刘副关长代表天津海关在会上做交流发言。

天津海关周明陶同志作为全国脱贫攻坚先进个人参加全国脱贫攻坚总结表彰会。

天津市委常委、滨海新区区委书记连茂君、滨海新区区长杨茂荣会见了塘沽海关党群同志等精神文明建设先进典型代表。

▲**26 日**　关领导赵革、钟海澄、王利兵、侯金坡、潘楚雄、孙旭东、白莉、刘心同、谭绪良、师国旺参加驻署纪检监察组“现场监管与外勤执法权力寻租”专项整治工作动员部署视频会议。

副关长潘楚雄参加天津市研究发展离岸贸易和离岸金融有关工作会议。

3 月

▲**2 日**　关长赵革在天津分会场参加国务院联防联控机制综合组全国新冠病毒疫苗接种工作电视电话部署会、天津市疫情防控工作电视电话会议。

副关长兼政治部主任、党委巡察工作领导小组副组长钟海澄参加天津海关党委 2021 年第一轮巡察工作动员部署会。

▲**3 日**　副关长刘心同参加 2021 年全国海关商检工作视频会议。

关党委委员、缉私局局长孙旭东在市公安局分会场参加全国公安队伍教育整顿动员部署会议。

▲**4 日**　副关长王利兵参加 2021 年全国海关综合业务工作视频会议。

▲**5 日**　副关长王利兵出席国家重点

研发计划“通关现场集成便携查验装备研制及应用”项目启动会暨实施方案论证会。

▲7日 关长赵革陪同天津市委常委、副市长马顺清到天津港保税区调研平行进口汽车物流检测等有关情况。

▲8日 副关长王利兵参加2021年全国海关科技工作会议。

副关长潘楚雄参加风险司“提升人工分析布控查获质量”专题调研。

▲10日 关领导赵革、王利兵、潘楚雄、孙旭东、白莉、刘心同、谭绪良、师国旺参加天津海关“现场监管与外勤执法权力寻租”专项整治工作动员部署会。

副关长兼政治部主任钟海澄在天津海关分会场参加2021年度海关系统考试录用公务员面试、体检和考察工作视频会议。

▲11日 关长赵革参加天津市邮轮产业发展推进会。

动植食中心承担的天津市科技支撑重点项目“真菌毒素污染智能检测与分析预警信息平台的研究与应用”顺利通过天津市科技局验收。

▲14日 天津海关正式启用移动P2+实验室，有效提升新冠病毒检测能力。

▲15日 关领导赵革、钟海澄、王利兵、潘楚雄、孙旭东、白莉、刘心同、谭绪良、师国旺参加全国海关党史学习教育动员视频会议。

▲16日 关长赵革会见乌鲁木齐海关所属喀什海关及喀什综合保税区管委会调研组一行。

关党委委员、缉私局局长孙旭东参加全国海关缉私部门党史学习教育和教育整顿动员部署电视电话会议。

副关长刘心同与马来西亚棕榈油总署驻华办事处总经理杨峻豪一行就马来西亚输华棕榈油质量安全和贸易现状进行交流。

▲17日 副关长谭绪良参加全国海关卫生检疫工作座谈会。

▲18日 关领导赵革、王利兵、潘楚雄参加天津海关第三期“海关—企业家沙龙”活动。

▲19日 副关长王利兵参加天津市危险化学品安全隐患大起底大排查工作视频会议。

▲20—22日 天津海关顺利完成2021年考试录用公务员面试工作。

▲23日 副关长兼政治部主任钟海澄陪同天津市委宣传部副部长、市“扫黄打非”工作领导小组副组长兼办公室主任李旭炎一行到所属邮局海关调研。

▲24日 关领导赵革、钟海澄参加海关总署专项课题研究成果视频审核会。

▲25日 副关长王利兵参加庆祝建党100周年网络安全保障工作电视电话会议。

▲25—26日 副关长刘心同在广州参加2021年全国海关法治工作会议。

▲26日 关长赵革陪同天津市委副书记、市长廖国勋、副市长孙文魁一行赴大通关基地调研。

▲27—28 日　所属动植食中心顺利通过实验室认可及资质认定二合一扩项评审。

▲28 日　天津海关、北京海关首批协同实施“监管产装、抵港直装”货物完成直装抵港验放。

▲31 日—4 月 2 日　关长赵革在海关总署青岛教育培训基地参加 2021 年全国海关督察内审工作会议。

4 月

▲1 日　关领导钟海澄、王利兵、潘楚雄、刘心同、师国旺参加全国海关党史学习教育宣讲报告视频会议。

▲7 日　副关长王利兵参加首都地区安全风险隐患处置工作专题部署会议。

▲8 日　关党委委员、缉私局局长孙旭东在天津分会场参加全国打击治理电信网络新型违法犯罪工作电视电话会议。

▲8—9 日　一级巡视员保金城在厦门海关参加 2021 年全国海关财务工作会议。

▲12 日　天津海关获批成为海关总署试点建设的 4 个风险情报工作站之一。

▲14 日　副关长潘楚雄参加天津港保税区与天津港综合保税区整合升级工作推动会。

卫技公司在中国卫生有害生物防制协会举办的“2021 年全国消杀大会”上荣获“消毒实力企业”称号。

▲15—16 日　海关总署署长倪岳峰，海关总署党委委员、办公厅主任黄冠胜在天津海关调研。

▲17 日　关长赵革参加天津市口岸、外贸和电子商务相关工作专题会议。

▲19 日　关长赵革参加市管干部推进人才引领高质量发展战略专题研讨班暨十大人才创新创业联盟工作推进会。

副关长王利兵主持召开天津海关落实国务院关于跨境贸易营商环境专项督查专题会议。

▲20 日　关领导赵革、刘心同参加 2021 年关区法治工作会议。

▲21 日　副关长兼政治部主任钟海澄参加关区事业单位管理座谈会。

副关长王利兵参加天津市研究天津港集团非经营性资产剥离移交和“一港六区”整合有关工作会议。

滨海新区政协副主席杨焕香、张尔祥一行到保健中心调研。

▲22 日　圆满完成 2021 年度国家网络攻防实战演习防守任务。

▲23 日　关领导赵革参加 2021 年关区督审工作会议暨内控工作领导小组会议。

副关长潘楚雄陪同天津市商务局局长张爱国、天津港保税区管委会主任洪世聪一行赴海关总署自贸司对综合保税区相关情况进行沟通。

副关长谭绪良参加市党委国安办主任会议暨第一季度国家安全形势分析研判会议。

所属邮局海关正式入驻大通关国际邮

件互换局。

▲25日 副关长潘楚雄参加天津市服务业扩大开放综合试点新闻发布会。

副关长刘心同参加促进天津进口冷链产品工作会。

塘沽海关获评“全国五四红旗团组织”。

▲26日 关长赵革在天津分会场参加国务院第四次廉政工作会议。

天津海关、石家庄海关首批协同实施“监管产装”货物完成抵港放行。

▲27日 副关长谭绪良参加2021年全国卫生检疫工作视频会议。

▲28日 关领导赵革、王利兵在南疆远航铁矿码头与海关总署副署长胡伟视频连线。

关领导赵革、刘心同、谭绪良参加2021年关区政策研究及统计工作视频会议。

副关长兼政治部主任钟海澄参加2021年关区财务工作会议。

▲29日 市政协副主席李绍洪，关领导赵革、谭绪良参加“政协委员进百年津关 携手并进促天津发展”活动。

关领导赵革、孙旭东在天津礼堂参加天津市2021年打击走私综合治理工作会议。

副关长王利兵主持“集疏港智慧平台”和跨境区块链创新应用工作联席会。

王娜宁同志荣获“全国五一劳动奖章”荣誉称号，为2021年海关系统唯一获此殊荣的先进个人。东疆海关获“天津市五一劳动奖状”荣誉称号，邮局海关进境邮件监管科获“天津市工人先锋号”荣誉称号。

塘沽海关团总支荣获全国五四红旗团支部，东疆海关团总支荣获天津市五四红旗团支部，机场海关综合业务二科崔佳韵荣获天津市优秀共青团员，机关党委群工科闫乾荣获天津市优秀共青团干部。

5月

▲7日 副关长王利兵参加研究对照国务院办公厅督查报告所涉问题核查整改工作会议。

▲8日 副关长潘楚雄主持召开海航集团破产重整企业债权申报工作会议。

▲10日 所属武清海关办理关区H2018-RCEP原产地管理信息化应用系统首票证书。

与天津市国安局签署《天津口岸安全风险情报信息共享暨联合防控工作合作备忘录》。

▲12日 关长赵革参加天津市人民政府第四次廉政工作会议。

▲13日 助力首家试点企业成功办理跨境电商B2B（9810）出口退税业务。

科技成果“新型轻纺阻燃材料的开发及其标准化评价技术的构建”被授予2020年度天津市科学技术进步二等奖。

▲14日 副关长兼政治部主任钟海澄参加天津市打击治理跨境赌博工作部署会

暨市打击治理跨境赌博工作领导小组机制第一次全体会议。

▲14—15 日　关党委委员、缉私局局长孙旭东在上海参加全国海关缉私队伍党史学习教育和教育整顿推进会。

▲18 日　关长赵革陪同中共中央宣传部副部长、全国“扫黄打非”工作领导小组副组长兼办公室主任张建春到邮局海关大通关基地现场就“扫黄打非”工作进行调研。

副关长兼政治部主任钟海澄参加 2021 年全国“扫黄打非护城河工程”联席会议。

▲19 日　关领导赵革、王利兵参加应对天津港有序放开第 2 至 6 类危险货物集装箱作业工作专题办公会议。

副关长潘楚雄参加全国海关企管和稽查工作电视电话会议。

工业品中心承担的“新型纺织阻燃材料的开发及其标准化评价技术的构建”科研项目获得 2020 年度天津市科学技术进步二等奖。

所属临港海关于敏同志作为中国海关代表团成员参加世界海关组织（WCO）估价技术委员会第 52 次会议。

▲21 日　一级巡视员侯金坡参加 2021 年全国打击侵权假冒工作电视电话会议。

▲24—25 日　关领导王利兵、刘心同参加天津海关科技活动周宣传活动。

▲25 日　关长赵革参加天津市推动跨境贸易便利化工作专题研讨会议。

副关长刘心同参加中国美国商会与天津市政府交流活动。

▲26 日　顺利完成 2021 年度天津市网络攻防实战演习防守任务。

▲27 日　副关长刘心同参加天津市食品安全工作会议。

▲31 日　副关长谭绪良参加国务院全国新冠肺炎和夏季重点传染病疫情防控工作视频会议。

6 月

▲1 日　关长赵革赴审计署京津冀特派办走访。

▲2 日　关领导赵革、刘心同在天津分会场参加全国深化“放管服”改革着力培育和激发市场主体活力电视电话会议。

关长赵革参加天津市脱贫攻坚总结表彰大会。

副关长兼政治部主任钟海澄参加天津市维护意识形态安全专题工作会议。

▲5—6 日　化矿金中心顺利通过实验室扩项评审。

▲7 日　“保税租赁海关监管新模式”入选国务院自由贸易试验区工作部际联席会议办公室印发的自由贸易试验区第四批“最佳实践案例”。

▲8 日　首次通过“互联网+稽核查”方式接收企业主动披露报告。

▲9 日　副关长王利兵参加全国海关口岸监管工作会议。

一级巡视员侯金坡参加市级机关庆祝

中国共产党成立100周年文艺演出。

▲15日 关领导赵革、钟海澄、王利兵、潘楚雄、孙旭东、白莉、刘心同、师国旺在天津海关分会场观看海关总署党委书记、署长倪岳峰党史学习教育专题党课。

关领导赵革、王利兵、刘心同在天津海关分会场参加全国海关疫情防控工作会议。

副关长王利兵参加市政协“强化知识产权保护体系建设”专题协商会。

副关长刘心同参加天津市安全生产电视电话会议。

副关长谭绪良参加全国疫情防控工作电视电话会议。

▲16日 关领导赵革、谭绪良主持召开天津海关疫情防控工作电视电话会议。

关长赵革参加天津市“两优一先”表彰大会。机场海关谢圣礼作为天津市优秀党务工作者代表参加会议。

▲17日 关长赵革在天津分会场参加全国安全生产电视电话会议。

关长潘楚雄参加天津海关与天津自贸试验区管委会联合举行的“党建引领 激发创新”活动启动仪式。

▲20日—7月4日 天津海关顺利完成建党100周年网络安全保障工作。

▲22日 关长赵革参加“礼赞百年路 逐梦新征程”和平区社会各界庆祝中国共产党成立100周年主题活动。

副关长王利兵参加天津市研究水果进口工作会议。

副关长刘心同参加天津海关职业暴露及货物新冠病毒核酸阳性突发事件演练。

▲24日 关党委委员、缉私局局长孙旭东出席天津海关“6·26”禁毒日宣传新闻发布会。

▲25日 关领导赵革、钟海澄、潘楚雄、孙旭东、白莉、刘心同、谭绪良、师国旺参加2021年“七一”表彰大会。

▲28日 副关长谭绪良参加天津市疫情防控工作新闻发布会。

▲29日 关领导王利兵、刘心同参加海关总署安全生产视频连线工作汇报。

副关长谭绪良主持召开海港口岸卫生检疫岗位人员集中居住管理专题办公会议。

天津海关核辐射突发事件应急处置演练在邮局海关大通关基地邮件监管作业场地举行。

7月

▲1日 关领导赵革、钟海澄、王利兵、潘楚雄、孙旭东、白莉、刘心同、谭绪良、师国旺收看庆祝中国共产党成立100周年大会。

天津海关获天津市党史学习教育知识竞赛团体优秀奖和优秀表现团队奖。

▲2日 党委书记、关长赵革主持召开关党委（扩大）会专题传达学习习近平总书记在庆祝中国共产党成立一百周年大会上的重要讲话精神。

副关长谭绪良主持召开2021年天津市绩效考核工作部署会。

机场海关综合业务二科荣获“天津市青年文明号”称号。

▲5日　作为首批试点海关完成海关总署版智能审图信息化平台首月试运行。

完成法检检测业务系统切换。

▲6日　副关长潘楚雄参加第三届“一带一路”基建供应链绿色发展论坛。

▲8日　关领导赵革、钟海澄、王利兵、刘心同、谭绪良、师国旺参加海关总署加强新冠肺炎疫情安全防护工作视频会议。

关长赵革主持召开关区贯彻落实海关总署加强安全防护工作视频会议。

“保税租赁海关监管新模式”入选国务院自由贸易试验区工作部际联席会议办公室印发的第四批最佳实践案例。

▲15日　副关长兼政治部主任钟海澄参加全国海关党史学习教育推进会。

副关长潘楚雄参加关于研究解决平行进口汽车滞港问题专题会议。

副关长刘心同参加天津市研究解决进口猪肉“积压”、进口冷链食品一级冷库库容“爆仓”、出口集装箱短缺问题专题会议。

一级巡视员侯金坡参加天津市扶持经济薄弱村发展工作动员部署会。

▲15—16日　天津海关学会会长张春中参加中国海关学会海关研究座谈会。

▲16日　关长赵革在天津海关分会场参加海关总署办公厅关于召开配合国家审计工作专题视频会议。

“企业自查结果认可模式”核查作业改革试点工作在天津海关顺利落地。

▲21日　副关长潘楚雄参加空中客车天津宽体飞机首架A350飞机交付仪式。

▲26日　疫情防控信息化支撑平台“集中封闭管理”模块正式上线运行。

▲27日　关党委委员、缉私局局长孙旭东在天津市公安局参加全国公安机关建党百年安保维稳工作总结表彰会。

▲28日　副关长王利兵参加天津市打击侵犯知识产权和制售假冒伪劣商品工作会议。

副关长潘楚雄参加中国—智利海关AEO互认联合说明会。

▲30日　一级巡视员侯金坡参加天津市原产地认证改革创新工作会议。

天津市委常委、市委秘书长金湘军到天津滨海国际机场调研。

▲31日　首次通过“津拍平台”完成罚扣货物拍卖工作。

▲7月　组织开展为期2个月的关区邮递渠道安全准入风险防控“清邮”行动。

8月

▲1日　保障首列“天津港—呼和浩特”海铁联运班列发行。

▲5日　正式启用关区进口矿产品制样间。

完成空运口岸4家监管作业场所涉危存储区域的退出工作，实现关区涉危存储“清零”。

▲8日 关领导赵革、谭绪良参加海关总署新冠肺炎疫情防控专项督查组情况反馈会。

▲9日 关长赵革陪同天津市委书记李鸿忠到天津航空口岸大通关基地调研检查项目建设运营和疫情防控工作。

推行“远程验核”工作模式。依托天津海关旅客健康申明卡辅助应用，在红区配置高拍仪，绿区配置条码扫描机，增设双屏显示器等软硬件设备，关员可在绿区完成健康申明卡的远程验核、通关二维码绑定等原红区工作，在提升旅客智能化无感通关体验的同时减少红区关员数量，降低感染风险。

▲10日 河西海关张广斌荣获天津市政务服务中心“红旗窗口”称号。

▲11日 关长赵革参加中国（天津）自由贸易试验区滨海高新区联动创新区、中新生态城联动创新区揭牌仪式。

▲16日 市领导金湘军、连茂君到新港海关冷链检测作业现场泰达行（天津）冷链物流调研冷链疫情防控工作。

▲18日 副关长王利兵主持召开“非必要不登轮”专题会议。

天津海关牵头完成海关总署智慧统计云服务系统测试工作。

新港海关综合业务二处进口一科、东疆海关查验三科、保税区海关保税物流园区综合业务科、东疆海关查验一科获评“全国青年文明号”。

▲19日 关领导赵革、钟海澄在天津海关分会场参加海关事业单位所属企业脱钩工作视频会议。

▲20日 关长赵革参加天津市冷链防控和预防性消杀专题会议。

助力天津首家跨境电商线下展示体验店顺利开业。

▲21日 关领导赵革、钟海澄、王利兵、刘心同、谭绪良参加关区事业单位所属企业脱钩工作领导小组会议。

▲23日 关领导赵革、钟海澄、王利兵、潘楚雄、孙旭东、白莉、刘心同、谭绪良、师国旺参加海关总署举办的习近平总书记“七一”重要讲话精神宣讲报告会。

天津海关开通天津关区首票跨境电商网购保税进口商品保税展示业务。

▲24日 副关长兼政治部主任钟海澄到宁河区对口帮扶的两个经济薄弱村走访调研。

▲25日 关领导赵革、潘楚雄参加天津海关第四期“海关—企业家沙龙”活动。

▲30日 天津海运口岸完成2021年首批次集装箱中转换装。

9月

▲1日 关领导赵革、钟海澄、王利兵、潘楚雄、孙旭东、白莉、刘心同、谭

绪良、师国旺参加海关总署学习贯彻习近平总书记“七一”重要讲话精神读书班暨宣讲交流会。

▲2 日　副关长王利兵参加天津市重点领域安全生产工作部署会议暨安全生产专项整治三年行动领导小组会议。

参与报送的《RCEP 原产地规则》获得中国海关传媒中心第三届国门传播奖一等奖。

▲3 日　副关长潘楚雄参加全国海关风险管理工作视频会议。

关党委委员、缉私局局长孙旭东参加中央第二督导组督导天津市第二批政法队伍教育整顿工作汇报会。

天津特殊监管区域完成首票增值税一般纳税人报关单放行。

▲6 日　副关长潘楚雄代表天津海关与浙商银行天津分行签署银行税款总担保合作协议。

副关长刘心同参加天津市委全面依法治市委员会执法协调小组第二次全体（扩大）会议。

▲6—28 日　派员参加世界海关组织（WCO）协调制度委员会第 68 次会议并圆满完成任务。

▲13 日　副关长王利兵参加天津市 2021 年全国知识产权保护工作检查考核迎检动员部署会。

▲14 日　关长赵革到对口帮扶的经济薄弱村进行调研。

所属事业单位完成岗位设置后首次开展中级及以下专业技术岗位聘任工作。

▲15 日　副关长谭绪良参加全国新冠肺炎和流感等秋冬季重点传染病疫情防控工作视频会。

▲17 日　关长赵革参加天津市委理论学习中心组学习暨天津市知识产权保护大会。

关党委委员、缉私局局长孙旭东参加天津市 2021 年打私宣传月活动暨沿海打私巡查推动仪式。

副关长谭绪良参加天津市重大动物疫情应急处置演练。

首票“监管产装、抵港直装”海运出口邮件放行装船。

▲22 日　宁河区委书记白凤祥前往天津海关帮扶的经济薄弱村调研。

《非洲猪瘟病毒 POCT 试纸条快速检测方法的研究》和《进出境鱼类及其制品现场真伪检测技术及集成化设备的研究与应用》顺利通过海关总署科技司验收。

▲23 日　副关长潘楚雄参加全国海关信用管理工作专题视频会议。

▲23—24 日　关党委委员、缉私局局长孙旭东应邀参加全国反走私综合治理调查研究中心秦皇岛分中心揭牌仪式。

▲25 日　关长赵革参加研究电子口岸公司等有关工作专题会议。

保障首批北京冬奥会参赛国家奥委会物资快速入境。

▲26 日　副关长潘楚雄参加天津市自由贸易协定关税减让政策利用情况暨

RCEP关税实施准备工作专题新闻发布会。

▲27日 关长赵革参加首届京津冀自贸试验区联席会议。

关长赵革参加京津两市领导对接沟通跨境贸易工作会议。

所属缉私局、机场海关与天津市公安局禁毒总队联合开展“寄递渠道禁毒百日攻坚行动”。

天津海关自贸试验区区块链应用项目完成开发建设并上线运行。

▲29日 关领导赵革、刘心同参加天津海关权责清单编制工作动员会。

10月

▲7日 市卫健委主任顾清到天津滨海国际机场开展“四不两直”疫情防控检查。

▲8日 副关长兼政治部主任钟海澄参加人教司组织召开的海关总署风险防控局、税收征管局调研工作情况通报视频会议。

▲11日 天津海关首次运用进出口商品质量安全风险管理系统对重点商品实现自动评估。

南疆海关海港口岸外来有害生物标本、矿产品、禁止进口固体废物展示馆获评“滨海新区新时代文明实践基地”。

▲11—17日 天津海关组织开展“中国国家网络安全宣传周”活动。

▲13日 天津海关学会会长张春中、副会长董建民组织召开本年度主题征文评审会。

▲14日 副关长王利兵陪同12名市人大代表参加“人大代表走进百年津关 携手并进共促天津发展”活动。

▲17日 助力全球首个人工智能零碳码头天津港北疆港区C段智能化集装箱码头正式投产运营。

▲18日 天津海关首票异地开展“保税展示交易”货物顺利出区。

▲19日 关长赵革参加中国海关门户网站在线访谈。围绕“打造‘集疏港智慧平台’推动口岸‘三智’建设”主题与网友进行线上互动，取得良好效果，访问量超82万人次。

天津海关参与试点H2018电子支付系统切换上线成功。

天津海关4项科研项目入围天津市科学技术奖评选，项目涉及食品安全及商品检验2个领域。

▲20日 海关总署验收组对天津航空口岸大通关基地食用水生动物指定监管场地开展远程视频验收。

完成关区首票冻品“保税展示交易”业务通关手续。

▲21日 关长赵革参加海河国际消费高峰论坛。

东疆海关综合业务二科、天津海关缉私局新港海关缉私分局荣获全国打击虚开骗税违法犯罪工作成绩突出集体，缉私局樊勇、付强、孟凯、薛俊杰，新港海关于鲁闽，机场海关张益铭，东丽海关陈昊获全国打击虚开骗税违法犯罪工作成绩突出个人。

副关长刘心同参加在厦门召开的海关总署加强海关统计工作专题会议。

▲21—22日　副关长兼政治部主任钟海澄参加口岸监管司组织召开的打击跨境电商进口走私“断链刨根”专项整治行动现场会。

▲22日　天津海关作为海关系统首个“国产化替代工程”试点单位，完成数据安全项目上线部署。

▲26日　天津海关和天津市高级人民法院就破产清算工作签订备忘录。

▲27日　关领导赵革、钟海澄、王利兵、潘楚雄、孙旭东、白莉、刘心同、谭绪良、师国旺参加关区2021年第三次关务会议。

“机关引领基层、支部联系企业、党员服务群众”案例成功入选中央和国家机关工委举办的第三届党建创新成果展示交流活动“百优案例”。

▲28日　副关长潘楚雄主持召开提升特殊区域发展指标专题办公会。

副关长刘心同在天津分会场参加第九次全国法治宣传教育工作电视电话会。

▲29日　关领导赵革、王利兵、刘心同、谭绪良、师国旺参加全国海关疫情防控工作视频会议。

副关长兼政治部主任钟海澄主持召开跨境电商“断链刨根”专项整治动员会。

截至10月29日，关区共有176家企业提交高级认证申请，其中116家企业成功通过，首次实现天津关区高级认证企业单年增量破百。

▲10月　天津关区出口集装箱货物抵港直装率首次全月突破20%。

11月

▲1日　关长赵革参加海关总署督审司与督审处“坚定人民立场，做忠诚国门卫士”主题党日活动。

▲2日　副关长王利兵主持召开强化管控打击“洋垃圾”走私工作专题会议。

▲4日　副关长兼政治部主任钟海澄到天津市财政局主动沟通争取地方财政补助资金工作。

副关长王利兵参加天津海关“强化智能审图应用，推进智慧海关建设”新闻发布会。

开展实验室安全培训和危险化学品泄漏突发事件处置演练。

▲5日　副关长谭绪良参加全国新冠肺炎疫情防控工作视频会。

▲6日　副关长潘楚雄在国家会展中心（上海）参加第四届中国国际进口博览会。

▲9日　副关长潘楚雄参加全国海关稽查改革推进会议。

▲11日　副关长王利兵参加海关总署“问题清零”暨“我为群众办实事”视频推进会。

▲12日　副关长潘楚雄主持召开天津

海关税收工作会议。

副关长刘心同主持召开落实全球贸易全景展示应用试点工作专题会议。

▲15 日 关党委委员、新港海关关长师国旺参加天津市海港防控联合执法和冷链疫情防控工作会议。

▲16 日 关长赵革在天津分会场参加今冬明春保暖保供工作电视电话会议。

联合北京海关主动服务高效保障北京冬奥会物资顺畅通关，累计保障海运进境冬奥会物资快速通关 139 批、货值 8.67 亿元。

▲18 日 天津航空口岸大通关基地进境水果、冰鲜水产品、食用水生动物指定监管场地资质正式获批。

2 项调研成果作为 2021 年度市级机关优秀调研成果受到表彰。其中，《关于提升新时代青年党员干部政治能力的探讨》获得一等奖，《建立“一卡、两表、三评定”特色党建机制 探索破解党建与业务工作“两张皮”的有效办法》获得二等奖。天津海关是唯一获得 2 个奖项的市级机关。

▲19 日 关长赵革在天津分会场参加第三次“一带一路”建设工作座谈会。

海关移动式 H986 设备在天津港北疆港区 C 段智能化集装箱码头部署成功。

发明专利“用于检测蓝舌病毒、牛病毒性腹泻病毒和口蹄疫病毒的 GeXP 多重快速检测用引物和检测方法”“用于水蒸气蒸馏法检测矿产品中卤素元素的装置及检测方法”“一种检测阪崎肠杆菌的新方法、应用及检测试剂盒”获国家知识产权局授权；软件著作“质量安全风险评估信息采集软件”获国家版权局授权。

▲23 日 关领导潘楚雄、孙旭东参加海关总署部署打击进口货运集装箱渠道夹藏伪瞒报专项行动视频会议。

关党委委员、新港海关关长师国旺参加天津港“集装箱+散杂”多元码头一体化作业启动活动。

天津海关疫情防控信息化支撑平台防疫物资管理功能模块上线运行。

在所属宁河海关新增出境伴侣动物检疫查验室并在门户网站对外公布，目前所属河西海关、宁河海关均可办理出境伴侣动物海关检疫业务。

▲24 日 党委书记、关长赵革主持召开关区全面从严治党专题党委会。

副关长兼政治部主任钟海澄为新港海关综合业务二处进口一科、保税区海关保税物流园区综合业务科、东疆海关查验三科 3 个第 20 届全国青年文明号获奖集体现场授牌。

天津海关 12360 微信公众号辅助应用项目进入试运行阶段。

关党委委员、新港海关关长师国旺撰写的《天津新港海关关于支持天津口岸进口冷链产业发展，做大做强天津外贸增长优势业态的可行性报告》荣获天津市第十五届优秀调研成果三等奖。统计处牵头撰写的《新冠肺炎疫情对天津市农产品出口影响情况调研分析》荣获天津市第十五届优秀调研成果二等奖。

▲25 日　关领导赵革、钟海澄、王利兵、潘楚雄、孙旭东、白莉、刘心同、谭绪良以电视电话会议形式参加海关总署党委理论学习中心组（扩大）学习暨党的十九届六中全会精神专题学习班开班动员会。

天津海关“扫黄打非”警示教育展成功获评天津市法治宣传教育阵地优秀品牌。

▲26 日　关长赵革参加天津口岸危化品整治专题会议。

塘沽海关党群获评 2021 年度天津市学雷锋志愿服务“六个一批”先进典型天津市优秀志愿者。

12 月

▲1 日　关领导赵革、钟海澄、潘楚雄、白莉、刘心同、谭绪良、师国旺参加海关总署党的十九届六中全会精神专题宣讲。

中国银行天津分行为天津光明半导体有限公司开立的天津市首笔新一代海关税款担保保函在海关税款担保管理系统确认备案，全套担保措施同步生效，该企业成为海关关税担保改革天津首家获益企业，这也标志着海关总署在全国范围内实施的税款担保改革在天津正式实施。

▲2 日　关长赵革在天津分会场参加全国城镇燃气安全排查整治动员部署电视电话会议。

▲6 日　副关长谭绪良参加观摩口岸新冠疫情防控突发事件应急处置汇报演练。

《新型“快件骗局”来袭　你的防诈宝典已上线》获 2021 年度天津市法治宣传原创作品二类作品。

机场海关及新港海关李婷分别被评为 2016—2020 年天津市普法工作先进单位和先进个人。

机场海关张炜获评第十三届“中国青年志愿者优秀个人奖”。

▲6—10 日　关领导王利兵、刘心同参加海关总署人教司 2020 年度副高级职称评审工作。

▲7 日　副关长兼政治部主任钟海澄参加海关国企改革工作推进视频会议。

副关长潘楚雄参加支持科技创新进口税收优惠政策落地联合新闻发布会。

▲9 日　关长赵革在天津海关分会场参加海关总署办公厅关于落实国家审计整改工作专题视频会议。

▲13 日　关领导赵革、钟海澄、孙旭东、白莉、谭绪良参加关区落实国家审计整改工作部署会。

检出中国内地首例奥密克戎变异毒株。当日经机场海关采样，天津海关实验室检测确认新冠病毒核酸阳性，送天津市疾控中心开展病毒基因测序，12 月 13 日经中国疾病预防控制中心复核，确认为新冠病毒奥密克戎变异株（B. 1. 1. 529 进化分支）感染者。

▲14 日　关长赵革参加天津市冷链疫情防控工作专题会议。

天津海关完成首台国产化服务器部署上线工作。该服务器装载银河麒麟 v10 国产操作系统，用于新版海关信息系统运行管理平台的监管代理采集工作，标志着天津海关服务器国产化替代工作全面启动。

建筑面积 6 万余平方米的天津海关科技大楼正式投入使用，标志着天津海关在实验室资源优化、通用仪器集约管理、快捷检测、降本增效等方面迈出了坚实的一步。

▲15 日　副关长刘心同参加第五届全国汽车标准化技术委员会 2021 年委员大会。

副关长谭绪良参加市防控指挥部调度会，就天津海关应对奥密克戎变异毒株，做好“人物同防”工作进行发言。

“金属硅系列产品固体废物属性鉴别研究”等 3 项固体废物检测领域关级应急科研项目获批立项。

经与中国银行协同配合，对进境物品进口税支付系统进行了全面升级。升级完成后，在支付进境物品进口税（俗称“行邮税”）时，在原有的现金、银联卡和支付宝支付方式基础上，增加了微信、Master（万事达）和 Visa（维萨）支付方式，有效提升了旅客支付的便捷性。

与天津市滨海新区市场监管局联合签署《滨海新区知识产权保护暨天津口岸安全风险联防联控工作协调协作备忘录》。

▲16 日　参与编撰的《天津水运史（1949—2019）》正式出版发行。

▲18 日　关党委委员、新港海关关长师国旺参加天津港集装箱吞吐量突破 2,000 万标箱庆祝仪式。

天津海关“查检合一电子专家系统 2021 改造”和“智慧企管辅助应用”2 个关级信息化应用项目获批立项。

▲21 日　关党委委员、缉私局局长孙旭东出席天津海关首次查发石珊瑚活体走私案新闻发布会。

副关长谭绪良主持召开国门生物安全风险防控专题工作会议。

▲22 日　关领导赵革、潘楚雄参加天津海关第五期“海关—企业家沙龙”活动。

关长赵革撰写的《从实施危化品集中化专业化监管入手落实总体国家安全观探究》论文被中国海关学会入选直属海关党委书记、关长撰写论文之列。

副关长谭绪良参加全国海关“三智”国际合作工作会议。

副关长潘楚雄参加天津市平行进口汽车产业提升工作研究会议。

2021 年度中国海关学会主题征文评选结果揭晓。4 篇论文入围，排列全国海关第二位。获得优秀奖的有：《落实总体国家安全观，以新发展理念推进海关国门安全治理能力建设》《试论从落实总体国家安全观角度　推进属地查检业务改革优化监管联动》。获得入选奖的有：《新海关应对非传统国家安全领域风险的思考》《认真落实总体国家安全观　探索应用大数据理念管控出口边境合规时间》。

关区首票预包装食品“保税展示交易”业务通关手续顺利完成。

▲23 日　关领导赵革、王利兵参加区块链业务创新专题会议。

▲24 日　天津海关荣获进出口危险品及其包装检验监管岗位练兵和技能比武全国八强，4 人进入全国百强选手名单。

▲27 日　副关长兼政治部主任钟海澄参加海关总署跨境电商进口走私“断链刨根”专项整治行动总结会。

副关长刘心同参加天津市“七五”普法总结表彰暨“八五”普法动员大会。

所属东疆海关报送的《抓党建促发展　助力“双循环”》微党课在海关总署第一批基层党组织书记“微党课”视频展播活动中被评为最佳内容奖。

机场海关旅检四科舒明荣获“天津好人”称号。

▲28 日　关领导赵革、钟海澄、潘楚雄、孙旭东、白莉、刘心同、谭旭良、师国旺参加海关总署召开的直属海关单位党委书记述责述廉述党建视频会议。

完成全国首单“十四五”海陆石油确认表联网项目减免税审核。该项目由天津海关与海关总署信息中心、数据中心和中海油总公司等单位合作开发完成，可实现中海油总公司与海关减免税管理系统数据直接传输。

▲29 日　副关长潘楚雄参加天津海关“推动保税展示交易，助力天津综合保税区建设”新闻发布会。

天津关区 H2018 新一代通关系统完成全面切换工作。

▲31 日　关领导赵革、王利兵、潘楚雄、刘心同、谭绪良、师国旺参加全国海关党史学习教育总结会议。

副关长兼政治部主任钟海澄在天津分会场参加全国境外非政府组织管理工作协调小组电视电话会议。

聘任关区首批法律顾问，根据《“十四五”海关法治建设规划》要求，首批聘任的天津海关 2 名法律顾问、保税区海关 1 名法律顾问已根据《天津海关法律顾问工作办法（试行）》规定依法履职。

所属东疆海关“构建‘一题一策一档案’机制，解决保税仓储企业仓库闲置问题”“服务政治外交大局，稳妥处置南非输华柑橘货船滞港”“深化‘船边直提’‘抵港直装’改革，优化口岸营商环境”获评海关总署“我为群众办实事”百佳项目。

后记

后 记

习近平总书记指出，中华民族历来重视治史，盛世写史修志编鉴。海关总署党委贯彻落实习近平总书记关于修史修志、借鉴历史等重要指示批示精神，从推动党史学习教育活动常态化、长效化的实际出发，于2021年8月做出编纂海关年鉴的决定，并将其作为加强海关史研究的重要基础性工程。天津海关党委高度重视，于2022年年初启动年鉴编纂工作。

编纂出版《天津海关年鉴》，是凝聚历史智慧、丰富海关文化建设的一件大事。年鉴逐年记载新时代天津海关的发展历程，能够为政府、企事业单位领导了解海关情况而进行决策提供依据，是领导的得力助手，发挥着资政的作用。同时，年鉴蕴藏着极有价值的海关业务知识、数据资料和海关文化内容，可以给社会群众提供丰富的知识营养和精神力量，起到育人的功效。天津海关党委书记、关长赵革曾多次讲过，要加强信息公开和宣传，提高海关工作的透明度，及时宣传取得的工作成效，讲好天津海关改革发展的故事。编纂年鉴就是要讲好这样的海关故事，增强海关文化的传播力影响力，努力做好4个服务——服务政府、服务领导、服务群众、服务生活。

《天津海关年鉴（2022）》是天津海关编纂出版的首部年鉴。它是天津海关学习宣传贯彻落实习近平总书记重要讲话和重要指示批示精神的重要成果，是天津海关党委带领全关党员干部上下同心、团结奋斗的鲜活记录。在年鉴编纂过程中，天津海关党委书记、关长赵革多次对年鉴编纂工作提出要求，关心工作进展；专门成立天津海关海关史研究工作领导小组，统一领导年鉴编纂工作；设置《天津海关年鉴》编纂委员会，统筹推进编纂任务；设立年鉴编纂工作组（专班），组织全关50个供稿部门，百余人的撰编审队伍，积极发扬艰苦创业精神，努力克服经验不足、基础薄弱、人员不固定、专业人才匮乏、新冠肺炎疫情反复等困难和影响，确保了在海关总署规定的时限内完成编纂任务。

《天津海关年鉴（2022）》的编纂，

坚持以习近平新时代中国特色社会主义思想为指导，紧扣“开启高质量‘一流海关’建设新征程”的年度工作主题，真实记载2021年天津海关在贯彻落实党中央、国务院，以及海关总署决策部署中取得的新业绩、新进展和新经验，客观反映新时代海关强化政治机关建设取得的新成效，全面体现海关人服务国家战略、强化监管优化服务、统筹疫情防控和促进对外贸易发展等方面的生动实践，使《天津海关年鉴（2022）》成为天津海关高质量“一流海关”建设的全景展示窗口。

《天津海关年鉴（2022）》的编纂，始终贯彻高质量“一流海关”建设理念，按照打造精品年鉴要求，严把政治关、史实关、特色关、服务关，注重顶层设计，深化学习创新，做到了筹划有方、组织有序、培训有效、推进有章，实现了编纂工作的质效并举。工作之初就确定了“规范化”“类型化”的编纂思路，按供稿主体和条目类型制发模板，从源头规范稿件体例和条目设置。严格执行海关总署选定的年鉴体例和篇目结构，确保年鉴篇目合理、分类科学。建立编纂进度通报制度，督促后进跟上整体进度；建立“分散编撰+集中会稿”编审机制，重点纠正标题不规范、分目设置不合理、条目字数不足等基础性问题；建立个性问题磋商机制，共商解决问题优化方案；建立集中修改制度，确保供稿内容全部达标。2022年6月，天津海关以《潜心学习　精心组织　着力打造海关精品年鉴》为题，在天津市“全市专业年鉴编纂工作推动会”上做交流发言。2022年10月31日，经海关总署关史办和天津海关海关史研究工作领导小组审核，《天津海关年鉴（2022）》电子稿交付中国海关出版社有限公司。

《天津海关年鉴（2022）》的顺利出版，离不开海关总署关史办、天津市地方志办领导和专家的悉心指导，离不开天津海关各部门单位的大力支持和配合，凝聚了全体撰编审人员的无私奉献。值此《天津海关年鉴（2022）》付梓之际，谨此一并表示衷心的感谢！另外，由于系首次编纂出版年鉴，涉及部门单位多，编纂出版时间紧、任务重，编者水平有限，存在疏漏和不足在所难免，诚请广大读者给予批评、指正，以利于在日后的工作中加以改进和完善。

“中国海关史料丛书” 编委会